Was wäre gewesen, wenn?

Wendepunkte der Weltgeschichte

WAS WÄRE GEWESEN, WENN?

Herausgegeben von Robert Cowley

Aus dem Amerikanischen
von Ilse Utz

KNAUR

Die Originalausgabe erschien unter dem Titel »What if?«
bei G. P. Putnam's Sons, New York

Die Folie des Schutzumschlags sowie die Einschweißfolie
sind PE-Folien und biologisch abbaubar.
Dieses Buch wurde auf chlor- und säurefreiem Papier gedruckt.

Umschlaggestaltung: Agentur ZERO, München
Satz und Herstellung: Barbara Rabus, Sonthofen
Druck und Bindearbeiten: GGP Media, Pößneck
Printed in Germany
ISBN 3-426-66423-2

4 5 3

Inhalt

Einleitung

Die Frage »Was wäre gewesen, wenn?« (oder die nach der virtuellen Geschichte, um den in akademischen Kreisen gerne benutzten Begriff zu gebrauchen) gilt als die heimliche Lieblingsfrage des Historikers. Diese Frage hat einen Stellenwert, der über ein »müßiges Gesellschaftsspiel« (so nannte es der Historiker E. H. Carr) hinausgeht. Sie kann zu einem besseren Verständnis der Geschichte beitragen, kann diese lebendig werden lassen. Ja, sie kann auf überraschende Weise deutlich machen, worum es bei einem Konflikt ging und welche möglichen bleibenden Folgen dieser gehabt hätte. Was wäre gewesen, wenn die Perser 480 v. Chr. – an dem wohl wichtigsten Tag in der Geschichte des Westens – die Flotte Athens bei Salamis geschlagen hätten? Oder wenn die spanische Armada gewonnen und der Herzog von Parma London besetzt hätte? In der Nacht vom 7. auf den 8. August 1588 hätte vielleicht nur Wind aufkommen müssen, und eine der berühmtesten Seeschlachten der Geschichte wäre anders ausgegangen. Und was wäre gewesen, wenn die Deutschen die Landung der Alliierten in der Normandie verhindert hätten? Was, wenn sich der Sturm, der am 5. Juni 1944, einen Tag vor der Invasion, über Europa hinwegfegte, nicht für einige entscheidende Stunden gelegt hätte? Einmal mehr hing alles vom Wetter ab. Stephen E. Ambrose untersucht einige Konsequenzen des möglichen Scheiterns der Landung in der Normandie, die allesamt ausgesprochen unerfreulich sind – auch der Einsatz von Atombomben gegen Deutschland gehört hierher.

Die Geschichte ist zu Recht der Bericht über tatsächliche Geschehnisse; doch sollte dies die Bedeutung der virtuellen Geschichte nicht schmälern. Die Frage »Was wäre gewesen, wenn?« kann uns anleiten, altvertraute Annahmen in Frage zu stellen. Sie kann echte Wendepunkte aufzeigen. Sie kann deutlich machen, daß kleine Zufälle oder sekundenschnelle Entscheidungen die gleichen bedeutsamen Auswirkungen haben können wie große Ereignisse. Man denke an den plötzlichen Nebel am East River, in dessen Schutz George Washington und seine schwer angeschlagene Armee nach der Schlacht von Long Island am 29. August 1776 nach Manhattan entkommen konnten. Ohne den Nebel wäre Washington auf den Brooklyn Heights möglicherweise eingeschlossen und zur Kapitulation gezwungen worden. Wäre es dann zur Entstehung der Vereinigten Staaten gekommen? Man kann auch auf den britischen Hauptmann verweisen, der in der Schlacht von Brandywine ein Jahr später nicht abdrückte, obwohl er Washington buchstäblich vor der Flinte hatte. Dies hätte zu dem gleichen Ergebnis führen können. Bei nur wenigen Ereignissen können derartige Fragen mit solcher Berechtigung gestellt werden wie bei der amerikanischen Revolution. Wir sind das Produkt einer Zukunft, zu der es immer Alternativen gab.

Die virtuelle Geschichte hat eine weitere wichtige Funktion: Sie kann mit der »nachträglichen Voreingenommenheit« aufräumen. Gab es nach der verlorenen Schlacht um England für Hitler noch die Möglichkeit, den Zweiten Weltkrieg zu gewinnen? In den vergangenen fünfzig Jahren haben Historiker genau hier, im Sommer 1940, den Wendepunkt gesehen. Doch John Keegan, einer der führenden Militärhistoriker, legt in seinem Beitrag dar, daß die Geschichte möglicherweise ganz anders verlaufen wäre, wenn Hitler nicht den Überfall auf Rußland beschlossen hätte. Wäre er nach seinem Sieg in Griechenland im Frühjahr 1941 in die Türkei oder den Nahen Osten eingefallen, hätte er sich das dringend benötigte Öl beschaffen können – und die Sowjetunion überfallen können, wenn die Chancen für einen Sieg besser gewesen wären. Auch wenn wir es gerne anders sähen:

In der Geschichte steht der Ausgang ebensowenig fest wie im Leben selbst. Die Spuren, die sich im Unterholz der Geschichte verlaufen, sind ein eindrucksvoller Beleg für die unendliche Vielfalt menschlicher Handlungsmöglichkeiten. Auch der nicht eingeschlagene Weg muß auf der Karte verzeichnet werden.

In diesem Buch liegt der Schwerpunkt auf Schlüsselereignissen der Militärgeschichte. Sie werden in einem anderen Licht gesehen, als es üblicherweise der Fall ist: Wie wären sie verlaufen, wenn gewisse Umstände anders gewesen wären? In der Jubiläumsausgabe zum zehnjährigen Bestehen der Zeitschrift *The Quarterly Journal of Military History* (MHQ) fragten wir Historiker: Was sind Ihrer Ansicht nach die wichtigsten Ereignisse der Militärgeschichte, die ebensogut hätten anders ausgehen können? Die Antworten, die wir bekamen, waren teils überraschend, teils unterhaltsam und gelegentlich auch erschreckend – aber durch die Bank plausibel. Leichtfertige Spekulationen haben diese Frage in Verruf gebracht, so daß wir auf abwegige Annahmen verzichtet haben, die etwa lauten: Was wäre gewesen, wenn Hannibal im Besitz der Atombombe gewesen wäre oder Napoleon Tarnkappenbomber gehabt hätte. »Plausibel« ist also das Schlüsselwort.

George Will schrieb: »Die heilsame Wirkung der Frage ›Was wäre gewesen, wenn?‹ besteht darin, daß sie das Bewußtsein dafür schärft, wie sehr das Schicksal von Nationen von Zufällen und Unwägbarkeiten abhängt.«

Dieser Band mit seinen achtzehn Beiträgen stellt eine Erweiterung des ursprünglichen Projekts dar. Die Verfasser dieser Kapitel sind teilweise dieselben Historiker, die für die Jubiläumsausgabe des MHQ geschrieben haben: Stephen E. Ambrose, William H. McNeill, Theodore K. Rabb, Alistair Horne, Geoffrey Parker, John Keegan, Victor Davis Hanson, Stephen W. Sears, Lewis H. Lapham, Thomas Fleming und David McCullough, um nur einige zu nennen. Das Buch ist chronologisch geordnet und umfaßt über 2700 Jahre dokumentierter menschlicher Geschichte. Die spekulative Frage »Was wäre gewesen, wenn?« läßt sich am besten an der Militärgeschichte festmachen, wo alles von Zufällen und unvorhersehbaren Umständen sowie von menschlichen Stärken und Schwächen abhängen kann.

Was wäre gewesen, wenn nicht eine mysteriöse Seuche die assyrischen Belagerer Jerusalems im Jahre 701 v. Chr. heimgesucht hätte? Hätte es dann eine jüdische Religion gegeben? Oder das Christentum? Oder nehmen wir Ereignisse, die nur Sekunden währten: Was wäre gewesen, wenn eine Streitaxt auf den einundzwanzigjährigen Alexander niedergesaust wäre und ihn getötet hätte, bevor er »der Große« wurde? Oder wenn Cortés bei der Belagerung von Tenochtitlán, heute Mexiko-Stadt, gefangengenommen worden wäre (wie beinahe geschehen)? Dann hätten sich die jungen Vereinigten Staaten sehr wahrscheinlich mit einem großen Indianerreich an ihrer südlichen Grenze auseinandersetzen müssen. Man bedenke auch, welche Rolle der Zufall gespielt hat: Wäre im amerikanischen Bürgerkrieg der strategische Plan des Südstaatengenerals Robert E. Lee, die berühmte »Lost Order«, nicht verlorengegangen, hätte die Möglichkeit bestanden, daß die konföderierten Staaten unabhängig geblieben wären. Ganz ähnlich beeinflußte die Karte des deutschen Generals von Kluck, die einer französischen Patrouille in die Hände fiel, den Ausgang der Marne-Schlacht im September 1914 – und damit des Ersten Weltkrieges.

Für Historiker, so sagt man, fallen die Dominosteine nach hinten. In *»Was wäre gewesen, wenn ...?«* wollen wir versuchen, sie nach vorne fallen zu lassen.

Robert Cowley

WILLIAM H. MCNEILL

Infektionsbedingte Alternativen

Die Seuche, die Jerusalem rettete 701 v. Chr.

Militärische Ereignisse, auch die scheinbar unbedeutendsten, können unvorhergesehene Folgen haben, die möglicherweise weder zum Zeitpunkt des Geschehens noch Jahrhunderte später erkannt werden. Es scheint angebracht, dieses Buch mit einem solchen historischen Augenblick zu beginnen, nämlich mit der Belagerung Jerusalems, damals Hauptstadt des winzigen Königreichs Juda, durch die Assyrer, im Jahre 701 v. Chr. Sanherib, der König von Assyrien, gab diese Belagerung auf, nachdem ein großer Teil seiner Armee einer mysteriösen ansteckenden Krankheit zum Opfer gefallen war. Die Assyrer zogen einfach weiter: Für das größte Reich der damaligen Zeit rechnete sich die Einnahme einer weiteren befestigten Stadt nicht. Für die Eingeschlossenen war die Befreiung jedoch ein Zeichen des Himmels (obwohl die Ursachen wahrscheinlich umweltbedingt waren), das weitreichende Folgen haben sollte. Aber was wäre gewesen, wenn die Krankheit nicht aufgetreten wäre? Was, wenn die Mauern gefallen und die Bevölkerung Jerusalems das damals übliche Schicksal erlitten hätte: Raub, Mord, Vergewaltigung und Vertreibung? Wie sähe 2700 Jahre später unser Leben aus, was wären unsere spirituellen Wurzeln?

Um welche Seuche es sich auch gehandelt haben mag, in Jerusalem stellte sie gewissermaßen Waffengleichheit her. Krankheiten sind zu den »Jokern« der Geschichte zu zählen. Sie stellen einen unvorhergesehenen Faktor dar, der binnen einiger Tage oder Wochen das für ab-

solut sicher Gehaltene zunichte machen oder die Eroberungsdynamik zum Stillstand bringen kann. Die Geschichte kennt dafür viele Beispiele. Über ein Jahr lang suchte im Peloponnesischen Krieg eine Seuche Athen heim und führte im Jahre 404 v. Chr. sowohl zur Einnahme der Stadt als auch zum Ende der Vorherrschaft Athens. Die Ruhr schwächte die preußischen Invasionstruppen in Frankreich 1792 so sehr, daß die führenden Offiziere beschlossen, nach der verlorenen Schlacht von Valmy den Rückzug anzutreten, wodurch die Französische Revolution gerettet wurde. Das Wüten von Typhus und Ruhr war die Ursache für Napoleons katastrophale Niederlage in Rußland. Die durch den Krieg begünstigte Grippe-Epidemie von 1918 mag die Situation nicht unmittelbar beeinflußt haben, aber wie viele fähige Leute haben wir dadurch verloren – Menschen, die für ihre Generation große Veränderungen herbeigeführt hätten? Viren und Bakterien mögen der Fluch unpersönlicher Kräfte sein; doch sie können auch zu eigenständigen Kräften werden.

◈ WILLIAM H. MCNEILL ist emeritierter Professor der Universität Chicago. Für sein Buch *The Rise of the West* erhielt er den National Book Award. Zu seinen sechsundzwanzig weiteren Werken gehören ein Abriß der Militärgeschichte, *The Pursuit of Power*, der Klassiker *Plagues and Peoples* sowie sein neuestes Werk *Keeping Together in Time: An Essay on Dance and Drill in Human History*. 1997 wurde ihm für seine lebenslange hervorragende Forschungsarbeit der Erasmus-Preis zugesprochen, eine der angesehensten internationalen Auszeichnungen.

Was wäre gewesen, wenn Sanherib, der König von Assyrien, im Jahre 701 v. Chr. Jerusalem erobert hätte, nachdem er seine Armee gegen ein Bündnis der feindlichen Ägypter, Phönizier, Philister und Juden geführt und sie alle mühelos besiegt hatte? Meiner Ansicht nach ist dies die bedeutendste Frage der Militärgeschichte. Das klingt vielleicht eigenartig, weil es nie zu einer bewaffneten Auseinandersetzung kam, doch die Tatsache, daß Jerusalem der Angriff von Sanheribs Armee erspart blieb, bestimmte den weiteren Verlauf der Weltgeschichte viel nachhaltiger als irgendein anderer mir bekannter militärischer Konflikt.

Von Sanheribs Standpunkt aus hatte der Entschluß, die Belagerung Jerusalems abzubrechen, keine große Bedeutung. Das Königreich Juda war nur ein unwesentlicher Faktor im Spiel der Mächte des Nahen Ostens, da es viel ärmer und schwächer war als die anderen Feinde Assyriens. Und der König von Juda hatte seine Strafe dafür, daß er es gewagt hatte, sich gegen die Assyrer zu erheben, bereits erhalten. Denn wie in einer Inschrift an den Wänden des Palastes in Ninive, in der über die Siege des gesamten Feldzuges berichtet wurde, zu lesen war, hatte Sanheribs Armee nicht weniger als sechsundvierzig befestigte Orte im Königreich Juda eingenommen und Hiskia, den König von Juda, gezwungen, sich in Jerusalem zu verschanzen »wie ein Vogel in einem Käfig«.

Doch im Gegensatz zu anderen aufständischen Herrschern behielt Hiskia seinen Thron, und in Salomons Tempel wurde weiterhin Jahwe angebetet. Aus diesem Grund war Sanheribs Sieg über das Königreich Juda unvollständig, und die Konsequenzen dieser Tatsache waren wesentlich weitreichender, als er oder irgend jemand sonst damals ahnen konnte.

Hiskia, der von ca. 715–687 v. Chr. regierte, trat seine Herrschaft in einer Zeit großer Unsicherheit an. Sieben Jahre, bevor er den Thron bestieg und Jerusalems dreizehnter Herrscher aus dem Hause David wurde, kam schreckliches Unheil über das benachbarte Königreich Israel, das den größeren und reicheren Teil von Davids ehemaligem Königreich umfaßte. Eine von Sargon II. befehligte assyrische Armee eroberte die Hauptstadt Samaria und verschleppte Tausende von Überlebenden in das ferne Mesopotamien. Die Assyrer zwangen zwar Fremde, die verlassenen Felder zu bestellen, hinterließen Samaria jedoch als Trümmerfeld.

Bedeutete dies, daß der Gott von Moses und David, derselbe Gott, der noch immer in dem von Salomon erbauten Tempel in Jerusalem angebetet wurde, nicht mehr in der Lage war, sein Volk zu schützen? Oder hatte Gott die Israeliten und ihre Herrscher wegen Ungehorsams gegen seinen Willen bestraft, der in den heiligen Schriften niedergelegt war und durch seine von ihm inspirierten Propheten immer wieder neu gedeutet wurde?

Dies war eine schwerwiegende Frage, denn vertrat man letztere Auffassung, hätte sich der Gott von Moses und David des mächtigsten Herrschers jenes Jahrhunderts bedient, um sein Volk zu strafen, und dies, obwohl die Assyrer andere Götter anbeteten und sich nicht einmal den Anschein gaben, Gottes Gebote zu erfüllen. Das vertrug sich nicht mit der landläufigen Annahme, daß die von einem Volk angebeteten Götter dieses Volk so gut schützten wie nur möglich. Sieg und Niederlage waren ein Beleg für die Macht konkurrierender Gottheiten sowie für die Stärke menschlicher Armeen. Daraus folgte, daß jeder neue Sieg der Assyrer im Zuge ihrer imperialen Expansionspolitik dazu führte, daß ältere religiöse Bindungen und Vorstellungen bei den eroberten Völkern verdrängt wurden und im damaligen Nahen Osten ein religiöses Vakuum entstand, das schließlich durch die Botschaft des Volkes von Juda ausgefüllt wurde.

Diese Botschaft begann Gestalt anzunehmen, als sich König Hiskia die Auffassung einer Gruppe von religiösen Reformern zu eigen machte, die der Anbetung Jahwes durch die Konzentration auf den Tempel eine reinere Form geben wollten. Zu diesem Reformvorhaben gehörte die Zerstörung derjenigen, meist auf Erhebungen gelegenen Kultstätten, die anderen religiösen Ritualen dienten. Und dazu gehörte auch der respektvolle Umgang mit den Propheten, von denen Jesaja, der Sohn des Amos, damals der bekannteste war.

Doch König Hiskia verließ sich nicht nur auf die Hilfe übernatürlicher Kräfte. Er verstärkte die Mauern Jerusalems und nahm eine bescheidene Erweiterung seines Gebiets vor, bevor er sich der Allianz gegen Sanherib anschloß. Und als die Assyrer die Ägypter schlugen, einigte er sich schnell mit den Siegern. Für das Privileg, seinen Thron zu behalten, mußte er einen hohen Preis zahlen: Er übergab den Assyrern Kostbarkeiten, darunter dreihundert Talente Silber und dreißig Talente Gold, von denen einige, vielleicht sogar die meisten, aus dem Tempel in Jerusalem stammten. Aber er behielt seinen Thron, und seine Erben und Nachfolger konnten das kleine Königreich Juda noch über ein Jahrhundert halten, weil sie Assyrien Tribut zahlten und sich jeglicher Rebellion enthielten. Der schwierige Balanceakt zwischen den rivalisierenden Großmächten Ägypten und Mesopotamien dauerte jedoch nicht ewig. Im Jahre 586 v. Chr. ging das Königreich unter, als Nebukadnezar, der König von Babylon, genau das tat, was Sanherib angedroht hatte: Er nahm Jerusalem nach langer Belagerung ein, setzte Davids Dynastie ein Ende, zerstörte den Tempel und verschleppte die meisten Überlebenden nach Babylon in die Knechtschaft.

Dies war bekanntlich nicht das Ende der jüdischen Geschichte, denn das Volk von Juda verschwand keineswegs. Es sammelte an den Ufern des Euphrat neue Kräfte und schuf auf der Grundlage seiner überarbeiteten heiligen Schriften eine streng monotheistische, auf die Gemeinschaft der Gläubigen ausgerichtete Religion, die unabhängig von bestimmten Orten und von den in Salomos Tempel in Jerusalem praktizierten Zeremonien ausgeübt werden konnte. Der modifizierte und im Exil gemäßigter formulierte jüdische Glaube, der später zur Entstehung des Christentums und des Islam, der beiden mächtigsten Religionen unseres Zeitalters, führte, bewahrte sich auf der ganzen Welt seine Gefolgschaft, insbesondere im heutigen Staate Israel.

Nichts von alledem wäre geschehen, wenn das Königreich Juda 701 v. Chr. untergegangen wäre, was nur einundzwanzig Jahre zuvor, also im Jahre 722 v. Chr., das Los des Königreichs Israel gewesen war und zur Folge gehabt hatte, daß viele aus Israel vertriebene Menschen ihre eigenständige Identität verloren. Sie übernahmen die landläufige Meinung von den Grenzen göttlicher Macht, beteten nicht mehr zu Jahwe, der sie nicht beschützt hatte, und wurden zu den »Zehn Verlorenen Stämmen« der biblischen Geschichte. Aller Wahrscheinlichkeit nach hätte das Volk von Juda das gleiche Schicksal erlitten, wenn die assyrische Armee Jerusalem 701 v. Chr. angegriffen, eingenommen und seine Bewohner so behandelt hätte, wie sie die Bewohner Samarias und anderer eroberter Orte behandelt hatte. Wäre das geschehen, wäre das Judentum von der Erde verschwunden, und die beiden Tochterreligionen Christentum und Islam hätten nicht entstehen können. Kurzum, unsere Welt sähe so anders aus, wie wir es uns eigentlich gar nicht vorstellen können.

Was sich vor so langer Zeit vor den Mauern Jerusalems wirklich zutrug, weiß niemand. Sanheribs prahlerische Inschrift an den Wänden seines Palastes in Ninive ist mehr ein Stück imperialer Propaganda als sachliche Geschichtsschreibung, und die drei biblischen Erzählungen über die Assyrer, die die heilige Stadt nicht einnahmen, waren durch Vorstellungen von Gottes wunderbarem Eingreifen in irdische Angelegenheiten geprägt, die heute nur wenige Historiker akzeptieren.

Dennoch waren die biblischen Geschichten trotz aller Unrichtigkeit und Übertreibung das, was wirklich zählte. In allen späteren Generationen prägten sie die Erinnerung der Juden an das, was vor den Mauern der Stadt geschehen war, und diese Erinnerung machte den Glauben verständlich, daß der Gott von Moses und David tatsächlich allmächtig war und diejenigen, die zu ihm beteten, vor dem mächtigsten Herrscher der damaligen Zeit geschützt hatte. Dieses Ereignis, so wie es von den Gläubigen in Jerusalem gedeutet wurde, verlieh dem Monotheismus mehr

Glaubwürdigkeit als je zuvor; und ein entschlossener und kompromißloser Monotheismus war genau das, was der jüdischen Religion das Überleben in dem kosmopolitischen Zeitalter ermöglichte, das durch die assyrischen Eroberungen eingeläutet worden war. Man konnte schwerlich an rein lokale Götter glauben, wenn jeder Teil des Nahen Ostens vom Tun und Lassen ferner Herrscher, fremder Armeen und anderer fremder Kräfte abhing. Nur Gottes allumfassende Macht konnte weltliche Ereignisse zufriedenstellend erklären. So gewann der jüdische Monotheismus immer mehr an Boden und konnte, insbesondere durch seine beiden Tochterreligionen, einen immer größeren – bis heute andauernden – Einfluß ausüben.

An einen heiligen Ort gebundene religiöse Zeremonien waren einer solchen Welt nicht angemessen. Die Preisgabe der Religion der Ahnen und die Übernahme der Götter fremder, imperialer Herrscher, deren Überlegenheit durch ihre Kriegserfolge belegt worden war, schien allerdings feige und schmählich. Einzig und allein die Bewohner des kleinen, schwachen und abhängigen Königreichs Juda besaßen die Kühnheit, zu glauben, ihr Gott Jahwe sei der einzige wahre Gott, seine Macht erstrecke sich über die ganze Erde und alles geschehe nach seinem Willen. Die Umstände des Rückzugs der Assyrer von den Mauern Jerusalems im Jahre 701 v. Chr. bestätigten diesen schwerverständlichen Glauben und überzeugten die frommen und eifrigen Gläubigen mehr denn je von Gottes Allmacht. Dadurch wird dieser Rückzug zum schicksalsschwersten Ereignis der überlieferten Geschichte, die ebensogut einen anderen Verlauf hätte nehmen können.

Die biblische Version des Feldzugs findet sich im Zweiten Buch der Könige, Kapitel 18–19, im Zweiten Buch der Chronik, Kapitel 32, und im Buch Jesaja, Kapitel 36–37. Die drei Darstellungen stimmen in allen wesentlichen Punkten überein und verwenden teilweise sogar die gleichen Wörter und Sätze. Ich möchte aus Jesaja zitieren:

»Und der Rabschake trat hin und rief laut auf hebräisch und sprach: Hört die Worte des großen Königs, des Königs von Assyrien! (...) Laßt euch von Hiskia nicht bereden, wenn er sagt: Der HERR wird uns erretten! Haben etwa die Götter der anderen Völker ihr Land errettet aus der Hand des Königs von Assyrien? Wo sind die Götter von Hamath und Arpad? (...) Haben sie Samaria errettet aus meiner Hand?« (Jesaja 36: 13,18–19)

Hiskia antwortete auf diese direkte Herausforderung der Macht Gottes mit einem Gebet:

»HERR Zebaoth, du Gott Israels, der du über den Cherubim thronst, du bist allein Gott über alle Königreiche auf Erden, du hast Himmel und Erde gemacht. HERR, neige deine Ohren (...) Höre doch alle die Worte Sanheribs, die er gesandt hat, um den lebendigen Gott zu schmähen (...) Nun aber, HERR, unser Gott, errette uns aus seiner Hand, damit alle Königreiche auf Erden erfahren, daß du, HERR, allein Gott bist!

Da sandte Jesaja, der Sohn des Amoz, zu Hiskia und ließ ihm sagen (...) Darum spricht der HERR über den König von Assyrien: Er soll nicht in diese Stadt kommen und soll auch keinen Pfeil hineinschießen und mit keinem Schild davor kommen und soll keinen Wall gegen sie aufschütten (...) Denn ich will diese Stadt schützen, daß ich sie errette um meinetwillen und um meines Knechtes David willen.

Da fuhr aus der Engel des HERRN und schlug im assyrischen Lager hundertfünfundachtzigtausend Mann. Und als man sich früh am Morgen aufmachte, siehe, da lag alles voller Leichen. Und der König von Assyrien, Sanherib, brach auf, zog weg und kehrte wieder heim und blieb zu Ninive. Es begab sich aber, als er anbetete (...) erschlugen ihn seine Söhne (...) mit dem Schwert (...) und sein Sohn Asar-Haddon wurde König an seiner Statt.« (Jesaja 37: 16–17, 20–21, 33.35–38)

Der Bibel zufolge rettete Gott also sein Volk und vernichtete die ungläubigen Assyrer, indem er ihnen eine tödliche Seuche schickte. Eine solch wundersame Rettung zeigte, daß sowohl König Hiskia als auch der Prophet Jesaja zu Recht auf Gottes Macht und Schutz vertrauten. Mehr noch: Sie war ein Beweis für Gottes Macht über den mächtigsten Herrscher der damaligen Zeit. Wer konnte folglich daran zweifeln, daß die Propheten und Priester von Juda, die so wortgewaltig Gottes allumfassende Macht verkündeten, die Wahrheit sagten? Ja, wer?

Und dennoch gab es auch die Zweifler, wie die biblische Erzählung über die Herrschaft von Hiskias Sohn und Nachfolger Manasse (er regierte etwa von 686–642 v. Chr.) zeigt. König Manasse blieb während seiner ganzen Herrschaft den Assyrern gegenüber tributpflichtig und hielt es für klug, sich auch mit fremden Göttern gut zu stellen: »Er stellte auch das Bild des Götzen, das er machen ließ, ins Haus Gottes« und erlaubte andere heidnische Formen der Anbetung, was, nach dem Buch der Chronik, »dem HERRN mißfiel« (Zweites Buch der Chronik 33: 2,7).

Für diejenigen, die wenig geneigt sind, an Wunder zu glauben, enthält der biblische Bericht über die Vorbereitungen, die Hiskia für den assyrischen Angriff auf Jerusalem traf, einige interessante Hinweise darauf, daß es ganz und gar weltliche Faktoren waren, die möglicherweise die Epidemie unter den Assyrern auslösten. Unabhängig von den krankheitsbedingten Verlusten unter seinen Soldaten sind auch durchaus andere gewichtige Gründe vorstellbar, die Sanherib veranlaßt haben mögen, die Belagerung der stark befestigten Stadt Jerusalem aufzugeben. (Die Zahl von 185 000 Toten muß übrigens stark übertrieben sein; in der Antike hatte keine Armee diese Größe, und vor allem keine, die in der dürren Umgebung Jerusalems eingesetzt wurde.)

Was wirklich geschah, ist völlig ungewiß. Reizvoll ist jedoch die Frage, wie der weitere Verlauf der Weltgeschichte durch die spätere Deutung der Ereignisse beeinflußt wurde. Zum Beispiel: Rettete König Hiskia seinen Thron, indem er voraussah, daß die assyrische Armee für eine längere Belagerung Jerusalems nicht genug Wasser finden würde? Das Buch der Chronik berichtet: »Und als Hiskia sah, daß Sanherib kam und willens war, gegen Jerusalem zu kämpfen, beriet er sich mit seinen Obersten und Kriegshelden, ob man die Wasserquellen verdecken sollte, die draußen vor der Stadt waren; und sie stimmten ihm zu. Und es versammelte sich viel Volk, und sie verdeckten alle Quellen und den Bach, der durch die Erde geleitet wird, und sprachen: Daß die Könige von Assur nur kein Wasser finden, wenn sie kommen!« (Zweites Buch der Chronik, 32: 2–4)

Einige moderne Archäologen glauben, daß Hiskia den Bau eines 600 Fuß langen Tunnels anordnete, durch den noch heute Wasser von der Quelle des Gihon bis zum Teich von Siloah vor den alten Mauern Jerusalems fließt. Ein so schwieriges Projekt muß viel Zeit in Anspruch genommen haben und kann daher kein Eilprojekt gewesen sein, um den Assyrern den Zugang zu Wasser zu beschneiden. Der Tunnel kann aber durchaus Teil eines allgemeinen Plans zur Verbesserung der Verteidigungsfähigkeit der Stadt gewesen sein, der vor oder nach der Belagerung von 701 durchgeführt wurde.

Man kann sich auf jeden Fall fragen, ob Hiskias Vorhaben, um Jerusalem herum »die Quellen zu verdecken«, die assyrischen Soldaten zwang, verschmutztes Wasser zu trinken und sich dadurch tödlichen Infektionen auszusetzen. Wenn dem so war, hatte die Tatsache, daß Hiskia und seine Obersten und Kriegshelden vorausgesehen hatten, wie schwer es sein würde, in der dürren Umgebung Jerusalems genügend Trinkwasser zu finden, wohl mehr mit dem Rückzug der Assyrer zu tun als das in der Bibel erzählte Wunder.

Bis zur Herrschaft des Königs Josia (640–612 v. Chr.) konkurrierte die Deutung der Gläubigen, die von der Errettung Jerusalems durch Gott und das durch ihn vollbrachte Wunder ausging, mit der pragmatischen Auffassung, wie sie in der Politik des Königs Manasse zum Ausdruck kam: Er führte heidnische Bräuche in Jerusalem ein, um Jahwes begrenzte Zuständigkeit durch die Verehrung anderer, mächtigerer Götter zu kompensieren.

Jahrhundertelang hatten die jüdischen Propheten eine solche Praxis gegeißelt und erklärt, Jahwe sei ein eifersüchtiger Gott, der unbedingten Gehorsam fordere und keine anderen Götter neben sich dulde; dies sei ihnen geoffenbart worden. Als mehr Menschen lesen und schreiben konnten, wurden die von den Propheten verbreiteten Worte Gottes, die den Gläubigen Verhaltensrichtlinien in öffentlichen und privaten Angelegenheiten gaben, (zumindest manchmal) niedergeschrieben. Daher nahm die Zahl der Bücher der Propheten ab etwa 750 v. Chr. stark zu. Auch die Priester von Salomos Tempel verteidigten die ausschließlichen Rechte des Gottes, den sie verehrten, und es waren wohl auch die Priester, die die heiligen Texte sammelten und zusammenstellten, aus denen schließlich die übrigen heiligen Schriften der Juden hervorgingen. Die Priester und die Propheten waren sich nicht immer einig, aber beide traten für die ausschließliche Verehrung Jahwes ein und verwarfen die landläufige religiöse Vorstellung, es gebe eine Vielzahl lokaler Gottheiten, die sich genauso bekämpften wie die Menschen.

Der entscheidende Triumph für die Anhänger Jahwes kam zu Anfang der Herrschaft des Königs Josia, als das assyrische Reich zusammenbrach und die Geistlichen Josia, der noch ein Kind war, überredeten, alle fremden Kulte zu verbieten, die sein Vater Manasse in Jerusalem zugelassen hatte. Als der Tempel ausgebessert wurde, »fand der Priester Hilkia das Buch des Gesetzes des HERRN, das durch Mose gegeben war« (Zweites Buch der Chronik, 34: 14). Dieses Buch, das Deuteronomium, wurde zur Grundlage der Bemühungen, die religiösen Praktiken zu reformieren und sie in Einklang mit dem Willen Gottes zu bringen, so wie er sich in dem aufgefundenen Text darstellte.

Sechsunddreißig Jahre später, als König Nebukadnezar das Königreich Juda vernichtete, den Tempel zerstörte und die Juden in seine Hauptstadt Babylon verschleppte, mußten die Geistlichen eine Erklärung dafür finden, daß Gott ein solches Unheil zugelassen hatte. Aber zum damaligen Zeitpunkt war die Vorstellung, daß Gott tatsächlich die ganze Welt regiere, so fest in den Köpfen verankert, daß die Preisgabe Jahwes, zu der sich die Israeliten 722 v. Chr. entschlossen hatten, völlig undenkbar war. Da die Propheten schon lange die Sünden des jüdischen Volkes angeprangert hatten, war das Babylonische Exil offensichtlich Gottes Strafe dafür, daß die Herrscher und das Volk von Juda seine Gebote nicht vollständig erfüllt hatten. Denn wie eifrig man auch religiöse Reformen durchgeführt hatte, selbst die Frommsten hatten nicht alles getan, was Gott verlangte. Die einzige angemessene Antwort darauf waren weitere Bemühungen um eine bessere Lebensführung und die Erforschung des göttlichen Willens durch das sorgfältige Studium der heiligen Schriften. Durch die allwöchentlichen Zusammenkünfte, bei denen die heiligen Schriften gelesen und ihre Bedeutung ergründet wurde, nahm das Judentum seine bleibende Form an. Die jüdische Religion hörte auf, eine lokal begrenzte Religion zu sein, wurde zu einer Richtschnur für die Gestaltung des Alltagslebens in einer kosmopolitischen, urbanen Umgebung und bewies in den nächsten Jahrhunderten immer wieder ihre Lebensfähigkeit und ihre Stärke angesichts einer unbestimmten Zukunft.

Es scheint paradox, daß die Bestätigung der Prophezeiung des Jesaja und der Religionspolitik des Hiskia durch Sanheribs Rückzug für das Entstehen eines strengen Monotheismus in dem kleinen Königreich Juda ausschlaggebend war, während Nebukadnezars erfolgreiche Durchführung dessen, was Sanherib nur angedroht hatte, diesen Glauben nicht etwa diskreditierte, sondern kräftigte, und in späteren Jahrhunderten die Herausbildung des Christentums und des Islam ermöglichte. Doch genauso war es meiner Ansicht nach, wenngleich die meisten Historiker so stark durch die spätere Religionsgeschichte geprägt sind, daß sie nicht erkennen können oder wollen, wie schicksalsschwer der assyrische Rückzug im Jahre 701 v. Chr. war.

Darüber nachzudenken, wie eine kleine Gruppe von Propheten und Priestern in Jerusalem die Geschehnisse vor den Stadtmauern im Jahre 701 v. Chr. interpretierte, und der Frage nachzuspüren, wie ihre Ansichten später eine so große Geltung erlangen konnten, ist zumindest für mich ein Unterfangen, das die historische Vorstellungskraft schärft. So viel hing von so wenigen ab, die fest an ihren einen wahren Gott glaubten und sich so mutig gegen den gesunden Menschenverstand stellten.

BARBARA N. PORTER

Ein guter Schlaf kann Wunder wirken

Was wäre gewesen, wenn König Gyges von Lydien lange aufgeblieben wäre, sich Sorgen um die herannahenden kimmerischen Horden gemacht und den berühmten Traum nicht gehabt hätte, in dem der Gott der Assyrer ihm riet, ein assyrischer Vasall zu werden; wenn er, müde und entmutigt, die Kimmerer am nächsten Morgen nicht geschlagen hätte und von ihnen auf dem Schlachtfeld umgebracht worden wäre, anstatt erst einige Jahre später zu fallen?

Wenn dies alles geschehen wäre, sähe die westliche Kultur wohl um einiges anders aus. Ohne seinen Traum – und als toter Mann – hätte Gyges seine Abgesandten um 652 v. Chr. niemals mit zwei gefangengenommenen kimmerischen Anführern als Gastgeschenk in das ferne Assyrien schicken können, um das erste Bündnis zwischen den beiden Ländern zu schließen. Ohne diesen freundlichen Kontakt hätten die überlebenden Söhne des Gyges die Assyrer später wahrscheinlich nicht dazu überreden können, auf ihre Verbündeten in Kleinasien einzuwirken, um den Erben des Gyges den Thron von Lydien zu erhalten – so daß sie die Kimmerer schließlich ganz aus Kleinasien vertreiben konnten. Und sie hätten niemals das Lydische Reich in Kleinasien gegründet, das für sein Gold, seinen regen Handel, seine Kunst und Musik berühmt war.

Da die meisten Menschen noch nie etwas vom Reich der Lyder gehört haben, mag dies nicht als großer Verlust erscheinen. Aber es hätte schlimm kommen können: Wären nämlich die Lyder besiegt worden, hätte es niemanden gegeben, der die Kimmerer daran gehindert hätte, ihren zerstörerischen Zug zum Meer fortzusetzen und die griechischen Kolonialstädte an der Küste zu erobern. Hätten sie über die Schiffe dieser Städte verfügt, hätten sie ohne weiteres die Städte auf dem griechischen Festland angreifen können, die nicht weit entfernt waren und in denen sich die Anfänge jener großen kulturellen Blüte abzeichneten, die das antike Griechenland im 5. Jahrhundert v. Chr. zur Geburtsstätte der westlichen Kultur machen sollte. Statt dessen wäre Griechenland zur Heimat des nomadischen Reitervolkes der Kimmerer geworden. Herodot hätte vielleicht Abhandlungen über die Pferdezucht geschrieben, anstatt die westliche Geschichtsschreibung zu begründen, und Menschen wie Euripides hätten ihre Zeit vielleicht mit Pferdehüten anstatt mit Stückeschreiben verbracht.

Die Moral der Gyges-Geschichte würde jeder Mutter gefallen: Geh früh zu Bett und schlaf gut; das Schicksal der westlichen Zivilisation könnte davon abhängen.

BARBARA N. PORTER ist Expertin für die politische und kulturelle Geschichte des neuassyrischen Reiches.

Victor Davis Hanson

Kein Ruhmesblatt für die Griechen

Die Perser gewinnen bei Salamis 480 v. Chr.

Es gibt in der Geschichte nur wenige Augenblicke, in denen so viel in so kurzer Zeit entschieden wurde wie bei Salamis, der Seeschlacht zwischen Griechen und Persern im Jahre 480 v. Chr. (Dies könnte auch für Hiroshima zutreffen, aber da die Möglichkeit unserer Vernichtung durch Atombomben noch nicht ausgeschlossen ist, steht die Einschätzung dieses Ereignisses für die gesamte Epoche noch aus.) Salamis war mehr als nur eine Schlacht, es war eine große, ja, die größte Auseinandersetzung zwischen Ost und West, bei der es darum ging, ob bestimmte Wege in die Zukunft geöffnet oder verschüttet würden. Die Perser hatten sich an die Spitze derjenigen gesetzt, die versuchten, die Ausbreitung des griechischen Individualismus aufzuhalten, und die anderen zentralistischen despotischen Mächte des östlichen Mittelmeerraums waren ganz auf ihrer Seite. Wie Victor Davis Hanson zeigt, existierten die griechischen Worte »Freiheit« und »Bürger« im Vokabular der anderen Mittelmeerkulturen nicht.

Was die militärischen Operationen betrifft, so ist die von dem persischen Herrscher Xerxes geplante und durchgeführte Operation hinsichtlich Umfang, Vorbereitungszeit und ausgeklügelter Planung mit der spanischen Armada und der Landung der Alliierten in der Normandie am D-Day vergleichbar. Diese Militäraktion, die in der Schlacht bei Salamis kulminierte, erwies sich als die letzte Chance, die westliche Kultur auszulöschen. »Gewiß, der Zahl nach hätte unserem

Heer der Sieg gebührt«, sagt ein Bote zur Mutter des Xerxes in dem Stück Die Perser *von Aischylos. (Der athenische Stückeschreiber hatte angeblich selbst bei Salamis gekämpft.) »Ein Gott hat sichtlich unser Heer vertilgt, der Waage Gleichmaß ungerecht gestört.« Doch was wäre gewesen, wenn sich die Waagschale in die andere Richtung geneigt hätte? Wenn die Perser gewonnen hätten? Genau das wäre beinahe geschehen. Eigentlich hätte es geschehen müssen. Wenn die Ruderer des athenischen Staatsmanns und Generals Themistokles nicht gesiegt hätten, gäbe es dann 2500 Jahre später eine westliche Zivilisation in der uns bekannten Form? Oder hätte Themistokles, vorausgesetzt, er hätte bei Salamis überlebt, das athenische Volk in Italien neu angesiedelt und den Idealen von Freiheit und Bürgerrechten die Chance zu einer zweiten Blüte gegeben?*

◈ Victor Davis Hanson hat neun Bücher veröffentlicht, darunter *The Western Way of War, The Other Greeks* und (zusammen mit John Heath) *Who Killed Homer?* Sein Buch über den Tod des bäuerlichen Familienbetriebs, *Fields without Dreams*, wurde von der San Francisco Book Reviewers Association zum besten Sachbuch des Jahres 1995 gewählt. Hanson lehrt Alte Geschichte an der California State University in Fresno.

Das Interesse der Weltgeschichte hatte hier auf der Waagschale gelegen. Es standen gegeneinander der orientalische Despotismus, also eine unter einem Herrn vereinigte Welt, und auf der anderen Seite geteilte und an Umfang und Mitteln geringe Staaten, welche aber von freier Individualität belegt waren. Niemals ist in der Geschichte die Überlegenheit der geistigen Kraft über die Masse, und zwar über eine nicht verächtliche Masse, in solchem Glanz erschienen.«

Dies schrieb der oftmals apokalyptisch gestimmte Philosoph G. W. F. Hegel über Salamis. Die Griechen der damaligen Zeit sahen es genauso. Das Stück *Die Perser* von Aischylos ist die einzige griechische Tragödie, die auf einem historischen Ereignis beruht, nämlich dem einzigartigen Sieg bei dem »Göttlichen Salamis«, wo die Götter die Arroganz der Meder bestraften und den Mut eines freien Griechenland belohnten. Nach der Schlacht verfaßte Epigramme berichteten, daß die hellenischen Ruderer das »heilige Griechenland gerettet« und ihm »das Los der Sklaverei« erspart hätten. Am Tag des glänzenden Sieges unter Führung der Athener kämpfte der Legende zufolge Aischylos in der Schlacht, während Sophokles auf dem Siegesfest tanzte und Euripides geboren wurde. In den vergangenen 2500 Jahren hat die westliche Zivilisation das Wunder von Salamis als die Rettung ihrer Kultur und als Katalysator für die darauffolgende literarische, künstlerische und philosophische Blüte unter der Ägide einer siegreichen und selbstbewußten Athener Demokratie gefeiert. Die Tempel auf der Akropolis, die athenische Tragödie und Komödie, die sokratische Philosophie und die nach den Perserkriegen entstandene Geschichtsschreibung: Der Sieg bei Salamis bedeutete nicht nur die Rettung des Hellenismus, sondern der aus diesem erstaunlichen Sieg der Athener resultierende geistige und materielle Reichtum machte diese großen kulturellen Leistungen überhaupt erst möglich.

Vor Salamis waren die griechischen Stadtstaaten agrarisch ausgerichtet, auf sich selbst beschränkt und isoliert. Im Osten lebte eine bedrohliche Übermacht von 70 Millionen Untertanen des persischen Reiches; der Nahe Osten und Ägypten waren von weiteren Millionen bevölkert. Nach Salamis sollten die Griechen nie wieder eine ausländische Macht fürchten, bis sie auf die Römer trafen. Und kein persischer König sollte jemals wieder einen Fuß auf griechisches Gebiet setzen. In den folgenden 2000 Jahren sollte keine östliche Macht Griechenland für sich beanspruchen, bis die Osmanen im 15. Jahrhundert den Balkan eroberten – und bewiesen, daß eine ungezügelte östliche Macht ein geschwächtes Griechenland jahrhundertelang besetzt halten konnte.

Vor Salamis war Athen ein äußerst ungewöhnlicher Stadtstaat, dessen radikale Demokratie gerade einmal siebenundzwanzig Jahre alt war, so daß der Erfolg dieses Experiments noch ausstand. Nach der Schlacht entwickelte sich in der Ägäis eine großartige demokratische Kultur, die uns Aischylos, Sophokles, den Parthenon, Perikles und Thukydides bescherte. Vor dem Kampf gab es weder die übereinstimmende Meinung noch die Zuversicht, griechische Waffen könnten griechische Interessen außerhalb der Grenzen schützen und fördern. Nach Salamis trieben mörderische griechischsprachige Heere, mit überlegener Technik ausgestattet und von gewieften Geschäftsleuten finanziert, dreihundertfünfzig Jahre lang ihr Unwesen von Süditalien bis zum Indus.

Stellten die Perserkriege eine Zäsur in der Weltgeschichte dar, so war Salamis der Wendepunkt dieser Kriege. Und brachte Salamis einen Durchbruch in bezug auf Griechenlands Widerstandsfähigkeit gegen Persien, so war der entgegen allen Erwartungen errungene hellenische Sieg das Verdienst des Themistokles und einiger tausend Athener. Daher trifft es tatsächlich zu, daß wenige Männer Ende September 480 in den Gewässern vor Athens Küste die Grundlage für einen Großteil dessen schufen, was wir heute im Westen für selbstverständlich halten.

Zuerst sollten wir uns vergegenwärtigen, daß die jahrzehntelangen Perserkriege bedeutende Schlachten mit sich brachten – bei

Marathon (490), am Thermopylenpaß und am Kap Artemision (480), bei Salamis (480), Platäa (479) und Mykale (479). Sie waren für den Osten die letzte Gelegenheit, die westliche Kultur im Keim zu ersticken, ihr also den Garaus zu machen, bevor sich die in Griechenland entstandene, überaus dynamische Kombination von konstitutioneller Regierung, Privateigentum, Bürgermilizen, ziviler Kontrolle über die Streitkräfte, freier wissenschaftlicher Forschung, Rationalismus und Trennung von politischer und religiöser Macht bis nach Italien und von dort aus über das Römische Reich in Nordeuropa und im westlichen Mittelmeer ausbreiten konnte. Die Worte »Freiheit« und »Bürger« existierten nicht im Vokabular der anderen Mittelmeerkulturen, die entweder Stammesgesellschaften, Monarchien oder Theokratien waren. In der heutigen Zeit des Multikulturalismus sollten wir uns klarmachen, daß Griechenland nur in bezug auf Klima und Landwirtschaft ein mediterranes Land war, daß sein Geist und seine Werte denen seiner Nachbarn jedoch diametral entgegengesetzt waren.

Vielleicht haben wir vergessen, was Hegel wußte: Wäre Griechenland die westlichste Provinz Persiens geworden, wären aus seinen bäuerlichen Familienbetrieben Güter des Großkönigs geworden. Die öffentlichen Gebäude der Agora wären in überdachte Basarläden umgewandelt worden, und die freien Bauern und Hopliten wären zu bezahlten Stoßtrupps neben den »Unsterblichen« des Xerxes geworden. Anstelle der griechischen Philosophie und Wissenschaft hätte es nur die offiziell geförderten Künste der Prophezeiung und Astrologie gegeben, die Anhängsel der königlichen oder religiösen Bürokratien waren und nichts mit rationalem Denken und Forschen zu tun hatten. In einem persischen Griechenland wären die Volksversammlungen bloße Marionettengremien zur besseren Beschaffung von Menschen und Geld für den Herrscher gewesen, Geschichtsschreibung hätte sich auf die offiziellen Verlautbarungen und Verfügungen des Großkönigs beschränkt, und die ernannten örtlichen

Funktionsträger wären Sprachrohre des Satrapen (»Beschützer der Macht«) und der Magi gewesen.

Die Griechen mochten ihren General Themistokles später bestrafen oder in die Verbannung schicken, hätten die Perser das gleiche mit Xerxes getan, wäre er getötet und verstümmelt worden. So erging es jedenfalls dem ältesten Sohn des Pythias von Lydien, der mitten entzwei gehauen wurde; seine beiden Körperhälften wurden an den Straßenrand gelegt, so daß das königliche Heer zwischen ihnen hindurchmarschierte. Das war der Preis, den Pythias zahlen mußte, weil er es gewagt hatte, Xerxes um die Freistellung eines seiner fünf Söhne vom Militärdienst zu bitten. Entgegen den Annahmen der neueren Forschung waren die Städte des persischen Reiches keineswegs Stadtstaaten. Wir würden heute in einer völlig anderen Tradition leben – Schriftsteller wären vom Tode bedroht, Frauen verschleiert und aus dem öffentlichen Leben verbannt, die Meinungsfreiheit wäre eingeschränkt, die Regierung läge in Händen autokratischer Großfamilien, die Universitäten wären bloße Zentren des religiösen Fanatismus, und die Gedankenpolizei wäre in unseren Wohn- und Schlafzimmern gegenwärtig –, wenn Themistokles und seine Ruderer gescheitert wären.

Die etwa tausend griechischen Poleis, die ungefähr im 8. Jahrhundert v. Chr. entstanden, befanden sich von Anfang an in einer paradoxen Situation: Die Bedingungen ihres Erfolges bargen zugleich die Möglichkeit ihres Untergangs in sich. Die abgeschiedenen Täler Griechenlands, die Isolierung von der übrigen mediterranen Welt, der extreme Chauvinismus der sehr individualistischen und auf Autonomie bedachten kleinen griechischen Gemeinschaften – all dies hatte das Entstehen einer freien, grundbesitzenden Bürgerschaft ermöglicht, die damals nicht ihresgleichen hatte. Diese Entwicklung ging jedoch nicht mit der Herausbildung der Idee eines Staatenbundes oder gar einer gemeinsamen Verteidigung einher. Solche übergreifenden Vorstellungen von Staat und Zentralmacht waren mit dem nahezu fanatischen Eintreten der Griechen für politische Unabhängigkeit und Individualität völlig unvereinbar; gesunden und kräftigen Bauern und Bürgern war schon der Gedanke an Bundessteuern ein Greuel. Die Idee der Vereinten Nationen hätte im antiken Griechenland keine Freunde gehabt. Selbst die radikalsten Verfechter der Rechte der Einzelstaaten von heute hätten auf die frühen Griechen einen geradezu schüchternen Eindruck gemacht.

Bis zum 6. Jahrhundert v. Chr. war es diesen Inselgriechen aufgrund ihrer wirtschaftlichen Tüchtigkeit, ihrer politischen Flexibilität und ihres militärischen Wagemuts indes gelungen, die Küste Kleinasiens, die Region um das Schwarze Meer, Süditalien, Sizilien und Teile Nordafrikas zu kolonisieren. Mit anderen Worten: Eine Million Griechen und ihre einzigartige Vorstellung einer freien Polis hatten einen Einfluß erlangt, der weit über ihre natürlichen Ressourcen und ihre eigene zahlenmäßige Stärke hinausging. Aber auch hinter diesen Expansionsbestrebungen stand keine Reichs- oder Föderationsidee; statt dessen gingen die etwa eintausend geschäftigen Stadtstaaten, die Herodot zufolge nur durch ihre Werte, Sprache und Religion geeint waren, weiterhin sehr unterschiedliche Wege.

Wesentlich ältere und zentralistischere Mächte – die Theokratien in Nordafrika und die politischen Autokratien in Asien – merkten auf. Zu Beginn des 5. Jahrhundert v. Chr. hatten die Perser, Ägypter, Phönizier und Karthager, globalstrategisch gesehen, genug von diesen aufdringlichen Griechen, die sich überall als Seefahrer, Händler, Söldner und Kolonisten tummelten. Ließ sich dieses streitlustige, aufsässige Volk nicht durch die schiere Größe und die hervorragende Ausrüstung der Heere dieser Reiche ausschalten, *bevor* sich seine heimtückische Kultur über das griechische Festland hinaus ausbreiten und das östliche Mittelmeer hellenisieren konnte?

Dareios I. und später sein Sohn Xerxes nahmen die Herausforderung in den ersten beiden Jahrzehnten des 5. Jahrhunderts an. Nach ihren Niederlagen wurde der Primat des westlichen Paradigmas nie wieder in Frage gestellt. In den Jahrzehnten nach Salamis kämpften relativ kleine griechische Armeen – die Athener in Ägypten, panhellenische Söldner im Dienst persischer Adliger und Alexanders mazedonische Krieger – in Asien und Nordafrika, und bei diesen Kämpfen ging es um Eroberungen und Kriegsbeute; nie wieder sollten hellenische Heere gezwungen sein, auf griechischem Boden um ihre Freiheit zu kämpfen. Nach der Niederlage des Xerxes, als das Vordringen der Griechen ins Stocken kam, weil sie entweder nicht genug Soldaten oder sich schlicht und einfach übernommen hatten, wagte es keine östliche Macht mehr, in ihr Heimatland einzudringen. Wenn die Griechen in fremden Ländern erfolgreich kämpften, was wesentlich häufiger der Fall war, vernichteten sie die Kultur ihrer Feinde, errichteten Militärkolonien und schickten Sklaven und Geld in die Heimat. Nach Salamis galt grundsätzlich, daß die Griechen sowohl im materiellen als auch im kulturellen Sinne auf dem Vormarsch, die anderen auf dem Rückzug waren.

Über Roms spätere große Auseinandersetzung mit Karthago ist viel geschrieben worden. Aber trotz dreier mörderischer Kriege (264–146 v. Chr.) und eines sechzehn Jahre währenden Alptraums, den die Anwesenheit des größenwahnsinnigen Hannibal auf dem Boden Italiens darstellte, stand immer fest, wie der Konflikt letztlich ausgehen würde. Im 3. Jahrhundert v. Chr. war aufgrund der Kriegstechnik der Römer, der Flexibilität und Beständigkeit der republikanischen Regierungsform sowie der zunehmenden Erfolge der römischen Landwirte, Finanzleute, Händler und Bauhandwerker – sie alle hatten von den Leistungen profitiert, die die Hellenen durch ihren Sieg in den Perserkriegen hatten hervorbringen können – der Ausgang der Punischen Kriege mehr oder weniger vorhersehbar. Angesichts der Größe des römischen Heeres, der Einheit des republikanischen Italien und der relativen Schwäche der punischen Kultur besteht das Wunder nicht darin, daß Karthago verlor, sondern daß es überhaupt so lange und so entschlossen zu kämpfen vermochte.

Im Gegensatz zu den Römern in späterer Zeit waren die Griechen bei Salamis mit einer Flotte konfrontiert, die drei- bis viermal größer war als ihre eigene. Das persische Landheer war zahlenmäßig noch überlegener, nämlich ungefähr fünf- bis zehnmal größer als die Gesamtzahl der griechischen Hopliten. Persien hätte siebzigmal mehr Menschen mobilisieren können als die griechischsprachigen Staaten, und in den Schatztruhen des Herrschers befanden sich so viele Geldmünzen sowie Gold- und Silberbarren, daß sich die griechischen Tempelschätze daneben kümmerlich ausnahmen.

Da die griechischen Stadtstaaten kein Reich bildeten, stritten sie über die Verteidigung des Festlandes, bis sich die Anzeichen eines persischen Angriffs verdichteten. Nachdem Xerxes im Spätsommer 480 durch Nordgriechenland marschiert war, waren jene griechischen Poleis in der Überzahl, die neutral waren oder sich eher den Persern als der hellenischen Sache verpflichtet fühlten. Und im Gegensatz zu Rom während der Invasion Hannibals war Athen im September 480 nicht nur bedroht, sondern bereits zerstört und besetzt – und die Bevölkerung Attikas evakuiert und verstreut. Die Situation war weitaus schlimmer als die in Westeuropa Mitte 1940 nach dem Sieg der Nazis über die europäischen Demokratien.

Man stelle sich ein besiegtes und überranntes Frankreich vor – ohne Verbündete, Paris bereits zerstört, der Triumphbogen und der Eiffelturm in Trümmern, die ländlichen Gebiete verlassen, die noch vorhandene freie Bevölkerung in kleinen Schiffen unterwegs nach England und zu den nordafrikanischen Kolonien –, das beschließt, sein ganzes Heil in einer zahlenmäßig unterlegenen, aber patriotisch gesonnenen französischen Flotte im Hafen von Toulon zu suchen. Und dann stelle man sich vor, die französischen Patrioten und ihre Schiffe hätten gewonnen! Um es etwas auszuschmücken: Sie hätten die Schiffe der Nazis vernichtet, Hitler zu einem schmachvollen Rückzug nach Berlin gezwungen und in wenigen Monaten einen heroischen Widerstand auf dem besetzten französischen Festland organisiert, wo die französische Infanterie eine vielfach größere Nazi-Armee geschlagen hätte, deren Reste über den Rhein geflüchtet wären.

Aber angenommen, die Perserkriege waren die letzte Chance der östlichen Despotien, der entstehenden Kultur des Westens den Garaus zu machen, war Salamis dann wirklich *das* entscheidende Ereignis im jahrzehntelangen Widerstand der Griechen gegen Dareios und Xerxes? Die erste Schlacht bei Marathon, bei der die Athener zehn Jahre zuvor einen großen Sieg errungen hatten, können wir ohne weiteres übergehen. Der athenische Sieg dort war großartig und verhinderte vorerst das Niederbrennen Athens. Die Invasionstruppen des Dareios, die im Jahre 490 in die kleine attische Ebene nordöstlich von Athen eindrangen, waren nicht sehr zahlreich – vielleicht 30 000 Mann – und hatten nur wenige griechische Inseln besetzt. Bei dieser Unternehmung hatte Dareios weder die Mittel noch den Willen, Griechenland zu versklaven. Ein persischer Sieg wäre allenfalls eine Vergeltung für Athens erfolgloses Eingreifen zugunsten der aufständischen ionischen Griechen an der kleinasiatischen Küste gewesen. Eine Niederlage Athens bei Marathon hätte außerdem zu einer neuen Tyrannei unter den Nachkommen des einstigen Tyrannen Peisistratos geführt, der gewisse Sympathien für Persien hegte. Folglich wäre nach einem Sieg der Perser bei Marathon aufgrund der begrenzten Ziele, und um einen Krieg mit den meisten anderen griechischen Stadtstaaten zu vermeiden, der Aufstieg Griechenlands zwar anders verlaufen, aber nicht beendet worden

Dareios starb 486, und jetzt fiel die Aufgabe, Rache für die Niederlage bei Marathon zu üben, seinem Sohn Xerxes zu. Dieser war nun nicht an einer weiteren Strafexpedition interessiert, sondern plante eine massenhafte Invasion, die größte, die das östliche Mittelmeer jemals erlebt hatte. Nach einer Vorbereitungszeit von vier Jahren waren die Truppen des Xerxes im Jahre 480 kampfbereit. Er ließ eine Brücke über den Hellespont bauen, marschierte durch Nordgriechenland und unterwarf alle Stadtstaaten, die auf seinem Weg lagen – unglückliche hellenische Gemeinwesen, die nur die Wahl zwischen Zerstörung und Kapitulation hatten. Auch wenn die antiken Berichte nicht glaubwürdig sind, denen zufolge die persische Armee mehr als eine Million Mann umfaßte, sollte uns klar sein, daß selbst eine Streitmacht von einer Viertelmillion bis einer halben Million Kämpfern zu Land und zu Wasser die größte Invasion war, die Europa bis zur Armada der Alliierten im Juni 1944 erleben sollte. Wir müssen auch nicht unbedingt den antiken Berichten Glauben schenken, die bei der persischen Kavallerie von 80 000 Reitern sprechen. Aber es kann gut und gerne die Hälfte gewesen sein, und das wären immer noch fünfmal mehr berittene Krieger als die Streitmacht, die Alexander mehr als einhundertfünfzig Jahre später befehligen würde, um Asien zu erobern. Und in der Armada des Großkönigs befanden sich wahrscheinlich über 1200 phönizische, griechische und persische Schiffe.

Die Griechen einigten sich darauf, den Angriff bei den Thermopylen zu stoppen, dem letzten Paß in Griechenland nördlich des Isthmus von Korinth, wo das Gelände gute Verteidigungsmöglichkeiten für eine zahlenmäßig unterlegene Streitmacht bot. An diesem nördlichen Engpaß maß der Durchlaß zwischen den Klippen und dem Meer kaum fünfzehn Meter. Folglich schickten die Stadtstaaten die griechische Flotte unter Athener Führung im August 480 zum nahe gelegenen Artemision. König Leonidas von Sparta folgte auf dem Landweg mit nicht einmal 7000 Hopliten. Würde man die persische Flotte aufhalten und das große feindliche Heer einkesseln können, könnten sich alle Stadtstaaten im Süden Leonidas anschließen und so den weiteren Vormarsch der Perser ohne allzu großen Schaden für das blühende Mittel- und Südgriechenland verhindern.

Diese kühne griechische Strategie brach rasch zusammen. Obwohl sich die Spartaner bei den Thermopylen tapfer schlugen und ein Großteil der persischen Flotte durch Stürme bei Artemi-

Die Perser erobern Griechenland: Xerxes' Invasion 480–479 v. Chr.

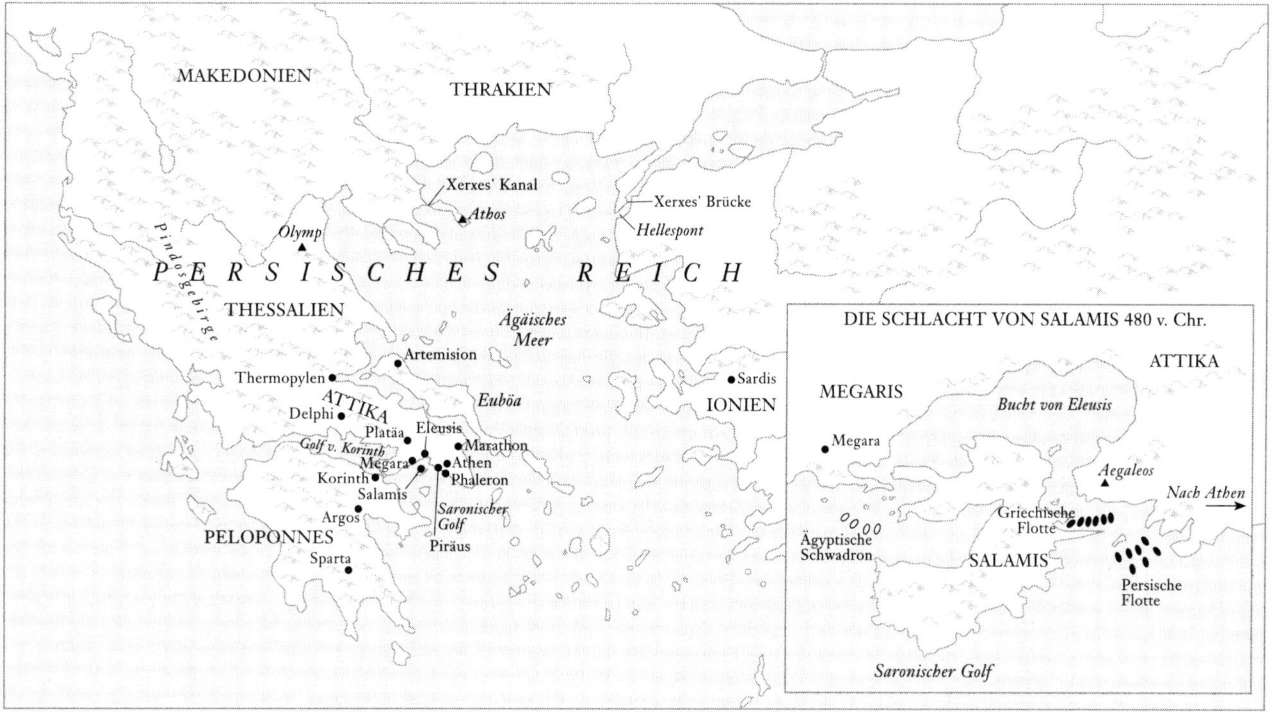

sion zerstört wurde, stellte sowohl die See- als auch die Landschlacht die größte militärische Niederlage in der Geschichte der griechischen Stadtstaaten dar. Ein König von Sparta kam ums Leben, sein Leichnam wurde verstümmelt, über 4000 Hopliten wurden getötet, ein großer Teil der griechischen Flotte wurde stark beschädigt, und das gesamte Gebiet nördlich des Isthmus von Korinth bot sich dem Eroberer ungeschützt dar. Das verlassene Athen wurde niedergebrannt und würde dem persischen Reich später vielleicht als Regionalhauptstadt angegliedert werden – ein griechisches Sardes, Babylon oder Susa –, um Geld für Persepolis zu beschaffen.

Daher war die Schlacht von Salamis die nächste – und letzte – Gelegenheit, um den persischen Angriff zu stoppen. Hätten die Griechen bei Salamis nicht gekämpft oder dort verloren, wären die Folgen leicht vorstellbar gewesen. Die griechische Flotte – falls sie überlebt hätte oder ihre Überreste hätten zusammengehalten werden können – wäre südwärts zum Isthmus von Korinth gesegelt, wo die Griechen zusammen mit den Resten der Infanterie des Peloponnes einen allerletzten Verteidigungsversuch unternommen hätten, ähnlich dem, den sie bei der verlorenen Land- und Seeschlacht bei den Thermopylen und bei Artemision unternommen hatten. Doch da jetzt Nord- und Mittelgriechenland erobert, die Athener und der größte Teil der griechischen Flotte vernichtet gewesen wären und die persischen Streitkräfte über ihre Eroberungen im Frühjahr und Sommer hätten frohlocken können, steht außer Zweifel, daß eine halbe Million Perser – unterstützt von Truppen aus den eroberten griechischen Staaten – die Mauer am Isthmus durchbrochen hätte und nach Korinth vorgedrungen wäre. Die Fußtruppen wären natürlich von der starken persischen Flotte unterstützt worden, die im Rükken der griechischen Verteidiger Vorräte und Truppen in der Argolis und an der Nordküste des Peloponnes hätte absetzen können. In der späteren griechischen Geschichte konnte eine Mauer quer über den Isthmus nie eine Invasionsstreitmacht daran hindern, in den Peloponnes einzudringen – allein in der Dekade zwischen 370 und 360 v. Chr. bewies Epaminondas dies viermal, obwohl er nicht einmal von der See her Unterstützung hatte.

Die große Schlacht bei Platäa, die im Frühjahr nach dem Sieg der Griechen bei Salamis stattfand, führte indessen zur Vernichtung der noch verbliebenen persischen Fußtruppen und leitete die endgültige Vertreibung des Xerxes aus Griechenland ein. Aber diese Entscheidungsschlacht ist nur vor dem Hintergrund des taktischen, strategischen und geistigen Triumphes verständlich, den der Sieg bei Salamis im September darstellte. Bei Platäa kämpften die Perser ohne ihren König – Xerxes und ein Teil seiner besten Truppen hatten sich nach der verlorenen Seeschlacht nach Persien zurückgezogen. Vor der Küste Ostböotiens lag keine persische Flotte, die unterstützend hätte eingreifen können. Und während die Griechen bei der Schlacht von Salamis bis zum letzten Augenblick gestritten hatten, waren sie bei Platäa aufgrund ihres Sieges bei Salamis einig und zuversichtlich. Bei Platäa waren mehr griechische Truppen eingesetzt, als es jemals wieder in der griechischen Geschichte der Fall sein sollte – 70 000 Hopliten und ebenso viele leichtbewaffnete Soldaten. Die Perser hatten eine Niederlage hinter sich, verfügten nicht mehr über die zahlenmäßige Überlegenheit, die sie bei Salamis gehabt hatten, und kämpften ohne ihren König. Verstärkung von der See her gab es nicht. Die Griechen strömten dagegen in großer Zahl in die Ebene von Platäa, überzeugt, ihre persischen Feinde würden sich aus Attika zurückziehen, da sie durch ihre Niederlage bei Salamis demoralisiert waren und ihre politische und militärische Führung verloren hatten.

Die Siege bei Marathon und Platäa als solche – und der erfolglose hellenische Widerstand bei den Thermopylen und bei Artemision – waren jedoch nicht die entscheidenden Schlachten in dem jahrzehntelangen griechisch-persischen Konflikt. Hatte Marathon die Hoffnungen auf eine persische Eroberung hinausgezögert und Platäa ihnen ein Ende bereitet, so hatte Salamis ihnen jegliche Grundlage entzogen. Als sich die Perser aus Salamis zurückzogen, waren sie ein geschwächtes Heer ohne König, ohne Flotte und ohne einen Großteil ihrer Soldaten.

Aber wenn Salamis der Schlüssel zum Sieg der Griechen in den Perserkriegen war, was erklärt dann diesen bemerkenswerten Sieg? Aufgrund der Berichte des Herodot und des Aischylos (*Die Perser*) aus dem 5. Jahrhundert, wesentlich späterer Quellen aus zweiter und dritter Hand – die bekanntesten sind der Historiker Diodorus und der Biograph Plutarch – sowie der topographischen Bedingungen bei Salamis können die Wissenschaftler die Schlacht mit einiger Sicherheit rekonstruieren. Nachdem sich die Admiräle der panhellenischen Flotte heftig gestritten hatten, stimmten die Griechen dem Plan des Atheners Themistokles zu, ihre wesentlich kleinere Flotte – etwas mehr als 350 Schiffe gegenüber 600 bis 1000 persischen Schiffen – in dem engen Sund zwischen der Insel Salamis und dem griechischen Festland westlich von Athen in den Kampf zu schicken. Die Perser hatten ganz Attika besetzt und beherrschten das Land bis nach Megara tief im Süden, einige hundert Meter gegenüber der nordwestlichen Spitze von Salamis. Die Athener Bevölkerung war verstreut: Die Männer im kriegsfähigen Alter waren auf Salamis, die Alten, Frauen und Kinder auf die entferntere Insel Ägina und an die Küste der Argolis im Südwesten geschickt worden.

Außer der Rückgewinnung des Heimatlandes sah der Plan des Themistokles vor allem vor, den Kampf aufzunehmen, solange die Griechen noch zu einer panhellenischen Verteidigung bereit waren und sein Staat sich erst einige Wochen in Feindeshand befand. Themistokles war der Meinung, die Perser hätten in der Meerenge bei Salamis nicht genug Platz zum Manövrieren und könnten daher ihre Flotte nicht voll zum Einsatz bringen – was den zahlenmäßig unterlegenen, aber schwereren griechischen Schiffen erlauben würde, die große zahlenmäßige Überlegenheit ihres Feindes unwirksam zu machen. In derart engem Gewässer müßten die weniger erfahrenen griechischen Seeleute nicht befürchten, von den geschickten persischen Seeleuten in ihren wendigen Trieren von der Flanke her angegriffen und eingekreist zu werden. So könnten sie in dichter Front losfahren und versuchen, die ersten Reihen der leichteren persischen, ionischen und phönizischen Schiffe mit ihren eigenen robusteren Schiffen zu rammen. Diejenigen Perser oder ihre Verbündeten, die überlebten, könnten von den Speeren der auf kleinen nahe gelegenen Inseln postierten griechischen Hopliten getroffen werden, während die beschädigten griechischen Schiffe und ihre Besatzungen auf Salamis würden Schutz finden können.

Die Seeschlacht dauerte einen ganzen Tag – wahrscheinlich wurde sie zwischen dem 20. und dem 30. September des Jahres 480 v. Chr. geschlagen –, und bei Einbruch der Dunkelheit hatten die Perser die Hälfte ihrer Schiffe verloren. Der Schlüssel zum griechischen Erfolg lag darin, daß sie es – vor und während der Schlacht – glänzend verstanden hatten, die zahlenmäßige Übermacht und das überlegene seemännische Können der Perser auszugleichen. Da die Perser irrtümlicherweise annahmen, die Griechen würden sich durch den Kanal zwischen Megara und Salamis in den Nordwesten zurückziehen, begingen sie zwei verhängnisvolle Fehler: Erstens ließen sie den Ausgang durch einen großen Teil ihrer Armada bewachen und zogen so Schiffe vom eigentlichen Kriegsschauplatz ab. Zweitens befahl Xerxes seinen Streitkräften, in der Nacht den Kanal zwischen Salamis und dem attischen Festland hochzufahren, wodurch die Besatzungen weder Gelegenheit zum Schlafen noch zum Essen hatten; außerdem kam ihre zahlenmäßige Überlegenheit in dem engen Gewässer nicht zum Tragen.

In den antiken Berichten weichen die Schilderungen der Details der Kampfhandlungen voneinander ab, doch höchstwahrscheinlich fuhren die etwa 350 griechischen Trieren in zwei Reihen los, die sich jeweils über eine Länge von ungefähr drei Kilometern über den Kanal hinweg erstreckten, um die drei ungeordneten Reihen der persischen Schiffe zu rammen, die zu diesem

Zeitpunkt wohl nur einen Zwei-zu-eins-Vorteil hatten. Herodot, Aischylos und spätere Quellen berichten wenig über den tatsächlichen Hergang der Schlacht, aber die Griechen, die verzweifelt ruderten, um das Leben ihrer Familien auf Salamis und im westlichen Teil des Peloponnes zu retten, rammten mit ihren schweren Schiffen die Flotte des Xerxes so lange, bis sich seine verschiedenen nicht-persischen Hilfstruppen absetzten und das Weite suchten. Obwohl sie der griechischen Flotte noch immer überlegen waren, waren die Perser völlig demoralisiert, und nach wenigen Tagen fuhr Xerxes, begleitet von einer 60 000 Mann starken Fußtruppe, zum Hellespont. Seinen Stellvertreter Mardonius ließ er mit einem großen Heer zurück, damit dieser im Frühjahr den Kampf auf dem Land würde fortführen können. So stellt sich in groben Umrissen die Schlacht von Salamis dar.

Es war der Führungsstärke des Themistokles zu verdanken, daß die Schlacht gegen die Perser bei Salamis so ausgefochten und gewonnen wurde. Hätte es ihn nicht gegeben oder hätte er andere Maßnahmen vorgeschlagen, hätten die Griechen entweder gar nicht gegen die Perser gekämpft, oder sie wären besiegt worden. Innerhalb relativ kurzer Zeit nach ihrer Niederlage in den Perserkriegen wäre die Kultur des Westens, ähnlich dem Reich der Lyder, wohl untergegangen. Außer Themistokles aber war niemand fähig oder willens gewesen, die hellenischen Streitkräfte für die Verteidigung Athens in eine Seeschlacht zu schicken.

Die Entscheidung, die Perser auf See zu bekämpfen, scheint von Themistokles selbst zu stammen. Schon frühzeitig hatte er seine Landsleute davon überzeugt, daß sich die Prophezeiung des Orakels von Delphi, die Rettung liege in einer »hölzernen Mauer«, auf die neue athenische Flotte beziehe. Also ließen die Athener Attika und seine Hauptstadt evakuieren und flohen auf den Rat des Themistokles über das Meer – eine weise Entscheidung, denn die kampferprobten, konservativen Hopliten wären lieber zu einem glorreichen letzten Gefecht in der Ebene um Athen angetreten. Man sollte sich auch vergegenwärtigen, daß die athenische Flotte von etwa 250 Schiffen erst vor kurzem gebaut worden war und sich in einem ausgezeichneten Zustand befand – was einzig und allein der Hartnäckigkeit des Themistokles zu verdanken war. Zwei Jahre zuvor hatte er in einer hitzigen Debatte die Athener Volksversammlung davon überzeugt, die Erträge aus den jüngst erschlossenen attischen Silberminen in Laurium nicht an die einzelnen Bürger zu verteilen, sondern sie für den Bau von Schiffen und die Ausbildung von Seeleuten zu verwenden, um die neue Demokratie vor einem persischen Angriff zu schützen. Seine Weitsicht hatte 482 dafür gesorgt, daß vor Athens Küste eine neue Flotte lag.

Nachdem sich die bei Artemision geschlagene griechische Flotte mühsam die Küste hinunter geschleppt hatte, legte – so berichtet Herodot – Eurybiades, der aus Sparta stammende Kommandeur der wieder instand gesetzten griechischen Flotte, dem Rat der griechischen Generäle die Frage vor, wo die nächste Schlacht stattfinden solle. Herodot schreibt wohl zutreffend, daß die nicht-athenischen Griechen schnell einen Rückzug in den Süden der Argolis forderten, wo sie in der Nähe des Isthmus von Korinth eine Verteidigungsfront aufbauen wollten: »Denn Attika war schon aufgegeben ... Die meisten Stimmen ergaben sich für den Plan, nach dem Isthmus zu segeln und die Schlacht vor dem Peloponnes zu liefern.«

Die Griechen meinten, auf diese Weise immer noch Zuflucht in ihren eigenen Häfen finden zu können. Doch bei dem Athener Mnesiphilos weckte diese Entscheidung große Zweifel. Herodot zufolge sagte er: »Denn sie werden stadtweise nach Hause eilen, und weder Eurybiades noch ein anderer sonst werden verhindern können, daß sich die Flotte zerstreut. So wird Griechenland durch Unvernunft zugrunde gehen.« Wie bei dem gescheiterten ionischen Aufstand zehn Jahre zuvor würden sich die Festlandsgriechen, da war sich Mnesiphilos sicher, nach einer vernichtenden Niederlage zerstreuen, prahlerisch von weiterem Widerstand reden und insgeheim die Verständigung mit den Persern suchen.

Nachdem Themistokles eine Abfuhr erhalten hatte, berief er sogleich ein zweites Treffen ein, auf dem er Eurybiades davon überzeugte, die Griechen bei Salamis antreten und dort kämpfen zu lassen, wo die engen Kanäle zwischen dem Festland die Verteidiger begünstigten. Ein Sieg würde die Rettung der vertriebenen Athener Bevölkerung bedeuten, und die Bewohner des Peloponnes würden ihre Heimat verteidigen können, solange der Feind noch weit entfernt war. Themistokles fügte hinzu, die Griechen könnten es sich nicht leisten, noch weitere Gebiete zu verlieren – die Inseln im Saronischen Golf und die Megaris waren jetzt ohne Verteidigung. Die Perser waren dabei, einen Damm bis nach Salamis zu bauen, über den sie marschieren wollten, um die auf die Insel geflüchteten Athener gefangenzunehmen.

Es wäre heller Wahnsinn, so Themistokles weiter, auf offener See vor Korinth zu kämpfen, wo die Perser die langsameren und zahlenmäßig unterlegenen Schiffe der Griechen einkreisen und ausmanövrieren würden. Schließlich drohte er damit, die athenische Flotte ganz aus der Schlacht herauszuhalten und seine Leute hinüber nach Italien zu bringen, um die Stadt neu zu gründen. Angesichts dieses allerletzten Überzeugungsversuchs gaben die griechischen Admiräle widerstrebend nach. Mitte September wurde beschlossen, zu bleiben und auf den Feind zu warten. Aber würden die persischen Schiffe in den engen Sund kommen oder einfach vor der besetzten attischen Küste darauf warten, daß die in ihrer Nähe vertäute griechische Flotte sich zerstreuen und das Weite suchen würde?

Die zweite große Tat des Themistokles bestand darin, die Schiffe der Angreifer in den Sund zu locken. Herodots Bericht zufolge schickte Themistokles seinen Sklaven Sikinnos nachts mit einer erfundenen Geschichte über den Kanal ins persische Lager: Themistokles und seine Athener wünschten einen Sieg der Perser. Die Griechen seien zerstritten und dabei, sich in Richtung Isthmus abzusetzen. Die letzte Chance des Xerxes, sie zu umzingeln, bestehe darin, am nächsten Morgen in aller Frühe loszufahren und die auf einen Kampf schlecht vorbereiteten griechischen Schiffe zwischen Attika und Salamis zu überrumpeln. Die Athener und andere würden vielleicht die Seiten wechseln und sich den Persern anschließen.

Die Wissenschaftler streiten noch immer über die Authentizität der von Herodot geschilderten List des Themistokles. Sicherlich ist die Geschichte, daß die Entscheidung, über tausend Schiffe ausschwärmen zu lassen, von der Lügengeschichte eines einziges Sklaven abhing, melodramatisch, aber weder die Schlauheit des Themistokles noch die Leichtgläubigkeit der Perser sind zu bezweifeln. Schließlich hatten die Perser erst einige Tage zuvor nur durch den Verrat des Ephialtes bei den Thermopylen gesiegt, als dieser ihnen einen Weg um den Paß herum gezeigt hatte. Am nächsten Morgen, nach der erfolgreichen nächtlichen Mission des Sikinnos, ruderten die Perser in die Meerenge und somit in die Falle der Griechen. Nach den Beschreibungen von Herodot und Aischylos drängten sich die persischen Schiffe in der engen Bucht von Salamis und konnten weder ihre zahlenmäßige Überlegenheit noch die Schnelligkeit ihrer Schiffe ausspielen, um die Front der griechischen Schiffe zu durchbrechen oder sie von der Flanke her anzugreifen, während die Griechen sie mit ihren schwereren Schiffen systematisch rammten. Themistokles kämpfte tapfer in seinem eigenen, deutlich gekennzeichneten Schiff, wohingegen Xerxes das Debakel aus sicherer Entfernung von seinem Thron auf dem Berg Ägaleus aus beobachtete.

Man kann wohl mit Fug und Recht sagen, daß der griechische Sieg in erster Linie das Verdienst des Themistokles war. Die Existenz einer großen athenischen Flotte war für den Sieg ausschlaggebend, und sie war auf seine Initiative hin gebaut worden. Zwischen Athen und dem südlichen Peloponnes hätte es keine andere Stelle gegeben, an der die kleinere und langsamere Flotte der Griechen so wirksam hätte eingesetzt werden können. Als die Perser schon im Land standen, überzeugte Themistokles seine Landsleute davon, ihr Vertrauen auf Schiffe und nicht auf die zu

Lande kämpfenden Hopliten zu setzen. Er ließ Attika evakuieren und brachte sodann die griechischen Admiräle dazu, die Konfrontation in den athenischen Gewässern zu suchen, wo allein Aussicht auf einen Sieg bestand. Wie immer auch die Entscheidung der Perser, entsprechend den griechischen Wünschen zu kämpfen, zustande gekommen sein mag, zumindest die Zeitgenossen glaubten, daß Xerxes seine Flotte aufgrund einer Täuschung durch Themistokles in die Meerenge geschickt hatte. Und im entscheidenden Augenblick der Schlacht, als auch noch der Seegang günstig war, gelang es Themistokles, der den athenischen Verband anführte, in die Flanke des Feindes vorzustoßen und die persische Flotte in die Flucht zu schlagen. Kurzum, der Schlüssel zur Rettung des Westens war die persische Niederlage bei Salamis; der Sieg der Griechen wiederum war nur durch die hartnäckigen Bemühungen eines einzigen Athener Staatsmannes – gegen alle Widerstände – möglich. Hätte Themistokles gezaudert, wäre er getötet worden, oder hätte ihm die moralische und geistige Kraft zur Durchsetzung seiner Argumente gefehlt, wäre Griechenland wahrscheinlich zu einer Satrapie Persiens geworden.

Es gibt ein Nachspiel zu Salamis, das nur allzu häufig vergessen wird. Der Sieg der Griechen hat wahrscheinlich den Westen gerettet, weil er verhinderte, daß das Griechentum nach nur zweihundert Jahren Poliskultur unterging. Aber was noch bedeutsamer ist: Der Sieg war der Katalysator für eine grundlegende Erneuerung der athenischen Demokratie. Wie Aristoteles mehr als hundertfünfzig Jahre später in seinem Werk *Politeia* feststellte, übernahm eine ehemals durchschnittliche griechische Polis, die gerade das Experiment durchgeführt hatte, auch den armen Athenern das Wahlrecht zu geben, plötzlich die kulturelle Führung in Griechenland.

Da Salamis ein Sieg der Flotte gewesen war, stieg im nächsten Jahrhundert der Einfluß der Athener Seeleute, denn diese forderten eine stärkere politische Repräsentanz, entsprechend ihren

Fähigkeiten, die sie auf allen wichtigen Meeren unter Beweis stellten. Die mit neuen Rechten ausgestatteten Athener Bürger gestalteten die athenische Demokratie um: Diese errichtete bald den Parthenon, subventionierte die Tragödie, schickte ihre Trieren in die ganze Ägäis, vernichtete die Bewohner der Insel Melos und richtete Sokrates hin. Marathon hatte den Mythos der athenischen Fußtruppen begründet; Salamis, der weitaus größere Sieg, hatte ihn überboten. Imperialisten wie Perikles, Kleon und Alkibiades und nicht die Nachfahren der Veteranen von Marathon waren die Schlüsselfiguren der Zukunft.

Kein Wunder, daß Plato in seinem Werk *Nomoi* (Gesetze) meinte, Marathon habe die Kette der griechischen Erfolge eingeleitet, Platäa sie beendet und Salamis aus den Griechen ein schlechteres Volk gemacht. Mehr als ein Jahrhundert nach der Schlacht betrachtete Plato Salamis als ein entscheidendes Ereignis in der gesamten Entwicklung der frühen westlichen Kultur. Vor Salamis wiesen die griechischen Stadtstaaten eine ganze Reihe notwendiger Hierarchien auf – das Wahlrecht war an bestimmte Eigentumskriterien gebunden, die Kriege wurden nur von denjenigen Grundbesitzern geführt, welche die für die Aufstellung von Fußtruppen notwendigen Voraussetzungen erfüllten, es gab keine Steuern, keine Flotte und keinen Imperialismus. Freiheit und Gleichheit galten für eine Minderheit der Bevölkerung, die über ausreichend Kapital, Bildung und Land verfügte. Vor Salamis bestand das Wesen der Polis nicht in der Gleichheit für alle, sondern in der Suche nach moralischer Tugendhaftigkeit für alle, wobei es gut ausgebildeten und begabten Männern oblag, einen Konsens darüber herzustellen, was tugendhaft sei.

Die Auffassungen des Plato, des Aristoteles und der meisten anderen griechischen Denker von Thukydides bis Xenophon lassen sich nicht auf eine elitäre Denkweise reduzieren. Vielmehr erkannten sie die Gefahren, die der Freizügigkeit und dem Wohlstand innewohnten, weil diese sich aus einer radikaldemokratischen Regierungsform, dem Recht auf staatliche Unterstützung, der freien Meinungsäußerung und dem Handelskapitalismus ergaben. Ohne eingebaute Mechanismen des Interessenausgleichs würde die Polis einen sehr individualistischen, selbstbezogenen Bürger hervorbringen, der kein Interesse mehr an Opfern für die Gemeinschaft oder an moralischer Tugendhaftigkeit hätte. Die Regierung sollte statt dessen, so die Meinung der Konservativen, von den Stimmen der gebildeten und finanziell gut gestellten Bürger abhängig sein. Kriege – wie die bei Marathon und Platäa – sollten nur für die Verteidigung des Besitzes und zu Lande geführt werden, und sie sollten kämpferischen Mut und nicht bloß technische oder zahlenmäßige Überlegenheit erfordern. Die Bürger sollten ihre eigene Landwirtschaft haben, sich selbst Waffen beschaffen und selbst für ihre wirtschaftliche Sicherheit verantwortlich sein. Sie sollten nicht nach Lohnarbeit, öffentlicher Anstellung oder staatlicher Alimentierung streben. Die Ruderer von Salamis hatten alles an einem einzigen Nachmittag verändert.

Als die Ägäis nach dem Rückzug der persischen Flotte wieder frei zugänglich war, standen die Athener an der Spitze des griechischen Widerstandes und die Einführung einer radikalen Demokratie – und damit die Absage an die alte Polis – auf der Tagesordnung. Die Philosophen mögen Salamis gehaßt haben, aber Salamis hatte Griechenland gerettet; die Armen unter der Führung des Themistokles hatten Griechenland nicht zugrunde gerichtet, sondern neu erschaffen.

Unter der Führung des ungebärdigen athenischen *demos* bildete sich ein neuer, dynamischer, aufregender und in mancher Hinsicht auch rücksichtsloser Westen heraus. Was spätere Philosophen, wie Hegel, Nietzsche und Spengler, an der westlichen Kultur beklagen sollten – ihr ausuferndes Gleichheitsdenken, ihre Uniformität und ihr Streben nach materiellem Wohlstand –, begann in gewisser Weise bei Salamis. Was Aristoteles zufolge ein unseliger »Zufall« war, lenkte die westliche Zivilisation ein für allemal in Richtung egalitärer Demokratie und kapitalistischer Wirtschaft.

Wie immer wir die Stärken oder Gefahren der heutigen westlichen Kultur einschätzen – Demokratie von Konsumenten, Ausweitung von Rechten, Abbau von Verantwortlichkeiten der Bürger –, diese flexible, dynamische Tradition ist jedenfalls dem Sieg des Themistokles bei Salamis geschuldet. Ende September 480 retten Themistokles und seine armen Athener nicht nur Griechenland und die aufkeimende westliche Zivilisation vor den Persern, sondern stellen auch die Weichen neu: für einen egalitär ausgerichteten, rastlosen und sich ständig verändernden Westen, der sich zu einer Gesellschaft entwickelte, die mehr oder weniger noch heute die unsrige ist.

Josiah Ober

Die Eroberungen finden nicht statt

Der vorzeitige Tod Alexanders des Großen

Der Historiker Arnold Toynbee stellte einmal eine kontrafaktische Spekulation an, die eine gewisse Berühmtheit erlangt hat. Was wäre geschehen, wenn Alexander der Große nicht mit zweiunddreißig Jahren gestorben, sondern wesentlich älter geworden wäre? Dann hätte er Toynbee zufolge China erobert, und die von ihm ausgerüsteten Schiffsexpeditionen hätten Afrika umfahren. Aramäisch wäre unsere Lingua franca und der Buddhismus unsere Universalreligion geworden. Zusätzliche fünfundzwanzig Jahre hätten Alexander die Chance gegeben, seinen Traum von der einen Welt zu verwirklichen, wodurch er zu einer Art Vorkämpfer für eine UNO antiken Zuschnitts geworden wäre.

Josiah Ober, Leiter der Fakultät für Alte Geschichte an der Universität Princeton, hat ein anderes – düstereres – Szenario für Alexander den Großen entworfen: Was wäre gewesen, wenn Alexander zu Beginn seiner militärischen Karriere gestorben wäre, also bevor er die Gelegenheit hatte, den Beinamen »der Große« zu erwerben? Dies wäre beinahe bei der Schlacht am Granikos 334 v. Chr. geschehen, und daß Alexander dort buchstäblich dem Tod ins Auge sah, erinnert uns daran, wie ein Bruchteil einer Sekunde den Lauf der Geschichte ändern kann. Die Eroberungen des jungen makedonischen Königs hätten nie stattgefunden, das persische Reich hätte unangefochten überlebt, und das glänzende Zeitalter des Hellenismus, in dem der Grundstein für die Kultur des Westens gelegt wurde, wäre eine Totgeburt gewesen. Aber nehmen wir einmal an, Alexander wäre 323 v. Chr. nicht an einem Fieber gestorben. Da er ständig auf Eroberungen aus war und häufig den Terror als politische Waffe einsetzte, wären zwei weitere Jahrzehnte seines Lebens nach Auffassung Obers nur mit neuen Raubzügen ausgefüllt gewesen. Die Kultur der bekannten Welt und insbesondere der Hellenismus hätten bei einem späteren Tod Alexanders wahrscheinlich großen Schaden genommen.

◈ JOSIAH OBER ist der Autor des Werkes *The Anatomy of Error: Ancient Military Disasters and Their Lessons for Modern Strategies* (zusammen mit Barry S. Strauss) und des vor kurzem erschienenen Buches *The Athenian Revolution and Political Dissent in Democratic Athens*.

Bei der Schlacht am Granikos im Nordwesten Anatoliens, dem ersten großen Feldzug Alexanders des Großen gegen das persische Reich, entrann der junge König Alexander nur knapp dem Tod. Am Granikos trafen die Makedonier und ihre griechischen Verbündeten auf anatolische Reiter und griechische Söldner unter dem Kommando persischer Satrapen. Der Feind befand sich auf dem gegenüberliegenden Ufer in Verteidigungsstellung. Man konnte den Fluß zwar durchwaten, aber die Ufer waren steil, und Alexanders erfahrene Heerführer rieten zur Vorsicht. Schließlich war der König erst knapp 22 Jahre alt und hatte noch viel zu lernen. Ein ernsthafter Rückschlag zu Beginn des Feldzugs konnte dem Angriff ein Ende setzen, noch bevor er richtig begonnen hatte. Ihren klugen Rat in den Wind schlagend, bestieg Alexander sein Streitroß Bukephalos (»Stierkopf«). Weithin an seinem mit einer weißen Feder geschmückten Helm zu erkennen, führte der König seine berittenen Stoßtruppen in einem kühnen Angriff durch den Fluß auf das gegenüberliegende Ufer. Die persischen Truppen wichen vor dem Angriff der Makedonier zurück, so daß diese tief in ihre Reihen vordringen konnte. Das war wahrscheinlich genau das, was die persischen Taktiker von Anfang an geplant hatten. Aufgrund des überraschenden Erfolgs seines Angriffs war Alexander, der nur von einer kleinen Vorhut begleitet wurde, für einen Augenblick vom Hauptteil der makedonischen Armee abgeschnitten.

In diesem entscheidenden Moment der Schlacht wurde der junge Alexander von Feinden umringt, unter ihnen Spithridates, ein seine Streitaxt schwingender persischer Adliger, dem es gelang, dem makedonischen König einen schweren Schlag auf den Kopf zu versetzen. Alexanders Helm wurde schwer beschädigt, und der junge König war desorientiert und zur Verteidigung unfähig. Ein zweiter Schlag hätte ihn sicherlich getötet. Und mit dem jungen König wären die imperialen Hoffnungen gestorben, die die Makedonier auf diesen Feldzug gesetzt hatten. In den nächsten Sekunden würde sich die Zukunft des persischen Reiches und der gesamten westlichen Geschichte entscheiden. Blitzte sein Leben vor ihm auf, als Alexander auf den tödlichen Schlag wartete? Wie war es dazu gekommen, daß er sich an diesem Ort befand, daß ihn dieses unglückliche Schicksal ereilte? Wie konnte so viel von einem einzigen Schlag abhängen?

◆ ◆ ◆

Alexander wurde 356 v. Chr. als erster und einziger Sohn König Philipps II. von Makedonien und Olympias aus Epirus (heute Albanien) in Makedonien, der nordöstlichen Region des heutigen Griechenland, geboren. Philipp hatte die Herrschaft über Makedonien erst drei Jahre vor der Geburt seines Sohnes übernommen, nachdem sein Bruder Perdikkas III. im Illyrischen Krieg gefallen war. Vor Philipps Thronbesteigung war Makedonien ein relativ rückständiges Land gewesen – ein halb hellenisiertes Grenzgebiet, das von Norden und Westen von aggressiven Donauvölkern und im Osten vom persischen Reich bedrängt wurde. Wenn sich die makedonischen Herrscher nicht gerade einer dieser Bedrohungen zu erwehren hatten, wurden sie in diplomatischer Hinsicht von den hochzivilisierten griechischen Stadtstaaten im Süden ausmanövriert. Im Inneren wurde Makedonien von halb unabhängigen Kriegsherren beherrscht, die sich der schwachen Zentralregierung nur dann unterordneten, wenn sie es für richtig hielten. Doch durch eine grundlegende Umorganisierung der makedonischen Streitkräfte, durch technische Neuerungen (etwa die Einführung der besonders langen Stoßlanze *sarissa* und von Belagerungsmaschinen), durch wirtschaftliche Umstrukturierungen und eine schlaue Diplomatie hatte Philipp all dies geändert – über Nacht, wie es schien.

Als Alexander sein zehntes Lebensjahr vollendete, war Makedonien der mächtigste Staat auf der griechischen Halbinsel. Die Donauvölker waren zuerst gekauft, dann militärisch besiegt worden. Einige der an Makedonien grenzenden griechischen Stadtstaaten waren zerstört worden: Die Plünderung von Olynthos im Jahre 348 hatte die hellenische Welt schockiert. Viele andere griechische Städte wurden zu ungleichen Bündnissen gezwungen. Sogar das stolze und mächtige Athen hatte schließlich eingesehen, daß es klüger war, einen Verhandlungsfrieden einzugehen, nachdem Philipp ihm eine Reihe von demütigenden militärischen und diplomatischen Niederlagen beigebracht hatte.

Unterdessen wurde Alexander darauf vorbereitet, das Königreich zu regieren und eines Tages den Thron zu besteigen. Er bekam eine hervorragende Ausbildung: Sein Lehrer in geistigen und kulturellen Angelegenheiten war der Philosoph Aristoteles; sein Mentor in militärischen und diplomatischen Fragen sein eigener Vater, wahrscheinlich der beste militärische Kopf seiner Generation. Und in den Fluren des königlichen Palastes in Pella erlernte Alexander die Kunst der Intrige. Der makedonische Hof war eine Brutstätte von Gerüchten und Zwistigkeiten. Den Kontrapunkt bildeten die Trinkgelage der makedonischen Elite, die die ganze Nacht dauerten und bei denen nicht nur derbe Reden geführt wurden, sondern auch unvermittelt gewaltsame Auseinandersetzungen ausbrechen konnten.

Als Alexander zwanzig Jahre alt war, wurde Philipp II. von einem Attentäter getötet. Der Mörder, ein Makedonier namens Pausanias, wurde von Philipps Leibgarde niedergemetzelt, als er zu seinem Pferd lief. Obwohl Pausanias vielleicht einen persönlichen Groll gegen seinen König hegte, wurde geargwöhnt, er habe nicht auf eigene Faust gehandelt. Als Drahtzieher des Attentats kam König Dareios III., der Großkönig Persiens, in Frage – in der Mitte des 4. vorchristlichen Jahrhunderts ein mächtiges Reich, das sich von der ägäischen Küste der Türkei bis nach Ägypten im Süden und bis zum heutigen Pakistan im Osten erstreckte. In den Jahren vor seiner Ermordung hatte Philipp offen Vorbereitungen für einen Feldzug gegen Persien getroffen; einige Monate vor seinem Tod hatten seine Statthalter einen Brückenkopf auf persisch besetztem Gebiet im nordwestlichen Anatolien errichtet. »Der gefährlichen Schlange den Kopf abschlagen« war (zumindest späteren Historikern zufolge) eine bekannte persische Vorgehensweise, und Alexander machte Dareios öffentlich für Philipps Tod verantwortlich. Dareios war jedoch nicht der einzige Verdächtige; andere Finger zeigten auf Olympias, die eifersüchtige Ehefrau, und sogar auf den ehrgeizigen jungen Prinzen selbst.

Auf jeden Fall mußte sich Alexander nach dem Tod seines Vaters erst einmal als unangefochtener König etablieren: Die makedonischen Thronfolgebestimmungen waren vage und unklar, so daß faktisch jedes Mitglied der königlichen Familie, das eine starke Gefolgschaft um sich scharen konnte, die Chance hatte, die Königswürde zu erringen. Alexander setzte seinen Anspruch mit der für ihn charakteristischen Schnelligkeit und Rücksichtslosigkeit durch. Mögliche Rivalen wurden umgebracht, die widerspenstigen Donauvölker durch einen massiven Vorstoß in das von ihnen besiedelte Gebiet niedergeworfen. Unmittelbar danach wurde eine eilig gebildete antimakedonische Koalition griechischer Stadtstaaten von dem gen Süden marschierenden Alexander geschlagen. Nach Alexanders Sieg wurde die ehrwürdige alte Stadt Theben zerstört, um für diejenigen ein Exempel zu statuieren, die an der Entschlossenheit des neuen Königs zweifeln sollten.

Alexander hatte sich zwar als Sohn seines Vaters und des Königtums würdig erwiesen, aber seine Schatztruhen hatten sich bedenklich geleert. Er hatte keine andere Wahl, als den geplanten Angriff auf die westlichen Provinzen des persischen Reiches durchzuführen. Die Aussicht auf Kriegsbeute beflügelte die Phantasie seiner makedonischen Truppen. Die widerspenstigen Griechen im Süden wurden durch die Aussicht auf Rache für weit zurückliegende, doch nie vergessene persische Greueltaten während der Perserkriege zu Anfang des 5. Jahrhunderts v. Chr. für den Feldzug gewonnen. Nach dem Überqueren des Hellespont hatte Alexander in Troja den griechischen Helden Homers geopfert und war dann nach Süden zum Granikos gezogen, wo er zum ersten Mal auf ernsthaften Widerstand stieß. Jetzt, da die Axt des Spithridates zum zweiten Mal auf Alexanders zerborstenen Helm niedersauste, schien das glorreiche Unternehmen beendet, bevor es richtig begonnen hatte.

Zum tödlichen Schlag kam es jedoch nicht. In dem Augenblick, als Spithridates sich anschickte, seinen Feind endgültig zur Strecke zu bringen, tauchte Alexanders persönlicher Leibwächter und Freund Kleitos, der den Beinamen »der Schwarze« trug, neben seinem König auf und tötete den Perser mit seinem Speer. Rasch sammelte Alexander seine Männer um sich, und der wilde Angriff, der mit einer Katastrophe hätte enden können, spornte seine Truppen an. Der größte Teil der persischen Truppen löste sich auf, und eine hartnäckig Widerstand leistende griechische Söldnertruppe wurde schließlich niedergemacht. Am Granikos errang Alexander einen spektakulären Sieg – er selbst verlor lediglich 34 Männer, soll aber der Überlieferung zufolge über 20 000 feindliche Soldaten getötet haben. Beutestücke aus der Schlacht wurden nach Griechenland geschickt, wo sie an Ehrenplätzen ausgestellt wurden. Alexander war jetzt auf der Siegerspur, und nichts schien ihn aufhalten zu können. Im Laufe der nächsten zehn Jahre stellten Alexander und seine Makedonen wiederholt ihre Fähigkeit unter Beweis, gewaltige Hindernisse zu überwinden. Sie eroberten das gesamte persische Reich und weitere Gebiete. Alexanders Eroberung des persischen Reiches gehört zu den bedeutendsten – sowie blutigsten und effizientesten – Feldzügen aller Zeiten. Bis zum Jahre 324 v. Chr. hatte er den Grundstein für ein Reich gelegt, das sämtliche ehemaligen Gebiete des persischen Reiches, die griechische Halbinsel und verschiedene andere Regionen umfaßt hätte. Er machte Babylon zur Hauptstadt seines Reiches und arbeitete Pläne für die innere Verwaltung und weitere militärische Eroberungszüge aus. Doch nach seinen großen Eroberungen lebte er nicht mehr lange. Im Juni des Jahres 323 v. Chr,. zehn Jahre nach der Schlacht am Granikos, starb er im Alter von 32 Jahren an einer Krankheit (wahrscheinlich an Malaria), die durch den strapaziösen Lebenswandel (mehrere schwere Verletzungen, übermäßiges Trinken) noch verschlimmert worden war.

Das angestrebte einheitliche Großreich wurde niemals Wirklichkeit. Nachdem Alexanders Generäle, ihre Statthalter und deren Söhne zwei Generationen lang Krieg geführt hatten, teilten sie die riesigen Gebiete, die mit ihrer Hilfe erobert worden waren, unter sich auf. Einige ferne nördliche und östliche Provinzen brachen aus dem makedonischen Herrschaftsbereich aus, und Nordwestindien wurde formell dem ehrgeizigen indischen Herrscher Chandragupta Maurya, dem Begründer der großen Maurya-Dynastie, übertragen, dessen Gegenleistung in 300 Kriegselefanten bestand.

Doch den Makedonen blieben noch große Gebiete: Binnen einer Generation nach Alexanders Tod wurden Ägypten, der größte Teil Anatoliens, Syrien-Palästina und ein Großteil Westasiens sowie das makedonische Mutterland und angrenzende Gebiete in Europa von relativ stabilen makedonischen Dynastien beherrscht. Und da sich die makedonische Elite eifrig die hellenische Kultur aneignete, geriet dieses große Gebiet in die politische und kulturelle Einflußsphäre Griechenlands. Dutzende von großen und kleinen griechischen Städten wurden von Alexander und seinen Nachfolgern gegründet: Alexandria in Ägypten, Thessaloniki in Makedonien, Pergamon in Anatolien und Antiochia in Syrien, um nur die berühmtesten zu nennen. Die griechische Sprache wurde schnell zur gemeinsamen Sprache eines großen Teils der zivilisierten Welt – und zur vorherrschenden Sprache des Handels, der Diplomatie und der Literatur.

Die großartige hellenistische Zivilisation, die sich in den Generationen nach Alexanders Tod entwickelte, vergrößerte nicht nur das geographische Einflußgebiet der griechischen Kultur um ein Vielfaches, sondern bildete auch eine historische Brücke zwischen der klassischen griechischen Kultur des 6. bis 4. Jahrhunderts v. Chr. und dem aufsteigenden römischen Reich. Hellenistische Wissenschaftler sorgten in der berühmten Bibliothek von Alexandria für die Erhaltung und systematische Erfassung der besten Werke der frühen griechischen Literatur, während hellenistische Historiker die Erinnerung an die Leistungen der Griechen auf politischem und militärischem Gebiet wachhielten. Die gebildeten Eliten befaßten sich mit Philosophie, wobei sie eine besondere Vorliebe für die relativ individualistischen Lehren der Stoiker und Epikureer entwickelten. Da die herrschenden Eliten eine gemeinsame Sprache und in religiösen Fragen eine tolerante Einstellung hatten, konnten neue Formen des religiösen Denkens und Handelns erprobt werden, die viele Menschen anzogen.

Da sich überall neue Möglichkeiten eröffneten, vollzogen sich auch bedeutsame demographische Veränderungen: bei den Griechen und Makedonen – die als Soldaten und Verwaltungsexperten sehr gefragt waren –, aber auch bei den Juden, Phöniziern und anderen Völkern des Nahen Ostens, die Enklaven in den neugegründeten und aufblühenden griechischen Städten errichteten. Ältere Städte wie Jerusalem erhielten ein neues, kosmopolitisches und zunehmend hellenistisches Gepräge. Diese hellenistische (bzw. »griechisch orientierte«) Welt ähnelte insofern der klassischen Ära, als weitgehend unabhängige Stadtstaaten und deren hochentwickelte städtische Kultur die entscheidende Rolle spielten. Der Unterschied zur klassischen Ära bestand darin, daß das »Griechentum« jetzt ebensosehr durch kulturelle Gemeinsamkeiten wie durch das ethnische Erbe definiert wurde. Syrer, Ägypter und Baktrier in Zentralasien sowie Menschen anderer ethnischer Herkunft, die in den Gebieten lebten, welche von den Nachfahren der Generäle Alexanders regiert wurden, wurden in bezug auf Sprache, Erziehung, literarische und sportliche Vorlieben zunehmend griechisch, während sie in ihren religiösen Praktiken durchaus ungriechisch blieben.

Die hellenistische Welt war das Umfeld, in dem das Judentum die Aufmerksamkeit der Griechen erregte und einige seiner »modernen« Formen ausprägte. Sie bildete auch den Rahmen, in dem

Jesus von Nazareth seine neue Botschaft predigte und in dem sich das Christentum als Religion entwickelte. Es war die hellenistische Kultur, die von den Römern übernommen wurde und später von der europäischen Renaissance und Aufklärung wiederentdeckt werden sollte. Es ist also nicht übertrieben, zu sagen, daß die moderne westliche Kultur, soweit sie durch ein »griechisch-römisch-jüdisch-christliches« Erbe definiert wird, ein Produkt der Welt ist, die aus Alexanders Eroberungen hervorging.

◈ ◈ ◈

Der frühe Tod Alexanders regte einen der bekanntesten Historiker des 20. Jahrhunderts, nämlich Arnold Toynbee, zu einer romantischen »kontrafaktischen Geschichte« an, die geradezu ein Klassiker geworden ist. Ausgehend von einer plötzlichen Genesung von dem entkräftenden Fieber, stellte sich Toynbee für Alexander ein langes und produktives Leben vor, in dem Eroberungen und Forschungsexpeditionen durch gut durchdachte Verwaltungsstrukturen und eine großzügige Sozialpolitik ergänzt wurden, die allen Bewohnern des großen Reiches eine grundlegende menschliche Würde zuerkannte. In Toynbees optimistischem Szenario förderten Alexander und seine Nachfahren Kultur und Technik, was beispielsweise zur frühen Entdeckung der Dampfkraft führte. Folglich war das große Reich unbesiegbar; Rom wurde nie zu einer ernsthaften Bedrohung. Mit der Entdeckung der westlichen Hemisphäre durch Alexanders Forscher wird das Reich schließlich zu einem echten Weltstaat, der von einem wohlwollenden Monarchen regiert wird. Toynbees Darstellung zufolge sitzen Alexanders direkte Nachfahren noch immer sicher auf ihrem Thron, die Untertanen leben in Frieden und Wohlstand, und die Welt befindet sich in bester Ordnung.

Toynbees kontrafaktische Darstellung war stark durch das verklärende Porträt seines Zeitgenossen W. W. Tarn beeinflußt, eines wortgewandten und selbstherrlichen Historikers, der den historischen Alexander als Inbegriff eines kosmopolitischen, nachdenklichen und weitsichtigen Stoikers geschildert hatte. Tarns Alexander führte Kriege nur zu einem höheren Zweck. Tarns Vision zufolge war dieser Zweck eine breitangelegte »Verbrüderung der Menschen«, die vor allem durch Ehen zwischen griechisch- und persischsprechenden Gruppen erreicht werden sollte, unter der wohlwollenden Herrschaft des Monarchen. In neueren Arbeiten (insbesonders von E. Badian und A. B. Bosworth) wird allerdings eine wesentlich dunklere Seite von Alexanders Charakter hervorgehoben. Sie verweisen auf die brutalen Methoden, mit denen Alexander seine Macht ausübte und Persien eroberte, und sie zeigen, daß es ihm keineswegs um eine große humanitäre Vision ging. Dieser revidierten Sicht zufolge hielt Alexander viel von Gemetzeln und wenig von einer effektiven Verwaltung seines Reiches. Unter seiner direkten Führung erwiesen sich die Makedonen zwar als bemerkenswert erfolgreich bei der Abschlachtung militärisch unterlegener Völker, trugen aber wenig zur kulturellen Entwicklung bei.

Aufgrund dieser andersartigen Sichtweise läßt sich eine weniger erfreuliche Alternative zu Toynbees kontrafaktischer Darstellung entwickeln. Hätte Alexander tatsächlich noch dreißig Jahre gelebt, ist anzunehmen, daß noch wesentlich mehr asiatische Kulturen zerstört worden wären und daß die Ausplünderung lokaler Ressourcen zur Finanzierung eines nie endenden Kreislaufs von Eroberungszügen, die nur Elend hinterlassen hätten, zu einer verheerenden Verarmung geführt hätte. Daher darf man annehmen, daß sich die hellenistische Welt und ihr modernes Erbe nie entfaltet hätten, wenn ihr Begründer wesentlich länger gelebt hätte.

Im Grunde genommen ist Alexander gar nicht in jungen Jahren gestorben. In der Antike konnten die Menschen nicht damit rechnen, annähernd so lange zu leben wie die Menschen in den entwickelten Ländern von heute: Krankheiten, Kriege usw. setzten ihrem Leben in der Regel ein viel früheres Ende, als es unserer Vorstellung von einer »normalen Lebenserwartung« entspricht. Daher ist es eigentlich nichts Besonderes, daß Alexander starb, bevor er graue Haare bekam. Er war ein Mann, der auf dem Schlachtfeld außerordentlichen Gefahren ausgesetzt war und mehrere schwere Verwundungen erlitt, der viele persönliche Feinde hatte, übermäßig viel trank, den größten Teil seines Lebens im Freien verbrachte, Tausende von Kilometern zurücklegte und in einer Zeit, in der es noch keine moderne Hygiene und Medizin gab, in Gebiete vordrang, in denen unbekannte Krankheiten lauerten. So betrachtet ist es ein Wunder, daß Alexander überhaupt das »reife Alter« von 32 Jahren erreichte. Erklären läßt sich diese in Anbetracht der vielen Gefahren und Belastungen, denen er ausgesetzt war, relativ lange Lebensdauer wohl mit seiner körperlichen Robustheit und einer gehörigen Portion Glück. So scheint es im Sinne einer wirklich plausiblen kontrafaktischen Geschichtsschreibung sinnvoller zu sein, nicht die Frage zu stellen: »Was wäre gewesen, wenn Alexander fünfundsechzig geworden wäre?«, sondern: »Was wäre gewesen, wenn Alexander mit Anfang Zwanzig gestorben wäre?« Um es genauer zu sagen: Was wäre gewesen, wenn Alexander bei der Schlacht am Granikos etwas weniger Glück gehabt hätte? Was wäre gewesen, wenn Kleitos seinen Speer nur einen winzigen Moment später geworfen hätte?

Es gibt gute Gründe für die Annahme, daß Alexander zwar das Glück hatte, den Granikos halbwegs unversehrt zu verlassen, daß es aber beileibe kein Zufall war, daß sich Spithridates zu Beginn der Schlacht nur eine Axtlänge vom makedonischen Herrscher entfernt befand. Die Perser wußten, wo sich Alexander inmitten der berittenen makedonischen Truppen befand, denn der mit einer weißen Feder geschmückte Helm des Königs war, nicht nur für die Makedonen, ein deutlich sichtbares Zeichen. Und die persischen Heerführer konnten zu Recht annehmen, daß Alexander den Angriff persönlich führen würde. Der Platz eines griechischen Generals war in vorderster Front und nicht in den hinteren Abteilungen. Außerdem hatte es der junge Alexander zu Beginn eines gewagten Feldzugs gegen einen mächtigen Feind besonders nötig, sich den Ruf persönlicher Tapferkeit und charismatischer Führungsstärke zu erwerben. Daher war zu erwarten, daß Alexander beim Angriff der Makedonen an der Spitze reiten würde.

Aufgrund der jüngeren Geschichte hatten die persischen Generäle allen Grund, griechische Angreifer unter einer guten Führung zu fürchten. Und ebensosehr hatten sie Grund zu der Annahme, daß der makedonische Feldzug beim Tod des Oberbefehlshabers schnell zusammenbrechen würde. Zwei Generationen zuvor, im Jahre 401 v. Chr., hatte Kyros II., ein sehr fähiger und überaus ehrgeiziger jüngerer Bruder des regierenden persischen Königs, ein Heer von ungefähr 13 000 griechischen Söldnern gegen seinen älteren Bruder geführt. Bei der Schlacht von Kunaxa in der Nähe von Babylon (im heutigen Irak) brachten die disziplinierten griechischen Hopliten ihre Gegner schwer in Bedrängnis. In einem Augenblick, da ein Sieg möglich schien, hatte Kyros mit seinen Reitern einen kühnen Vorstoß tief in die gegnerischen Reihen unternommen. Viel zu tief, wie sich herausstellte. Kyros hatte nicht soviel Glück wie Alexander und wurde getötet, sobald er von seiner Streitmacht abgeschnitten war. Als der Oberbefehlshaber und Thronanwärter tot war, verlor der Feldzug sofort seinen Sinn und seine Dynamik. Etwa 10 000 überlebende Griechen konnten sich aus dem Reich herauskämpfen. Ihr heldenhafter Rückzug ist in Xenophons autobiographischem Werk *Anabasis* verewigt. Der Erfolg der Hopliten bei Kunaxa und der Marsch der 10 000 zeigten den Griechen und Persern gleichermaßen, welches militärische Potential die griechischen Soldaten hatten, wenn sie gegen asiatische Streitkräfte geführt wurden: Die persischen Könige des 4. Jahrhunderts v. Chr. erkannten dies und heuerten regelmäßig griechische Söldner an. Die politische Bedrohung des persischen Reiches war mit dem Tod von Kyros II. verschwunden, und auch daraus hatten seine Landsleute eine Lehre gezogen. Ob das unglückliche Schicksal des Kyros der taktischen Planung seiner Gegner oder seiner eigenen Unvorsichtigkeit zuzuschreiben war, mag dahingestellt sein. Sicher ist, daß es ein Modell dafür lieferte, wie mit einem jungen, ehrgeizigen angehenden Eroberer an der Spitze einer wirklich gefährlichen Armee umzugehen war: Man lockte ihn von seiner Armee weg und erledigte ihn dann ungestört. War der Kopf abgetrennt (in Anbetracht der Waffe des Spithridates ein besonders zutreffendes Bild), würde die Schlange sterben. Also: Was wäre gewesen, wenn der einfache und gute Plan der Perser, den Oberbefehlshaber zu isolieren und zu töten, am Granikos funktioniert hätte – wie es ja beinahe der Fall gewesen wäre? Wäre Alexander im Alter von 22 Jahren und nicht zehn Jahre später gestorben, nachdem er das persische Reich erobert hatte, wäre die Weltgeschichte völlig anders verlaufen. Möglicherweise so:

Alexanders Schädel wurde durch den zweiten Schlag mit der Streitaxt gespalten; er war sofort tot. Kleitos kam gerade rechtzeitig, um seinen Feind ins Jenseits zu befördern, dann folgte eine erbitterte Schlacht um den Leichnam des gefallenen Königs. Die Makedonen siegten schließlich und schlugen die feindlichen Truppen zurück, nachdem viele ihrer Soldaten getötet oder verwundet worden waren, aber das Hauptheer der Perser zog sich weitgehend intakt zurück. König Dareios III., der junge, tatkräftige und kampferprobte persische Monarch, stellte jetzt eine wirklich gewaltige Streitmacht auf. Makedonische Erfolge gegenüber seinen örtlichen Statthaltern würden bedeutungslos sein, sobald seine Armee in Westanatolien ankäme. Die Admiräle des Dareios bereiteten sich darauf vor, den Konflikt wieder nach Griechenland hinein zu tragen.

Die Makedonen, die recht glücklos gewesen waren und die Nachricht von Alexanders Tod nicht lange hatten zurückhalten können, waren mit der Möglichkeit eines großen griechischen Aufstands konfrontiert. Da der makedonische Thron nicht besetzt war, würden die Griechen ihr übliches Spiel spielen und diesen oder jenen Anwärter unterstützen, so daß die Zukunft eines jeden Mitglieds der makedonischen Elite vom Ausgang des bevorstehenden Kampfes abhing. Nach der Schlacht am Granikos kam der makedonische Kriegsrat schnell auf den entscheidenden Gedanken: Es war sinnlos, den Feldzug fortzusetzen; alles sprach dafür, schnell den Rückzug anzutreten und auf dem Weg nach Hause alles mitzunehmen, was sich mühelos erbeuten ließ. Als in Makedonien ein Bürgerkrieg ausbrach, bedeutete dieser das Ende des kurzen goldenen Zeitalters Makedoniens, das sich dank Philipps organisatorischem Genie entfaltet hatte. In den nächsten Generationen wiederholte sich weitgehend die frühere makedonische Geschichte: schwache Könige, die ein Spielball der Griechen, der Donauvölker, der Perser und ihrer eigenen willensstarken Adligen waren.

Persien trat dagegen in eine lange Periode relativen Friedens und Wohlstands ein. Dareios erwies sich als geschickter Diplomat und gestattete den halb hellenisierten westlichen Satrapen, beim Umgang mit den Griechen ihre eigenen Wege zu gehen. Der Modus vivendi, der bereits im 4. Jahrhundert vorgeherrscht hatte, wurde ausgeweitet: Der Handel zwischen Griechenland, Anatolien, dem Nahen Osten und sogar weiter entfernten Gebieten des Reiches nahm zu. Für die Griechen gab es immer weniger Grund, sich vorzustellen, die griechischen Städte an der westanatolischen Küste würden eine »Befreiung« von der persischen Herrschaft begrüßen, und die Perser hatten längst das Interesse an militärischen Abenteuern mit den Kriegern aus dem Westen in ihren Bronzerüstungen verloren. Obwohl die persischen Könige an der alten, erfolgreichen Politik der religiösen Toleranz festhielten (durch die kostspielige Aufstände in denjenigen Gebieten des Reiches verhindert wurden, die besonders auf die Reinheit ihrer religiösen Lehre bedacht waren), breiteten sich unter den multiethnischen Eliten des Reiches die Verehrung des Gottes des Lichtes und der Wahrheit, Ahurumazda, und eine auf seinem ewigen Kampf mit der Dunkelheit und den Kräften des Lichtes basierende Kosmolo-

Alexanders unterbrochener Feldzug

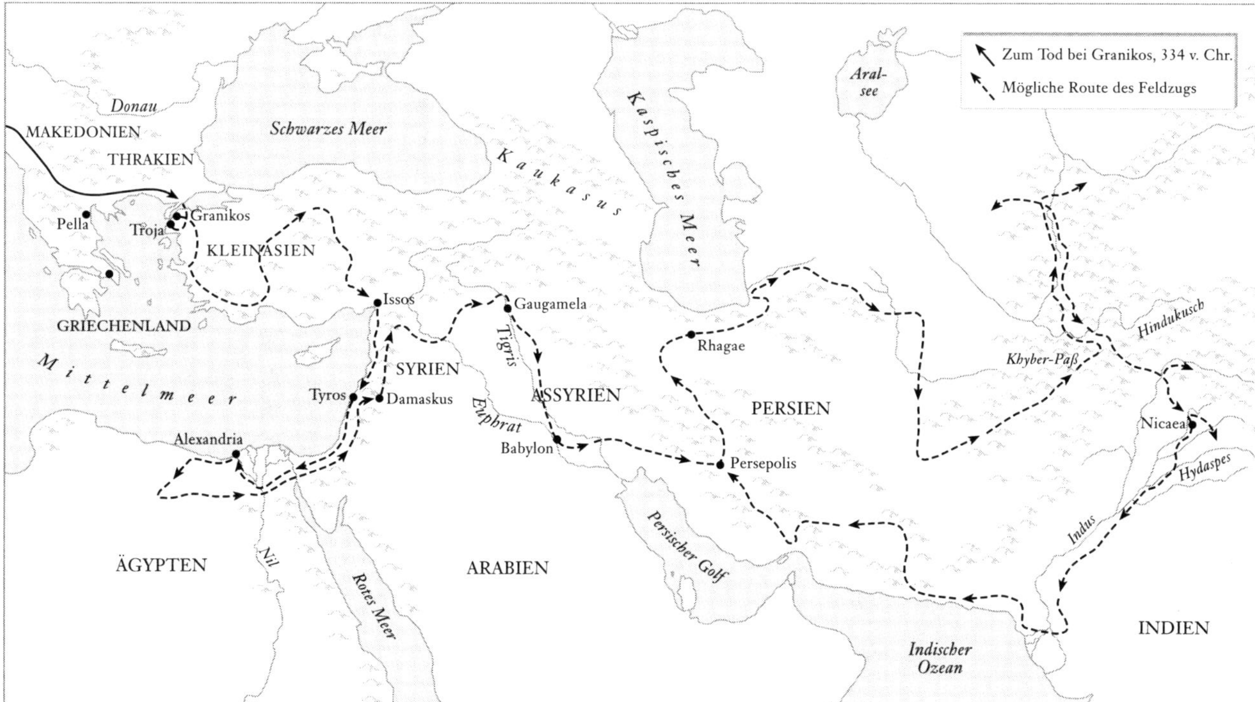

gie aus. So entstand eine gewisse kulturelle Kontinuität, die zur Festigung der konservativen Militärpolitik Persiens und ihres effizienten Besteuerungssystems beitrug.

Auf dem griechischen Festland war der Stadtstaat Athen der große Gewinner. Die beiden traditionellen Rivalen Athens, Sparta und Theben, spielten keine Rolle mehr: Theben war von Alexander zerstört worden, und Sparta erholte sich nie von der vernichtenden Niederlage, die die Thebaner ihm im Jahre 371 v. Chr. beigebracht hatten, und von der darauffolgenden Befreiung der Sklaven Spartas im nahe gelegenen Messenien. Da Makedonien kurz vor dem Zusammenbruch stand, war Athen erneut die dominierende Militärmacht auf dem griechischen Festland: Die athenische Flotte war jetzt größer, als sie in der Blütezeit des perikleischen »goldenen Zeitalters« in der Mitte des 5. Jahrhunderts gewesen war.

Aber die Athener versprachen sich wenig von imperialistischen Abenteuern auf dem Festland oder in Richtung Osten. Der demokratische Stadtstaat hatte sich auch ohne die Existenz eines Reiches wirtschaftlich sehr gut entwickelt, indem er sich auf seine Rolle als internationaler Hafen und Handelszentrum konzentriert hatte. Da in der Ägäis athenische Kriegsschiffe patrouillierten, wurde das Piratenunwesen auf ein Minimum beschränkt. Aufgrund der allgemein guten Beziehungen Athens zu den westlichen persischen Satrapien bestanden ideale Voraussetzungen für eine Ausweitung des friedlichen Handels sowohl mit Luxusgütern als auch mit Waren des täglichen Bedarfs. In dem Maße, wie sich die Handelsinteressen Athens ausweiteten, nahm auch die Tendenz zu, Menschen nicht-griechischer Herkunft in die Athener Demokratie einzubeziehen, und es kam immer häufiger vor, daß erfolgreichen, in Athen lebenden Ausländern die athenische Staatsbürgerschaft gewährt wurde. Athen, das immer ein kulturelles Mekka gewesen war, wurde jetzt zum unangefochtenen Zentrum des geistigen und kulturellen Lebens. Nur wenige griechische Philosophen, Dichter, Wissenschaftler oder Künstler hatten den Wunsch, anderswo zu leben. Mit der wachsenden Zahl der Bürger und der staatlichen Einnahmen aus den Hafengebühren wuchs auch Athens Fähigkeit, sich neue Einflußsphären zu schaffen.

Es lockte das westliche Mittelmeer: Italien, Sizilien, Südgallien und Nordafrika waren den Festlandsgriechen wohlbekannt, und am Ende des 5. Jahrhunderts v. Chr. hatten die Athener versucht, Sizilien zu erobern. Doch es gab ein echtes Problem: Der imperiale phönizische Stadtstaat Karthago (in Nordafrika in der Nähe des heutigen Tunis gelegen) hatte den Überseehandel im westlichen Mittelmeer stets als karthagisches Monopol betrachtet, und die Karthager verliehen dieser Politik durch ihre starke Flotte Nachdruck. Die Spannungen zwischen karthagischen und athenischen Kaufleuten entluden sich schließlich in einem offenen Konflikt zwischen den beiden großen Seemächten. In dem nun folgenden langen, kräftezehrenden Krieg konnte keine der beiden Seiten einen klaren Vorteil erlangen. Beide Seiten hatten eine große Bevölkerung, aus der sich Ruderer und Kämpfer rekrutieren ließen. Beide hatten eine gut gefüllte Kriegskasse, und beide konnten ihre Truppen durch Söldner verstärken. Zehntausende kamen bei den heftigen Seeschlachten um, und noch mehr ertranken, wenn plötzlich aufkommende Stürme die Schiffe zu weit von den schützenden Häfen wegtrieben.

Der Kriegsschauplatz weitete sich aus: Andere griechische Stadtstaaten, insbesondere die griechischen Städte in Sizilien und Süditalien, wurden zwangsläufig auf der einen oder anderen Seite in die Auseinandersetzung hineingezogen. Während Athen und Karthago einen immer größeren Teil ihrer Ressourcen in den erbitterten und sinnlosen Krieg steckten, traten andere nicht-griechische Städte als Handelsmächte auf den Plan: die Phönizier im Osten und schließlich lateinischsprechende Händler aus Mittelitalien im Westen. Als sich der Konflikt hinzog, als neue Händler die Handelswege nutzten und neue Waren aus Asien, Ägypten und Europa zugänglich wurden, verloren die großen hellenistischen Kulturgüter – beispielsweise die Architektur, bemalte Vasen und die Literatur – in den westlichen Provinzen des persischen Reiches an Bedeutung. In weiten Teilen des Westens hatte die griechische Kultur ohnehin nie wirklich Anklang gefunden.

Da Karthago und die westlichen griechischen Stadtstaaten durch den Krieg geschwächt waren, war der große Gewinner im westlichen Mittelmeer Rom. Zur Zeit von Alexanders Tod am Granikos nur eine mittlere regionale Macht, erstarkte Rom durch die Bildung eines Verteidigungsbündnisses in Mittelitalien. Der Einfluß des Bündnisses wuchs schnell, und schließlich schaltete sich Rom auf seiten Karthagos in den Konflikt ein. Das Ergebnis war die rasche Einbeziehung ganz Italiens, Siziliens und eines stark geschwächten Karthago in eine schnell wachsende römische Konföderation, die sich zu einem richtigen Reich entwickelte. Ein Waffenstillstand mit Athen und den Festlandsgriechen war nur von kurzer Dauer: Die Römer fanden schon bald einen Vorwand für eine Invasion in Griechenland. Da Athen durch Kämpfe geschwächt war, die sich über zwei Generationen hingezogen hatten, stand der Sieg der Römer außer Frage.

Doch die hartnäckige Weigerung der Athener, sich nach einer langen Belagerung zu ergeben, stellte die Geduld der Römer auf eine harte Probe. Als die Mauern der Stadt schließlich fielen, liefen die römischen Soldaten Amok. Die Bevölkerung wurde massakriert, die Stadt niedergebrannt. Mit der Zerstörung Athens ging auch ein großer Teil der geistigen und kulturellen Schätze Griechenlands verloren; es überlebten nur kümmerliche Reste der griechischen Tragödie, Komödie, Philosophie und Wissenschaft. Die griechische Welt gewann nie wieder ihre kulturelle und wirtschaftliche Größe zurück, und die noch vorhandenen Stadtstaaten wurden von den wachsamen Römern streng kontrolliert. Die meisten Römer hatten keine Vorliebe für die griechische Kultur entwickelt und verachteten das wenige, das sie kannten.

Die Eroberung Griechenlands führte zur direkten Konfrontation zwischen den Römern und den Persern. Aber die sich über eine Generation hinziehenden Kämpfe zwischen den beiden großen Reichen brachten keine Entscheidung: Obwohl die Römer Ägypten eroberten und so ihre Eroberungen in Nordafrika abrundeten, mußten sie feststellen, daß sie nicht genug Menschen mobilisieren konnten, um ihre ausgedehnten Provinzen im Westen zu befrieden und gleichzeitig einen wirklich großen Krieg gegen Persien zu führen. Die Perser ihrerseits hatten den Gedanken an eine Expansion nach Westen längst aufgegeben. Mittelasien zu halten, war Herausforderung genug. Überdies erkannten die herrschenden Eliten beider Großmächte im Laufe ihrer langen diplomatischen Beziehungen, daß die persischen und römischen Adligen viele Gemeinsamkeiten hatten. Beide Kulturen hatten großen Respekt vor Tradition und Autorität. Beide waren sehr patriarchalisch ausgerichtet, verehrten die Ahnen und stellten Pflichterfüllung in den Vordergrund. Die Anbetung des Ahurumazda fand durchaus Anklang bei den Römern: Die dualistische Sichtweise des Kosmos, der von den Kräften des Guten und des Bösen beherrscht wird, paßte gut in ihre Weltsicht, und außerdem ließ sich Ahurumazda leicht in das religiöse Gemisch integrieren, das sie von den Etruskern übernommen hatten. Die Perser wiederum kamen zu dem Schluß, daß ihnen die Übernahme gewisser militärischer Organisationsformen der Römer helfen konnte, ihre östlichen Provinzen besser zu kontrollieren. Es kam zu vielen Ehen zwischen römischen und persischen Adelsfamilien, und im Laufe der Zeit wurde es immer schwerer, die beiden Kulturen voneinander zu unterscheiden.

* * *

Das ist die Welt, die wir vielleicht kennengelernt hätten: eine relativ stabile bipolare Struktur, die den Menschen im Laufe der Geschichte immer wieder als angemessenes und unvermeidbares Schicksal erschienen ist. Im Rahmen dieser Herrschaftsordnung blieben die Völker der Welt mit ihren unendlich vielfältigen Kulturen und Überzeugungen einfach das, was sie waren. Es gab – mochte dies nun gut oder schlecht sein – keine hegemoniale »Herrenkultur« und keinen »zentralen Kanon«, der sie geeint hätte. Das bedeutet, daß es keine Renaissance, keine Aufklärung, keine »Moderne« gegeben hätte. Es hätte schon den Begriff »die westliche Welt« nicht gegeben, der für eine Reihe von mehr oder weniger klar formulierten (und stets angefochtenen und in unvollkommener Weise verwirklichten) kulturellen, politischen und ethischen Idealen steht.

Möglicherweise wäre es gelegentlich zu Ausbrüchen religiöser Begeisterung gekommen, aber diese wären lokal begrenzt geblieben und hätten nie über die jeweilige Provinz hinausgereicht. Wodurch hätten sie auch allgemeine Bedeutung erlangen können? Das im Westen gesprochene Latein und das im Osten übliche Aramäisch waren zwar brauchbare Verwaltungssprachen, stellten aber kein linguistisches Umfeld dar, in dem ein transkultureller Austausch hätte gedeihen können. Die Händler beherrschten zwangsläufig mehrere Sprachen, doch die meisten Menschen hätten nur ihre eigene Sprache gesprochen, nach den in ihrer Region geltenden Gesetzen gelebt, ihre regionalen Gottheiten angebetet, ihre überlieferten Geschichten erzählt und ihre eigenen Ideen gedacht. Der Kontakt mit dem großen Reich, in dem sie zufällig lebten, hätte sich auf das Zahlen von Steuern und gelegentliche Militärdienste beschränkt. Die Besonderheiten der verschiedenen Kulturen hätten vielleicht staatlich alimentierte Wissenschaftler interessiert, die es sich zur Aufgabe gemacht hätten, Wissen über die Welt zu sammeln und zu ordnen. Aber deren Zahl wäre klein geblieben, und sie wären auch nur deswegen von den Regierungen der beiden Reiche unterstützt worden, weil sich abstruses Wissen mitunter als nützlich erweist, wenn es um die Erhebung von Steuern oder die Aufrechterhaltung der Ordnung geht.

◆ ◆ ◆

Wenn Kleitos also gestolpert wäre, als er herbeieilte, um seinen König zu retten, würden wir in einer Welt leben, die sich in geopolitischer, religiöser und kultureller Hinsicht sehr von der unsrigen unterscheiden würde. Es wäre eine Welt, in der die für die griechischen Stadtstaaten charakteristischen Werte verlorengegangen wären und statt dessen eine Verschmelzung römischer und persischer Ideale stattgefunden hätte. Der ausgeprägte Dualismus des Ahurumazda-Kultes wäre zur maßgebenden religiösen Tradition geworden. Rituale, Traditionen, Ahnenverehrung und soziale Hierarchien – und nicht die von den Griechen hochgehaltene Freiheit, politische Gleichheit und Würde des Menschen – wären die ethischen Werte einer kleinen »kosmopolitischen« Elite gewesen, die über eine Vielzahl von Kulturen geherrscht hätte. All dies hätte so kommen können, weil es die lang anhaltende »hellenistische Periode« nicht gegeben hätte – und damit nicht die Einbeziehung eines großen Teiles der Welt in eine griechische kulturelle und sprachliche Einflußsphäre.

Hätte es nicht die Herausforderung eines starken kulturellen Einflusses der Griechen und eine verfehlte Politik der Römer in Judäa gegeben, wäre das Judentum immer ein regional begrenztes Phänomen geblieben. Die Perser hatten ein Gespür für regionale religiöse Belange. Unter persischer Herrschaft hätte es nicht den großen Aufstand der Makkabäer, eine griechische Septuaginta, die Zerstörung des Zweiten Tempels und eine große jüdische Diaspora gegeben. Ebenso wäre Jesus von Nazareth (hätte er nicht ohnehin beschlossen, weiterhin das Tischlerhandwerk auszuüben) eine religiöse Gestalt mit begrenztem Wirkungskreis geblieben. Das Neue Testament (welche Form es auch immer angenommen hätte) wäre nie in der »Universal«-Sprache der Griechen verfaßt worden, hätte nie eine breite Leserschaft gefunden. Ohne die weite Verbreitung der jüdischen und christlichen Texte wäre Mohammed in einem völlig anderen kulturellen Umfeld aufgewachsen. Wäre auf der arabischen Halbinsel eine neue Religion entstanden, hätte sie eine ganz andere Form als die des klassischen Islam angenommen, und es erscheint höchst unwahrscheinlich, daß sie die großen kulturellen und militärischen Energien freigesetzt hätte, die wir mit dem großen Dschihad assoziieren. Schon der Begriff »Kultur« hätte eine völlig andere Bedeutung, da die Kultur sehr weitgehend ein örtlich begrenztes Phänomen geblieben wäre und nicht nach universeller Geltung gestrebt hätte.

Es liegt eine gewisse Ironie darin, daß die Werte unserer Welt, die ich als Ergebnis von Alexanders glücklicher Rettung am Granikos dargestellt habe, Kleitos dem Schwarzen gar nicht zugesagt hätten. Als überzeugter makedonischer Konservativer, der alles Neue verachtete, hätte Kleitos dem oben beschriebenen römisch-persischen Szenario mehr abgewinnen können. Aber Kleitos erlebte jene Welt nicht mehr, die ihr Entstehen seinem Speerwurf verdankte: Sieben Jahre, nachdem er seinen König am Granikos gerettet hatte, wurde er bei einem im Rausch begonnenen Streit über die kulturelle Zukunft des entstehenden Reiches von Alexander getötet. Eine noch größere Ironie: Ihr Streit drehte sich um genau gegensätzliche kontrafaktische Szenarien. Kleitos meinte, die Makedonen sollten ihren Traditionen treu bleiben und sich nicht um die Gebräuche der eroberten Völker scheren; er träumte von einer Welt, in der die Kultur der siegreichen Makedonen durch die militärischen Erfolge völlig unberührt bliebe. Alexander dagegen, der sein Reich einen wollte und Menschen für künftige Eroberungen brauchte, übernahm das persische Hofzeremoniell und bildete persische Soldaten aus, die Seite an Seite mit seinen makedonischen Veteranen kämpfen sollten. Aber weder der Makedonien-über-alles-Konservatismus des Kleitos noch Alexanders Hoffnung auf ein geeintes Reich und unbegrenzte imperiale Expansion hatten viel mit der realen neuen Welt zu tun, die entstand, nachdem Alexander im Alter von 32 Jahren im Juni des Jahres 323 v. Chr. in Babylon gestorben war.

Lewis H. Lapham

Furor Teutonicus, 9 n. Chr.

Das 1. Jahrhundert n. Chr. sah das römische Reich annähernd auf dem Höhepunkt seiner Macht. Seine Hauptstadt Rom war nicht nur der Mittelpunkt der bekannten Welt, sondern erregte auch Neid. Wie die Althistorikerin Edith Hamilton so treffend formulierte, hatte Kaiser Augustus (63 v. Chr. bis 14 n. Chr.) »Rom als eine Stadt aus Ziegeln vorgefunden und eine Stadt aus Marmor hinterlassen«. Das neueste Expansionsziel des Reiches war die Wildnis jenseits des Rheins, Germanien genannt. Im Jahre 9 n. Chr., nach zweiundzwanzig Jahren der Befriedung, Zivilisierung und Angleichung – dem üblichen Vorgehen Roms in den Gebieten der Barbaren –, erlitt Rom jedoch einen Rückschlag, von dem es sich nie wieder erholte. Im Teutoburger Wald überrumpelten und vernichteten Angehörige germanischer Stämme unter der Führung von Arminius drei römische Legionen, also 15 000 Soldaten mitsamt dem ihnen folgenden Troß. Die Köpfe seiner Opfer ließ Arminius an Bäume nageln: Dies war eine wirkungsvolle Botschaft, die ihren Eindruck auf Rom nicht verfehlte. Die Gewalt zahlte sich aus. Die Römer zogen sich hinter den Rhein zurück und ließen, von einigen Überfällen abgesehen, Germanien in Ruhe.

Fast zweitausend Jahre später müssen wir uns fragen, welchen Stempel ein romanisiertes Germanien der Geschichte aufgedrückt hätte. Was wäre gewesen, wenn Germanien nicht jahrhundertelang ein Grenzland geblieben wäre, eines der letzten Europas, mit einer Grenzmentalität, die die Nachfahren des Arminius – oder Hermann, wie er später genannt werden sollte –, zumal in ihren düsteren Ausprägungen, nie ganz aufgegeben haben? Was wäre gewesen, wenn aus

Arminius nicht eine Art Überheld, sondern nur einer von vielen kooptierten Stammesfürsten geworden wäre? Was wäre gewesen, wenn sich das römische Reich mit seinen Tempeln, Amphitheatern und seinem Rechtssystem bis zur Weichsel ausgedehnt hätte? Hätten wir es dann jemals mit der unseligen »deutschen Frage« zu tun bekommen?

◈ LEWIS H. LAPHAM befaßt sich im folgenden Beitrag mit einigen dieser Möglichkeiten. Lapham ist der Herausgeber von *Harper's Magazine* und hat für seine Essays, die mit denen von H. L. Mencken und Montaigne verglichen wurden, den National Magazine Award bekommen. Er hat acht Bücher verfaßt, von denen zwei erst kürzlich erschienen sind: *The Agony of Mammon* und *Lapham's Rules of Influence*.

»Ihr interessiert euch vielleicht nicht für den Krieg, aber der Krieg interessiert sich für euch.«

Leo Trotzki

Im ersten Jahrzehnt des Jahrhunderts, das sich noch nicht als christlich zu erkennen gegeben hatte, war Kaiser Augustus mehr mit Kriegsberichten aus Mainz beschäftigt als mit Erzählungen über ein Wunder in Bethlehem. Er hatte fast dreißig Jahre lang regiert, sowohl der römischen Republik als auch einem jahrhundertelangen Bürgerkrieg ein Ende gesetzt, und in allen Himmelsrichtungen erblickten seine Auguren günstige Vorzeichen – Stabilität in Ägypten, Frieden in Afrika und Spanien, Ruhe bei den Parthern, Weinberge in Aquitanien, Gymnasien in Kyzikos und weit und breit kein Anzeichen von Rebellion am blauen Horizont der mediterranen Welt.

Außer natürlich in Germanien. Augustus kannte weder die Siegfried-Sage noch die Insignien des Tausendjährigen Reiches, aber als Heerführer in der Wildnis östlich des Rheins hatte er gegen die germanischen Stämme gekämpft, die für seine Legionen den Furor Teutonicus darstellten, eine Horde abergläubischer, zumeist betrunkener Barbaren von gleichbleibender Feindseligkeit, die Pferde und den Mond anbeteten, deren primitiver Kalender nicht die Tage, sondern die Nächte zählte, und die wie Wölfe durch Nebel und Schnee streiften.

Augustus nahm an, einer ihrer Stammesführer würde irgendwann auf die Idee kommen, seinen Troß nach Süden zu führen, und dies wollte er durch die Verschiebung der Grenze des Reiches im Norden bis zur Elbe und im Osten bis zur Weichsel und zur Ostsee verhindern. Der bewaffneten Streitmacht sollten Aquädukte und Apfelbäume folgen, und mit den Goten sollte das geschehen, was Julius Cäsar mit den Galliern westlich und südlich des Rheins gemacht hatte: Sie sollten harmlose, den Römern unterworfene Kolonien bilden, »gut mit Luxusgütern versorgt und an Niederlagen gewöhnt«.

Diese Vorstellung war zwar optimistisch, aber durchaus plausibel. Im 1. Jahrhundert n. Chr. duldete die römische Macht weder Rivalen noch Widerspruch, und ihre Beamten pflegten Verfügungen auszugeben, aus denen die Allmacht einer Monarchie sprach, welche laut Edward Gibbon »die schönsten Länder der Erde und den zivilisiertesten Teil des Menschengeschlechts umfaßte, in der die gehorsamen Provinzen durch das Rechtssystem geeint waren und sich im Glanz der Kunst sonnten«, deren Straßen in gerader Linie vom Atlantik bis zum Euphrat verliefen und deren Grenzen verteidigt wurden durch »den Geist eines Volkes, das keine Angst kannte und dem das Rasten widerstrebte«. Wäre es Augustus gelungen, sein germanisches Projekt zu vollenden und es mit Meilensteinen zu markieren und auf Karten zu verzeichnen, wäre die europäische Geschichte in den nächsten 2000 Jahren wahrscheinlich ganz anders verlaufen: Das römische Reich wäre vor dem Untergang bewahrt worden, Christus ohne bleibendes Vermächtnis an einem in Vergessenheit geratenen Kreuz gestorben, die englische Sprache nicht entstanden, die protestantische Reformation weder notwendig noch möglich gewesen. Friedrich der Große wäre ein Zirkuszwerg und Kaiser Wilhelm in Briefmarken oder Wasserkäfer vernarrt gewesen, anstatt eine Leidenschaft für die Reiterei zu entwickeln.

Die Befriedung der Germanen durch die Römer begann im Jahre 13 v. Chr., in dem Jahr, in dem Tiberius, Erbe und Stiefsohn des Kaisers, seine Legionen über die Alpen nach Österreich, Württemberg und Tirol führte. In Köln entstand ein Jupitertempel, und bald danach wurden Befestigungen an den Mündungen der Flüsse gebaut, die die germanische Wildnis von der Nordsee her zugänglich machten. Höhergestellte Barbaren wurden mit der römischen Staatsbürgerschaft geehrt, ihre Unnachgiebigkeit durch Flötenmusik gemildert, ihr Argwohn durch Geschenke von Seide und Gold eingeschläfert. Ihre Söhne machten sich mit der lateinischen Sprache vertraut und lernten, ihren Umhang mit einem Schmuckstück anstatt mit einem Dorn zusammenzuhalten.

Zwanzig Jahre lang schoben sich die Linien römischer Siedlungen gen Osten vor, bis zu den Wäldern Westfalens.

Aber im Jahre 6 n. Chr. erhoben sich die Barbaren in der Provinz Illyrien, dem heutigen Balkan, und Tiberius wurde von Trier aus losgeschickt, um ihre Anmaßung zu bestrafen. Die brutale Erzwingung ihres Wohlverhaltens dauerte drei Jahre, und während sie noch im Gange war, betraute Augustus den Publius Quintilius Varus mit der Aufgabe, die Kultivierung der germanischen Stämme fortzuführen. Der Plan hatte Hand und Fuß, aber Augustus betraute den falschen Mann damit. Der fünfundfünfzigjährige, sanfte und entgegenkommende Varus verdankte diesen Gunstbeweis seiner Heirat mit der Großnichte des Kaisers. Er war Prokonsul in Afrika und Legat in Syrien gewesen, und seine Kenntnisse auf dem Gebiet der Militärstrategie hatte er bei seinen Untergebenen aufgeschnappt; sein Charakter war der einer Hofschranze – heuchlerisch, habgierig, träge und eitel.

Als Statthalter in Germanien jenseits des Rheins hatte Varus das Kommando über die drei besten Legionen des Reiches, und er war der festen Überzeugung, seine Armee sei unbesiegbar und die Barbaren hätten sich den römischen Gesetzen unterworfen. Keine dieser Annahmen erwies sich als richtig, aber Varus, von dem es später hieß, »das Schicksal habe ihn mit Blindheit geschlagen«, interessierte sich nicht sehr für Dinge, die er unangenehm oder unbequem fand. Er faßte seine Aufgabe als eine rein administrative auf und verließ sich darauf, daß Augustus, der liebevolle und treusorgende Großonkel seiner Frau, ihn bestimmt nicht nach Germanien geschickt hätte, wenn die Arbeit dort keine leichte wäre. Da er die germanischen Stämme als mühelos in Dienst genommene Sklaven und nicht als mühsam rekrutierte Verbündete betrachtete, erlegte er ihnen eine große Steuerlast auf, in dem Glauben, sie würden ihn schließlich wie einen weisen Vater lieben.

Von den Barbaren, die als Offiziere in seinem Stab dienten, genoß Arminius sein besonderes Vertrauen und seine Zuneigung. Er war ein Cherusker-Fürst, der mit Tiberius in Illyrien gekämpft hatte und die Dichtung des Horaz schätzte. Der damalige Historiker Velleius beschreibt Arminius als einen gutaussehenden Mann von Ende Zwanzig, »tapfer und mit einem lebhaften Verstand, dessen Geisteskräfte denen des gewöhnlichen Barbaren weit überlegen waren«. Auch besaß er eine Fähigkeit zum Doppelspiel, die der Intelligenz des Varus weit überlegen war, denn dieser sah in ihm seinen ergebensten Schmeichler. Arminius bewunderte ostentativ alles Römische, während er insgeheim Vorbereitungen für eine sehr prosaische Aufführung der Götterdämmerung traf (ohne Orchester, ohne Kostüme, ohne Opernkulisse).

Die Gelegenheit kam im Herbst des Jahres 9 n. Chr., sieben Tage, bevor Varus seine drei Legionen – 15 000 Soldaten in Begleitung von 10 000 Frauen, Kindern, Hilfskräften, Sklaven und Lasttieren – von ihrem Sommerlager in der Nähe von Minden zum Winterquartier führte, das weiter westlich, irgendwo in der Nähe der heutigen Stadt Haltern lag. Arminius verriet die Marschroute den Cheruskern, die seinen Haß auf das römische Reich teilten. Die Unzufriedenen gewannen gleichgesinnte Verbündete unter den Chatten und Brukterern, und auf halbem Wege zwischen den beiden befestigten Lagern überfielen die Barbaren in den dichtbewaldeten Schluchten des Teutoburger Waldes den Zug der Römer unter lautem Kriegsgeschrei.

Die Historiker streiten noch über den genauen Schauplatz des dann folgenden Massakers. In den letzten Jahrhunderten haben sie anhand der spärlichen Literatur und der dürftigen archäologischen Funde – alte Manuskripte, in sumpfigem Moos entdeckte Gold- und Silbermünzen, Überreste von römischen Rüstungen, die örtlichen Bezeichnungen »Knochenbahn« und »Mordkessel« – 700 Theorien über den wahrscheinlichen Ort des Angriffs entwickelt. Einige Historiker nehmen an, der Zug des Varus hätte sich im Gebiet der Nebenflüsse der Ems befunden, andere meinen, es sei die Lippe oder die Weser gewesen, doch alle sind sich darin einig, daß die Römer wie zusammengepferchtes Vieh hingemetzelt wurden. Das schwierige Gelände – ein enger Damm zwischen Steilhang und Uferböschung, der nasse Untergrund, »um die Wurzeln und Baumstämme herum tückisch und rutschig«, umgestürzte Wagen, verwirrte und verängstigte Kinder, Pferde, die im Morast starben – hinderte die Legionen daran, ihre überlegenen Waffen und ihre überlegene Taktik zum Einsatz zu bringen. Da sie für die offene Feldschlacht ausgebildet worden waren, trugen sie schwere Speere und das kurze spanische Schwert, mit dem sie ihre Feinde so niederzumähen pflegten, wie die Bauern Weizen schnitten. Aber im deutschen Wald verfingen sie sich im Gewirr der Äste, waren durch schwerbeladene Fuhrwerke behindert, die eine Kette von über vierzehn Kilometern Länge bildeten, und schafften es nicht, ihre Kohorten in geordneten Reihen aufzustellen. Die Barbaren griffen in der Abenddämmerung an. Sie schleuderten ihre Speere von den höher gelegenen Felsnasen und schlachteten bei einem unaufhörlich niedergehenden kalten Regen drei Tage und drei Nächte lang die gesamte römische Armee ab. Varus stürzte sich in sein Schwert. Das gleiche tat jeder Offizier, der wußte, daß es bei den Cheruskern üblich war, ihre besiegten, aber noch lebenden Feinde an die Stämme von heiligen Eichen zu nageln.

Arminius schickte das Haupt des Varus an Marbod, einen Barbarenkönig in Böhmen, auf den er einen guten Eindruck machen wollte, und Marbod wiederum hatte seine Gründe, es nach Rom zu senden. Dem Bericht des Dio Cassius zufolge war die Wirkung denkwürdig. Augustus war über die Vernichtung seiner besten Legionen derart schockiert, daß er »seine Gewänder zerriß und einer tiefen Trübsal anheimfiel«. Edward Gibbon schildert die Fassungslosigkeit des Kaisers mit der für ihn typischen Ironie: »... Augustus nahm die traurige Nachricht nicht mit jener Beherrschung und Festigkeit auf, die man von seinem Charakter erwartet hätte.«

Die Angst vor einer Invasion der Barbaren ließ in Rom Gerüchte über seltsame und erschreckende Vorzeichen kursieren: Der Gipfel der Alpen sei in ein Feuermeer gefallen, der Mars-Tempel vom Blitz getroffen worden, viele Kometen und funkensprühende Meteore seien am nördlichen Himmel gesehen worden, die Siegessäule, die an einer Kreuzung aufgestellt worden war, welche in Richtung Germanien zeigte, sei auf unerklärliche Weise in die entgegengesetzte Richtung gedreht worden, so daß sie jetzt in Richtung Italien weise. Sueton berichtet, daß der Kaiser dem Großen Jupiter ausgefallene Spiele widmete, damit die Germanen nicht auf dem Kapitol oder Palatin erschienen. Augustus erklärte den Todestag des Varus zum nationalen Trauertag. Viele Monate lang weigerte er sich, seine Haare zu schneiden oder seinen Bart zu stutzen, und bis zu seinem Lebensende im Jahre 14 n. Chr. im Alter von 77 Jahren sah man ihn von Zeit zu Zeit durch die Räume seines Palastes wandeln und seinen Kopf gegen die Wand schlagen; dabei rief er mit einer Stimme, die Historiker als dünn und alt beschreiben: »Quintilius Varus, gib mir meine Legionen wieder.«

Nach der Niederlage im Teutoburger Wald gab Augustus den Plan der Zivilisierung der germanischen Wildnis auf, und in dem Testament, das er seinem Nachfolger Tiberius hinterließ, pries er die Tugend der Vorsicht: »Gebt Euch mit dem zufrieden, was jetzt erreicht ist, und widersteht jedem Wunsch, das Reich zu vergrößern.« Im großen und ganzen hielt sich Tiberius an diesen Rat, aber im Jahre 15 n. Chr. gestattete er seinem Neffen Germanicus, einen Rachefeldzug gegen die Cherusker zu unternehmen. Germanicus brannte ihre Ernte und heidnischen Tempel nieder, ermordete viele Barbaren (darunter viele Frauen und Kinder, die im Schlaf getötet wurden), und in einem dunklen Wald zwischen Lippe und Ems stieß sein Heer auf die Überreste der früheren Kampfgefährten. Tacitus beschreibt die Szene in den *Annalen:* Sie betraten »die trauerreichen Orte, dem Blick wie der Erinnerung grauenvoll ... bleichendes Gebein, wie sie geflohen waren, wie sie Widerstand geleistet, bald zerstreut, bald angehäuft. Daneben lagen Trümmer von Waffen und Pferdegerippe, zugleich vorn an Baumstämmen befestigte Schädel.« Das Heer des Germanicus eroberte zwei der drei goldenen Adler zurück, die mit den Legionen des Varus verlorengegangen waren, aber es gelang ihm nicht, Arminius in einer Entscheidungsschlacht zu besiegen. Nachdem Tiberius den Germanicus 16 n. Chr. nach Rom zurückbeordert hatte, verfolgte er eine Politik, die darauf abzielte, die Nordgrenze des Reiches entlang dem durch Donau und Oberrhein gebildeten Winkel zu halten und zu sichern.

◆ ◆ ◆

Nach dem Rückzug der Römer hatte der Furor Teutonicus zwar keine Amphitheater, dafür aber um so mehr Speere und Trinklieder. Die Barbaren kannten Arminius unter dem Namen Hermann und erhoben ihn zuerst zum Helden, dann zur Legende. Ihre Begeisterung wurde von Tacitus geteilt, der Arminius als den Befreier Germaniens bezeichnet. Es war nicht von Belang, daß Arminius mit dem Versuch scheiterte, die nördlichen Stämme um der Unabhängigkeit Germaniens willen zu vereinen; es war auch nicht von Belang, daß er 21 n. Chr. im Alter von achtunddreißig Jahren von Mitgliedern seiner eigenen Sippe umgebracht wurde, die dagegen waren, daß er sich selbst zum König ausrief. Seine Fehler wurden ihm verziehen, weil er dem selbstherrlichen und zynischen Rom die Stirn geboten hatte, und zwar nicht nur im Teutoburger Wald, sondern auch in offenen Schlachten gegen Legionen unter dem Kommando des Germanicus und Tiberius. Sein Andenken war durch das Blut seiner Feinde geheiligt.

Tacitus verfaßte seine Werke während der Herrschaft des Trajan, und aufgrund seiner Enttäuschung über den Charakter der Nachfolger des Augustus neigte er dazu, die imaginären Tugenden des edlen Wilden (treu, freiheitsliebend, keusch) als moralischen Kontrapunkt zu der unbezweifelbaren Bösartigkeit eines Caligula oder der erwiesenen Dekadenz eines Nero und Domitian zu sehen: »Niemand lacht nämlich dort über Laster, und Verführen und sich verführen lassen nennt man dort nicht Zeitgeist.« In seinem Werk *Germania* lobt Tacitus die sächsischen Stämme für ihre Selbstgenügsamkeit, denn sie haben »das Schwerste erreicht: völlige Wunschlosigkeit«. Und ihre Stärke und ihren Mut anerkennend, gibt er der Hoffnung Ausdruck, es »möge weiter bleiben, so bitte ich, und sich verhärten bei den Völkern, wenn schon nicht die Liebe zu uns, so doch ihr gegenseitiger Haß! Denn dem Geschick unseres Reiches, wenn es schwer auf uns lastet, kann gewiß das Glück nichts Besseres bieten als die Zwietracht der Feinde.«

Die germanischen Nachfolger derjenigen, von denen hier berichtet wird, schmückten diese Darstellung in den darauffolgenden Generationen zu einem teutonischen Mythos aus. Im 3. und 4. Jahrhundert n. Chr. dienen der Name und der Triumph des Arminius als Metapher für den Heldenmut der Barbaren, die nach Süden drängten und das dekadente Rom bezwangen. Im 8. Jahrhundert wurde seine Heldentat mit dem Ruhm Karls des Großen, im 12. Jahrhundert mit den Eroberungen Friedrich Barbarossas verbunden. Die Chronisten des Hochmittelalters dehnten den ehrenvollen Vergleich auf die Dynastien der Habsburger, Wittelsbacher und Hohenzollern aus. Ende des 18. Jahrhunderts tummelte sich Hermann zusammen mit Siegfried in Walhall, und als im frühen 19. Jahrhundert die Stadt Detmold vom Geist der deutschen Romantik ergriffen wurde, beschlossen die Bürger der Stadt die Errichtung einer riesigen Hermann-Statue auf dem höchsten Berg des Teutoburger Waldes. Zwar wußte niemand genau, wo Varus seinem Verhängnis begegnet war, aber weit entfernt von Detmold konnte es nicht gewesen sein. Der Stadtrat stellte sich den großen Helden mit hoch erhobenem Schwert vor; die Statue sollte auf gotischen, aus Eichenbäumen herausgeschlagenen Säulen stehen, so daß das ganze, mehrere hundert Meter hohe Gebilde noch aus einer Entfernung von neunzig Kilometern zu sehen gewesen wäre.

Dieser Plan scheiterte am Geld. Doch was nicht in Bronze gegossen werden konnte, fand Ausdruck in der Wissenschaft, nämlich in den Arbeiten von Historikern des späten 19. Jahrhunderts (in Deutschland ebenso wie in Großbritannien und Frankreich), die die Fahne des europäischen Nationalismus hochhielten. Leopold von Ranke sah in der Tapferkeit Hermanns einen frühen Beweis für die Überlegenheit der Arier – kräftig gebaute Menschen mit blauen Augen und heller Haut, die sich dem Vordringen jener Mischvölker entgegenstemmten, welche unter dem Adler des habgierigen und durch Luxus verweichlichten römischen Reiches kämpften. Mehrere französische Intellektuelle führten die wunderbaren Erkenntnisse der Newtonschen Wissenschaft auf die in den germanischen Wäldern herrschenden Freiheiten zurück, und Sir Edward Creasy, im viktorianischen England ein bekannter Historiker, hielt es für angemessen, Arminius mit einer Statue auf dem Trafalgar Square zu verewigen. »Wäre er untätig oder erfolglos gewesen«, so Sir Edward in *Fifteen Decisive Battles of the World,* »hätte diese Insel niemals den Namen England getragen.« Das 1852 erschienene Buch erhielt gute Kritiken, und die nächsten zwei Generationen von englischen und amerikanischen Historikern (darunter Teddy Roosevelt) schlossen sich Creasys Theorie an, der zufolge das römische Reich als verderbtes Produkt »degenerierter Italiener« es verdient hatte, von reinrassigen Angelsachsen besiegt zu werden, die bekannt waren für »ihren Mut, ihre Treue zu ihrem Wort, ihre mannhafte geistige Unabhängigkeit, ihre Liebe zu ihren freien Institutionen und ihren Abscheu vor jeder Form von Schmutz und Niedertracht«. Richard Wagner schrieb die Musik zu diesen Worten, die amerikanischen Pioniere zogen mit ihnen westwärts, gegen die Sioux, und die Machthaber Nazideutschlands setzten sie in das Projekt Auschwitz um.

◆ ◆ ◆

Doch lassen wir die Abfolge der historischen Ereignisse mit einer anderen Konstellation im deutschen Wald im Herbst des Jahres 9 n. Chr. beginnen (trockenes Wetter, Varus ein fähiger General, der Zorn des Arminius durch eine erneute Lektüre von Virgils *Georgica* gemildert) – und Adolf Hitler hätte vielleicht im Frühjahr 1940 nie seinen Siegestanz in einem französischen Wald vollführt. Augustus hätte nie die Luther-Bibel lesen oder die Abzeichen auf den Gestapo-Uniformen interpretieren können (der Furor Teutonicus beherrschte noch nicht die Kunst des Lesens und Schreibens), doch wären eines Nachmittags einige Worte in gotischer Schrift auf der Säule eines römischen Peristyls erschienen, hätte der Kaiser ihre Bedeutung sehr wohl erraten. Das Germanien jenseits des Rheins war für ihn das Gegenteil von Zivilisation, eine Wildnis, »schwer zu bebauen und düster anzuschauen«. Obwohl er nichts für republikanische Regierungsformen oder demokratische Auffassungen übrig hatte, wußte er sich der Dichter zu bedienen, verstand es, seine Regentschaft wirkungsvoll zu überhöhen, und wußte um den Nutzen der Bienen. »Was ein Römer erobert, bewohnt er«, sagte Seneca, und wenn Augustus Obstgärten bis nach Berlin hätte anlegen lassen, hätte sich das derart erstarkte und vergrößerte Reich vielleicht den Mongolen in den Weg gestellt, Moskau an der Freiheit Roms teilhaben lassen und im Aureus eine frühe Entsprechung des Euro geschaffen.

Neun Jahrhunderte nach dem Zusammenbruch der römischen Macht schuf Westeuropa durch die Wiederentdeckung der lateinischen Literatur die Voraussetzung für die Renaissance: Ciceros *Politik*, Vergils Versformen, die historischen Berichte des Tacitus und Livius, Ovids *Metaphysik*, Martials Epigramme. Die ersten Übersetzungen entstanden in den Ländern, in denen die Erinnerung an das römische Reich fortbestand (in Italien, England und Frankreich, nicht aber in Deutschland und nirgends östlich der Weichsel), aber es sollte noch weitere dreihundert Jahre dauern, bis die Werke der klassischen Antike an den Höfen in Brandenburg und Dresden gelesen wurden. Diese Verzögerung erklärt vielleicht die verworrene Vorstellung der Deutschen von imperialer Macht (von ihrem Zweck und ihrem Wesen sowie von

Ein römisches Germanien

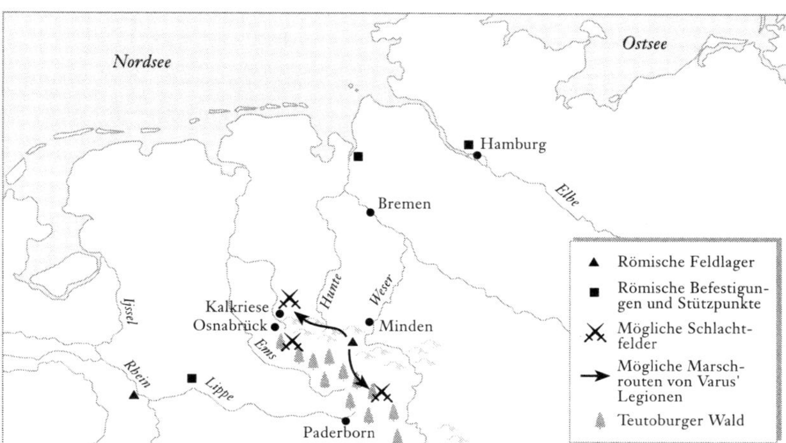

dem Unterschied zwischen Diplomatie und Blitzkrieg), die dem 20. Jahrhundert den *casus belli* für zwei Weltkriege lieferte.

Nimmt man an, die Römer hätten Germanien im 1. und 2. Jahrhundert n. Chr. erobert, könnten die Improvisationen zu diesem Thema eine historische Fakultät ein ganzes Semester lang beschäftigen. Die Professoren könnten ihre Thesen in Form eines Theaterstücks darlegen, indem sie etwa Bismarck und den Übermenschen den Zeichnungen von Albrecht Dürer und den Kantaten von Johann Sebastian Bach gegenüberstellten. Sie würden sich sicherlich über den relativen Wert von Schillers Lyrik und Hindenburgs Artillerie streiten, doch vermutlich würde der allgemeine Tenor des Gesprächs dahin gehen, daß die erhabene Stille von Reichen dem Gelärme schwer regierbarer Provinzen vorzuziehen ist.

Edward Gibbon veröffentlichte den ersten Band seiner sechsbändigen Darstellung von Roms Verfall und Untergang im Jahre 1776, in dem Jahr, in dem die amerikanischen Kolonien ihre Unabhängigkeit von der britischen Krone erklärten. Die Welle der Aufklärung ebbte ab, ihr folgte in den nächsten fünfzig Jahren eine Woge von Revolutionsromantik – in Mexiko und Brasilien ebenso wie in Frankreich und Deutschland. Neue Definitionen von Freiheit führten zu der Überzeugung, selbst die kleinste Einheit mit einer eigenen nationalen Identität verdiene den Status eines souveränen Staates. Der Vertrag von Versailles übertrug die Verwaltung Illyriens den inkompetenten Balkanvölkern, und ich kann mir gut vorstellen, daß sowohl Gibbon als auch Augustus die Torheit eines Woodrow Wilson mit der Dummheit eines Publius Quintilius Varus verglichen hätten. Eine ähnliche Voreingenommenheit zeigt sich in den Schriften heutiger Diplomaten und Experten für Außenpolitik, die das Fehlen »transnationaler Institutionen« beklagen, welche die internationalen Angelegenheiten mit dem *sang-froid* des alten römischen Reiches regeln könnten. Angesichts des Chaos unregulierter Kapitalmärkte – auch angesichts verbrecherischer Staaten, separatistischer Ideologien, Kriegen in Afrika, Unruhen in Judäa, Tyrannen in Parthien und Leptis minor, zuviel Kokainschmuggel über die Grenze bei Chalcedon, zuviel Gift im Mittelmeer – träumen diejenigen, die gern einen postmodernen Frieden herstellen würden, von Gibbons oberstem »Vorstand, welchen die Fortschritte in Kenntnis und Schmeichelei allmählich mit den erhabenen Vollkommenheiten eines ewigen Vaters und allmächtigen Herrschers begabten«. Augustus hätte ihnen gewiß gerne eine Audienz gewährt.

Barry S. Strauss

Das finstere Mittelalter wird heller

Die Folgen zweier Niederlagen

Dieses Kapitel handelt von zwei Schlachten und davon, was gewesen wäre, wenn sie anders ausgegangen wären – was sehr gut möglich gewesen wäre. Bei den zwei beteiligten Mächten ging es gewissermaßen ums Ganze. In der ersten Schlacht (Adrianopel, 378 n. Chr.) erlitt das römische Reich eine verheerende Niederlage, die sich durchaus mit der im Teutoburger Wald vergleichen läßt und die weitreichende Folgen hatte, welche den endgültigen Untergang des Reiches beschleunigten. In der zweiten Schlacht (zwischen Tours und Poitiers, wahrscheinlich 732 n. Chr.) schlug ein fränkisches Heer die moslemischen Angreifer in der Nähe der Loire zu einem Zeitpunkt zurück, als diese sich anschickten, ihre Herrschaft über ganz Europa auszudehnen – über »das Große Land«, wie sie es nannten.

Mußte das römische Reich – oder zumindest der Teil des Reiches, der Westeuropa beherrschte – untergehen, damit das Mittelalter beginnen konnte? Mußte es das Mittelalter überhaupt geben (das vielleicht gar nicht so finster war)? Wie Barry S. Strauss zeigt, sind dafür weniger die Spenglerschen Ermüdungserscheinungen als vielmehr das schlechte Urteilsvermögen eines Mannes, nämlich des Kaisers Valens, schuld, der ein Heer in einer Schlacht opferte, die er hätte vermeiden oder aufschieben sollen. (Adrianopel – die heutige türkische Stadt Erdine – genießt den Ruf, die meistumkämpfte Stadt der Welt zu sein; die fatale Niederlage des Valens war eine von fünfzehn großen Schlachten bzw. Belagerungen, die dort in rund 1700 Jahren stattfanden.) Die West-

goten, die die Truppen des Valens niedermetzelten und auch ihn töteten, sollten schließlich nach Westen ziehen und die Stadt Rom selbst plündern. Zum damaligen Zeitpunkt war das Reich nicht mehr zu retten. Das hätte nicht sein müssen, meint Strauss. Wie hätte eine Welt ausgesehen, an deren Spitze weiterhin Rom gestanden hätte?

Die Dynamik, die einst das römische Reich gekennzeichnet hatte, ging auf ein neues Machtzentrum über: Arabien. Weniger als ein Jahrhundert nach dem Tod des Propheten Mohammed im Jahre 632 hatten die Heerscharen des Islam dessen Herrschaftsbereich bis nach Spanien ausgedehnt – dieses Königreich nannten sie Al-Andalus. Wie wichtig war die Schlacht zwischen Tours und Poitiers? Strauss gehört zu den Historikern, die sie als einen Wendepunkt betrachten. Sie brachte uns die erste Dynastie des frühen Europa, die der Karolinger: Karl der Große war der Enkel des Siegers Karl Martell. Wenn diese Schlacht anders ausgegangen wäre, wäre auch die Geschichte anders verlaufen. Ein anonymer moslemischer Chronist drückte es so aus: »Auf der Ebene von Tours verloren die Araber die Weltherrschaft, die schon zum Greifen nahe war.« Es wäre ein glanzvolles Reich gewesen: Diese Araber waren die Aufklärer ihrer Zeit.

Sowohl Adrianopel als auch Poitiers sind erstklassige Beispiele für eine virtuelle Geschichtsschreibung: Schon ein geringfügig anderer Verlauf – und die Geschichte wäre einen völlig anderen Weg gegangen. Wie anders wäre unser Leben doch verlaufen, wenn Valens mehr Geduld aufgebracht hätte. Wenn Abd Al-Rahman, der moslemische Oberbefehlshaber bei Poitiers, die Schlacht überlebt und seine Truppen erneut gesammelt hätte.

◈ BARRY S. STRAUSS ist Professor für Alte und Neue Geschichte sowie Leiter des Friedensforschungsprogramms an der Cornell University. Zu seinen Büchern gehören *Fathers and Sons in Athens*, *The Anatomy of Error: Ancient Military Disasters and Their Lessons for Modern Strategists* (zusammen mit Josiah Ober) und *Rowing Against the Current: On Learning to Scull at Forty*.

Im Frühmittelalter fanden zwei Ereignisse statt – der Untergang des römischen Reiches im Westen und die Welle moslemischer Eroberungen –, die alles verändert hätten, wären sie anders verlaufen. Hätte das römische Reich die Herrschaft über Europa behalten oder hätte das islamische Reich hier ein zentrales Machtzentrum errichtet, wären Europa die chaotischen Zustände in den Anfängen des Mittelalters (ca. 500–1000 v. Chr.) erspart geblieben. Doch auch Chaos kann langfristig fruchtbar sein: Manche sagen, das frühe Mittelalter habe den Grundstein für die spätere westliche Freiheit gelegt, andere bestreiten, daß an ihm überhaupt irgend etwas finster war. Ob finster oder nicht, zweifellos fehlten ihm die für ein Reich charakteristische Ordnung und Stabilität. Das Schicksal des Reiches, mochte es römisch oder moslemisch sein, hing von Schlachten ab – Schlachten, die auch anders hätten ausgehen können.

Aufstieg und Untergang eines Reiches sind zwar ein langfristiger Prozeß, aber selbst die schwersten Türen hängen an kleinen Scharnieren, und bei den Schlachten von Adrianopel (am 9. August 378) und Poitiers (im Oktober 732) verformten sich die Scharniere. Bei Adrianopel zerstörte ein germanisches Volk – die Westgoten – ein römisches Heer, tötete den Kaiser und leitete damit ein Jahrhundert von Niederlagen ein, das schließlich den Untergang des weströmischen Reiches mit sich brachte. Doch es hätte leicht anders kommen können. Ein wenig Geduld auf seiten des Befehlshabers, ein wenig Ruhe für die Männer, ein Wetterumschwung – dies hätte genügt, um die Weichen bei Adrianopel anders zu stellen und das römische Reich zu retten. Bei Poitiers besiegte eine fränkische Streitmacht eine moslemische Armee. Diese Schlacht hatte zwar nicht die gleichen Dimensionen wie die bei Adrianopel, aber sie erwies sich als ein psychologischer und politischer Wendepunkt, weil sie das siegreiche Vorrücken der Araber nach Norden stoppte und den fränkischen General Karl Martell antrieb, eine Dynastie zu gründen. Unter seinem Enkel Karl dem Großen, der von 768 bis 814 regierte, herrschte diese Dynastie über einen ausgedehnten Staat, der die Grundlagen für vieles schuf, was sich später in Europa entwickeln sollte: Königreiche wie Frankreich und Deutschland, Länder, die von Lehnsmännern des Königs regiert wurden, die christliche Kultur mit ihren Domschulen und Buchillustrationen. Hätte die fränkische Armee an jenem Tag bei Poitiers nicht den moslemischen Befehlshaber getötet, hätte sie die Schlacht möglicherweise verloren – und Europa hätte die Familie verloren, die einen großen fränkischen Staat errichtete. Statt dessen wäre ein moslemisches Frankreich oder gar ein moslemisches Europa entstanden.

Die Historiker verbinden das frühmittelalterliche Europa außerhalb Spaniens nicht mehr mit finsterer Rückständigkeit, sondern sehen in ihm die Geburtsstätte europäischer Größe. Wo sie früher einen scharfen Bruch zwischen Rom und seinen germanischen Eroberern sahen, entdecken sie jetzt Kontinuitäten in den »römisch-germanischen« Königreichen. Wo sie ehemals Armut und Elend zu erkennen glaubten, sehen sie jetzt einen blühenden Handel und freie Landarbeiter. Wo sie einst kulturellen Niedergang sahen, entdecken sie jetzt Kreativität – in den keltischen Manuskripten beispielsweise, im *Beowulf*-Epos oder in den Benediktinerklöstern. Kurzum, viele Wissenschaftler fragen nicht mehr, ob es das Mittelalter überhaupt hätte geben müssen, weil sie nicht länger der Meinung sind, daß es das finstere Mittelalter besser nicht gegeben hätte.

Indes kann auch die wohlwollendste Einschätzung des Zeitraums zwischen dem 5. und 10. Jahrhundert n. Chr. die dunklen Seiten Westeuropas nicht ausblenden. Um 350 n. Chr. regierte ein einziges Reich – das römische – die Gebiete, die heute England, Frankreich, Belgien, die Niederlande, Spanien, Italien, die Schweiz und den Westen Deutschlands umfassen. Dann wurde das Reich durch gewaltsame Invasionen zerrissen. Im Osten überlebte das römische Reich in Gestalt von Byzanz noch tausend Jahre, bis Konstantinopel im Jahre 1453 von den Türken erobert wurde. Im Westen wurde der letzte römische Kaiser 476 entthront, nachdem das weströmische Reich eine Generation lang kaum mehr als eine rechtliche Fiktion gewesen war. Das Westreich war allmählich zerfallen. Römisches Land wurde geplündert, römische Städte wurden angegriffen – Rom selbst wurde 410 und 455 geplündert –, Römer wurden getötet, ihre Frauen als Kriegsbeute verschleppt und von germanischen Häuptlingen geehelicht. Die Zentralregierung konnte fremde Stämme nicht daran hindern, sich in großer Zahl auf römischem Land niederzulassen und schließlich eigene Königreiche zu gründen. Die Bevölkerung verringerte sich dermaßen, daß Papst Gelasius, dessen Amtszeit von 492 bis 496 dauerte, schrieb, daß es in »Aemilia, Tuscien und anderen Provinzen [Italiens] kaum ein menschliches Wesen gab«.

Sicherlich eine Übertreibung, aber was wirklich geschah, läßt sich am Schicksal der Stadt Rom ablesen, die zur Zeit Christi wahrscheinlich eine Million, im 9. Jahrhundert n. Chr. jedoch nur noch etwa 25 000 Einwohner hatte. Dagegen hatte Córdoba, die Hauptstadt des moslemischen Spanien, im 10. Jahrhundert etwa 100 000, Sevilla ungefähr 60 000 Einwohner. Kurz gesagt, das römische Reich wurde durch kleinere Staaten ersetzt, und im Laufe dieses Prozesses wurde die Gesellschaft gewalttätiger und verlor ihren urbanen Charakter.

Gewalt, Anarchie und Elend wären Europa erspart geblieben, wenn das römische Reich hätte überleben oder nach seiner Niederlage wieder zusammengefügt werden können. Aus diesem Grund sind die Schlachten von Adrianopel und Poitiers so wichtig und aufregend. Jede hätte anders ausgehen können, wenn nur einige Umstände anders gewesen wären. Schauen wir sie uns nacheinander an.

◆ ◆ ◆

Im Laufe seiner langen Geschichte mußte sich der römische Staat immer wieder militärischen Herausforderungen durch die kriegerischen Völker an seinen Grenzen stellen. Im 4. Jahrhundert war

Rom einer zweifachen Bedrohung ausgesetzt: durch das aufstrebende Persien im Osten und verschiedene germanische Völker, die aus dem Norden herandrängten. Da sich das Reich häufig in einer kritischen Lage befand, wurde es geteilt: der eine Herrscher befand sich Konstantinopel, der andere in Rom – oder vielmehr in Mailand, der faktischen Hauptstadt des Westreiches, die näher am Kampfgebiet lag.

Im frühen 4. Jahrhundert hatten sich die germanischen Westgoten nördlich der Donau in der ehemaligen römischen Provinz Dacien (heute Rumänien) angesiedelt. Etwa fünfzig Jahre später wurden sie von anderen germanischen Stämmen überfallen, die wiederum vor den Hunnen, einem wilden Reitervolk aus Mittelasien, flohen. Da die Westgoten im Jahre 376 am Rande einer Hungersnot standen, baten sie die Regierung in Konstantinopel um Erlaubnis, die Donau überqueren zu dürfen, um im römischen Thrakien Zuflucht – und eine dauerhafte Heimat – zu finden. Alles in allem waren es ungefähr 200 000 Männer, Frauen und Kinder (um eine realistische Zahl aus neuerer Zeit zu nennen) – eine Massenemigration, vor der es den Römern graute. Dennoch gab der Herrscher des Ostreiches, Kaiser Valens, der von 364 bis 378 regierte, seine Zustimmung.

Das tat er keineswegs aus humanitären Gründen. Valens wußte, daß die Westgoten gefährliche Krieger waren, aber er wollte sie kooptieren und in seine Armee aufnehmen, in der schon ein Kontingent Westgoten diente. Er brauchte mehr Soldaten für den Kampf gegen Persien. Er wußte auch, daß die Flüchtlinge Wohlstand mitbringen würden, den seine Beamten abschöpfen oder schlichtweg plündern konnten – Korruption war im spätrömischen Regierungs- und Verwaltungsapparat traurige Realität. Im Gegenzug forderte er die Westgoten auf, beim Überqueren der Donau ihre Waffen niederzulegen. Die Westgoten kamen dieser Aufforderung zwar nach, aber Valens hätte es besser wissen müssen.

Kaum hatten die Westgoten die Donau überquert, gerieten sie in Konflikt mit den römischen Beamten, deren Kreativität schier unerschöpflich war, wenn es darum ging, die Flüchtlinge zu schröpfen. Das Problem war nur, daß die Westgoten zurückschlugen. Anfang 377 brach ein Aufstand los, bei dem ein römisches Heer besiegt wurde und der auch andere bedrängte Gruppen wie die Bergarbeiter und die Sklaven erfaßte. Mit Hilfe einer großen Reiterarmee ihrer Verbündeten zwangen sie die Römer schließlich zum Rückzug. »Die Barbaren«, schrieb der römische Historiker Ammianus Marcellinus, »ergossen sich über das weite Thrakien wie wilde Tiere, die aus ihrem Käfig ausbrechen.«

Im Frühjahr 378 bereitete Kaiser Valens einen Gegenangriff vor, an dem schätzungsweise dreißig- bis vierzigtausend Mann teilnehmen sollten. Unterdessen hatte der Herrscher des Westreiches, Gratian, der von 367 bis 383 regierte, Raetien (in etwa die heutige Schweiz) verlassen, wo er im Winter zuvor andere germanische Angreifer besiegt hatte, um Valens, seinem Onkel, zu Hilfe zu eilen. Unglücklicherweise bestätigte dieser wieder einmal seinen Ruf, ein höchst mittelmäßiger Kaiser zu sein. Er hatte die Gelegenheit, einen in die Enge getriebenen, aber noch keineswegs besiegten Feind zu schlagen, verwandelte diese Gelegenheit jedoch in ein Fiasko. Anstatt auf Verstärkung durch Gratian zu warten, nahm er den Kampf allein auf – weil er den Ruhm eines Sieges nicht teilen wollte, so seine Kritiker. In seinem übersteigerten Selbstbewußtsein schenkte er den Berichten seiner Kundschafter Glauben, die Westgoten hätten nur 10 000 Mann im Feld (wir wissen nicht, wie viele es waren, aber es waren wesentlich mehr). Die Schlacht sollte auf der Ebene in der Nähe der Stadt Adrianopel (dem heutigen Erdine in der Türkei) stattfinden, und sie sollte sofort beginnen. Es war der 9. August des Jahres 378.

Die Westgoten mögen zwar Barbaren gewesen sein, aber ihr Anführer Fritigern hatte ein sicheres Gespür für die Schwachpunkte des Feindes, und unter diesen war Valens selbst der wichtigste. Der Kaiser schickte seine Soldaten in der Gluthitze eines Augustnachmittags in die Schlacht (in dieser Region sind Temperaturen von 38 Grad keine Seltenheit), obwohl diese nach einem zwölf Kilometer langen Marsch durch schwieriges Gelände weder ausgeruht waren noch etwas gegessen hatten. Die Westgoten, die sich hinter einer Wagenburg verschanzt hatten, wurden von den Römern zwar überrascht, aber ihre Männer waren ausgeruht und nutzten ihre Chance. Zuerst schickten sie ihre Reiter los, die die römischen Legionäre zwischen die Wagen und die Fußtruppen der Westgoten drängten. Ammianus Marcellinus beschreibt diesen verhängnisvollen Angriff: »Die Reiter der Goten ... schossen wie ein Blitz hervor und machten alles nieder, was ihrem wilden Galopp nicht ausweichen konnte.«

Nachdem die Goten die Römer zuerst mit ihrer Reiterei angegriffen hatten, schlugen jetzt ihre Fußtruppen zu und metzelten die dicht zusammengedrängten feindlichen Truppen nieder.

Schätzungsweise zwei Drittel der Römer kamen in dieser Schlacht um, darunter fünfunddreißig hohe Offiziere. Der ranghöchste Gefallene war Valens selbst. Die Katastrophe war um so bitterer, als sie vermeidbar gewesen wäre. Hätte der Kaiser auf Verstärkung gewartet oder hätte er mit satten und ausgeruhten Männern am nächsten Morgen angegriffen, wäre der Ausgang der Schlacht wohl ein anderer gewesen. Auch darf man die Rolle des Zufalls nicht unterschätzen. Die Reiterei der Westgoten kam erst in letzter Minute auf dem Schlachtfeld an; hätte sich ihre Ankunft weiter verzögert, hätte es keinen Sieg der Westgoten gegeben. Da sich Fritigern der Bedeutung seiner Kavallerie sehr bewußt war, spielte er auf Zeit, indem er bis zur letzten Minute verschiedene Unterhändler zu den Römern schickte. Der römische Oberbefehlshaber hätte sein Verhandlungsangebot vielleicht auch akzeptiert, doch die Soldaten nahmen die Sache selbst in die Hand. Römische Bogenschützen und Reiter mißachteten die Befehle und griffen die Westgoten an, wodurch sie die Schlacht erzwangen. So lag das Schicksal des römischen Reiches in den Händen einzelner Soldaten, die vorpreschten, weil sie ihrer Ungeduld nicht Herr wurden.

Die siegreichen Westgoten konnten sich jetzt frei auf dem Balkan bewegen. Für die römische Armee bedeutete der Verlust von 20 000 bis 25 000 Mann eine gefährliche Einbuße. Sankt Ambrosius von Mailand soll bei der Nachricht von der Schlacht gesagt haben, dies sei »das Ende der gesamten Menschheit, das Ende der Welt«. Was auf jeden Fall ein Ende gefunden hatte, war die Fähigkeit der Römer, sich von einer Niederlage nicht unterkriegen zu lassen und zurückzuschlagen, durch die sie sich zuvor ausgezeichnet hatten. Weit davon entfernt, den Feind militärisch zu vernichten, gestattete Rom ihm, sich in den Grenzen des Reiches anzusiedeln, und zwar südlich der Donau im Gebiet des heutigen Bulgarien. Schlimmer noch. Rom erlaubte den Westgoten, ihre Waffen zu behalten. Theoretisch waren sie Roms Verbündete, praktisch jedoch ein konkurrierender Staat. Im letzten Jahrzehnt des 4. Jahrhunderts plünderten die Westgoten beispielsweise Griechenland und den Balkan, und nach 400 taten sie das gleiche in Italien. Die Katastrophe erreichte ihren Höhepunkt, als die Westgoten im Jahre 410 unter Führung des verschlagenen Alarich die Stadt Rom einnahmen und sie drei Tage lang plünderten. Ein Vorzeichen für das, was dem zerfallenden Reich noch bevorstand.

Warum duldeten die Römer die Ansiedlung der Westgoten in ihrem Reich? Zum einen brauchten sie die Westgoten als Soldaten und glaubten, sie kooptieren und zähmen zu können. Zum anderen war hier vielleicht Defätismus im Spiel. Für viele Römer scheint die Lektion von Adrianopel darin bestanden zu haben, daß Rom den Feind militärisch nicht besiegen konnte. Dies mag zumindest erklären, warum römische Armeen zwischen 395 und 405 in Italien und auf dem Balkan viermal gegen die Westgoten unter Alarich kämpften und siegten, ihnen – und ihm – aber jedesmal erlaubten, zu entkommen und erneut gegen sie zu kämpfen. Es drängt sich die Frage auf, ob Adrianopel für Rom das bedeutet hatte, was die Schlacht von Verdun (1916) für Frankreich bedeutete – nicht was das militärische Endergebnis betrifft, denn

Frankreich gewann bei Verdun, sondern hinsichtlich der psychologischen Wirkung. Die blutige Schlacht zerstörte Frankreichs Moral für eine Generation und hatte eine erhebliche Schwächung seines militärischen Potentials zur Folge.

Dreißig Jahre nach Adrianopel waren Alarich und die Westgoten in Italien. Nach der Plünderung Roms siedelten sie sich schließlich in Gallien und Spanien an. Unterdessen mußte die römische Regierung, um Italien zu retten, Soldaten aus Britannien und Gallien abziehen, was anderen germanischen Stämmen Gelegenheit gab, in das Reich einzufallen. Britannien war für Rom nach 407 verloren, und binnen einer Generation waren große Teile von Gallien, Spanien und Nordafrika faktisch unabhängig. Mit Rom, das jetzt für seine Verteidigung weitgehend auf barbarische Söldner angewiesen war, ging es bis zum Jahre 476 stetig bergab. In jenem Jahr setzten die in Italien ansässigen Germanen den letzten römischen Kaiser, Romulus Augustulus, ab, der nur kurze Zeit (von 475 bis 476) regierte und dessen »Reich« eine Fiktion war.

Was hätte geschehen können? Am besten wäre es für Rom gewesen, wenn es die Schlacht bei Adrianopel hätte gewinnen und den Befehlshaber Fritigern sowie zwei Drittel seiner Männer hätte töten können. Das hätte zwar die Bedrohung seiner Sicherheit nicht beendet, denn es bestand kein Mangel an Barbaren, die bereit waren, die Verteidigungsanlagen des Reiches auf die Probe zu stellen, aber Rom hätte Zeit gewonnen, sich neu zu organisieren. Es hätte darüber hinaus das Selbstvertrauen und den politischen Willen entwickeln können, die politischen und militärischen Reformen durchzusetzen, die notwendig gewesen wären, um die Reihen seiner Armee mit römischen Soldaten aufzufüllen. Ohne solche Reformen wäre das Reich langfristig schwach geblieben. Wäre Rom siegreich gewesen, hätte sich Adrianopel nicht als ein römisches Verdun, sondern als ein römischer Sieg über die spanische Armada erwiesen. Der Angreifer wäre zurückgeschlagen und das Reich von Zuversicht und Reformwillen beflügelt worden.

Was wäre gewesen, wenn das römische Reich überlebt hätte? Was wäre gewesen, wenn es sich von den krisenhaften Jahren zwischen 376 und 476 so erholt hätte, wie es sich von den krisenhaften Jahren zwischen 188 und 288 erholt hatte? Der römische Staat wäre, genau wie das chinesische Reich, eine Großmacht geblieben, die über ein riesiges Gebiet geherrscht hätte. Mit den Ressourcen des Westreichs hätte das oströmische oder byzantinische Reich im 7. Jahrhundert vielleicht die Moslems geschlagen, und das Mittelmeer wäre christlich geblieben. Jenseits von Rhein und Donau hätten sich entweder germanische oder slawische Rivalen entwickelt. Möglicherweise hätte Rom schließlich auch sie erobert. Es hätte natürlich Zeiten des Chaos und unvermeidbarer Invasionen gegeben, wie auch China sie immer wieder erleben mußte, aber das Reich hätte sich davon stets wieder erholt. Vielleicht hätte es sogar expandiert und sich von Mesopotamien bis Marokko, von Britannien bis zur Elbe, zur Weichsel oder sogar – wer weiß? – bis zum Dnjepr erstreckt.

Das von einer Hauptstadt in Italien regierte lateinischsprachige Europa hätte sich zu einer geordneteren und stabileren Gesellschaft entwickelt als die freiheitsliebenden und widerspenstigen germanischen Königreiche, die an die Stelle des kaiserlichen Rom traten. Der Kaiser, dessen Herrschaft ewig zu währen schien, hätte ein Charisma gehabt, das in nichts dem »Mandat des Himmels« nachgestanden hätte, das die chinesischen Herrscher für sich in Anspruch nehmen durften. Es hätte keinen Feudalismus, kein Rittertum, keine Magna Charta, keine Theorie über das Recht auf Widerstand und keine Parlamente gegeben.

Die römische Welt wäre christlich gewesen, aber das Christentum hätte wohl anders ausgesehen als der Glaube, den wir heute kennen. Es wäre natürlich römisch-katholisch – also universal – gewesen, aber der Papst – hätte der Bischof von Rom denn überhaupt einen so großartigen Titel gehabt – wäre dem Verteidiger des Glaubens, das heißt dem Kaiser, ebenso unterstellt gewesen, wie der Patriarch der östlich-orthodoxen Kirche dem byzantinischen Herrscher untertan war. Kein Papst hätte einen römischen Kaiser zwingen können, draußen vor seiner Tür im Schnee zu knien, wie es Papst Gregor VII. mit dem deutschen König Heinrich IV. 1078 in Canossa tat. Es hätte keinen Konflikt zwischen Kirche und Staat und keine Reformation gegeben. Hätte Martin Luther jemals seine fünfundneunzig Thesen verfaßt, hätte er dies sicherlich in lateinischer Sprache getan. Sie wären einem Kirchenrat zugestellt worden, und wenn sie dem Kaiser nicht gefallen hätten, hätte er Luther geradewegs zu den Löwen geschickt. Die Römer hatten nie viel Geduld mit abweichenden Meinungen.

Natürlich hätte es keine Renaissance gegeben. Wäre die klassische Kultur im Mittelalter nicht verschwunden, hätte sie nicht wiederentdeckt werden müssen. Ob Kolumbus ohne den wissenschaftlichen und kommerziellen Geist der Renaissance die Idee gehabt hätte, von Spanien aus über den Atlantik zu segeln, ist eine gute Frage, aber eines ist sicher: Ein neues römisches Reich in Amerika wäre wesentlich weniger der individuellen Freiheit verpflichtet gewesen als die englischen Kolonien. Von einem Prokonsul mit Sitz in der Stadt Nova Roma (heute vielleicht New Orleans) regiert, hätten die Vereinigten Provinzen von Amerika ein Modell für das von Cicero verkündete Ideal des *otium cum dignitate*, eines würdevollen Friedens, abgegeben. Ohne Gnade gegenüber ihren Feinden, aber nicht rassistisch eingestellt, hätten die Römer die Indianer vielleicht so behandelt, wie es die Spanier taten, nämlich mit einer Mischung aus Brutalität, missionarischem Eifer und einer überraschenden Bereitschaft zu Mischehen.

Wie das römische Reich, wären auch die Vereinigten Provinzen von Amerika eher eine Oligarchie als eine Demokratie gewesen. Auch die Gründer Amerikas hatten großen Respekt vor Rom und hielten die reine Demokratie für eine gefährliche Sache. Bis zu einem gewissen Grad bildeten sie das amerikanische Regierungssystem dem der Römer nach. Trotzdem bewunderten sie die römische Republik mit ihrer politischen Lebendigkeit und nicht das römische Reich mit seiner zentralistischen Monarchie. Die amerikanische Kultur enthält eine Bill of Rights; sie basiert auf einer Revolution im Namen der Freiheit. Die amerikanische Gesellschaft schätzt die Gleichheit, obwohl sie sie häufig nicht verwirklicht. Wäre Amerika ein Neues Rom, hätte es dieselbe Ungleichheit, die heute in den Vereinigten Staaten herrscht, allerdings mit dem Unterschied, daß es keine Bewegung gäbe, die dies ändern wollte. Es hätte ein Rechtssystem ohne solche Rechte wie *habeas corpus* oder das Recht der Aussageverweigerung zum Schutz der eigenen Person; es hätte keinen Grund, das profitable Sklavensystem abzuschaffen, das in der Neuen Welt entstand. Das Neue Rom hätte Brot und Spiele, aber keine Bürgerversammlung auf dem Forum.

◆ ◆ ◆

All dies setzt voraus, daß Rom die große militärische Herausforderung hätte bestehen können, die die Alte Welt im frühen Mittelalter zu sprengen drohte – die Herausforderung des Islam. Die moslemischen Armeen fügten dem oströmischen bzw. byzantinischen Reich verheerende Schäden zu, vertrieben die Byzantiner aus der Levante und drängten sie bis nach Anatolien und auf den südlichen Balkan zurück. Dort konnten sich die Byzantiner neu formieren und mancherorts den Feind sogar zurückschlagen. Dies ist vielleicht nicht überraschend, waren die Byzantiner doch letztlich Römer. Sie hatten eine in tausend Jahren gewachsene, militärische und politische Geschicklichkeit geerbt, die sie in Krisenzeiten mobilisieren konnten. Hätte das weströmische Reich überlebt, wäre es Byzanz zu Hilfe gekommen, zusammen hätten sie den Islam nach Osten zurückgedrängt, und das Mittelmeer und Europa wären unter römischem Einfluß geblieben. Das wirkliche Geschehen sah natürlich ganz anders aus.

Es war eines der überraschendsten und herausragendsten Ereignisse der Militärgeschichte: Binnen einer Generation nach dem Tod des Propheten Mohammed im Jahre 632 hatten die Armeen

Das Mittelmeer: ein islamisches Gewässer

des Islam den größten Teil des Nahen Ostens erobert und bedrohten jetzt die oströmische Hauptstadt Konstantinopel. 711, nach der Eroberung Ägyptens und Nordafrikas, überquerten die moslemischen Armeen die Meerenge von Gibraltar und griffen das christliche Königreich Spanien an, das von den Nachfahren derjenigen Westgoten gegründet worden war, die Rom bei Adrianopel besiegt hatten. Die Moslems vernichteten das Heer der Westgoten und töteten ihren König Roderich. In weniger als einem Jahrhundert eroberten die Moslems den größten Teil der iberischen Halbinsel. Sie nannten ihr Königreich Al-Andalus. Im Jahre 720 überquerten sie die Pyrenäen und griffen die Region Septimania an. Heute ein Teil Frankreichs (Languedoc), war sie damals eine westgotische Provinz in Gallien. Außerdem stellte sie das Tor zu dem dar, was arabische Autoren »das Große Land« nannten, ein vager Begriff, der sich nicht nur auf Gallien, sondern auf ganz Europa bezog. Manche träumten sogar davon, daß ihre Armeen bis nach Konstantinopel marschieren und die Hauptstadt des oströmischen Reiches gewissermaßen durch die Hintertür angreifen würden.

Schnell nahmen die Moslems Narbonne ein, eine alte römische Kolonie, die eine ausgezeichnete strategische Basis darstellte. 721 wurden sie bei Toulouse geschlagen, und in dieser Schlacht wurde As-Sanh ibn Malik, ihr Statthalter in Al-Andalus, getötet. Nur die Anwesenheit des kampferprobten und disziplinierten Offiziers Abd Al-Rahman verhinderte, daß aus dem Rückschlag eine heillose Flucht wurde: Er führte die Kämpfer in geordnetem Rückzug nach Narbonne zurück. Kurz darauf gingen die Araber erneut in die Offensive; langsam drangen sie ostwärts bis zum Rhône-Tal vor und griffen Städte von Bordeaux bis Lyon an. Um 735 waren bereits alle größeren Städte an der französischen Mittelmeerküste zwischen den Pyrenäen und der Rhône in moslemischer Hand. Um 730 wurde der Mann Statthalter, der bei Toulouse die Rettung gewesen war, nämlich Abd Al-Rahman. Er war bei seinen Leuten wegen seiner Großzügigkeit und Umsichtigkeit auf dem Schlachtfeld beliebt, und er sollte alle Hände voll zu tun haben, um die Bedrohungen auf beiden Seiten der Pyrenäen abzuwenden.

Im frühen Mittelalter war eine starke Zentralregierung die Ausnahme und nicht die Regel. Jenseits der Pyrenäen glich das »Königreich« der Franken eher einer Ansammlung von streitenden Fürsten. In Al-Andalus verlief eine scharfe Trennlinie zwischen der arabischen Elite und den Berber-Stämmen Nordafrikas, die sich gerade zum Islam bekehrt hatten. Die Berber hatten 711 und danach den größten Teil der moslemischen Eroberungsarmee gestellt, doch die Araber hatten sich das beste Land und die beste Kriegsbeute genommen. 732 hatte der Berber-Führer Munuza ein winziges Königreich auf der strategisch wichtigen, an Gallien grenzenden ostspanischen Hochebene gegründet. Einer Quelle zufolge hatte sich Munuza mit seinem Nachbarn, Fürst Odo von Aquitanien, verbündet. Obwohl Odo Christ war, war er seinem nominellen Oberherrn, dem fränkischen König, ein Dorn im Auge, da er, genau wie Munuza, nach Unabhängigkeit strebte. 732 griff Abd Al-Rahman beide Männer an. Er führte einen Feldzug, in dessen Verlauf Munuza getötet wurde, und überquerte dann die Berge, um durch die Gascogne und Aquitanien zu marschieren. Wir wissen nicht, wie groß seine Armee war, aber sie war groß genug, um Odos Streitmacht in der Nähe von Bordeaux zu besiegen, christliche Festungen niederzubrennen und zu plündern und viele Zivilisten gefangenzunehmen. Manche Historiker haben die Zahl der moslemischen Soldaten auf etwa 15 000 geschätzt, und sie dürfte nicht ganz falsch sein.

Abd Al-Rahmans Männer zogen nordwärts nach Poitiers, in die Nähe des großen Heiligtums des heiligen Martin von Tours – eine Art Nationalschrein der Franken. Das für seine Frömmigkeit und seinen Reichtum berühmte Tours ist nur etwas mehr als 350 Kilometer von Paris entfernt.

Weiter sollten sie jedoch nicht kommen. Etwa zwischen den Städten Tours und Poitiers, vielleicht bei Moussais an der alten Römerstraße, stießen sie auf das Heer des Frankenführers Karl

Martell. Dieser war theoretisch zwar nur der Majordomus, eine Art Ministerpräsident, in Wirklichkeit jedoch faktisch König des Frankenreichs (714–741), das sich über Nordfrankreich und Westdeutschland erstreckte. Obwohl Odo vorher gegen die Franken gekämpft hatte, hatte er Karl jetzt verzweifelt um Hilfe gebeten.

Zwar waren die Franken nicht mehr die Macht, die sie einst unter ihrem ersten großen König Clovis gewesen waren (der von 481 bis 511 regierte), aber unter den Nachfahren des Pippin erlebten sie einen neuen Aufschwung. Unehelich geboren, mußte Karl nach dem Tod seines Vaters Pippin II. (714) um die Macht kämpfen. Als er nach Poitiers kam, war er ein schlachtenerprobter Krieger an der Spitze einer siegreichen Armee – genau wie Abd Al-Rahman. Es mußte zu einer dramatischen Kraftprobe kommen.

Von diesem Showdown kennen wir allerdings enttäuschend wenig Einzelheiten. Laut zeitgenössischen Quellen fand die Schlacht an einem Samstag im Oktober des Jahres 732 statt, wenngleich einige Wissenschaftler das Jahr 733 annehmen. Die Vorbereitungen dauerten sieben Tage, in denen jede Seite die andere beobachtete und durch Vorgeplänkel herauszufinden versuchte, ob ein Gelände- oder Zeitvorteil zu erlangen wäre. Dies deutete darauf hin, daß beide Armeen etwa gleich stark waren, das heißt, daß jede Seite ungefähr 15 000 Mann hatte, um eine realistische Zahl zu nennen. Obwohl die fränkische Armee auch Reiter hatte, bestand sie im wesentlichen aus Fußtruppen, die in dichten Reihen kämpften, schwere Rüstungen trugen, große Holzschilde hatten und mit Schwertern, Speeren und Äxten bewaffnet waren. Die Moslems waren für ihre Reiterei bekannt. Ihre Fußtruppen hatten die schweren Rüstungen der Europäer übernommen, und das wohl mit sehr gemischten Gefühlen, denn ein Fluch der Beduinen erinnert daran, daß die Araber ursprünglich nur leichtbewaffnete Kämpfer waren: »Du sollst verflucht sein wie der Franke, der eine Rüstung anzieht, weil er den Tod fürchtet.«

Schließlich kam es zum großen Zusammenstoß. Der Chronist,

der die *Chronik des Isidor* weiterführte, geht davon aus, daß die Moslems angriffen. Zumindest betont er, daß die Franken nicht zurückwichen – »wie eine Mauer ... und wie eine feste Eiswand« – im Gegensatz zu anderen damaligen christlichen Armeen, die in dem Ruf standen, vom Schlachtfeld zu fliehen. Dagegen berichtet der Chronist, der die *Chronik des Fredegar* weiterführte, daß Karl aggressiv angriff, »vor der Wucht seines Angriffs zerstoben [die Moslems] wie Stoppeln ...« Glücklicherweise stimmen die beiden Quellen in einem Punkt überein: Die fränkischen Krieger töteten Abd Al-Rahman. Es gibt Grund zu der Annahme, daß dies entscheidend war. Dem Fredegar-Chronisten zufolge führte der fränkische Sieg bei den Moslems zu einer heillosen Flucht, aber der Verfasser arbeitete unter dem Patronat von Karls Bruder Childebrand, so daß ihm kaum etwas anderes übrigblieb, als die Franken besonders ruhmreich darzustellen. Der Isidor-Chronist erzählt eine komplexere Geschichte: Die Schlacht dauerte bis zum Einbruch der Dämmerung. Am nächsten Tag näherten sich die Franken den Zelten der Moslems in Schlachtordnung, doch der Feind hatte sich nachts heimlich davongemacht. Sollte dieser Bericht zutreffend sein, dann hatten die Franken den Moslems keine vernichtende Niederlage zugefügt. Sie hatten erwartet, daß der Feind noch kämpfen konnte – und vielleicht hätte er es auch gekonnt, wenn er nicht führerlos gewesen wäre. Die moslemische Armee zog sich zurück. Tours war gerettet.

Die Nachricht vom Sieg bei Poitiers (oder bei Tours, wie die Schlacht manchmal genannt wird) verbreitete sich bis nach Nordengland, wo der englische Benediktinermönch und Gelehrte Beda der Ehrwürdige von ihr hörte. Spätere Generationen gaben Karl wegen seines militärischen Erfolges gegen die Moslems den Beinamen »Martell« oder »Hammer«. Was die Moslems betraf, so rückten ihre Armeen in Westeuropa nie wieder so weit nach Norden vor. Für den großen Historiker Edward Gibbon war Poitiers »ein Zusammenprall, der die Geschichte der ganzen Welt verändern sollte«. In seinem sechsbändigen Hauptwerk *Geschich-*

te des Verfalls und Untergangs des Römischen Reiches (1776–1788) stellte sich Gibbon die möglichen Folgen eines arabischen Sieges bei Poitiers vor:

> »Ihr Siegeszug erstreckte sich über mehr als tausend Meilen von dem Felsen von Gibraltar bis zu den Ufern der Loire. Hätten die Sarazenen noch einmal die gleiche Entfernung zurückgelegt, wären sie bis zur Grenze Polens und bis zum schottischen Hochland gelangt: Der Rhein ist nicht unüberwindbarer als der Nil oder der Euphrat, und die arabische Flotte hätte ohne Seeschlacht in die Themsemündung segeln können. Vielleicht würde heute an den Schulen Oxfords die Deutung des Koran gelehrt, und von den Kanzeln würde einem beschnittenen Volk die geheiligte Wahrheit der Offenbarung des Mohammed verkündet.«

Die neuere Forschung ist sich keineswegs so sicher, ob Poitiers einen derart tiefen Einschnitt bedeutete. Selbst wenn Abd Al-Rahman und seine Männer an jenem Tag gesiegt hätten, hätten sie nach Meinung mancher Wissenschaftler nicht viel mehr Schaden anrichten können, da sie auf Plünderung und nicht auf Besetzung aus waren. Auch hätten sie ihren Sieg nicht maximal nutzen können, da es zwischen 730 und 740 in Spanien zu Aufständen sowohl der Berber als auch der Araber kam.

So wie man die Ereignisse jenes Tages im Jahre 732 überbewerten kann, kann man sie allerdings auch unterbewerten. Wie bei der Schlacht um England im Jahre 1940, hatte Poitiers dem Feind keine tiefe Wunde geschlagen, aber seinen weiteren Vormarsch gestoppt. Die Moslems machten Abd Al-Rahman zwar zu einem Märtyrer, konnten aber nicht verschmerzen, daß sie dem Feind die Beute überlassen hatten. Der Überfall war gescheitert: Man blieb besser in den befestigten Stützpunkten in Südgallien. Aber was wäre gewesen, wenn die Moslems die Franken am achten Tag bei Poitiers geschlagen hätten? Was wäre gewesen, wenn der General der Franken, Karl Martell, zusammen mit vielen seiner

Männer getötet worden wäre? Ein Sieg der Moslems hätte die Schlacht zu einem Fischzug gemacht, der gezeigt hätte, daß das Wasser beutereich und unbewacht war.

Auch wenn der moslemische Feldzug von 732 keineswegs ein umfassender und massiver Angriff war, ist schwer vorstellbar, daß die Araber ihn einfach abgebrochen hätten und nach Hause zurückgekehrt wären, nachdem sie sich der Herausforderung durch den Führer der Franken gestellt und ihn getötet hatten. Schließlich hatte der Angriff auf Spanien im Jahre 711 ebenfalls als Überfall begonnen, und dann hatte der Sieg Eroberungsgelüste geweckt. Nein, die siegreichen Krieger von Abd Al-Rahman hätten Tours ebenso geplündert, wie sie Poitiers geplündert hatten, und wären der Versuchung erlegen, nach Orléans und Paris zu ziehen.

Unterdessen hätten sich die Söhne Karls – der nicht mehr den Beinamen »Martell« gehabt hätte – über die Nachfolge gestritten. Einer von ihnen hätte schließlich obsiegt, und der neue Führer, entweder Karlmann oder Pippin der Jüngere, hätte das tun müssen, was sein Vater zwischen 732 und seinem Todesjahr 741 tat: in weit entfernten Gebieten gegen die Friesen, Burgunder, Provençalen und Moslems kämpfen. Das heißt, wenn er die Kraft gehabt hätte, das zu vollbringen, was sein Vater vollbrachte: die Grenzen des fränkischen Reiches bis zum Mittelmeer und zum Jura vorzuschieben. Aber das wäre schwierig gewesen, da der neue Führer weder an der Spitze eines vereinten und durch seinen Sieg bei Poitiers selbstbewußten Heeres gestanden noch in den Moslems einen Gegner gehabt hätte, der die Franken fürchtete, denn schließlich hatten sich diese bei Poitiers als unterlegen erwiesen. Folglich hätte Karls Nachfolger Avignon wahrscheinlich nicht zurückerobert, wie Karl es 737 tat, und er hätte die Moslems auch nicht noch einmal in den Sümpfen des Berre im Corbières geschlagen, wie es Karl 738 tat. Ohne diese Siege wäre es wohl nicht möglich gewesen, die Moslems aus Septimania zu vertreiben und hinter die Pyrenäen zurückzudrängen, wie es Pippin zwischen 752 und 759 tat. Und angesichts einer fortdauernden Präsenz der Araber in Südgallien hätte Pippins Nachfolger, Karl der Große, keine freie Hand für seine Feldzüge in Italien und im Osten gehabt – wenn die militärisch erfolglosen Nachfahren Pippins überhaupt lange genug regiert hätten, um einen Karl den Großen hervorzubringen.

Hätten die Moslems ihre Provinz jenseits der Pyrenäen behalten, wären sie früher oder später der Versuchung erlegen, sie zu vergrößern. Denn trotz der Vertreibung aus Septimania im Jahre 759 und trotz der Feldzüge Karls des Großen über die Pyrenäen in den Jahren 778 und 801 unternahmen die Moslems bis 915 Plünderungszüge nach Südfrankreich. Hätten sie Städte wie Narbonne und Avignon als Stützpunkte gehabt, hätten sie sich nicht mit Plünderungen zufriedengeben müssen. Die Moslems hätten vielleicht wieder spanische Statthalter als Befehlshaber ihrer Armeen eingesetzt, wie es vor Karls Sieg bei Poitiers üblich gewesen war. Berber und Araber hätten möglicherweise ihre Differenzen beigelegt, um Ruhm und Kriegsbeute im Großen Land zu erlangen. Da sie von der geschwächten fränkischen Monarchie nichts zu befürchten gehabt hätten, hätten die Eroberer womöglich einen Erfolg nach dem anderen erzielt, den Ärmelkanal überquert und die Flagge mit dem Halbmond, wie Gibbon es sich vorstellte, nach Oxford getragen. Dann wären es Emire und Imame anstelle von Fürsten und Bischöfen gewesen, die im 9. und 10. Jahrhundert mit der Herausforderung einer Invasion der Wikinger und Magyaren konfrontiert gewesen wären. Wären sie erfolgreich gewesen, hätte sich das Reich, das einst Westeuropa von Rom aus regierte, vielleicht neu gebildet – als Kalifat.

Wie hätte ein moslemisches Westeuropa ausgesehen – ein Al-Andalus, das sich von Gibraltar bis nach Skandinavien, von Irland bis zur Weichsel oder sogar darüber hinaus erstreckt hätte? Das Christentum hätte überlebt, aber als eine geschützte, immer kleiner werdende Enklave und nicht als herrschender Glaube. Viele Christen hätten zwar weiterhin ihre Religion ausgeübt, wären in Sprache und Gebräuchen jedoch fast zu Arabern geworden – wie im moslemischen Spanien. Viele hätten sich – ebenfalls wie in Spanien – irgendwann zum Islam bekehrt, und ohne den ständigen Vormarsch der christlichen *Reconquista* wären es noch mehr gewesen. Zweifellos wäre die große Mehrheit der Europäer moslemisch geworden, wie es die große Mehrheit der Menschen in Nordafrika und im Nahen Osten schließlich wurde.

Das Christentum hätte sich nicht über die ganze Welt verbreitet. Hätten die Westeuropäer 1492 den Atlantik überquert, hätten sie es nicht im Zeichen des Kreuzes, sondern des Halbmondes getan. Als große Seemacht im Mittelmeer unter der Omaijaden-Dynastie (632–750) und bis zum Aufstieg Portugals als große Handelsmacht im Indischen Ozean, hätte sich der Islam dem Atlantik zugewandt. In Amerika hätte er die Eingeborenen zu richtigen Europäern – das heißt: zu Moslems – gemacht. Heute gäbe es nur eine Weltreligion: den Islam.

Unterdessen hätte die moslemische Elite ihre neuen, nach dem Sieg von Abd Al-Rahman bei Poitiers eroberten Provinzen zu großer Blüte gebracht. In Spanien schufen die Moslems die wohl zivilisierteste westeuropäische Gesellschaft seit der Blütezeit des römischen Reiches. In Al-Andalus, wie die Araber ihr Königreich auf der iberischen Halbinsel nannten, gab es im 10. Jahrhundert eine hochentwickelte Landwirtschaft und prosperierende Städte, Paläste, Dichtung, Kunst und Aufklärung. Seine Städte stellten die Nordeuropas weit in den Schatten, seine Kaufleute bereisten wesentlich größere Gebiete, und seine Philosophen waren denen des Westens in bezug auf ihre Kenntnis des klassischen griechischen Erbes haushoch überlegen.

Europa hätte viel gewonnen, wenn sich Al-Andalus über die Pyrenäen nach Norden ausgebreitet hätte. In Spanien, Nordafrika, im Nahen Osten, wohin sie auch kamen, glichen die Moslems einem Midas. Sie förderten den Wohlstand durch Handel, Landwirtschaft, Bewässerungsanlagen und Städtebau. Allerdings hatten nicht alle in gleicher Weise am Wohlstand teil. Die moslemische Gesellschaft war streng hierarchisch gegliedert, die Sklaverei allgemein verbreitet. Im 10. Jahrhundert bestanden beispielsweise die spanischen islamischen Armeen und sogar die Regierungsbürokratien zum Teil aus Gefangenen, die in Nordspanien, Germanien und vor allem in den slawischen Ländern gemacht worden waren – unser Wort »Sklave« kommt von »Slawe«. Verdun in Nordfrankreich war Europas größter Sklavenmarkt. Dieser Markt hätte sich zweifellos weiter nach Osten verlagert, wenn die Araber Westeuropa erobert hätten – bis östlich der Elbe, vielleicht sogar bis zum künftigen Berlin. Auf jeden Fall wäre Westeuropa ebenfalls eine Sklavengesellschaft geworden. Im Laufe der Zeit wären die Sklaven zu Herren geworden und hätten in Europa die Macht ergriffen, wie sie es schließlich im Nahen Osten taten.

In einem großen Teil des islamischen Europa wäre zwar unterwürfiger Gehorsam gefragt gewesen, aber niemals wäre es derb und unzivilisiert zugegangen. Als die ersten arabischen Eroberer die verfeinerte persische und byzantinische Kultur kennenlernten, war es Liebe auf den ersten Blick. Wohin sie in den darauffolgenden Jahren auch kamen, die siegreichen Araber brachten immer ihre heimischen Errungenschaften mit. So wären das islamische England, Frankreich und Germanien nicht nur mit Moscheen und Militärlagern, sondern auch mit Palästen, Bädern, Gärten und Brunnen überzogen worden. Paris wäre vielleicht ein zweites Córdoba geworden, mit prosperierenden Werkstätten und Geschäftsvierteln, in denen jede Sprache der Alten Welt zu hören gewesen wäre. Es hätte strahlende Paläste mit goldenen Dächern und Marmorsäulen gehabt, und es hätte in den aus Indien importierten Farben geglänzt, anstatt das zu sein, was es war, nämlich eine glorifizierte Kleinstadt. Wäre Aachen der Sitz eines Kalifen und nicht die Hauptstadt Karls des Großen gewesen, wären hier leichte und luftige Moscheen anstelle schwerer romanischer Kirchen erbaut worden. Und die Verbesserungen wären nicht nur materieller Natur gewesen. Da die Araber große Förderer von Dichtern und Philosophen waren, hätten sie Europa zu einem geistigen Kraftzentrum gemacht. Die Arbeiten von Plato und Aristoteles wären den führenden Köpfen nördlich der Pyrenäen bereits im 10. statt im 12. Jahrhundert – also zweihundert Jahre früher – bekannt gewesen. Die Dichter hätten feinsinnige Verse geschrieben, die auch einem Höfling in Bagdad gefallen hätten, und nicht die schlichten Reime des *Beowulf*-Epos. Kein Wunder also, daß Anatole France den Ausgang der Schlacht von Poitiers bedauerte: »Es war ein Rückschlag für die Zivilisation angesichts der drohenden Barbarei.«

Ja, möchte man erwidern, aber nur kurzfristig. Es war der Islam, der das kultivierte Erbe der großen Reiche des antiken Nahen Ostens und des Mittelmeerraumes darstellte, und nicht das rohe, halb barbarische Westeuropa, dessen germanische Eroberer die römische Zivilisation zersetzt hatten. Langfristig erwies sich die neue Gesellschaft des Westens jedoch als wirtschaftlich produktiver und militärisch stärker als die alte islamische Kultur. Den Historikern fällt es nicht leicht, dieses Paradoxon zu erklären: Warum stieg das vergleichsweise primitive Europa zur Weltmacht auf, setzte die wissenschaftliche und industrielle Revolution in Gang und erfand den Kapitalismus, während der zivilisierte Islam wirtschaftlich stagnierte und den Waffen des Westens zum Opfer fiel? Darauf gibt es keine einfachen Antworten, aber die vielversprechendste Erklärung könnte die Existenz eines westlichen Pluralismus sein.

Gerade weil das westliche Europa barbarisch war, erwies es sich als unregierbar; es bildete sich keine Zentralgewalt heraus. Dem Feudalstaat – falls dieser Begriff nicht ein Widerspruch in sich selbst ist – gelang es nie, die Ritter unter seine Kontrolle zu bringen. Im Laufe der Jahrhunderte wurde der Individualismus in demokratische Formen gegossen und entwickelte sich zu einem hohen westlichen Kulturgut. Die Barone konnten nie die Städte erobern, deren Handelsoligarchien mit der gleichen Aggressivität nach Gewinn strebten, mit der die mittelalterlichen Ritter Krieg führten. Die christliche Kirche schaffte es nie, die Fürsten zu zähmen. Sehr oft standen Kirche und Staat auf Kriegsfuß. Und in der Ära der Reformation entschieden sich einzelne Staaten schließlich für die Unabhängigkeit von der Kirche. Die sich in Europa entwickelnde Kultur war im Gegensatz zu der des Islam dezentralisiert, säkularisiert, individualistisch und gewinnorientiert. Sie hatte wenig Respekt vor der älteren Zivilisation im Süden. Kein Wunder, daß es Europa war, wo sich die Renaissance, die Reformation, die Ursprünge der modernen Wissenschaft und der Industrialisierung entwickelten; kein Wunder, daß es Europa war, das jahrhundertelang die Welt regierte.

Die Ironie liegt darin, daß dies alles nicht so gekommen wäre, hätte es das frühe Mittelalter nicht gegeben. Ein europäisches Kalifat nach 732 hätte sich, ebenso wie ein wiederbelebtes römisches Reich nach 476, zwar durch Stabilität und kulturellen Glanz ausgezeichnet, aber es hätte jegliche Modernität im Keim erstickt. Weder ein Kalifat noch ein Reich hätten jene Freiheit und jenen Geist zugelassen, die Europa schließlich groß machten. Für Europa war das frühe Mittelalter eine schreckliche Medizin, die den Patienten fast umgebracht hätte, ihn letztlich aber stärkte.

Alles in allem hatte Europa Glück. Die Jahre 476 und 732 wären heute nur Fußnoten, hätten sich die Dinge 1242 anders entwickelt. In jenem Jahr zogen sich die mächtigsten Angreifer, die der Kontinent je erlebt hatte, zurück, nachdem sie ein Jahr zuvor Osteuropa im Handumdrehen erobert hatten. Wäre ihr König nicht gestorben, wären die Eroberer ungehindert bis zum Atlantik vorgedrungen. Es ist zweifelhaft, ob ein wiederbelebtes römisches Reich sie hätte besiegen können. Und es ist fast sicher, daß dies einem arabischen Europa nicht gelungen wäre, wenn man bedenkt, daß die Araber zehn Jahre später im Nahen Osten den siegreichen Herausforderern zum Opfer fielen (Bagdad wurde 1258 zerstört). Diese Sieger waren schlicht und einfach die größten Krieger, die die Welt jemals erleben sollte. Es waren die Mongolen.

Cecelia Holland

Der Tod, der Europa rettete

Die Mongolen ziehen sich zurück 1242

Das finstere frühe Mittelalter war geradezu strahlend hell im Vergleich zu dem, was Europa hätte widerfahren können, wenn es im 13. Jahrhundert von den Mongolen erobert worden wäre.

1242 hatten die mongolischen Eroberer Osteuropa durchquert. Sie hatten eine christliche Armee in Polen und eine andere in Ungarn vernichtet; ihre Vorhut hatte Wien und die Adria erreicht, und sie waren im Begriff, das größte Kontinentalreich der Weltgeschichte zu errichten.

Diese Reiter aus den Steppen Zentralasiens, deren zusammengesetzte Bögen der europäischen Armbrust weit überlegen waren, stellten die diszipliniertese und schnellste Streitmacht ihrer Zeit dar. Sie wirkten laut Cecelia Holland »wie eine moderne Armee in einer mittelalterlichen Welt«. Niemand war ihnen gewachsen. Mit ihrer Verachtung für Stadtbewohner, Kultur und Eliten waren sie die Roten Khmer ihrer Zeit. Zerstörten die Roten Khmer ein ganzes Land, nämlich Kambodscha, so wüteten die Mongolen auf einem ganzen Kontinent und waren im Begriff, sich einen weiteren einzuverleiben, Tod und Verwüstung in schrecklichem Ausmaß ließen sie hinter sich zurück. Wahrscheinlich war der Westen – und mit ihm das historische Phänomen, das er verkörpert – weder vorher noch nachher jemals wieder einer solchen Gefahr ausgesetzt.

Europa wurde im letzten Augenblick durch einen reinen Glücksfall gerettet. Die Geschichte mag das Ergebnis bedeutender Entwicklungen sein, aber wir dürfen nicht vergessen, daß das Leben – oder der Tod – eines einzigen Menschen noch immer ins Gewicht fallen kann.

◈ CECELIA HOLLAND ist eine bekannte und angesehene Autorin von historischen Romanen, die mehr als zwanzig Bücher verfaßt hat.

Im Sommer 1242 hätte ein Beobachter von den Stadtmauern Wiens aus merkwürdige Reiter erblicken können, die über die östlich der Stadt gelegene Ebene galoppierten. Wäre der Beobachter gut unterrichtet gewesen, hätte er gewußt, daß diese seltsamen und geheimnisvollen Reiter auf ihren kleinen Pferden Mongolen waren, Kundschafter eines großen Heeres, das sein Lager nur ein paar hundert Kilometer von der Donau entfernt aufgeschlagen hatte. Ihr Erscheinen unmittelbar vor seiner Stadt hätte ihm das Blut in den Adern gefrieren lassen.

Diesen Marodeuren war Wien nahezu schutzlos ausgeliefert. Die Mongolen hatten bereits im Jahr zuvor in Osteuropa zwei große Armeen vernichtet. Die entscheidenden Schlachten fanden zwar an zwei aufeinanderfolgenden Tagen statt, aber dennoch räumlich weit voneinander entfernt.

Am 9. April 1241 verließ eine stattliche Armee von Deutschen, Polen, Tempelrittern und Deutschrittern Liegnitz, um eine etwas kleinere mongolische Streitmacht anzugreifen, die durch Nordpolen gen Westen vorrückte. Die beiden Heere trafen bei Wahlstadt aufeinander. Die Angriffe der christlichen Ritter in ihren schweren Rüstungen schienen den Kampfgeist der Mongolen zu brechen, denn diese flohen. Die Männer von Herzog Heinrich folgten ihnen, zunehmend in Auflösung begriffen, und gerieten in einen perfekt angelegten mongolischen Hinterhalt. Das Heer Herzog Heinrichs wurde bis fast auf den letzten Mann vernichtet.

Die mongolische Armee, die diesen Sieg davontrug, sollte indes nur ablenken. Während sie durch Polen zog, bezwangen der große General Sübütei und der Hauptteil seiner Armee die verschneiten Karpaten-Pässe und stiegen in die ungarische Ebene hinab. Eine dritte, kleinere mongolische Streitmacht zog südlich des Gebirges durch Moldawien und Transsilvanien, um ihnen Flankenschutz zu geben.

So koordinierte Sübütei seine Streitkräfte über zwei Bergzüge und mehrere hundert Kilometer hinweg. Als einer von Dschingis Khans »vier Hunden«, wie die bevorzugten Generäle genannt wurden, war Sübütei 1241 ein alter Mann und eines der unbesungenen militärischen Genies der Geschichte. Seine lange, glänzende Karriere reichte von Nordchina bis zu diesem Feldzug in Europa. Seine militärischen Operationen in Europa, auf einem schwierigen und für ihn ungewohnten Terrain, waren absolut meisterhaft.

Nachdem er und seine Armee in drei Tagen über 400 Kilometer durch den Schnee marschiert waren, kamen sie in Ungarn an. Als die Mongolen über die ungarische Ebene zogen, machte sich der ungarische König Béla von seiner Hauptstadt Buda auf, um sich ihnen entgegenzustellen. Sübütei zog sich langsam zurück, bis er die Brücke über den Fluß Sajo erreichte. Dort gingen die Mongolen in Stellung.

Am 10. April, einen Tag nach der Schlacht bei Liegnitz, griff Béla die Brücke an und schlug die Mongolen zurück. Er befestigte sein Lager mit schweren, aneinandergebundenen Wagen und sicherte so die Brücke behelfsmäßig auf beiden Seiten. Als es Nacht wurde, schien er in einer überlegenen Position zu sein.

Aber Sübüteis Kundschafter hatten mittlerweile flußabwärts eine Furt entdeckt. In der Nacht führte der große General die Hälfte seiner Armee über den Fluß. Im Morgengrauen unternahmen Batu Khan und die restliche Armee einen konzentrierten Frontalangriff gegen die Stellung der Ungarn. Als Béla diese Attacke abwenden wollte, griff Sübütei ihn von hinten an.

Schnell wurden Bélas angeschlagene Truppen in die Wagenburg zurückgetrieben. Die Mongolen umringten sie und griffen die Ungarn während des nächsten Tages fast ununterbrochen mit Pfeil und Bogen, Katapultgeschossen, brennendem Teer und sogar chinesischen Knallkörpern an. Ein ständiges Sperrfeuer sollte die in der Wagenburg verschanzten Christen mürbe machen. Dann bildete sich in der Mauer der die Ungarn umzingelnden Mongolen plötzlich eine Lücke, in die sich sofort einige von Bélas erschöpften und entmutigten Männern stürzten. Als die ersten zu entkommen schienen, gab es auch für die anderen kein Halten mehr, es kam zu einer panikartigen Flucht. Sübütei und seine Männer, die von jeder Seite angriffen, konnten den verwirrten und demoralisierten Haufen, in den sich Bélas Armee verwandelt hatte, fast ohne Gegenwehr vernichten. Nur wenige konnten nach Buda fliehen. Einer von ihnen war König Béla, der sich auf eine Insel in der Adria flüchtete.

Als sie Ungarn unterworfen hatten und der Frühling die weiten Ebenen ergrünen ließ, hielten die Mongolen inne. Sie ließen ihre Herden weiden und errichteten ihre Jurten auf dem flachen Grasland, das so sehr ihrer Steppe ähnelte. Dort verbrachten sie den Sommer und sammelten sich für den nächsten Angriff.

Westeuropa wartete auf sie, betäubt und fast hilflos. Die christliche Gemeinschaft war zu diesem Zeitpunkt bedenklich geschwächt, da die beiden mächtigsten Herrscher in Europa erbittert um die Vorherrschaft stritten. Auf der einen Seite der Heilige Römische Kaiser, der ebenso brillante wie rücksichtslose Staufer Friedrich II., auf der anderen Seite eine Reihe von Päpsten, die entschlossen waren, ihn zum Gehorsam zu zwingen.

Da Friedrich vor allem an Italien interessiert war, hatte er sein deutsches Erbe dem einheimischen Adel überlassen. Diese Herren, die ständig aufeinander eindroschen, zeigten keinerlei Neigung, sich zusammenzuschließen, um der Bedrohung zu begegnen, die die riesige Armee auf den Ebenen Ungarns darstellte. Der junge, tatkräftige und idealistische König Ludwig IX. von Frankreich stellte eine Ritterarmee auf, die jedoch bestenfalls ein paar tausend Mann umfaßte. Bislang hatte keine christliche Armee die Mongolen aufhalten oder ihren Vormarsch auch nur verlangsamen können. Unser Beobachter auf den Zinnen Wiens hatte allen Grund, um sein Volk zu zittern.

◆ ◆ ◆

Die Bedeutung der mongolischen Eroberungen kann kaum überschätzt werden, obwohl sich die Vormachtstellung dieses Reitervolkes nur über einen Zeitraum von hundert Jahren erstreckte. Bis zum Aufstieg des Temudschin, des späteren Dschingis Khan, bezeichnete der Begriff Mongole nur eines von vielen Nomadenvölkern, die jagten, ihr Vieh weideten und sich um die Steppen Zentralasiens und die Wüste Gobi stritten. Temudschin änderte das. Er bestärkte die Mongolen in dem Glauben, sie seien zur Weltherrschaft berufen, und unter seiner Führung machten sie Eroberungen, die schließlich vom Südchinesischen Meer bis zum Mittelmeer reichten. Er hatte es hauptsächlich auf die chinesischen Reiche östlich der Mongolei, die islamischen Staaten im Westen und Süden sowie auf die Städte jenseits der Wolga abgesehen. Was er ihnen antat, veränderte die Welt für immer.

Die von Francis W. Cleaves aus dem Mongolischen übersetzte Chronik *The Secret History of the Mongols* berichtet über diese Eroberungen gewissermaßen von innen heraus. Sie zeigt, daß sie ihre Wurzeln im Ethos des nomadischen Kriegers hatten, auf das sich Dschingis Khans Erfolg gründete. Seine Armeen waren durch Bande der Waffenbrüderschaft und der Pflichterfüllung sowie durch die starke Persönlichkeit des großen Khan selbst zusammengeschmiedet. Die Soldaten, die sich unter seiner Fahne sammelten – sie übernahmen die Bezeichnung Mongolen, weil dies Temudschins Stamm war –, folgten ihm, weil Temudschin von einer solchen Aura unbezwingbaren Willens, Mutes und Kampfgeistes umgeben war, daß derjenige, der ihm die Gefolgschaft verweigerte, gewissermaßen das Schicksal herausforderte. Temudschin schien durch göttliche Vorsehung dazu bestimmt, über die ganze Welt zu herrschen. Gleichzeitig tat er alles für sein Volk. Er war die Verkörperung seines Geistes, die lebendige Seele der gesamten Nation.

Denjenigen, die keine Mongolen waren, zeigte er freilich ein anderes Gesicht.

»Sie kamen, zerstörten, brandschatzten, mordeten, plünderten und verschwanden.« 1209 griffen Temudschin und seine Armeen Nordchina an, lernten dort, Städte zu stürmen, und begannen dann ihr langes Zerstörungswerk, dem die älteste und bevölkerungsreichste Zivilisation der Welt zum Opfer fiel. Jede Stadt fiel und wurde zerstört. Eine Zeitlang zog der Großkhan in Erwägung, ganz Nordchina zu entvölkern und es in Weideland für seine Pferde zu verwandeln; er nahm davon Abstand, als ein Berater darauf hinwies, daß lebende Chinesen mehr Steuern zahlten als tote.

Im Westen kamen die Mongolen durch ihr stetiges Vordringen in Kontakt mit den blühenden Staaten der Turkvölker Zentralasiens, allen voran Khwarezm, ein Land mit fruchtbaren Feldern und sagenumwobenen, prächtigen Städten: Samarkand, Buchara, Harat, Nischapur. Im Jahre 1218 drang Dschingis Khan in Khwarezm ein und verwüstete es.

Zu Temudschins Strategie gehörten wohlkalkulierte Massaker: Wenn sich eine Stadt seinen Armeen widersetzte, ließ er, wenn sie fiel – und sie fielen immer –, alle Einwohner abschlachten. Die von den Chronisten angegebenen Zahlen sind erschreckend: 1 600 000 Tote in Harat im Jahre 1220. Dem mongolischen Prinzen Tuli kam das Gerücht zu Ohren, einige Menschen hätten überlebt, weil sie sich unter den aufgeschichteten Leichnamen verstecken konnten. Als er Nischapur einnahm, befahl er, allen Leichnamen die Köpfe abzuschneiden. In Nischapur starben nach zeitgenössischen Berichten 1 747 000 Menschen.

Diese Zahlen sind schaurig und schier unglaublich. In ihnen spiegelt sich ein ungeheurer Vernichtungswille wider. Auch wenn sich eine Stadt ergab, wurde sie geplündert und zerstört. Nachdem Buchara kapituliert hatte, wurden die Menschen aus der Stadt gejagt, damit sie geplündert werden konnte. Die jungen Männer, Frauen und Kinder wurden in die Sklaverei verschleppt und die Stadt dem Erdboden gleichgemacht.

Nur wenige Jahre später begann der Angriff auf Rußland. Die ersten Feldzüge entlang der Wolga verschafften den Mongolen eine gute Ausgangsbasis, doch das Unternehmen wurde aufgeschoben, als Temudschin starb. Nach mongolischer Sitte erbte der älteste Sohn des Großkhans den größten Teil des Landes, das vom Zentrum des Reiches am weitesten entfernt war. Als Temudschin starb, war sein ältester Sohn Dschotschi jedoch bereits tot, so daß das Erbe an seinen Enkel Batu Khan, den Gründer der Goldenen Horde, fiel.

1237 griffen Batus Mongolen nach einem von Sübütei ausgearbeiteten Plan Rußland an und legten seine Städte in Schutt und Asche. Wieder war der Verlust an Menschenleben erschreckend, Hunderttausende starben. Im Jahre 1241 wandten sich die Mongolen dann gegen Osteuropa, nachdem sie ihre Tiere im Sommer auf den weiten Ebenen Südrußlands geweidet hatten.

◆ ◆ ◆

Warum waren sie nicht aufzuhalten? Die mongolische Armee ähnelte auffallend einer in eine mittelalterliche Welt versetzten modernen Armee. Ihre Stärken waren Schnelligkeit und Beweglichkeit, die Schlagkraft ihrer Waffen, Disziplin und ein hervorragendes Offizierskorps.

Die Armeen des Großkhans waren nach Zehner-, Hundert-, Tausend- und Zehntausendschaften gegliedert. Jede Einheit wurde von Offizieren geführt, die nicht nach Gunst oder Geburt, sondern nach erwiesener Tüchtigkeit ausgesucht worden waren. Obwohl die Armee und die Eroberungen Batu Khan gehörten und mehrere Mitglieder der königlichen Familie am Krieg teilnahmen, gehorchte bei den russischen Feldzügen jedermann den Befehlen Sübüteis, welcher von relativ niederer Herkunft war.

Auch bei der Nachfolge spielte das Verdienst eine große Rolle. Schon vor dem Tod Dschingis Khans waren seine beiden älteren Söhne Tschagatei und Dschotschi verfeindet; würde einer gewählt, bedeutete das Bürgerkrieg. »Aber Ügedei (der dritte Bruder) ist ein besonnener Mann«, sagte Tschagatei, »laßt uns

Ügedei wählen!« So ging die Nachfolge reibungslos von Dschingis Khan an seinen dritten Sohn über – dem die anderen Brüder loyal dienten.

Im Leben der Mongolen wurde Disziplin großgeschrieben. Der mongolische Reiter wurde in ein vom Krieg geprägtes Leben hineingeboren. Wenn er nicht kämpfte, jagte er, was wiederum seine Kampffähigkeit schulte. Von Kindesbeinen an ritt er; er konnte jeden Tag viele Kilometer zurücklegen, auf der nackten Erde Rast machen, eine Handvoll von seinem mitgebrachten Fleisch essen, im Morgengrauen aufstehen und wieder sechzig Kilometer reiten – Tag für Tag, bei Schnee und Wüstenhitze, bei Wind und Regen, und immer im Kampf. Er führte drei oder vier Ersatzpferde mit sich und konnte die Pferde wechseln, ohne aus dem Galopp zu fallen.

Die feindlichen Armeen überschätzten ständig die Zahl der mongolischen Kämpfer, weil auf jeden Mann vier oder fünf Pferde kamen. Manchmal bestärkten die Mongolen sie in dieser Fehleinschätzung, indem sie Puppen auf die Ersatzpferde setzten.

Der mongolische Soldat trug einen doppelt gekrümmten Bogen aus geschichtetem Horn, der eine Zugkraft von 160 Pfund hatte; er schoß seine Pfeile bis zu einer Entfernung von 300 Metern treffsicher und so schnell ab, wie er sie aus dem Köcher ziehen konnte. Er trug keine schwere Rüstung, sondern wattierte Lederkleidung, über die die Pfeile gut gleiten konnten, und darunter Seide, damit die Wunden sauber blieben. Selten kam er direkt mit dem Feind in Berührung; sein Heer hatte stets geringere Verluste.

Vor allem gehorchte er Befehlen. Im mittelalterlichen Europa waren die Schlachten zumeist verworrene Handgemenge, bei denen Mann gegen Mann kämpfte. Ein guter General war jemand, der es schaffte, den Großteil seiner Soldaten auf das Schlachtfeld zu bekommen, bevor der Kampf vorbei war. Sübütei koordinierte die Operationen von Zehntausenden von Soldaten über Bergzüge hinweg und auf unbekanntem Gelände so genau, als wären es

Züge auf einem Schachbrett. In der Schlacht konnte er durch ein Signalsystem von bunten Fahnen Tausende von Männern zur gleichen Zeit vorrücken, zurückweichen, schwenken und die Richtung ändern lassen – und wenn er seine Befehle gab, wurden diese sofort ausgeführt. Jahrhundertelang sollte es keine andere Armee geben, die ihr schauerliches Werk der Ausradierung menschlicher Gesellschaften mit einer derartigen Effizienz vollbrachte.

Und sie wurden tatsächlich ausradiert. Chinas Bevölkerung ging während der Jahre der mongolischen Eroberung um mehr als 30 Prozent zurück. Khwarezm und Persien verfügten über hochentwickelte unterirdische Bewässerungssysteme, die seit der Antike für eine blühende Kultur gesorgt hatten; die Mongolen zerstörten sie. Arabische Wissenschaftler behaupten, daß sich die Wirtschaft dieser Region von diesen Verwüstungen noch immer nicht erholt hat.

Die Kriege der Khane im Irak und in Syrien dauerten sechzig Jahre lang und verwandelten eine lebendige Zivilisation nahezu in einen Trümmerhaufen. Der Kalif von Bagdad widersetzte sich dem Khan, was seinen Tod bedeutete. Der Mongolengeneral ließ den Kalifen in einen Ledersack stecken und von Pferden zertrampeln – immerhin ein Zeichen des Respekts, denn dadurch wurde zumindest symbolisch sein Blut nicht vergossen. Das Kalifat wurde nie wiederhergestellt.

Die psychologischen Auswirkungen dieser Invasion waren unermeßlich. Vor dem Ansturm der Mongolen war die islamische Welt, in deren Mittelpunkt Bagdad stand, geistig sehr lebendig, wagemutig, Abenteuern zugeneigt; es blühten die Dichtung, die Wissenschaften und Künste. Schließlich hatten sie die Christen besiegt und die Kreuzzüge gewonnen. Nach der mongolischen Invasion wurde alles vom finsteren Konservatismus der Fundamentalisten überschattet.

Das gleiche galt für Rußland. Es gab prosperierende Städte, die vom Handel auf den Flüssen lebten – das große Nowgorod, Rjasan und Kiew mit seinem goldenen Tor –, bis die schrecklichen Winter zwischen 1230 und 1240 kamen. Ein Dutzend Jahre später fanden Reisende Kiew als Dorf mit hundert Seelen vor, die sich auf einem rauchgeschwärzten Friedhof zusammenkauerten. Die berühmte Fremdenfeindlichkeit der Russen wird häufig auf ihre Erfahrungen mit den Mongolen zurückgeführt.

In jedem eroberten Gebiet setzten die Mongolen einen Statthalter und einen Steuereintreiber ein, um die noch vorhandene Bevölkerung auszuplündern. Fast vierhundert Jahre später zahlten die Einwohner Sibiriens in Form von Fellen noch immer Tribut, den sie *yasak* nannten, nach *yassa*, dem mongolischen Gesetzbuch. War ein Land von den Mongolen heimgesucht worden, wurde es nie wieder, wie es einmal war.

Eine Ahnung von alledem mag unserem Beobachter auf den Stadtmauern Wiens durch den Kopf geschossen sein, als er in der Ferne die mongolischen Reiter sah und sich fragte, welches Schicksal Europa zu gewärtigen habe. Die Mongolen begannen ihre Feldzüge mitten im Winter, so daß ihre Pferde vom Sommergras gut genährt und stark waren. Im Januar oder Februar würden sie losreiten und dann wohl zuerst das donauaufwärts gelegene Wien angreifen.

Wien könnte sich eine gewisse Gnade erkaufen, indem es sich sofort ergab, aber mit dieser Gnade wäre es nicht weit her: Wenn die Einwohner das gleiche Schicksal erlitten wie die von Buchara, würde es ihnen gestattet sein, die Stadt zu verlassen, damit diese geplündert und zerstört werden konnte. Anschließend würde man viele Kinder, Frauen und junge Männer in die Sklaverei verschleppen. Der Rest würde versprengt auf dem Land leben, weil die Mongolen Städte haßten, und auch Wien würde dem Erdboden gleichgemacht werden.

Bis dahin wären die Fürsten Europas so aufgeschreckt, daß sie eine weitere Armee losschicken würden. Aber es gab kaum Grund zu der Annahme, daß diese Armee erfolgreicher sein würde als die Heinrichs von Schlesien oder des ungarischen Königs

Béla. War diese Armee erst vernichtet, wäre Europa den Mongolen schutzlos ausgeliefert.

Die Mongolen hatten immer gute, kenntnisreiche Kundschafter. Daher würden sie sich zuerst über die Reichtümer der Niederlande hermachen und dann Antwerpen, Gent und Brügge überrennen. Auf der Suche nach Weideland für ihre Pferde würden sie einen Schwenk nach Süden machen, zu den großen Wiesenflächen in Mittelfrankreich. Auf dem Weg dorthin würden sie Paris zerstören.

Eine Abteilung würde möglicherweise über die Alpenpässe ziehen und nach Norditalien vordringen, wo sie Gras für ihre Pferde und Städte zum Plündern vorfinden würde. Einige italienische Städte würden sich vielleicht ergeben und dadurch einige Menschenleben retten. Städte, die sich für den Kampf entschieden, würden ausgelöscht. Die Mongolen würden alles mitnehmen, was sie transportieren konnten, und den Rest verbrennen. Die Überlebenden würden in bitterster Armut leben, in winzigen Dörfern zusammengepfercht. Die Mongolen würden Statthalter und Steuereintreiber einsetzen, auf dem Grasland in Norditalien und in der Champagne überwintern und dann, wenn Gott gnädig war, abziehen.

Was würde bleiben?

Mit den Städten der Niederlande wäre das sich gerade entwickelnde Finanzzentrum Europas ausgelöscht. Im 13. Jahrhundert sorgte ein florierender Wollhandel, der auf Antwerpen und Gent konzentriert war, in Westeuropa für ein stetiges Wirtschaftswachstum, das drei Jahrhunderte währen sollte. Etwas später entstand in Antwerpen die erste Börse. Der Ansturm der Mongolen hätte die Grundlagen dieser Gesellschaft zerstört. Entvölkert, würde sich das gesamte Gebiet rasch in eine Wildnis zurückverwandeln. Es gäbe niemanden mehr, der die Windmühlen und Deiche instand halten würde; das Meer würde wieder von Holland Besitz ergreifen. Das große Delta von Rhein, Maas und Schelde würde wieder Sumpfgebiet werden. Es würde

Die Mongolen erobern Europa, 1240–1244

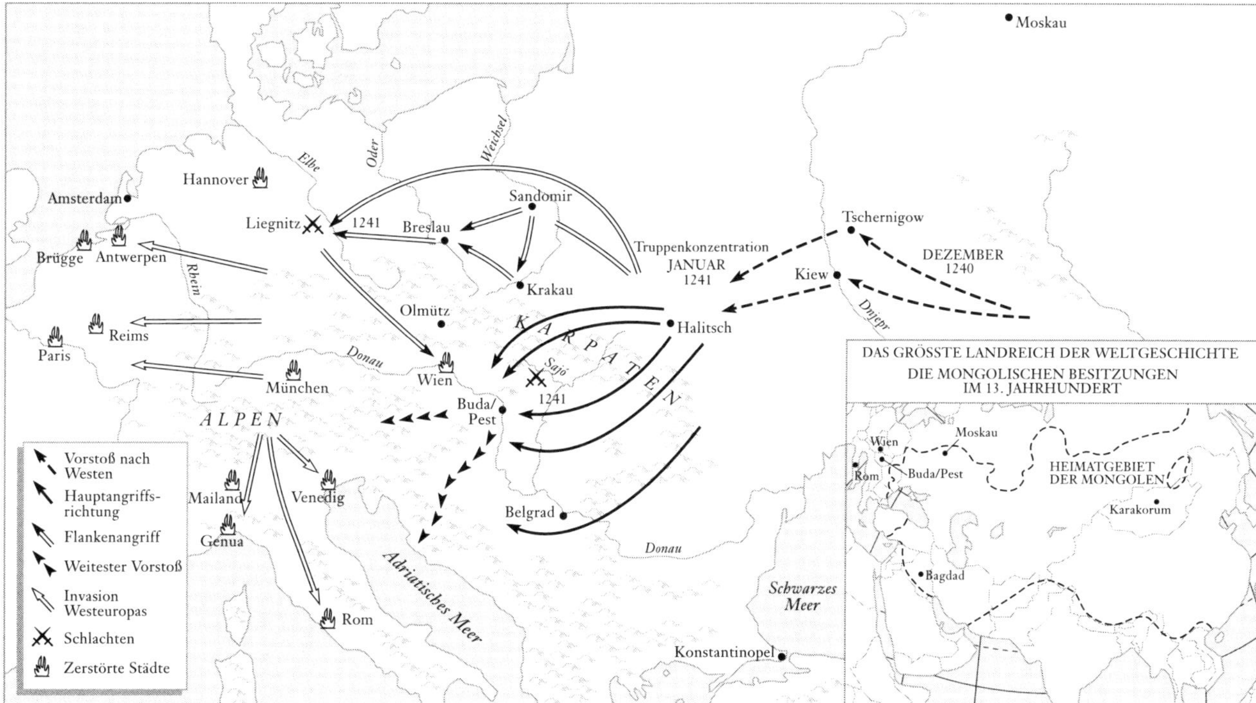

weder einen Kapitalismus noch eine Mittelschicht geben. Keine Druckerpresse, keinen Humanismus. Keinen Aufstand der Holländer, der die Vorstufe zu den demokratischen Revolutionen in England, Amerika und Frankreich darstellte.

Die Zerstörung von Paris hätte noch verheerendere Folgen gehabt. Paris war das geistige Zentrum des Hochmittelalters; die intensive Erforschung der aristotelischen Logik an der Pariser Universität legte den Grundstein für eine fundamental neue Weltsicht. Die Nominalisten waren bereits von der irreduziblen Realität der materiellen Welt überzeugt. Ein Rektor der Pariser Universität sollte hundert Jahre nach den Mongolen das erste Trägheitsgesetz formulieren, und auf diesen Ideen würden die großen Theorien eines Galileo, Kepler und Newton basieren. Die Invasion der Mongolen hätte niemanden zurückgelassen, der sie hätte denken können.

Wenn die Mongolen bis nach Italien vordrangen und es dort nichts gab, was sie aufhalten konnte, was würde dann aus dem Papst werden? Würden die Mongolen auch ihn in einen Sack stecken und ihn aus Ehrfurcht vor seinem erhabenen Blut zertrampeln lassen? Das Kalifat, die zentrale Macht des Islam, ging durch die Mongolen unter. Das Papsttum war in mancher Hinsicht flexibler, denn der Papst mußte nicht unbedingt der Nachfolger des Petrus sein. Dennoch, würde das Papsttum verschwinden, würde es sogleich zu einer Veränderung des Christentums kommen. Ohne eine zentrale Autorität, die die Orthodoxie – wie unvollkommen auch immer – verkündet und erzwingt, würde der Glaube in Dutzende von divergierenden Strömungen zerfallen. Ohne eine zentrale Autorität, gegen die sich Widerstand formieren konnte, hätte es keine Reformation mit ihren machtvollen neuen Vorstellungen über die menschliche Natur gegeben.

Mit der Zerstörung Roms würden die Mongolen Europas stärkste Verbindungslinie zu seiner antiken Vergangenheit zerstören. Hätte es ohne die inspirierenden Beispiele der Klassik einen Dante, Michelangelo oder Leonardo gegeben? Selbst wenn ihre Vorfahren das Massaker überlebt hätten, hätten sie in ihren verödeten Städten und ländlichen Gebieten um das nackte Überleben kämpfen müssen, und es hätte wenig Raum für Kunst und Dichtung gegeben. Mit Dante, der seine politischen Ansichten offen zu äußern pflegte, hätten die Mongolen auf jeden Fall kurzen Prozeß gemacht. Für Leonardo hätten sie wahrscheinlich eine Verwendung gefunden.

Natürlich hatte ein Beobachter auf den Stadtmauern Wiens im Jahre 1242 nichts von Leonardo wissen können. Er wußte nur, daß da draußen auf den ungarischen Ebenen eine furchtbare Macht lauerte, die seine Welt vernichten, ihre Kräfte und Ressourcen an sich reißen und alles zunichte machen würde, was als erstrebenswert galt. So blickte er von den Mauern herab, wappnete sich und wartete auf den tödlichen Schlag.

Doch er kam nicht. Anfang 1242 zog sich die mongolische Armee plötzlich zurück. Tausende von Kilometern von Wien entfernt hatte der Tod eines Menschen die Christenheit vor der Katastrophe bewahrt. Der Tod eines einzigen Menschen, verbunden mit dem Ethos, das die mongolische Armee antrieb.

Der Tod hatte Ügedei getroffen. Der hochbegabte, human eingestellte und stets betrunkene dritte Sohn des Dschingis Khan hatte das Reich seines Vaters nicht nur zusammengehalten, sondern noch vergrößert. Doch die politische Organisation des Khanats entsprach in keiner Weise seiner militärischen Perfektion. Die Mongolen blieben Nomadenstämme, die durch persönliche Loyalität an ihre Anführer gebunden waren. Wenn der Khan starb, verlangte das Gesetz, daß sie persönlich in ihr Kernland zurückkehrten, um einen neuen Khan zu wählen. Kurz vor dem Sturm auf Westeuropa ließ der große Sübütei von seinem Vorhaben ab und kehrte in die Heimat zurück.

Die Mongolen kamen nie zurück. Sie konzentrierten sich später auf China und im Westen auf Persien und die arabischen Staaten. 1284 besiegte eine Mamelukken-Armee aus Ägypten eine mongolische Armee bei Ayn Jalut im Heiligen Land. Das war der

Anfang vom Ende. Im Fernen Osten schlugen die Japaner und Vietnamesen die mongolischen Angreifer. Die Flut ging zurück. Das schreckliche Martyrium war vorbei.

In Polen wird der 9. April noch immer als ein Tag des Sieges gefeiert, denn man meint, die Stärke und der Durchhaltewille des mongolischen Angreifers seien schon bei Liegnitz untergraben worden, obwohl es dort zu einer schrecklichen Niederlage kam. So halten die Polen an der Illusion fest, das schreckliche Opfer sei sinnvoll gewesen und sie hätten eigentlich den Sieg verdient. Aber die Tapferkeit der Verteidiger hatte mit dem Rückzug der Mongolen nichts zu tun. Es war die Weltsicht der Mongolen – dieselbe Kraft, die sie so stark vorwärtsgetrieben hatte –, die sie wieder in ihr Land zog und Europa rettete. Diese Weltsicht – und ein glücklicher Zufall.

THEODORE K. RABB

Hätte es nur in jenem Sommer nicht so viel geregnet

Die entscheidende Dekade 1520–1530

Viele Ereignisse kamen zusammen, um den Jahren zwischen 1520 und 1530 eine große Bedeutung zu geben. Was in jenen zehn Jahren sowohl in Europa als auch in der übrigen Welt geschah, sollte auf Dauer die Art und Weise beeinflussen, wie wir heute unser Leben gestalten. Nicht zum ersten und, wie man sehen wird, auch nicht zum letzten Mal sollte das Wetter ein wichtiger historischer Akteur sein. Was wäre geschehen, wenn im Sommer 1529 nicht ungewöhnlich heftige, anhaltende Regenfälle den Vormarsch der riesigen Armee des osmanischen Sultans Süleyman des Prächtigen in Richtung Wien, dem wichtigsten östlichen Außenposten der in Europa dominierenden Habsburger Dynastie, aufgehalten hätten? Was wäre gewesen, wenn Süleymans Belagerung nicht so spät im Jahr begonnen hätte? Oder wenn er nicht gezwungen gewesen wäre, seine schwere Artillerie, ohne die er die Stadtmauern nicht zerschießen konnte, im Schlamm zurückzulassen? Und was wäre geschehen, wenn er Wien tatsächlich eingenommen hätte? Ein osmanisches Europa hätte es wahrscheinlich nicht gegeben, denn der christliche Widerstand hätte sich letztlich als zu stark erwiesen. Was allerdings wichtiger gewesen wäre: Man hätte weitreichende Abkommen geschlossen, und die Kräfte, die gegen die Vormachtstellung der Habsburger in Europa waren, wären ermutigt worden, diese in Frage zu stellen. Martin Luther mit seiner aufkei-

menden protestantischen Häresie hätte sicherlich zu den Verlierern gezählt. Heinrich VIII. von England hätte womöglich den Segen des Papstes für die Scheidung von seiner Gemahlin aus dem Hause Habsburg erhalten, und es hätte keine anglikanische Kirche gegeben – und kein verlorenes katholisches Land, das die Spanier ein halbes Jahrhundert später zurückzuerobern versuchten.

◈ THEODORE K. RABB ist Professor für Geschichte an der Princeton University und der Verfasser so bekannter Werke wie *The New History*, *The Struggle for Stability in Early Modern Europe*, *Climate and History*, *Renaissance Lives* und *Jacobean Gentlemen*.

Wenige Jahrzehnte der westlichen Geschichte waren so folgenschwer wie die Dekade zwischen 1520 und 1530. Sie begann mit der ersten dokumentierten Durchquerung der Magellan-Straße unter Führung des Kapitäns, der dieser Straße ihren Namen gab. Im selben Jahr erwiesen sich ein Aufstand in Spanien und ein Blutbad in Stockholm als prägend für die politische Zukunft sowohl der iberischen Halbinsel als auch Skandinaviens. Nur einige Monate später, im April 1521, forderte Luther auf dem Reichstag zu Worms den habsburgischen Heiligen Römischen Kaiser Karl V. heraus und bereitete so den Boden für eine dauerhafte Spaltung der römischen Kirche. Vor Ablauf des Jahrzehnts, acht Jahre später, hatte ein Bauernaufstand in Deutschland zu einer neuen Stufe der sozialen Repression geführt. Schweden war ein unabhängiges Königreich geworden; Cortés hatte Mexiko erobert; die Türken hatten Ungarn überrannt und die Stadtmauern von Wien erreicht; Heinrich VIII. hatte seine Bemühungen um eine Scheidung intensiviert, die die englische Politik und Gesellschaft verändern sollte; und die Soldaten Karls V. hatten in Italien einen Feldzug geführt, der in einer der verheerendsten kulturellen Katastrophen der europäischen Geschichte gipfelte, der Plünderung Roms.

Daher haben die Historiker zu verschiedenen Zeiten, je nach Interesse und Standpunkt, dieses Jahrzehnt als die Phase der Herausbildung der Neuzeit betrachtet, in der entscheidende Veränderungen stattfanden: der Beginn der Reformation; die ersten großen Eroberungen im Zuge der Expansion Europas in Übersee; der Anfang eines mit neuer Intensität entbrannten Kampfes zwischen dem Islam und dem Westen; ein Wendepunkt in der Konsolidierung des säkularen Staates; das Ende der italienischen Renaissance. In den meisten Fällen hätten diese entscheidenden Veränderungen leicht eine andere Form annehmen oder eine jeweils unterschiedliche Richtung einschlagen können, wenn nur ein oder zwei Umstände zufällig anders gewesen wären.

Luthers Revolte war beispielsweise erst drei Jahre alt, als er nach

Worms kam. Seine frühen Ideen waren ein Jahr zuvor in drei kurzen Traktaten veröffentlicht worden, doch ohne seine Führung und ohne weitere Schriften hätte die begeisterte Unterstützung, die er 1521 in gewissen Kreisen erfahren hatte, leicht wieder im Sande verlaufen können. Es gab deutsche Fürsten, die von Luthers Botschaft wirklich angerührt waren, doch es gab auch andere, die politische oder wirtschaftliche Gründe hatten, sich ihrem Oberherrn, Karl V., zu widersetzen, der nach der Konfrontation in Worms die Häresie zu unterdrücken versuchte. Als Luther nur wenige Tage nach seinem Erscheinen vor Karl verschwand, wurde weithin gemutmaßt, nicht seine Freunde (was stimmte), sondern seine Feinde hätten ihn verschwinden lassen.

Der Künstler Albrecht Dürer sollte sich zwar nie von der römischen Kirche lossagen, aber er reagierte auf Luthers Verschwinden mit einer Klage, die die Ängste vieler Menschen wiedergab: »Und lebt er noch? Oder haben sie gemordet, dann hat er das gelitten um der christlichen Wahrheit willen. (...) Oh Gott! Ist Luther tot, wer wird uns hinfort das heilige Evangelium so klar vortragen? Helft mir Gott bitten (...), daß er uns einen anderen erleuchteten Mann sende.«

Hätte sich Dürers schlimme Ahnung bewahrheitet, wäre die Reformation wohl ebenso erstickt worden wie der Protest eines Jan Hus in Böhmen ein Jahrhundert zuvor. Denn drei Jahre lang wurden Süd- und Westdeutschland durch einen Bauernaufstand erschüttert, der sich auf Luther berief. Hätte der Reformer nicht überlebt, hätte er die Bauern nicht verurteilen und den Fürsten versichern können, daß ein Wandel in religiösen Dingen keinen Vorwand für soziale Unruhen darstelle, wären die deutschen Regenten wahrscheinlich von Angst und Schrecken erfaßt worden, hätten sich eiligst mit dem Kaiser versöhnt und Luthers Ideen ihre Unterstützung entzogen, die für seinen Erfolg entscheidend war.

Daß der Vorstoß von Cortés nach Mexiko an der Spitze einer großen Armee oder Magellans gefährliche Expedition um Kap

Hoorn ebenfalls leicht hätten fehlschlagen können, muß kaum erwähnt werden. Spanien hätte vielleicht weiterhin nach einem amerikanischen Reich gestrebt, aber man kann sich fragen, ob dieses so schnell und mit so geringem Aufwand erobert worden wäre. Und noch etwas ist bedenkenswert: Wären die Eroberungen in Übersee langsamer vonstatten gegangen, hätte Karl V. in dieser Dekade möglicherweise beschlossen, seine moslemischen Feinde im Mittelmeerraum zu besiegen. Bei einer Überprüfung der Prioritäten Spaniens wäre er vielleicht zu dem Schluß gekommen, daß Algerien ein wichtigeres Expansionsziel darstellte als die Wildnis eines neuen Kontinents. Daher hätte es gut sein können, daß Pizarro und andere Abenteurer nicht in Peru, sondern in Nordafrika Ruhm gesucht hätten.

Und auch jenes andere wichtige Ereignis des Jahrzehnts, nämlich die Plünderung Roms, war stark vom Zufall geprägt. Als die Truppen Karls V. nach dem Sieg über ihren Hauptfeind Frankreich durch ein anscheinend hilfloses Italien zogen, hatte es keiner ihrer Befehlshaber in irgendeiner Weise auf Rom abgesehen. Ja, der Kaiser war wütend, als er von dem Überfall auf die heilige Stadt hörte. Karls meisterhafter Biograph Karl Brandi beschrieb vor über einem halben Jahrhundert, wie sehr dieses schreckliche Ereignis einem reinen Mißgeschick geschuldet war: »In der Geschichte kommt es immer wieder vor, daß lange vergessene Entscheidungen und lange unterdrückte Emotionen unter dem Einfluß eines unsichtbaren Impulses elementare Kräfte freisetzen, die sich wie ein riesiger, langsam rollender Würfel ihren schrecklichen und zerstörerischen Weg suchen, geleitet allein vom Zufall.«

Genauso verhielt es sich mit der Plünderung Roms durch eine Armee, die außer Kontrolle geraten und ausgehungert war, die lange keinen Sold bekommen hatte und von Haß auf das Papsttum erfüllt war. Das Ergebnis war eine Vernichtung von Menschenleben, Kunstwerken und Kostbarkeiten schrecklichen Ausmaßes, ganz zu schweigen von der Flucht talentierter Künstler, deren Auswirkungen sich eine Generation lang bemerkbar machten (während Venedig als sicherer Zufluchtsort einen unvergleichlichen Zustrom von neuen Ideen und kreativen Anstößen erlebte). All dies hätte sich zum einen durch eine bessere Versorgung und straffere Führung der kaiserlichen Armee vermeiden lassen, zum anderen dadurch, daß im Jahr zuvor ein oder zwei Ereignisse anders verlaufen wären.

Die Armee Karls V. hatte unter dem Kommando von Georg Frundsberg 1526 die Alpen überquert. Wichtig für ihren Vormarsch war vor allem schwere Artillerie, aber da sie die eigene nicht über die Berge hatte transportieren können, war sie, um sich neu zu versorgen, in Italien auf Ercole d'Este, den Herzog von Ferrara, angewiesen. Este war dem Papst ein Dorn im Auge, zumal jetzt mit Clemens VII. aus dem mit Rom konkurrierenden Florenz ein Medici auf dem Papstthron saß. Um jegliche Einigung zwischen dem Herzog von Ferrara und dem Kaiser zu vereiteln, beschloß Clemens, Ercole zu bestechen, doch er ging zu langsam ans Werk, so daß sein Geld erst nach Abschluß des Geschäfts eintraf. Hätte sich die Zahlung des Papstes nicht verzögert, wäre die Artillerie vielleicht nie geliefert worden.

Der zweite Vorfall ereignete sich im November 1526, als der einzige wirklich tüchtige Soldat der Medici-Familie – ein junger Mann namens Giovanni della Bande Nere, der eine geradezu unheimliche Ähnlichkeit mit dem späteren Eroberer Italiens, Napoleon, hatte – bei einem Zusammenstoß mit Frundbergs Soldaten zufällig durch eine Kanonenkugel aus einem von Ferraras Geschützen verwundet wurde. Er starb bald darauf, und damit verschwand der letzte militärische Befehlshaber, der zwischen der kaiserlichen Armee und Rom stand.

Diese Folge von Mißgeschicken hatte nicht nur schwerwiegende Konsequenzen für die heilige Stadt und ihre wunderbaren Kunstwerke aus dem Mittelalter und der Renaissance. Denn zum Zeitpunkt der Plünderung, im Mai 1527, wurde der Königin von England, Katharina von Aragón, von ihrem Ehemann, Heinrich VIII., mitgeteilt, daß er die Scheidung wünsche. Damit begann »des Königs große Angelegenheit« – die Suche nach einer neuen Ehefrau, die ihm einen männlichen Erben schenken konnte, ein Wunsch, der zunächst aufrichtig gemeint schien. Schließlich hatte Heinrich die Witwe seines Bruders geheiratet. Es gab in der Bibel gute Gründe für die Annullierung einer solchen Heirat, und die Päpste gaben diesem Wunsch der gekrönten Häupter Europas gewöhnlich auch statt. Aber dieser Papst stand jetzt unter dem Einfluß von Katharinas Neffen, Karl V., so daß die Erlaubnis nicht erteilt wurde. Binnen weniger Jahre löste Heinrich das Problem auf seine Art und erklärte sich selbst zum Oberhaupt einer unabhängigen anglikanischen Kirche. Die Reformation gewann einen ebenso wichtigen wie gefürchteten Verbündeten, und die englische Gesellschaft und ihre Institutionen wurden unwiderruflich umgestaltet.

Von allen möglichen Alternativen in der Dekade zwischen 1520 und 1530 barg jedoch keine so viele Möglichkeiten in sich wie die Nachwirkungen der Schlacht von Mohács in Ungarn im Jahre 1526. Hier lassen sich Spekulationen anstellen, die nicht nur eine historische Alternative, sondern eine ganze Reihe von tiefgreifenden Veränderungen in der damaligen Zeit betreffen: Gemeint sind über die italienische Renaissance und die lutherische und anglikanische Reformation hinaus der Zusammenstoß von Christentum und Islam sowie das deutsche und spanische Erbe der überragenden politischen Gestalt des Jahrhunderts, nämlich Karls V.

Der Sieg des osmanischen Sultans Süleyman des Prächtigen bei Mohács am 29. August 1526 war fraglos eine der entscheidenden militärischen Auseinandersetzungen der Weltgeschichte. Die Eroberung Konstantinopels lag fast ein Dreivierteljahrhundert zurück, doch jetzt machten sich die Türken zu neuen Eroberungen auf. Auf seinem Zug durch den Balkan hatte Süleyman 1521 die große Zitadelle in Belgrad genommen, und fünf Jahre später, nachdem er dem Johanniter-Orden die Insel Rhodos entrissen hatte, wollte er weiter nach Europa vorstoßen. Bei Mohács bekämpfte und vernichtete er die Elite des Königreichs Ungarn, der letzten christlichen Macht, die sich den Moslems auf dem Balkan entgegenstemmte. Es folgte ein schreckliches Gemetzel. Nicht nur der König, sondern auch zwei Erzbischöfe, fünf Bischöfe und der größte Teil des ungarischen Adels wurden umgebracht; etwa 30 000 Soldaten des unterlegenen Gegners wurden entweder gleich auf dem Schlachtfeld oder kurz darauf von den Siegern getötet, die keine Gefangenen machten. Wie sehr Süleyman seinen Glauben und seine Herrschaft bejubelte, geht aus der Bekanntmachung seines Sieges hervor:

> »Dank dem Höchsten! Die Banner des Islam waren siegreich, und die Feinde der Lehre des Herrn der Menschheit sind aus ihrem Land vertrieben und überwältigt worden. So hat Gottes Gnade meinen ruhmreichen Heeren einen Triumph geschenkt, der noch keinem erlauchten Sultan und allmächtigen Khan, ja nicht einmal den Gefährten des Propheten vergönnt war. Was von dem Land der Gottlosen übrig war, ist ausgelöscht. Gepriesen sei Gott, der Herr der Welt!

Die Türken waren die Herren auf dem Balkan. Die Frage war: Was würde als nächstes geschehen?

Süleymans Antwort bestand 1526 genauso wie schon 1521, nach der Einnahme von Belgrad, darin, seine Elitetruppen, die Janitscharen, erst einmal nach Konstinantinopel zurückzuführen, um sie neu zu formieren. Erst drei Jahre später zog er wieder los, die Donau hinauf, um Wien zu belagern. Unterdessen hatte Karls Bruder Ferdinand, der bereits die dominierende Gestalt im habsburgischen Österreich und Böhmen war, seinen Anspruch auf die ungarische Krone angemeldet, woraufhin sein Rivale Johann Zapolya von Transsilvanien Süleyman um Hilfe gebeten hatte. Da die Habsburger die Hauptgegner des Sultans in Mitteleuropa waren, erklärte sich dieser bereit, dem Transsilvaner zu helfen, falls dieser Tribut zahlte und sich zur Loyalität gegenüber den Osmanen verpflichtete. Nachdem diese Vereinbarung getroffen worden war, verließ Süleyman am 10. Mai 1529 an der Spitze einer Armee von vielleicht 75 000 Mann Konstantinopel.

Und jetzt kam der Zufall ins Spiel. Der Sommer 1529 war ungewöhnlich feucht. Nach der lakonischen Feststellung des Biographen von Süleyman, Roger Bigelow Merriman, waren die Regenfälle »in diesem Jahr so anhaltend und sintflutartig, daß sie den Ausgang des Feldzugs ernsthaft beeinflußten«. Sagt man »entschieden« statt »ernsthaft beeinflussen«, kommt man der Wahrheit näher. Wegen des Regens war Süleyman gezwungen, seine schwere Artillerie, die bei früheren Belagerungen ein entscheidender Trumpf gewesen war, unterwegs zurückzulassen. Außerdem konnten seine Soldaten wegen der ungünstigen Bedingungen nicht mit ihrer normalen Geschwindigkeit marschieren; sie kamen so langsam voran, daß fast fünf Monate vergingen, bis sie vor den Toren der Stadt Wien anlangten. Erst am 30. September, als die Zeit für Feldzüge praktisch zu Ende war, war Süleyman in der Lage, seine verdreckten und erschöpften Soldaten in den Kampf zu schicken. Überdies sah er sich mit einer weiteren Folge der Verzögerung konfrontiert: Die Wiener hatten die Zahl der Verteidiger nahezu verdoppelt, so daß sie jetzt 23 000 Mann zählten, von denen 8000 die Stadt erst drei Tage vor Ankunft der Türken erreicht hatten. Die Angriffe des Sultans blieben erfolglos, und Mitte Oktober hatte er sich für den Rückzug entschieden – wenn auch nur, wie er später behauptete, weil Ferdinand weggelaufen sei und kein Ruhm darin liege, die Stadt ohne seinen Feind einzunehmen.

Aber nehmen wir einmal an, der Sommer wäre nicht so schrecklich feucht gewesen – oder, um einen menschlichen und keinen meteorologischen Zufall heranzuziehen, Süleyman wäre damals, in dem wesentlich trockeneren Sommer des Jahres 1527, der auf den Sieg bei Mohács folgte, schneller vorangekommen. Daß er durchaus imstande war, das von den Habsburgern beherrschte Gebiet zu überrennen, sollte er 1532 zeigen, als er trotz eines weiteren sehr feuchten Sommers die Steiermark verwüstete. Wien, das jetzt, um wiederum Merriman zu zitieren, von der

»möglicherweise größten [Armee] verteidigt wurde, die Westeuropa jemals aufgestellt hatte«, mied er allerdings. Was wäre gewesen, wenn der Angriff 1527 (anstatt 1526 oder 1532) begonnen hätte, als die Bedingungen günstig und die Habsburger weitaus weniger gut gerüstet waren?

Realistisch ist, erstens, daß Süleyman Wien höchstwahrscheinlich eingenommen hätte. Zweitens, daß er schon bald Verbündete im Westen gefunden hätte. Als nominelle Herrscher über ganz Deutschland und als faktische Herrscher über Österreich, Böhmen und die Niederlande sowie über weite Gebiete in Italien und Spanien wurden die Habsburger von fast jedem anderen Herrscher in Europa gefürchtet und gehaßt. Auch wenn sie jetzt an vorderster Front gegen die Moslems kämpften, bedeutete das nicht, daß die anderen Christen an ihrer Seite standen, denn ihre Macht schien weitaus bedrohlicher als der Islam. In dem Jahr, in dem die Schlacht von Mohács stattfand, bildeten der Papst, Frankreich und viele italienische Staaten die Liga von Cognac, um die Habsburger aus Italien zu vertreiben. Die Antwort Karls darauf war der Feldzug, der zur Plünderung Roms führte, doch diesen hätte er niemals unternehmen können, wenn Süleyman seine Flanke von Wien aus bedroht hätte. Es ist gut möglich, daß die Mitglieder der Liga, ermutigt durch die Schwierigkeiten des Kaisers, einen Pakt mit Süleyman geschlossen hätten und dadurch in der Lage gewesen wären, der Vormachtstellung der Habsburger in Italien, die fast eineinhalb Jahrhunderte dauern sollte, ein Ende zu setzen, bevor sie noch richtig begonnen hätte. Venedig hatte 1521 bereits einen Handelsvertrag mit dem Sultan abgeschlossen, und die Franzosen sollten sich mit ihm in den Jahren nach 1530 verbünden. Obwohl sich der Papst hätte zurückhalten müssen, hätten die anderen italienischen Fürsten nicht mehr Bedenken gehabt, sich mit den Ungläubigen gegen das verhaßte Habsburg zu verbünden, als Venedig oder die Franzosen.

Da Karl im Norden durch Süleyman abgelenkt gewesen wäre, wären die mit ihm verbündeten italienischen Staaten bald der Liga von Cognac unterlegen. Und dies hätte gewaltige Auswirkungen auf die europäische Kultur gehabt, denn nicht nur die Schätze Roms, sondern die gesamte künstlerische Kultur der Stadt wäre der Plünderung von 1527 entgangen. Der Kunsthistoriker und Maler Giorgio Vasari, der die Folgen dieses schrecklichen Ereignisses mehr als zehn Jahre später untersuchte, berichtete detailliert über die schlimmen Erlebnisse berühmter Künstler, deren Leben zerstört worden war. Einige waren getötet, viele tätlich angegriffen worden, viele waren ruiniert oder zur Verrichtung niedriger Arbeiten gezwungen gewesen, andere waren geflohen. Das Leben aller war in dieser oder jener Weise schwer beschädigt worden. »Man braucht nur zu verstehen«, schrieb Vasari, »daß Gewalt bewirkt, daß feinsinnige Seelen ihr wichtigstes Ziel aus den Augen verlieren und sich zurückentwickeln.« Und eines der Opfer, Sebastiano del Piombo, schrieb denn auch: »Ich scheine nicht mehr derselbe Sebastiano zu sein, der ich vor der Plünderung war; ich werde nie wieder zu dieser Gemüts- und Geistesverfassung zurückfinden können.«

Vasari erzählt zum Beispiel, wie es dem großen manieristischen Maler Parmigianino erging. Vasari zufolge war er nicht mehr in der Lage, seinen heiligen Hieronymus fertigzustellen

> »wegen der verheerenden Plünderung Roms im Jahre 1527. Diese führte nicht nur zu einem Stillstand bei den Künsten, sondern viele Künstler verloren auch ihr Leben. Es hätte nicht viel gefehlt, und Francesco [Parmigianino] hätte auch das seinige verloren, denn als die Plünderung begann, war er so sehr in seine Arbeit vertieft, daß er weiterarbeitete, obwohl Soldaten in die Häuser eindrangen und Deutsche schon in seinem eigenen Haus waren. Als sie sich auf ihn stürzen wollten und ihn malen sahen, waren sie so überrascht, daß sie, die offensichtlich Männer mit guter Erziehung waren, ihn fortfahren ließen ... Doch als diese Soldaten abzogen, war Francesco der Zerrüttung nahe.«

Parmigianino konnte schließlich fliehen und in seine Heimatstadt Parma zurückkehren. Auch wenn es eine ähnliche Geschichte bereits aus der Antike gibt – sie handelt von einem Künstler, der während einer Belagerung von Rhodos bei seiner Arbeit unterbrochen wird und zu den Soldaten sagt, er nehme an, sie seien gekommen, um gegen Rhodos und nicht gegen die Kunst Krieg zu führen –, so ist Vasaris Botschaft doch unmißverständlich.

Dies war auch nicht die übertriebene Darstellung eines Zeitgenossen. Der Historiker André Chastel, der sich am intensivsten mit der Plünderung befaßte, hat festgestellt, die römische Kunst sei eine Generation lang traumatisiert gewesen, wenngleich er einräumt, daß diejenigen, die flohen, die Kultur anderer Städte bereicherten, insbesondere die Venedigs, wo die Verfolgten hauptsächlich Schutz suchten. Wären Karls Truppen nicht in Italien einmarschiert, hätte dies eine weitere bedeutsame Folge gehabt: Der Kaiser hätte nicht die Oberhand über den Papst gewonnen. Clemens hätte zweifellos dem Scheidungsbegehren Heinrichs VIII. stattgegeben, und England wäre vielleicht ein katholisches Land geblieben.

Die Wahrscheinlichkeit einer solchen Entwicklung wäre um so größer gewesen, als Süleymans Eroberung Wiens wichtige Auswirkungen auf Deutschland gehabt hätte. Ein Blick auf die Landkarte zeigt, welche Folgen die Einnahme der österreichischen Hauptstadt für die Zukunft Mitteleuropas gehabt hätte, vor allem, wenn der Sultan entlang der Donau weiter nach Westen bis zu den reichen Städten Passau, Regensburg und Augsburg gezogen wäre, das Herzogtum Bayern verwüstet hätte und dergleichen mehr. Entweder hätten sich einige Herrscher mit ihm arrangiert – sie hätten ihre Macht behalten, wenn sie Konstantinopel Tribut gezahlt und sich zur Loyalität verpflichtet hätten, wie es Zapolya in Ungarn getan hatte –, oder sie wären schließlich gezwungen gewesen, sich Karl V. anzuschließen. Wobei die zweite Option selbst angesichts der osmanischen Invasion keineswegs zwingend war. Zu Beginn der zwanziger Jahre des 16. Jahrhunderts hatte es im Westen Deutschlands einen Bürgerkrieg, Mitte der zwanziger Jahre sogar einen großen Bauernaufstand gegeben, und die dringende Bitte des Kaisers um Geschlossenheit und um Unterstützung bei der Abwehr der Türken hatte wenig Wirkung gezeigt. Bezeichnend war eine Versammlung der deutschen Herrscher, auf der über den Vormarsch der Türken auf dem Balkan beraten werden sollte. Bevor man sich darauf einigte, Unterstützung zu gewähren, kam man zu dem Schluß, eine Erkundungsmission sei notwendig. Da sich auch diese verzögerte, kam erst einen Tag vor der Schlacht von Mohács eine Delegation in Ungarn an.

Gleichviel, ob sich die deutschen Herrscher mit Süleyman arrangiert oder sich zusammengetan hätten, um ihre Länder zu schützen, in den späten Jahren des 16. Jahrhunderts hätten sie sicherlich erkannt, daß sie sich ihre religiösen Meinungsverschiedenheiten nicht mehr leisten konnten. Um sich mit dem frommen Karl V. zu verbünden, hätten sie sich wahrscheinlich darauf verständigt, ihre Unterstützung für Luther einzustellen, und die meisten hätten begriffen, daß die durch die Reformation verursachten Feindseligkeiten ausgeräumt werden mußten, wollte man zu einer geschlossenen Front gelangen. Da Luther wichtige Fürsprecher eingebüßt und Karl versucht hätte, den Papst zu besänftigen, wäre Luther isoliert gewesen und hätte viele Anhänger verloren. Gleichwohl hätte der Reformer möglicherweise im Norden, weit von der Donau entfernt, einen Förderer gefunden. Es hätten sich sicherlich neue Bewegungen zur Reformierung der Kirche herausgebildet, und Luthers Einfluß wäre nicht ausgelöscht, sondern erst später wirksam geworden. Doch die religiöse Landschaft Europas in der Mitte des 16. Jahrhunderts hätte sich radikal verändert, was enorme Folgen für alle Staaten gehabt hätte.

Dabei drängt sich vor allem ein Gedanke auf. Wären England und die Niederlande katholisch geblieben, und hätten die Habsburger ihre Ambitionen in Italien aufgegeben und sich statt dessen auf ihre deutschen und spanischen Territorien konzentriert, hätten die Kämpfe in der zweiten Hälfte des 16. Jahrhunderts ganz andere Formen angenommen. Wären die religiösen Gegensätze gemildert worden, hätte Spanien im christlichen Europa nicht eine solche Feindseligkeit hervorgerufen und wäre imstande gewesen, sein Reich in der Neuen Welt weitgehend ohne den Haß aufzubauen, der seine Herausforderer schließlich antrieb. Heute würden alle Amerikaner, im Norden wie im Süden, Spanisch sprechen. Hätte es nur in jenem Sommer nicht so viel geregnet …

Peter Pierson

Wenn die Heilige Liga nicht geschwankt hätte

Was wäre gewesen, wenn der zwanzigjährige König Karl IX. der Bitte von Papst Pius V. entsprochen hätte, sich 1570 der Heiligen Liga gegen die Türken anzuschließen? Statt dessen hörte er auf die Warnungen der Königinmutter Katharina von Medici und gab dem Drängen des Admirals Coligny nach, Spaniens Schwierigkeiten auszunutzen, um Vorteile für Frankreich herauszuschlagen. Nach dem großen Sieg der Liga bei Lepanto am 7. Oktober 1571, bei dem ihre Armada die türkische Flotte vernichtet hatte, wies der über die Pläne der Franzosen besorgte Philipp II. von Spanien seinen Halbbruder, Don Juan de Austria, den Oberbefehlshaber der Liga, an, bis 1572 im Hafen zu bleiben. Die Türken bauten ihre Flotte wieder auf und schlugen die Aufstände der Christen in Griechenland nieder. Colignys Hugenotten drangen in die Spanischen Niederlande ein und begannen jenen kostspieligen Zweifrontenkrieg, der Philipp zwingen sollte, dem Mittelmeer weniger Bedeutung beizumessen. Als Juan alle Kräfte der Heiligen Liga mobilisierte, war die Jahreszeit für Feldzüge nahezu vorbei, so daß er 1572 nichts mehr ausrichten konnte. Obwohl Coligny bei dem Massaker der Bartholomäus-Nacht am 24. August 1572 umkam, betrieb Frankreich weiterhin eine spanienfeindliche Außenpolitik. So war das tatsächliche Geschehen, aber …

Hätte die Liga zu Anfang des Jahres 1572 zugeschlagen, wie es Juan geplant hatte, wären Griechenland und der Balkan vielleicht wieder Teil der europäischen Zivilisation geworden. Statt dessen blieb der Balkan bis ins 19. Jahrhundert hinein weitgehend unter osmanischer Herrschaft. Häufige Aufstände der auf dem Balkan lebenden Christen führten zu immer grausamerer Repression durch die Türken und durch diejenigen, die zum Islam konvertiert waren. Die Spaltungen und Feindseligkeiten auf dem Balkan, die sich daraus ergeben haben, machen der Welt noch heute zu schaffen.

Peter Pierson ist Professor für Geschichte an der Universität Santa Clara.

Ross Hassig

Die Opferung des Hernán Cortés

Tenochtitlán, 30. Juni 1521

Ein zentrales Ereignis der Dekade zwischen 1520 und 1530 war die Einnahme der Aztekenhauptstadt Tenochtitlán – heute Mexiko-Stadt – durch den spanischen Konquistador Hernán Cortés. Die am häufigsten gestellte Frage lautet, wie so wenige Männer ein ganzes Königreich zerstören konnten. Eine Antwort ist, daß die spanische Streitmacht, vielleicht 900 Mann insgesamt, von nahezu hunderttausend indianischen Verbündeten unterstützt wurde, die ihre verhaßten aztekischen Unterdrücker vernichten wollten. Angesichts von Krankheiten waren schon immer alle historischen Kontrahenten gleich. Die Pocken, die die Spanier mitbrachten, töteten in einem Jahr 40 Prozent der Bevölkerung Mexikos, darunter einen Aztekenkönig. Cortés, zweifellos ein sehr guter Soldat und ein geborener Opportunist, hatte auch außerordentliches Glück. Wie Ross Hassig darlegt, »war dieser Eroberungszug reich an möglichen Wendepunkten«. Bei mehreren Gelegenheiten hätten die Spanier aufgehalten oder vernichtend geschlagen werden können. Wie Alexander der Große entging auch Cortés selbst nur knapp dem Tod, weil einer seiner Männer eingriff und ihn rettete – und dabei selbst getötet wurde. Wäre Cortés gefangengenommen worden, wäre er kurz danach geopfert worden, und die Eroberung wäre zusammengebrochen. Wieder einmal wird uns vor Augen geführt, wieviel von Zeit und Zufall abhängen kann.

Die Frage, die fast nie gestellt wird, lautet: Was wäre gewesen, wenn Cortés getötet worden oder seine Expedition gescheitert wäre? Hätten die Spanier, wie Theodore K. Rabb im vorangegangenen Kapitel andeutet, ihre Eroberungsgelüste auf andere Gebiete gerichtet – auf Nordafrika beispielsweise? Wäre ein weiterer Eroberungsversuch erfolgreicher gewesen? Hätte die Christenheit dort Fuß fassen können, wo es die spanischen Soldaten nicht konnten? Was wäre mit der Praxis der Menschenopfer gewesen? Welche Art von Nation wäre aus dem aztekischen Königreich hervorgegangen? Und welche Auswirkungen hätte eine große, ausschließlich von den indianischen Ureinwohnern bevölkerte Nation auf die Entwicklung der Vereinigten Staaten gehabt?

◈ ROSS HASSIG ist Professor für Ethnologie an der University of Oklahoma und einer der angesehensten Forscher über die Azteken. Zu seinen vielen Büchern gehören *Mexico and the Spanish Conquest*, *War and Society in Ancient Mesoamerica* und *Aztec Warfare: Imperial Expansion and Political Control*.

Cortés und seine Männer sprangen über die Öffnung im Damm, um die fliehenden Azteken zu verfolgen, doch diese kehrten um und griffen die Spanier an. Cortés und achtundsechzig weitere Spanier saßen in der Falle; sie wurden gefangengenommen und weggeschleppt, viele andere waren getötet worden. Zehn Gefangene wurden sofort umgebracht, und als ihre abgeschnittenen Köpfe auf die spanische Seite geworfen wurden, breitete sich bei den entmutigten Spaniern blankes Entsetzen aus. Die übrigen achtundfünfzig wurden zu dem hoch aufragenden Großen Tempel gebracht, der von den Lagern der Spanier aus gut sichtbar war. Sie mußten vor der Statue des aztekischen Kriegsgottes Huitzilopochtli tanzen und wurden dann nacheinander geopfert. Man riß ihnen das Herz heraus, und die gegerbte Haut ihrer Gesichter und Hände wurde als Warnzeichen an die noch schwankenden Städte geschickt. Cortés entging diesem Schicksal nur durch das Eingreifen des Cristobal de Olea, der ihm zu Hilfe eilte, die vier Azteken umbrachte, die Cortés gerade wegschleppen wollten, und diese Rettungsaktion mit seinem eigenen Leben bezahlte. Die Eroberung Mexikos hing von dieser einen Tat ab.

Das letzte militärische Ereignis im Zuge der Eroberung Mexikos war die Kapitulation der Azteken am 13. August 1521, nachdem die Spanier die letzten Verteidigungslinien durchbrochen und sich bis zur Aztekenhauptstadt Tenochtitlán vorgekämpft hatten. Die Stadt lag in Trümmern, und vier Tage lang griffen die indianischen Verbündeten der Spanier die besiegten Azteken an, plünderten ihre Häuser und töteten Tausende. Doch die spanische Eroberung hätte nicht so verlaufen müssen, wie sie tatsächlich verlief. An vielen Punkten hätten die Taten einzelner, Mißgeschicke und Fehlentscheidungen den Ausgang des Eroberungsunternehmens drastisch verändern können.

Mittelamerika wurde von Francisco Hernández de Córdoba entdeckt, der 1517 in Yukatan landete, wo er auf die Maya traf und schließlich unter verheerenden Verlusten zurückgeschlagen wurde. Dieser Expedition folgte 1518 eine zweite unter Juan de Grijalva, der sich ebenfalls Gefechte mit den Maya lieferte, aber Yukatan hinter sich ließ und die Golfküste hoch bis Veracruz segelte, wo er auf die Azteken traf. Noch vor Grijalvas Rückkehr gab Gouverneur Velázquez von Kuba die Erlaubnis zur Entsendung einer dritten Expedition unter Hernán Cortés, doch als er später versuchte, Cortés durch jemand anderen zu ersetzen, segelte dieser einfach los und erreichte Anfang 1519 mit 450 Mann Yukatan. Wäre es Gouverneur Velázquez gelungen, Cortés vor dem Aufbruch das Kommando über die Expedition zu entziehen, wäre die Eroberung ein Fehlschlag geworden.

Nachdem Cortés der Befehlsgewalt von Velázquez entkommen war, folgte er der Route der beiden ersten Expeditionen, bis er Grijalvas Ankerplatz an der Küste bei Veracruz erreichte. Dort wurde er von einigen Azteken mit Lebensmitteln und Geschenken begrüßt, aber als sich die Spanier weigerten, der Bitte der Azteken nachzukommen und ihr Lager zu entfernen, zogen sich die aztekischen Emissäre zurück. Wären die Azteken den Spaniern mit massiver Gewalt entgegengetreten, wäre die Eroberung abgebrochen oder im Keim erstickt worden. Das taten sie jedoch nicht. Das verschaffte den an der Küste ansässigen Totonaken die Gelegenheit, mit den Spaniern Kontakt aufzunehmen und sich schließlich mit ihnen zu verbünden. Das war dem König der Totonaken nur möglich, weil das Reich der Azteken einerseits auf Eroberungen, andererseits auf der Einschüchterung der Gegner beruhte, deren jeweilige Herrscher im Amt blieben. Da es vor Ort keine Mandatsträger gab, die im Dienste des Reiches bestimmte Aufgaben erfüllten und dadurch das System zusammenhielten, war dieses für Veränderungen des lokalen Machtgleichgewichts anfällig, die schnell zu veränderten Bündniskonstellationen führen konnten. Die Ankunft der Spanier stellte eine solche Veränderung dar, und die Totonaken packten die Gelegenheit sogleich beim Schopf.

Nachdem die von Gouverneur Velázquez angeordneten Ziele der Expedition erreicht waren, nämlich Erkundung des Gebietes,

Kontaktaufnahme und Herstellung von Handelsbeziehungen, wollten viele von Cortés' Männern nach Kuba zurückkehren. Hätten sie das getan, hätte Cortés zuwenig Leute gehabt, um das Unternehmen fortzusetzen, und auch dies wäre ein Grund für das Scheitern der Eroberung gewesen. Cortés gründete jedoch die Stadt Villa Rica de la Vera Cruz, nur einige Meilen nördlich des heutigen Veracruz gelegen, und setzte einen Magistrat ein, der der Oberhoheit König Karls V. von Spanien unterstellt wurde. Dieser Magistrat erklärte die Autorität von Velázquez für nichtig, ernannte Cortés zum direkt dem König unterstellten Kommandanten und befreite ihn somit von der Gehorsamspflicht gegenüber Velázquez. Um die Unterstützung des Königs zu gewinnen, schickte Cortés ein Schiff mit all dem Gold nach Spanien, das sie bis dahin als Geschenk für den König hatten zusammentragen können. Damit seine Männer nicht desertieren konnten, versenkte er die restlichen zehn Schiffe. Nachdem Cortés 60 bis 150 Männer in der Festung von Vera Cruz zurückgelassen hatte, marschierte er mit 300 spanischen Soldaten, vierzig bis fünfzig Kriegern der Totonaken und zweihundert Trägern ins Innere des Landes.

Auf dem Weg nach Tenochtitlán näherten sich die Spanier der Provinz Tlaxcala, wo sie eine kleine Gruppe von bewaffneten Indianern gefangennahmen. Sie gerieten jedoch in einen Hinterhalt, und nur ihre überlegene Feuerkraft rettete sie. Bei mehreren Angriffen im Laufe der nächsten Tage hatten die Spanier viele Verwundete zu beklagen, und außerdem gingen ihre Vorräte zur Neige. Als Cortés klar wurde, daß sie es mit einer überwältigenden feindlichen Übermacht zu tun hatten, machte er den Tlaxcalteken mehrere Friedensangebote. Schließlich schlossen die beiden Seiten ein Bündnis. Die Tlaxcalteken hätten die Spanier besiegen können, und wenn sie den Kampf fortgesetzt hätten, wie es ihr General Xicotencatl der Jüngere wollte, wäre Cortés' Abenteuer beendet gewesen. Doch die Tlaxcalteken hatten ihre Gründe. Sie lagen schon lange im Krieg mit den Azteken, und da sie völlig umzingelt und abgeschnitten lebten, war ihre Niederla-

Cortés' Eroberung Mexikos und wo sie hätte gestoppt werden können

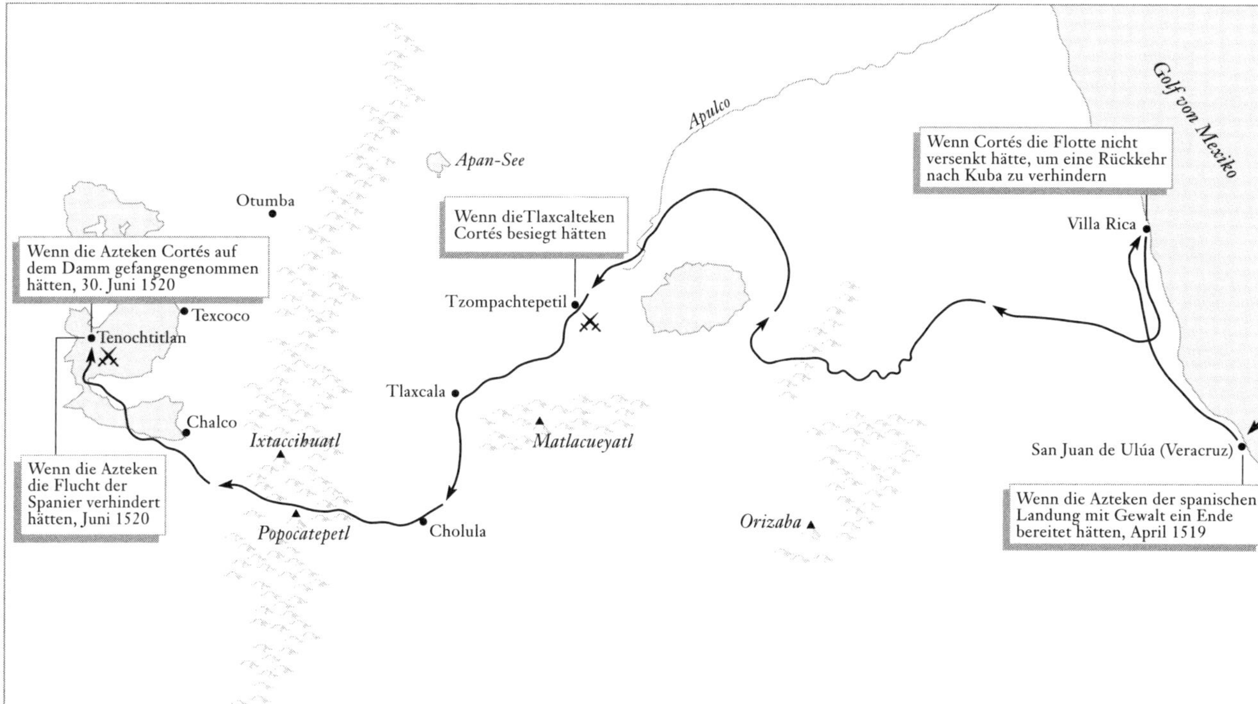

ge nur eine Frage der Zeit. Die Ankunft der Spanier bot ihnen eine bislang ungeahnte Möglichkeit, den Kampf doch zu gewinnen. In Mittelamerika bestand eine wichtige Kampftaktik darin, eine Bresche in die feindlichen Linien zu schlagen und die Flanken des Feindes aufzurollen, was sehr schwierig war. Aber die spanischen Kanonen, die mit Luntenschlössern versehenen Musketen, Hakenbüchsen genannt, die Armbruster und Reiter konnten die feindlichen Linien durchbrechen. Die Spanier waren zahlenmäßig zu schwach, um in diese Breschen einzudringen, die Tlaxcalteken hingegen nicht. Die spanischen Waffen erhöhten die Schlagkraft der indianischen Armee gewaltig.

Die Spanier blieben siebzehn Tage lang in Tlaxcala und marschierten dann nach Cholula weiter. Obwohl Cortés von den Chololteken willkommen geheißen wurde, behauptete er später, er habe von einem Plan erfahren, ihn mit Hilfe der Azteken anzugreifen. Daraufhin versammelte er die Adligen im Haupthof und ließ sie massakrieren. Der von ihm angeführte Grund klingt nicht gerade überzeugend. Cholula hatte Tlaxcala gerade das Bündnis aufgekündigt und sich auf die Seite der Azteken geschlagen, so daß der spanische Überfall ein politisches Problem löste. Es wurde ein neuer König gewählt, und Cholula schloß sich wieder Tlaxcala an. Zwei Wochen später marschierte Cortés in das Tal von Mexiko und erreichte am 8. November Tenochtitlán. Er wurde von Montezuma begrüßt und im Palast von dessen verstorbenem Vater Axayacatl untergebracht, der von 1468 bis 1481 König gewesen war.

Die riesige Inselstadt Tenochtitlán mit mindestens 200 000 Einwohnern war mit dem Festland durch drei große Dämme verbunden, die schnell unterbrochen werden konnten. Nachdem Cortés binnen einer Woche erkannt hatte, wie prekär seine Lage war, nahm er Montezuma gefangen und übte durch ihn in den nächsten acht Monaten die Herrschaft aus.

Als Gouverneur Velázquez von Cortés' perfiden Machenschaften hörte, schickte er Pánfilo de Narváez mit einer Flotte von neunzehn Schiffen und über achthundert Soldaten nach Vera Cruz, um ihn gefangenzunehmen. Als Cortés von dessen Ankunft erfuhr, marschierte er Ende Mai mit 266 Mann zur Küste und besiegte Narváez, wobei ihm dieser Sieg weitgehend durch Doppelzüngigkeit und raffinierte Bestechung gelang.

Unterdessen erfuhr Pedro de Alvarado, der in Tenochtitlán mit achtzig Soldaten zurückgeblieben war, von einem aztekischen Angriffsplan. Jedenfalls behauptete er dies später. Alvarado postierte Geschütze an den vier Eingängen des von Mauern umgebenen Hofes des Großen Tempels und massakrierte etwa acht- bis zehntausend unbewaffnete aztekische Adlige, die in dem Hof in der Falle saßen. Die Nachricht von dem Massaker verbreitete sich in der ganzen Stadt, eine aufgebrachte Menge tötete sieben Spanier, verwundete viele andere und trieb sie in ihre Quartiere zurück, wo sie belagert wurden. Als Cortés von dem Aufstand hörte, kehrte er um und erreichte am 24. Juni 1519 mit 1300 Spaniern und 2000 Tlaxcalteken Tenochtitlán.

Sobald er in der Stadt war, zogen die Azteken die Dammbrücken hoch, und die Spanier saßen in der Falle. Da ihre Vorräte zur Neige gingen und sie sich weder freikämpfen noch durch Verhandlungen hinausgelangen konnten, brachte Cortés Montezuma auf das Dach des Palastes, damit dieser seinem Volk befehle, den Angriff einzustellen. Vergeblich. Der König wurde schließlich entweder von den Spaniern oder durch Steine getötet, die die Indianer warfen.

Cortés ließ Holzplanken herbeischaffen, um die Lücken in den Dämmen zu überbrücken, und während eines heftigen Regens kurz vor Mitternacht begannen die Spanier am 30. Juni ihren Ausbruchsversuch. Da sie schnell entdeckt wurden, konnte nur ein Drittel der Spanier entkommen. Als Cortés schließlich Tlaxcala erreichte, waren über 865 Spanier und mehr als 1000 Tlaxcalteken auf der Strecke geblieben. Hätten die Azteken die fliehenden Spanier sofort verfolgt, hätten nur wenige – wenn überhaupt irgend jemand – überlebt. Die 440 überlebenden Spanier ruhten sich drei Wochen aus und eroberten Anfang August einige nahe gelegene, den Azteken tributpflichtige Städte.

Mittlerweile sahen sich die Indianer mit einer neuen, nicht-militärischen Bedrohung konfrontiert. Mit der Expedition von Narváez kamen auch die Pocken, die sich in ganz Zentralmexiko ausbreiteten. Innerhalb eines Jahres starben 40 Prozent der mexikanischen Bevölkerung, darunter Montezumas Nachfolger, König Cuitlahua, der nur acht Tage regierte. Da die Epidemie sowohl bei den Azteken als auch bei ihren Gegnern wütete, kann die Eroberung nicht mit der Entvölkerung erklärt werden. Die Krankheit erzeugte vor allem politische Instabilität; der Tod Cuitlahuas bedeutete, daß die Azteken mit dessen Nachfolger Cuauhtemoc in weniger als sechs Monaten drei Könige erlebten.

Als Cortés zum ersten Mal nach Tenochtitlán kam, hatte man ihn in eine Falle gelockt. Jetzt versuchte er, den Spieß umzudrehen, und ordnete in Tlaxcala den Bau von dreizehn Brigantinen an, wobei die Takelage der Schiffe verwendet wurde, die er in Vera Cruz versenkt hatte. Während der Eroberung waren neue Leute von der Küste zu Cortés gestoßen, so daß seine Streitmacht auf 40 Reiter und 550 spanische Soldaten angewachsen war. In Begleitung von zehntausend Kriegern der Tlaxcalteken machte sich Cortés wieder in das Tal von Mexiko auf.

Doch sein erster großer Sieg sollte ein politischer sein. Tetzcoco, die zweitwichtigste Stadt des Reiches, war seit 1515 in der Frage der Thronfolge politisch gespalten. Cacama bestieg, weil er aztekische Unterstützung genoß, den Thron, aber der andere Bewerber, Ixtlilxochitl, brach einen Bürgerkrieg vom Zaun und eroberte schließlich das Gebiet nördlich von Tetzcoco. Über dieses Gebiet herrschte er, während mit Tenochtitlán ein stets gefährdetes Stillhalteabkommen bestand. Als Cortés in das Tal kam, ergriff Ixtlilxochitl die Gelegenheit, sich mit ihm zu verbünden, und der König von Tetzcoco, Coanacoch, floh. Ixtlilxochitls Unterstützung verschaffte den Spaniern für ihren Angriff eine starke Ausgangsposition und eine sichere Nachschubbasis. Cortés zog einige unzufriedene Städte auf seine Seite und kämpfte mehrere Male gegen die Azteken. Doch da Tenochtitlán mit Kanus versorgt wurde, mußte Cortés den See unter seine Kontrolle bringen. Als das in Tlaxcala geschnittene Holz Tetzcoco um den 1. Februar herum erreichte, begannen die Spanier mit dem Bau von dreizehn Brigantinen.

Am 28. April 1521 nahm Cortés seine Schiffe in Betrieb – jedes über 40 Fuß lang, mit 12 Ruderern, 12 Soldaten mit Armbrüsten oder Hakenbüchsen, einem Kapitän und einem Mann, der die am Bug aufgestellte Kanone bediente. Von Tausenden von indianischen Kanus unterstützt, riegelten sie Tenochtitlán ab und brachten die Versorgung mit Lebensmitteln zum Erliegen.

Die Zahl der Spanier betrug jetzt über 900, und diejenigen, die nicht auf den Schiffen waren, wurden in drei Armeen mit jeweils weniger als 200 Spaniern eingeteilt, die von 20 000 bis 30 000 indianischen Kämpfern »unterstützt« wurden. Am 22. Mai führte Pedro de Alvarado eine dieser Armeen nach Tlacopan, während Cristóbal de Olid nach Coyohuacan marschierte und Gonzalo de Sandoval nach Ixtlapalapan vorstieß. Nachdem die Spanier die drei wichtigsten Straßen nach Tenochtitlán abgeschnitten hatten, griffen sie entlang der Dämme an, die so eng waren, daß sie ihre Feuerkraft dort konzentriert einsetzen konnten. Die Azteken bauten Barrikaden und griffen die Spanier zu beiden Seiten von Kanus aus an. Aber Cortés segelte mit seinen Schiffen durch die Öffnungen in den Dämmen und vertrieb die Kanus. Daraufhin rammten die Azteken zugespitzte Pflöcke in den Grund des Sees, die die Schiffe aufspießen sollten.

Es herrscht kein Mangel an Wendepunkten, welche die Eroberung Mexikos in eine andere Richtung gelenkt hätten, und die Beispiele dafür sind durch die bereits erwähnten keineswegs erschöpft. Aber der plausibelste Wendepunkt, der die geringsten Abweichungen vom tatsächlichen historischen Ablauf erfordert hätte, trägt das Datum des 30. Juni 1521. Seit einem Monat griffen die Spanier und ihre indianischen Verbündeten die Dämme an, die Tenochtitlán mit dem Ufer verbanden. Im Lauf der Kämpfe, bei denen es vor und zurück ging, bauten die Azteken Sperren, entfernten Brückenbögen und zerstörten Teile der Dämme, was einerseits den Vormarsch der Spanier aufhalten sollte, andererseits ein taktischer Schachzug war. Wenn die Spanier über diese Öffnungen setzten, versuchten die Azteken, sie so einzukesseln, daß sie weder Verstärkung bekommen noch ausbrechen konnten. Um dies zu vermeiden, befahl Cortés, erst dann über die Öffnungen zu setzen, wenn diese aufgefüllt worden waren. Doch am 30. Juni, als die Verteidigung der Azteken in der Hitze des Gefechts zusammenzubrechen schien, setzten die Spanier über eine Öffnung im Tlacopan-Damm, die nicht aufgefüllt worden war. Die Azteken, deren Trick gelungen war, machten kehrt, nahmen 68 Spanier gefangen und töteten eine noch wesentlich größere Zahl von ihnen. Die Gefangenen wurden allesamt geopfert, und da Cortés' Verbündete fürchteten, das Blatt könnte sich wenden, ließen ihn die meisten im Stich. Obwohl sich die Spanier von diesem Rückschlag erholten und ihre Verbündeten schließlich zu ihnen zurückkehrten, hätte es leicht anders kommen können.

Hätte Cristóbal de Olea nicht sein Leben geopfert, um Cortés zu retten, wäre auch dieser geopfert worden, und seine indianischen Verbündeten wären auf Dauer von ihm abgefallen. Er hatte drei Stellvertreter, aber es gab keinen zweiten Befehlshaber mit klar definierten Verantwortlichkeiten. Zudem standen die Spanier nie geschlossen hinter Cortés. Immer wieder drohte und schmeichelte er ihnen, um sie vorwärtszutreiben, und zweimal ließ er Spanier hinrichten, die sich davonmachen wollten. Wäre Cortés getötet worden, hätte sich die spanische Truppe aufgelöst. Die Eroberung wäre gescheitert. Was hätten die Spanier in diesem Fall getan?

Ohne Verbündete hätten die Spanier am Westufer des Sees den Angriffen der Azteken nicht lange standhalten können. Und die unter der Oberfläche schwelende Uneinigkeit hätte ohne Cortés nicht unterdrückt werden können, da es keinen Anführer von vergleichbarer Entschlossenheit und Rücksichtslosigkeit gab. Ohne eine starke Unterstützung durch die Indianer hätte es keine Hoffnung für die Spanier gegeben. Sie wären vor die Wahl zwischen drei Möglichkeiten gestellt worden. Sie hätten, erstens, den Kampf fortsetzen können, was jedoch nur ihre völlige Vernichtung bedeutet hätte. Sie hätten sich ergeben können, aber das hätten die meisten, wenn nicht alle, mit dem Leben bezahlt, wenngleich es einzelnen vielleicht gelungen wäre, mit Hilfe ihrer einstigen Verbündeten zu entkommen und sich zu verstecken, bis die Wut der Azteken verraucht wäre. Und sie hätten einen geordneten Rückzug versuchen können. Doch wohin? Ein Jahr zuvor hatten sie sich bei der Flucht aus Tenochtitlán retten können, aber es war unwahrscheinlich, daß die Azteken diesen Fehler ein zweites Mal machen würden. Zudem hatten sie in Tlaxcala einen Verbündeten gehabt – der sie jetzt im Stich gelassen hätte. Also wäre ihre einzige Chance gewesen, ihre schwere Ausrüstung zurückzulassen und sich mehr als dreihundert Kilometer durch feindliches Gebiet bis zur Golfküste durchzuschlagen, was den meisten wohl nicht gelungen wäre. Da sie unterschiedliche Loyalitäten und keine einheitliche Kommandostruktur hatten, wären die Spanier wahrscheinlich in verschiedene Gruppen zerfallen, und die schwächeren hätten den unvermeidlichen aztekischen Gegenangriffen wenig entgegenzusetzen gehabt. Die einzige Frage wäre gewesen, wie viele Spanier überlebt hätten. Einige hätten vielleicht die Golfküste erreicht und wären nach Kuba gesegelt, doch die meisten wären auf ihrem Marsch umgekommen. Einige wenige Glückliche hätten vielleicht die Gefangenschaft überlebt oder bei ihren ehemaligen Verbündeten Schutz gefunden.

Wie hätten die Spanier auf diese Niederlage reagiert? Was die überlebenden Spanier in Mexiko gedacht hätten, ist hier nicht von Belang, wohl aber die Ansichten der Spanier auf den westindischen Inseln und in Spanien. Da die Schiffahrt über den Atlantik auf bestimmte Jahreszeiten beschränkt war, hätte die

Nachricht von Cortés' Niederlage Spanien wahrscheinlich erst im Spätsommer oder gar Herbst des Jahres 1522 erreicht. Eine Reaktion aus dem spanischen Mutterland wäre auf den westindischen Inseln erst im darauffolgenden Sommer zu vernehmen gewesen. Die Eroberung und Kolonisation der Neuen Welt wurde zwar von der Krone unterstützt, aber es handelte sich nicht um Unternehmungen, die von der Regierung und der Armee getragen wurden, so daß eine abgestimmte militärische Antwort unwahrscheinlich gewesen wäre. Cortés' Tod und die Katastrophe, die seine Männer erlebt hatten, hätten es jedoch sehr erleichtert, auf Abstand zu seinem Vorhaben zu gehen. Da sich Cortés den Befehlen und der Autorität von Gouverneur Velázquez widersetzt hatte, hatte er sich damit auch gegen den König gestellt, und angesichts seines Scheiterns wäre dem Gouverneur jetzt die volle Unterstützung des Königs sicher gewesen.

Das Wissen um das Land Mexiko mit seiner Kultur und seinem Reichtum war sowohl in Spanien als auch auf den westindischen Inseln zu weit verbreitet, als daß man sich einfach hätte abwenden können. Aber angesichts der Unterstützung der Krone für Velázquez wäre die wahrscheinlichste Reaktion der Spanier gewesen, nun den ursprünglichen Plan des Gouverneurs zu verfolgen und anstatt einer Kolonisierung Handelsbeziehungen anzustreben. Um seinen ursprünglichen Plan zu rechtfertigen und seine politische Stellung zu sichern, hätte Velázquez sein Vorhaben mit Unterstützung des Königs wahrscheinlich energisch vorangetrieben, und möglicherweise wäre an der Küste nur ein einzelner Handelsplatz entstanden, vergleichbar Macao, das im 16. Jahrhundert den Handelsinteressen Portugals in China und Japan diente. Es darf bezweifelt werden, daß sich die Spanier lange allein mit dem Handel zufriedengegeben hätten. Nach Velázquez' Tod im Jahre 1524 wären diese Handelsbeziehungen möglicherweise nur dann fortgesetzt worden, wenn ein anderer starker Schutzherr das Monopol mit königlicher Unterstützung gesichert hätte. Hätte es aber einen weiteren Versuch der Eroberung

Mexikos gegeben, wäre dieser erst einige Jahre später unternommen worden, da die Erkundung der Karibik Menschen und Mittel gebunden hätte. Und die männliche spanische Bevölkerung der westindischen Inseln hätte Zeit gebraucht, um sich von dem Verlust von etwa 2000 Spaniern durch Cortés' fehlgeschlagenes Abenteuer zu erholen. Die zunehmende spanische Einwanderung, die tatsächlich auf die Eroberung Mexikos folgte, hätte es wahrscheinlich gar nicht gegeben, wenn sich in der Neuen Welt nicht große Möglichkeiten eröffnet hätten. Folglich wären die Spanier auf den westindischen Inseln verunsichert, politisch eingeengt und militärisch geschwächt gewesen. Vielleicht hätten sie ihre Energien in die um 1530 beginnende Eroberung des Inka-Reiches gesteckt, wo der Weg schon durch die Ausbreitung der Pocken von den spanischen Siedlungen in Panama bis zu den Anden sowie durch einen Bürgerkrieg der Inka geebnet gewesen wäre. Anstelle der Eroberung Mexikos hätte die Eroberung Perus spanische Einwanderer angezogen, aber die hier erbeuteten Reichtümer hätten die Spanier letztlich doch wieder zurück in das reiche Mexiko getrieben.

Eine zweite spanische Eroberung hätte sich wahrscheinlich verzögert, wäre aber nicht verhindert worden, so daß sich die Frage stellt, wie die Azteken auf ihren Sieg über die Spanier reagiert hätten. Wären sie einfach zum Status quo zurückgekehrt? Wahrscheinlich nicht. Auch bei einem Sieg der Azteken wäre Mexiko durch die Präsenz der Spanier tiefgreifend verändert worden. Die Pockenepidemie von 1519/20 hatte verheerende Folgen gehabt, aber die tödlichen Typhusepidemien der Jahre 1545 bis 1548 und 1576 bis 1581 wären ohne die Anwesenheit vieler Spanier nicht oder zumindest nicht so bald ausgebrochen. Die politische Landschaft der Azteken hätte sich stark verändert, und zwar nicht strukturell, sondern personell, da diejenigen hätten ersetzt werden müssen, die durch Krieg oder Krankheiten umgekommen waren. Die politische Infrastruktur der benachbarten Städte und des Reiches wäre intakt geblieben, aber an den vielen Herrschern, die während der Eroberung die Seite gewechselt hatten, wäre sicherlich Vergeltung geübt worden.

Die politische Zukunft der Herrscher verschiedener Städte, die ihren Thron mit Hilfe der Spanier und der Tlaxcalteken bestiegen hatten, hätte düster ausgesehen, und einige wären abgelöst worden, nachdem sich loyale Anhänger der Azteken oder politische Opportunisten die veränderten Machtverhältnisse zunutze gemacht hätten. Städte, die sich mit Tlaxcala verbündet hatten, hätten sich wahrscheinlich auf die Seite der Azteken geschlagen. Unterdessen hätten die Unstimmigkeiten unter den Tlaxcalteken wahrscheinlich zur Absetzung des spanienfreundlichen Herrschers geführt; sein Nachfolger hätte sich mit den Azteken verbündet, um einer Eroberung des eigenen Reiches zuvorzukommen. Danach wäre es leicht gewesen, andere Abtrünnige, wie den König der Totonaken, schnell und endgültig auszuschalten. Bevölkerungsmäßig wären die Azteken schwächer, politisch allerdings stärker als vorher gewesen, da sie Herrscher von zweifelhafter Loyalität abgesetzt und sich mit den Tlaxcalteken verbündet – oder diese sofort unterworfen – hätten.

Was hätte dies für eine erneute Invasion der Spanier bedeutet? Bei der ersten Eroberung hatte Cortés den schwachen Zusammenhalt des Aztekenreiches und die Existenz eines starken Gegners – Tlaxcala – ausgenutzt, um sich Verbündete zu verschaffen. Hätten die Azteken nach Beendigung der Feindseligkeiten mit den Tlaxcalteken ihre Bündnisse derart festigen können, daß die Rivalitäten überwunden worden wären, die Cortés für sich zu nutzen verstand? Das Aztekenreich wies nur einen schwachen Zusammenhalt auf. Die Straßen und ein System von Trägern waren besser entwickelt als irgendwo sonst, und sowohl die Güter des täglichen Bedarfs als auch exotische Waren wurden zwischen seinen vielen Märkten ausgetauscht, doch es gab keine strenge politische Hierarchie, die das Reich zusammenhielt. Statt dessen behielten die lokalen Herrscher ihre Stellung, was bedeutete, daß sie abfallen konnten, sobald die Azteken Schwäche oder Inkompetenz zeigten. Hinzu kam, daß bestimmte kulturelle Praktiken zwar weit verbreitet waren, aber keine einigende Religion oder Ideologie existierte. Eheschließungen zwischen den Herrscherhäusern ließen zwar gewisse Loyalitäten entstehen, aber diese bildeten sich erst in langen Zeiträumen heraus, und da es keine andere Möglichkeit gab, das Reich fester zusammenzuschmieden, hätten die Azteken den zurückkehrenden Spaniern keine starke, geschlossene Front entgegensetzen können.

Hätten sie ihr Reich nicht neu organisieren können, wären den Azteken zwei Möglichkeiten geblieben: Sie hätten in die Offensive gehen oder neue Waffen und Kampftechniken übernehmen können. Da die Spanier im Tal von Mexiko Schiffe gebaut hatten und auf ihrer Flucht wahrscheinlich auch einige in Veracruz zurückgelassen hätten, hätten die Azteken möglicherweise eine Gegenoffensive gegen die westindischen Inseln starten können. Segelschiffe wurden zwar an der Pazifikküste Südamerikas eingesetzt, waren in Mexiko aber nicht bekannt; außerdem wußten die Azteken nicht, wo die westindischen Inseln lagen. So reizvoll die Vorstellung ist, daß aztekische Kämpfer Havanna gestürmt hätten, so unwahrscheinlich ist sie deswegen auch. Für einen Gegenangriff der Spanier wäre der Süden ungünstig gewesen, da hier indianische Staaten lagen, die zu klein und zu weit entfernt waren, um ihnen logistische Unterstützung zukommen zu lassen. Im Norden wiederum hätte eine unwirtliche Wüste wenig Verbündete und wenig Nahrung, dafür aber große Gefahren bereitgehalten. Also hätte eine aztekische Offensive bestenfalls bedeutet, an der Golfküste zu patrouillieren und auf die Rückkehr der Spanier zu warten, um diese dann ins Meer zurückzutreiben. Diesem kostspieligen Unternehmen wäre allerdings in dem Maße die Luft ausgegangen, wie die Jahre ereignislos verstrichen wären.

Aber Cortés' Versuch, das Aztekenreich zu erobern, hätte sich zweifellos auf die Taktik der Azteken ausgewirkt. Die wichtigsten Dinge, die die Spanier eingeführt hatten, waren Pferde (und berittene Soldaten), Kanonen, Hakenbüchsen und Armbrüste. Wie bei der ersten Flucht aus Tenochtitlán hätten die Spanier wahrscheinlich ihre Kanonen zurückgelassen, aber diesmal hätten die Azteken diese wohl nicht zerstört, wie sie es früher getan hatten. Vermutlich wären ihnen auch andere Waffen wie Schwerter, Rüstungen, Armbrüste, Hakenbüchsen und vielleicht sogar Pferde in die Hände gefallen. Aber was hätte das für die Azteken bedeutet? Sie hätten erbeutete Schwerter – einige waren an Stangen befestigt und dienten als Waffen gegen Pferde – und Armbrüste gegen Cortés einsetzen können, und obwohl die Azteken kein Eisen verarbeiteten und diese Waffen weder reparieren noch herstellen konnten, hätten sie diese leicht in ihre eigene Streitmacht integrieren können. Schließlich hatten die Azteken bereits ihre eigenen breiten Schwerter, Speere, Bögen und Rüstungen. Da die mit Cortés verbündeten Indianer gelernt hatten, ausgezeichnete Bolzen mit Kupferspitzen herzustellen, wäre auch ein potentiell unerschöpflicher Vorrat an Munition für die Armbrüste vorhanden gewesen. Die Kanonen und Hakenbüchsen erforderten Schießpulver; zwar waren alle dafür benötigten Bestandteile in der näheren Umgebung vorhanden, aber den Azteken war die Zusammensetzung nicht bekannt. Der Umgang mit Pferden war indessen zu erlernen, und damit hätte sich die verlockende Möglichkeit einer indianischen Reiterei ergeben, mit der es die Amerikaner später in der Prärie tatsächlich zu tun bekommen sollten. Und hätten die Spanier tatsächlich in Vera Cruz einen Handelsplatz errichtet, wären Schwerter mit Stahlklingen und vielleicht sogar Feuerwaffen in die Hände der Azteken gelangt. Um diese Waffen wirksam einzusetzen, wäre eine Unterweisung notwendig gewesen, und dafür hätten Spanier zur Verfügung gestanden.

Ein Überlaufen zum Gegner war nichts Undenkbares, es gab einen Präzedenzfall. Gonzalo Guerrero, der 1511 vor Yukatan Schiffbruch erlitten hatte, war in den Rang eines militärischen Führers der Maya aufgestiegen, führte einen ihrer Angriffe gegen Córdoba an und weigerte sich, sich wieder den Spaniern anzuschließen, obwohl Cortés ihn eindringlich darum bat. Außerdem war Spanien eine aufstrebende Macht, deren König Karl V. zwar der Sohn der Herrscher von Kastilien und Aragón, jedoch in den Niederlanden aufgewachsen und eigentlich ein Fremder war. Viele Spanier empfanden mehr Loyalität gegenüber ihren Städten oder Provinzen als gegenüber »Spanien«, und da an der Eroberung auch etliche Portugiesen und Italiener beteiligt waren, wäre ihr Überlaufen von Cortés zu Cuauhtemoc vorstellbar, wahrscheinlich und de facto unvermeidbar gewesen, wenn sie nicht den aztekischen Göttern hätten geopfert werden wollen. Aber was hätten die Spanier den Azteken beibringen können, was diese nicht schon im Kampf gelernt hatten? Den Gebrauch bestimmter Waffen natürlich. Die spanischen Schwerter waren beispielsweise aus Stahl und hatten eine scharfe Schneide und eine Spitze, so daß man mit ihnen sowohl hauen als auch stechen konnte. Die Azteken hatten dagegen breite Schwerter aus Eichenholz mit Obsidianklingen, die nur zum Hauen taugten. Und vielleicht hätten sie sogar Schießpulver herstellen können, da die drei notwendigen Bestandteile im Tal von Mexiko vorhanden waren, wenngleich fraglich ist, ob sie mit Schießpulver hätten umgehen können. Aber abgesehen von neuen Waffen, wären die Kampfstrategien und -praktiken der Azteken bestimmt verbessert worden, wenn sie alle Möglichkeiten und Schwächen spanischer Waffen und Kriegstaktik kennengelernt hätten.

Was die gefangenen Spanier den Azteken in erster Linie hätten beibringen können, wäre die Vervollkommnung und Verfeinerung dessen gewesen, worüber sie bereits Grundkenntnisse besaßen. Von Bedeutung wären weniger die Auswirkungen ihrer neuen Kenntnisse auf ihre Kampftaktik als auf das politische Umfeld gewesen. Die Tlaxcalteken hatten sich ursprünglich mit den Spaniern verbündet, weil sie erkannt hatten, daß diese wenigen Soldaten als Stoßtrupp dienen konnten, der die feindlichen Linien in einer Weise durchbrach, wie es mit ihren eigenen Waffen und ihrer Taktik nicht möglich war. Nicht die Präsenz der Spanier als solche war wichtig gewesen, sondern der entscheidende Vorteil, den sie der tlaxcaltekischen Armee hatten verschaffen können. Wären die Azteken in den Besitz spanischer Waffen gelangt, hätten allerdings auch sie diesen Vorteil gehabt.

Falls und wenn die zweite Eroberung gekommen wäre, wären die verschiedenen, den Azteken tributpflichtigen Stämme und Verbündeten mit dem Reich kaum enger verbunden gewesen, doch sie hätten in den mit Kanonen und Hakenbüchsen bewaffneten Spaniern nicht mehr die einmalige Gelegenheit gesehen, die sie beim ersten Mal in ihnen erblickt hatten. Die Spanier hätten zwar noch immer die Funktion eines Stoßtrupps ausüben können, aber jede indianische Gruppe, die ein Bündnis mit ihnen ins Auge gefaßt hätte, hätte davon nur wenig profitiert, weil die Azteken, auch wenn sie nur über eine begrenzte Zahl spanischer Waffen verfügt hätten, jetzt ebenfalls eine Stoßtaktik hätten anwenden und die feindlichen Linien sprengen können. Weil sie über wesentlich größere Armeen verfügten, wären die Azteken letztlich doch Sieger geblieben.

Wären die Spanier also zwischen 1535 und 1540, nachdem sie die Andenvölker unterworfen, sie ausgebeutet und tödliche Krankheiten über sie gebracht hatten, schließlich wieder nach Mexiko zurückkehrt, wäre ihre große Zeit vorbei gewesen. Die zurückkehrenden Spanier hätten nur wenige Verbündete gefunden, ihre Siege wären vorübergehender Natur gewesen, und wer Glück gehabt hätte, den hätte man ins Meer zurückgejagt – die Köpfe der übrigen wären in Tenochtitlán ausgestellt worden. Jede neue Eroberung hätte weitaus mehr Soldaten, Geschütze und Pferde erfordert, als auf den westindischen Inseln vorhanden waren.

Die Zeit hätte die Situation auf beiden Seiten verändert. Zwar gab es keine gesamtmexikanische Ideologie, die die verschiedenen Gruppen geeint hätte, aber die Nachricht vom Schicksal der Bewohner der westindischen Inseln und Südamerikas wäre langsam nach Tenochtitlán gelangt, und durch den Widerstand gegen die Spanier hätte sich ein bis dahin fehlendes indianisches Identitäts- und Zusammengehörigkeitsgefühl herausgebildet, das sowohl militärisch als auch politisch Ausdruck gefunden hätte.

Die Spanier, die sich auf die passivere Form der Ausbeutung durch Handel und Bekehrung beschränkt hätten, wären nach wie vor durch Gold und Silber reich geworden, das durch die Ausplünderung Perus in ihre Schatullen geflossen wäre. Die spanischen Neuerungen in bezug auf Werkzeuge und Tiere wären jedoch schnell von den aztekischen Eliten übernommen worden und bis ins einfache Volk vorgedrungen, wodurch sich Viehwirtschaft und Handwerk ausgebreitet hätten. Anstatt zur Grundlage spanischen Gewerbes zu werden, das den Indianern wesentlich weniger zugute kam, hätte die einheimische Bevölkerung von diesen Neuerungen profitiert. Auch wenn Viehhaltung im größeren Maßstab das Vorrecht, wenn nicht gar das Monopol des Adels gewesen wäre, hätte doch die gesamte Gesellschaft Nutzen daraus gezogen. Wolle wäre beispielsweise rasch von der einheimischen florierenden Weberei verarbeitet worden, und Eisen und Bronze hätten zu den Waren gehört, die das metallverarbeitenden Handwerk repariert und produziert hätten. Zudem hätte der durch diese Neuerungen ermöglichte Aufschwung der heimischen Wirtschaft die eigenen Herrscher gestärkt und das Vakuum gefüllt, in das sonst spanische Kolonisten geströmt wären.

Vorstöße der Spanier wären zwar nicht verhindert, aber zurückgeschlagen worden, und religiöse Orden, die ihrem Missionierungsauftrag gefolgt wären, hätten das Land allmählich durchdrungen, noch bevor eventuelle Siedler eingetroffen wären. Da diese jetzt allerdings auf eine starke vom Staat unterstützte einheimische Priesterschaft und ein gut funktionierendes Schulsystem gestoßen wären, wäre die Bekehrung wesentlich langsamer vonstatten gegangen. Die spanischen Priester hätten auch Literatur mit lateinischem Alphabet nach Mexiko gebracht, und wenn diese alle Schichten erreicht hätte, wäre es wahrscheinlich zu sozialen Unruhen gekommen, so daß die einheimische Elite dieses Wissen monopolisiert hätte, um ihren politischen und administrativen Zugriff zu verstärken. Dennoch hätte sich eine christianisierte indigene Tradition herausgebildet. Ohne die Bekehrung durch das Schwert hätten nur die Überzeugung und das Beispiel wirken können, was zu einer langsamen Christianisierung und wahrscheinlich auch zur Beendigung der Praxis des Menschenopfers geführt hätte. Es hätte sich möglicherweise die rituelle Opferung eigenen Blutes entwickelt, wenn nicht für einen monotheistischen Gott, so doch für eine Gottheit, die aus dem christlichen Gott und einem oder mehreren wichtigen lokalen Göttern entstanden wäre und eine herausgehobene Stellung über den Göttern der Einheimischen gehabt hätte.

Mit der schrittweisen Herausbildung einer wesentlich stärkeren heimischen Wirtschaft und einer zumindest tolerierbaren Annäherung an das Christentum wäre Mexiko weitaus schwerer zu erobern und ein einträglicher Handelspartner gewesen. Es hätte sich in der Weise entwickeln können, daß mexikanische kulturelle Grundwerte mit solchen europäischen Vorstellungen hätten verschmelzen können, die sich gut in die Weltsicht der indianischen Bevölkerung eingefügt hätten. Politisch und bevölkerungsmäßig zu stark, um erobert zu werden, doch wirtschaftlich zu unterentwickelt, um eine Herausforderung für Europa darzustellen, hätte Mexiko als eine Regionalmacht fortbestehen und die Ausdehnung der europäischen Kolonien in Mittel- und Nordamerika überleben können, wenn es durch den begrenzteren Kontakt mit Europäern nicht zur Dezimierung der Bevölkerung durch eingeschleppte Krankheiten gekommen wäre und wenn die Europäer an der Ausbeutung des Landes hätten gehindert werden können. Die so entstandene Nation hätte vielleicht stark dem heutigen Mexiko geähnelt, wäre aber aller Wahrscheinlichkeit nach auf Zentralmexiko beschränkt gewesen. Sie hätte ausgeprägte indigene Strukturen gehabt, und sie hätte wohl auch die moderne Entwicklung vom absoluten Herrscher zur konstitutionellen Monarchie durchgemacht. Wäre dem so gewesen, wäre die amerikanische Ausdehnung nach Westen wesentlich früher an eine Grenze gestoßen – vielleicht am Mississippi, denn Frankreich, das seine Rechte an die USA verkauft hatte, hätte auf das Land im Westen keinen Anspruch mehr gehabt. Mexiko hätte möglicherweise andere indianische Gemeinwesen im Südwesten Nordamerikas integriert, so daß die heutigen Vereinigten Staaten wesentlich kleiner wären und an einen Staat indigener Amerikaner grenzen würden.

Geoffrey Parker

Die englischen Brander werden zurückgeschlagen

Die spanische Armada triumphiert
8. August 1588

Die legendäre spanische Armada von 1588 ist als Katastrophe in die Geschichte eingegangen – als eine Geschichte fehlgeschlagener Operationen, als verheerender Brander-Angriff, der die Armada auseinandertrieb, als Seeschlacht, die die spanischen Schiffe zwang, erst in die Nordsee und dann auf dem sturmgepeitschten Meer um die britischen Inseln herum zu segeln. Ein Drittel der Flotte und die Hälfte der Mannschaft sollten nie nach Spanien zurückkehren.

Man vergißt im allgemeinen, wie nahe der spanische König, Philipp II., dem Sieg war. Der Mann, der das erste Weltreich beherrschte, in dem »die Sonne niemals unterging«, war fest entschlossen, Englands protestantische Königin Elisabeth auszuschalten und deren Land wieder unter katholische Herrschaft zu bringen. Er wollte die Einmischung Englands in den Niederlanden beenden und es daran hindern, in der Neuen Welt Fuß zu fassen. Um diese Ziele zu erreichen, sandte er eine große Armada von 130 Schiffen aus, die mit den altgedienten Soldaten des Herzogs von Parma, welche zur Niederschlagung des Aufstands in den Niederlanden eingesetzt waren, zusammentreffen und diese bis zur Landung in Kent begleiten sollte. Doch eine englische Flotte fing die Armada vor Calais ab – und hier beginnen die Fragen nach einem alternativen Verlauf der Geschichte.

Was wäre gewesen, wenn der Wind in der Nacht vom 7. auf den

8. August 1588 in eine andere Richtung geweht hätte, so daß die englischen Brander und Kriegsschiffe sich der Armada nicht hätten nähern können? Was wäre gewesen, wenn die Spanier bis zur Ankunft Parmas und seiner Truppen hätten durchhalten können? Oder wenn sie gewußt hätten, daß die Pulverkammern der Engländer praktisch leer waren? Wenn Parmas Armee tatsächlich in Kent gelandet wäre? Vieles spricht dafür, daß Parmas erfahrene Soldaten nach London hätten marschieren können, wo sie nur auf angsterfüllte, zwangsrekrutierte Soldaten und schlecht ausgerüstete Milizen gestoßen wären. Philipp II. hätte sein Ziel leicht erreichen können – unter Umständen, denn wie Geoffrey Parker darlegt, war er es, der sich selbst am meisten im Weg stand.

◈ GEOFFREY PARKER ist Professor für Geschichte an der Ohio State University und Autor von Büchern wie *The Spanish Armada*, *The Military Revolution*, *The Dutch Revolt* und *The Grand Strategy of Philip II*. Zusammen mit Robert Cowley hat er *The Reader's Companion to Military History* herausgegeben.

Ginge es nach einigen Historikern, würde der 8. August zum Nationalfeiertag erklärt, da Elisabeth Tudors Kriegsmarine an diesem Tag im Jahre 1588 den Versuch Philipps II. zurückschlug, England zu erobern. Das Scheitern der spanischen Armada eröffnete den Nordeuropäern die Möglichkeit, den amerikanischen Kontinent zu durchdringen und zu kolonisieren, was zum Entstehen der Vereinigten Staaten führte.

Philipp II. herrschte bereits über Spanien und Portugal, halb Italien sowie den größten Teil der Niederlande. Und die iberischen Kolonien rund um den Globus – von Mexiko über Manila, Macao und Malakka bis Goa, Mosambik und Angola – stellten ein Reich dar, in dem, wie seine Bewunderer prahlten, »die Sonne niemals unterging«. Zudem regierte sein am spanischen Hof aufgewachsener Vetter Rudolf von Habsburg Deutschland und Österreich, und auch sein französischer Verbündeter, der Herzog von Guise, der Führer der dortigen Katholiken, unterstützte Philipps Pläne bedingungslos.

Nur die nordwestlichen Niederlande machten Probleme. Der Aufstand gegen die Autorität des Königs brach 1572 aus, und seitdem boten ihm die Provinzen Holland und Zeeland die Stirn, obwohl er viel Geld ausgab und seine besten Generäle und Soldaten einsetzte, um den Aufstand niederzuschlagen. Ihre Fähigkeit, ihm hinhaltenden Widerstand zu leisten, überraschte Philipp und den Befehlshaber seiner Truppen in den Niederlanden, Alexander Farnese, den Herzog von Parma. Nach und nach kamen sie zu dem Schluß, die holländische Revolte könne sich nur durch die Unterstützung Englands halten, und im Herbst 1585 beschloß Philipp, sein Ziel zu ändern: Anstatt Holland und Zeeland zurückzuerobern, sollte nun England erobert werden.

Auch von anderen katholischen Herrschern wurde ihm Hilfe für seinen Plan zugesichert, Königin Elisabeth abzusetzen und sie durch einen zuverlässigen Katholiken abzulösen. Der Großherzog der Toskana stellte eine Galeone und ein Darlehen zur Verfügung; Mantua einen zinsfreien Kredit; der Papst versprach großzügige finanzielle Unterstützung und Ablaß für alle, die an dem Unternehmen teilnahmen.

Unterdessen arbeiteten die Berater des Königs an einem geeigneten Invasionsplan. Im Sommer 1586 wurde Philipp eine mit Notizen versehene Landkarte vorgelegt, auf der verschiedene Invasionsstrategien dargelegt wurden. Ein Angriff vom Meer aus gegen den Nordwesten Englands (die spanischen Schiffe würden nach Schottland und dann in die Irische See segeln) oder auf Wales wurde als zu riskant eingeschätzt. Statt dessen sah der Plan eine große Flotte vor, die von Lissabon aus lossegeln und eine Expeditionsstreitmacht nach Südirland bringen sollte, während der Herzog von Parma mit seinen Soldaten aus den spanischen Niederlanden einen Überraschungsangriff gegen Kent führen sollte. Sie würden den Kanal mit kleinen Frachtschiffen überqueren, während sich die englische Flotte nach Irland aufmachte. Philipp II. nahm nur eine, wie sich herausstellen sollte, fatale Änderung vor. Er ordnete an, die Flotte solle von Lissabon aus zu den Niederlanden anstatt nach Irland segeln und Parmas Soldaten beim Überqueren des Kanals Geleitschutz geben. Er war zuversichtlich, daß seine Armada sich als unbesiegbar erweisen würde: Sollten Elisabeths Schiffe versuchen, die spanischen Schiffe an ihrer Fahrt über den Kanal zu hindern, würden sie scheitern. Parma mußte nur auf die Ankunft der Flotte warten, und sein Sieg war sicher.

Philipp gab genaue Anweisungen für das Vorgehen der Soldaten nach ihrer Landung. Sie sollten durch Kent marschieren, London im Sturm nehmen (und dabei am besten gleich Elisabeth und ihre Minister gefangennehmen) und darauf setzen, daß sich die Feinde der Königin an der Peripherie des Königreiches und in Irland erheben und den Angreifern zu Hilfe kommen würden. Sollte es allerdings nicht zu einem Aufstand der Katholiken kommen oder sollte London dem Angriff standhalten, mußte Parma seine militärische Präsenz auf englischem Boden nutzen, um Elisabeth drei Konzessionen abzuringen: Duldung der katholischen

Religion, Einstellung aller englischen Fahrten in amerikanische Gewässer und Kapitulation aller holländischen Städte, die von englischen Truppen gehalten wurden.

Die erste Phase der Operation verlief absolut planmäßig. Am 21. Juli 1588 segelte eine Flotte von 130 Schiffen, die größte, die jemals in nordeuropäischen Gewässern gesehen wurde, unter dem Kommando des Herzogs von Medina Sidonia los, um mit Parmas 27 000 Soldaten zusammenzutreffen, deren 300 Frachtschiffe sich in den Häfen Dünkirchen und Nieuwpoort versammelten. Am 29. Juli segelte die Armada in den Ärmelkanal, und am 6. August ging sie, da die Befehlslage unverändert war, trotz wiederholter Angriffe durch die englische Flotte vor Calais, nur 25 Meilen von Dünkirchen entfernt, vor Anker. Die Nachricht von der Ankunft der Flotte erreichte Parma jedoch erst an dem Tag selbst, und obwohl er seine Truppen am 7. August sofort einschiffte, war es zu spät. In jener Nacht führten die Engländer einen Brander-Angriff durch, der die Formation der Armada auseinandersprengte. In einer heftigen Seeschlacht gelang es Elisabeths starken Galeonen am 8. August, vielen Schiffen schweren Schaden zuzufügen und die gesamte feindliche Flotte nach Norden, also vom vorgesehenen Treffpunkt weg, zu treiben.

Kaum war die Armada in der Nordsee, begannen die Auseinandersetzungen darüber, was falsch gelaufen war. »Es gibt niemanden in dieser Flotte«, schrieb Don Francisco de Bobadilla, der oberste Militärberater des Herzogs von Medina Sidonia, »der jetzt nicht sagt: ›Ich habe davor gewarnt‹ oder: ›Ich habe gewußt, daß es so kommen würde.‹ Aber das ist so, als wollte man versuchen, die Stalltür zu schließen, nachdem das Pferd durchgegangen ist.« Daher gab Bobadilla eine eigene Erklärung für das Debakel. Einerseits, räumte er ein, »stellten wir fest, daß viele der feindlichen Schiffen uns sowohl durch ihre Bauweise als auch durch ihre Geschütze, Schützen und Mannschaften deutlich überlegen waren …, so daß sie nach Belieben mit uns verfahren konnten.« Andererseits litten die meisten spanischen Schiffe an akutem Munitionsmangel. »Aber trotz alledem«, fuhr er fort, »gelang es dem Herzog [von Medina Sidonia], seine Flotte in die Straße von Calais zu bringen, wo sie nur sieben Leagues [knapp 40 Kilometer] von Dünkirchen entfernt vor Anker ging ... und wenn Parma am Tag unserer Ankunft [mit seiner Streitmacht] gekommen wäre, hätten wir die Invasion durchgeführt.«

Der erste englische Historiker, der diesen Fragen ernsthaft nachging, nämlich Sir Walter Raleigh in seinem Buch *History of the World* von 1614, stimmte dem voll und ganz zu. Die Engländer, so schrieb er, waren »nicht stark genug für ein solches Heer, mit dem der Herzog von Parma in England hätte landen sollen«. Aus dem flandrischen Heer, das seit 1572 fast ohne Unterbrechung gegen die Holländer gekämpft hatte, war eine hervorragende Truppe geworden. Einige Soldaten hatten dreißig Jahre lang im Kampf gestanden, geführt von erfahrenen und einfallsreichen Offizieren, die sich hochgedient hatten. In den vorausgegangenen zehn Jahren hatten sie die aufständischen Provinzen Flandern und Brabant erobert und im August 1587 den Hafen Sluis besetzt, der von den besten Truppen und erfahrensten Kommandanten der Holländer und ihrer englischen Verbündeten mutig verteidigt wurde. Im darauffolgenden Jahr arbeitete Parma einen sorgfältigen Einschiffungsplan aus, einschließlich einer genauen Wegbeschreibung und der Reihenfolge, in der jede Einheit von ihrem Quartier zum vorgesehenen Hafen zu marschieren hatte. Die ganze Operation wurde sogar zweimal geprobt. Daß bei Ankunft der Armada fast alle 27 000 Mann, die für die Invasion abkommandiert waren, binnen 36 Stunden eingeschifft waren – gestern wie heute eine beachtliche Leistung für eine Armee! –, zeugt von den militärischen Fähigkeiten sowohl der Soldaten als auch ihrer Befehlshaber.

Das einzige, was Parma fehlte, war eine ausreichende Zahl von Kriegsschiffen, die seine Truppen bei der Überquerung des Kanals vor Angriffen ihrer holländischen und englischen Feinde hätten schützen können, sowie Belagerungsgeschütze. Philipp II. hatte beide Probleme vorausgesehen. Um dem ersten Mangel abzuhelfen, wurde die Armada um vier schwerbewaffnete Galeassen ergänzt, riesige, von Ruderern angetriebene flache Kriegsschiffe, die die holländischen Schiffe vertreiben konnten, welche die flämischen Häfen blockierten. Um dem zweiten Mangel abzuhelfen, führte die spanische Flotte zwölf 40-Pfünder-Belagerungsgeschütze und die gesamte dazugehörige Ausrüstung mit sich. So würde Parmas Armee volle artilleristische Unterstützung haben.

Nur wenige Städte und Burgen in Südostengland hätten dem Beschuß durch solche Geschütze standgehalten. Einzig gut befestigte, durch dicke Mauern und breite Wassergräben geschützte Bastionen konnten diesem schweren Bombardement widerstehen; und darüber verfügte in Südostengland nur Upnor Castle am Fluß Medway, das zum Schutz der Schiffswerft in Chatham gebaut worden war. Die größeren Städte Kents, Canterbury und Rochester, hatten noch ihre mittelalterlichen Mauern. Überhaupt keine Befestigungsanlagen schienen zwischen Margate, dem vorgesehenen Brückenkopf, und dem Medway zu existieren. Da Upnor allein kaum in der Lage sein würde, den Vormarsch Parmas und seiner Armee aufzuhalten, hatte Philipp II. geschickterweise den schwächsten Punkt des Feindes ausgesucht.

Bei so wenigen Hindernissen wäre Parma schnell vorangekommen. Als er 1592 mit 22 000 Männern in die Normandie einfiel, legte der Herzog trotz hartnäckigen Widerstandes eines zahlenmäßig überlegenen Feindes in sechs Tage über hundert Kilometer zurück. Vier Jahre zuvor hätten die Angreifer daher die knapp 130 Kilometer von Margate nach London möglicherweise in einer Woche zurückgelegt. Selbst London wäre relativ leicht einzunehmen gewesen, da die Hauptstadt noch immer ihre mittelalterlichen Mauern hatte. An ihnen war kaum etwas geändert worden, seit Sir Thomas Wyatt 1554 eine Rebellenarmee aufgestellt hatte, um gegen die Heirat von Maria I., auch die Katholische oder Blutige genannt, Elisabeths Halbschwester und Vorgängerin, mit Philipp II. zu protestieren. Die Aufständischen waren

Die spanische Invasion Englands, 1588

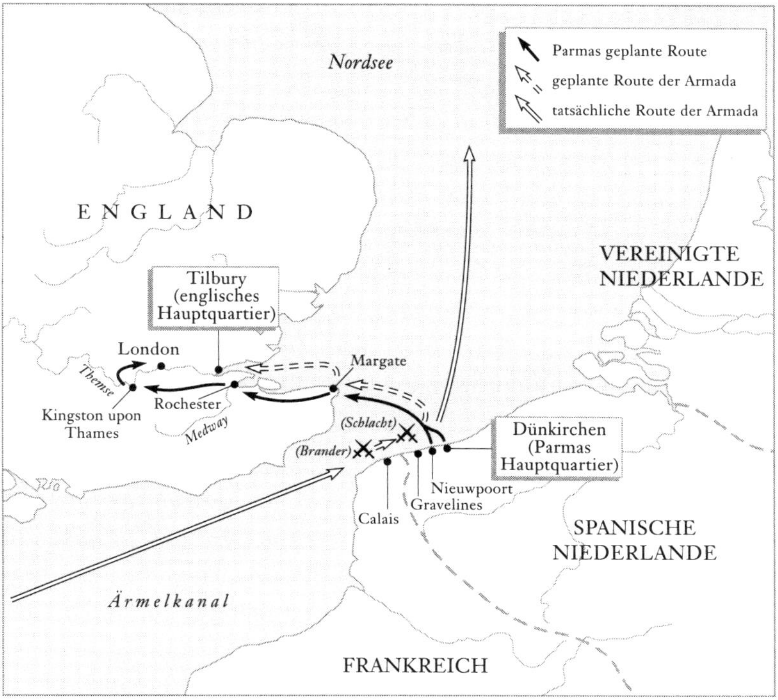

durch Kent marschiert, hatten die Themse bei Kingston, westlich der Hauptstadt, überquert, waren ungehindert bis Westminster vorgedrungen und hatten sich durch die Fleet Street gedrängt, bis sie die Stadtmauern erreichten, wo Wyatt wegen fehlender Artillerie schließlich die Nerven verlor.

Parma wußte jedoch, daß der Zustand der Befestigungsanlagen nicht immer ausschlaggebend war. Mehrere niederländische Städte mit schlechten, veralteten Anlagen waren dank der Entschlossenheit der belagerten Bevölkerung der Einnahme entgangen. Umgekehrt waren einige Orte mit modernen Verteidigungssystemen den Spaniern in die Hände gefallen, weil sich die Bürger, die Garnison oder ihr Kommandant hatten bestechen lassen. Als ein englischer Offizier bei der holländischen Armee von der Kapitulation einer weiteren Stadt hörte, schrieb er: »Jedermann weiß, daß die goldenen Salvoes des spanischen Königs eine größere Bresche in das Herz des Verräters geschlagen haben als die Belagerungsgeschütze.«

In dieser Hinsicht hatten sich Elisabeths Truppen in den Niederlanden durch besonders unrühmliches Verhalten ausgezeichnet. 1584 hatte die englische Garnison von Aalst dem Herzog von Parma ihre Stadt für 10 000 Pfund verkauft, und 1587 verrieten Sir William Stanley und Roland Yorke, unter deren Kommando 700 englische und irische Soldaten standen, Parma die ihnen anvertrauten Standorte – Deventer und ein hoch über Zutphen gelegenes Fort – und kämpften danach größtenteils an der Seite der Spanier gegen ihre einstigen Gefährten.

Dennoch hielten Elisabeth und ihre Berater große Stücke auf die Kampfgefährten dieser Verräter und beorderten 4000 Mann der englischen Expeditionsstreitmacht aus Holland zurück, um den Kern einer Armee zu bilden, die die Angreifer zurückschlagen sollte. Ihr Generalquartiermeister war Roland Yorkes Bruder; der dritte Kommandeur, Sir Roger Williams, hatte in den siebziger Jahren für Philipp II. in den Niederlanden gekämpft. Es ist nicht auszuschließen, daß einige dieser Männer bereit gewesen wären, Parma bestimmte Städte zu verkaufen, so wie es andere Offiziere in den Niederlanden getan hatten.

Elisabeth hatte freilich kaum eine andere Wahl. Sie war auf die altgedienten Kämpfer aus Holland angewiesen, weil sie nur über sehr wenige andere erfahrene Soldaten verfügte. Die in London »ausgebildeten Scharen«, die seit März zweimal wöchentlich gedrillt wurden, hätten sich vielleicht gut geschlagen (was manche allerdings bezweifelten), aber vom Rest der englischen Grafschaftsmilizen war wenig zu erwarten. Nur wenige Männer hatten Feuerwaffen, und das Schießpulver, das einige von ihnen bekamen, reichte nur für drei oder vier Schuß. Die Milizen der südlichen Grafschaften waren so chaotisch, daß ihre Befehlshaber befürchteten, sie »werden sich eher gegenseitig umbringen als den Feind«. Die Königin fühlte sich verpflichtet, 6000 Soldaten entlang der schottischen Grenze zu postieren, für den Fall, daß König Jakob VI., dessen Mutter (Maria Stuart) Elisabeth im Jahr zuvor hatte hinrichten lassen, beschließen sollte, sich auf die Seite der Spanier zu schlagen.

Alle Vorbereitungen der Engländer erfolgten mit gefährlicher Verzögerung. Erst am 27. Juli, als sich die Armada schon dem Ärmelkanal näherte, ordnete die Königin die Aufstellung der südenglischen Milizen an, und dann gab sie ihnen auch noch den Befehl, in Richtung Tilbury in Essex zu marschieren, das siebzig Meilen von dem von Philipp ausersehenen Brückenkopf entfernt lag und von diesem zudem durch die Themse getrennt war. Die Flußsperre, die errichtet wurde, um die feindlichen Schiffe fernzuhalten, brach bei der ersten Flut zusammen und wurde nie repariert. Eine aus Schiffen gebildete Brücke, die die Truppen der Königin in Kent und Essex miteinander verbinden sollte, blieb unvollständig. Selbst in Tilbury, der Hauptstütze der englischen Verteidigung, begannen die Arbeiten an den Befestigungsanlagen erst am 3. August, als die Armada die Isle of Wight passierte. Drei Tage später, als die Flotte vor Calais vor Anker ging, begannen die Truppen in Kent in erheblichem Umfang zu desertieren. Insgesamt gab es nur 4000 Soldaten, lächerlich wenig, um sich den erfahrenen Spaniern in den Weg zu stellen, und außerdem hatten sie keine klare Strategie. Der örtliche Befehlshaber Sir Thomas Scott meinte, seine Soldaten sollten entlang der Küste ausschwärmen und die Konfrontation mit dem Feind zur Seeseite hin suchen, während Sir John Norris, ein Offizier im Generalsrang, der im Südosten das Kommando hatte, vorsichtiger war und alle Soldaten, bis auf eine Kerntruppe, ins Inland beordern wollte, um Stellung bei Canterbury zu beziehen und den Feind daran zu hindern, schnell nach London oder ins Herz des Reiches zu marschieren.

Daß die Engländer schlecht vorbereitet waren und konfus agierten, lag weitgehend daran, daß das Land arm und isoliert war. Elisabeth konnte weder im eigenen Land Kredite ergattern (weil die Feindseligkeiten mit Spanien zu einem Rückgang des Handels geführt hatten) noch im Ausland (weil die meisten Bankiers auf dem Kontinent glaubten, Spanien würde gewinnen). Dadurch war sie gezwungen, jede Phase ihrer Verteidigungspläne bis zum letzten Moment hinauszuzögern, um Geld zu sparen. Am 29. Juli 1588 klagte ihr Schatzmeister darüber, daß sich auf seinem Schreibtisch unbezahlte Rechnungen in Höhe von 40 000 Pfund angesammelt hätten, »ohne eine Möglichkeit, Geld zu beschaffen«, um sie zu bezahlen. »Man möchte wünschen«, so seine bittere Schlußfolgerung, »daß der Feind, wenn Frieden nicht sein kann, nicht länger zögert, sondern zeigt, daß das Glück, wie ich zuversichtlich glaube, nicht auf seiner Seite ist.« Von den Holländern abgesehen, war England ganz allein auf sich gestellt.

Ganz anders Philipps Lage. Wenngleich er einmal seinen Familienschmuck versetzen mußte, um an Geld zu kommen, gelang es ihm, riesige Summen für das Unternehmen gegen England aufzubringen. Die Katholische Liga in Frankreich erhielt zwischen 1587 und 1590 von Spanien 1,5 Millionen Dukaten, und im gleichen Zeitraum bekam die flandrische Armee mehr als 21 Millionen Dukaten. Der König selbst sagte, er habe 10 Millionen Dukaten für die Armada ausgegeben. Da vier Dukaten ungefähr einem Pfund Sterling entsprachen, überschritten seine gesamten Ausgaben für dieses Projekt 7 000 000 Pfund, während Elisabeths jährliche Einnahmen bei etwa 200 000 Pfund lagen. Gleichzeitig gelang es Philipps Diplomaten, die anderen europäischen Staaten entweder auf die Seite Spaniens zu ziehen oder zu neutralisieren. Als die Armada im Juli 1588 in den Ärmelkanal einfuhr, notierte ein Gesandter am spanischen Hof bewundernd:

> Zur Zeit ist der katholische König [Philipp II.] sicher: Frankreich kann ihn nicht bedrohen, und die Türken vermögen wenig; das gleiche gilt für den König der Schotten, der Königin Elisabeth wegen des Todes seiner Mutter [Maria Stuart] grollt. Der einzige [Mon-

> arch], der sich ihm hätte entgegenstellen können, war der König von Dänemark, der gerade gestorben ist, und sein Sohn ist jung und mit anderen Dingen beschäftigt … Gleichzeitig kann Spanien sicher sein, daß sich die schweizerischen Kantone nicht gegen ihn stellen werden; sie werden auch nicht zulassen, daß es andere tun, da sie jetzt seine Verbündeten sind.

Kurzum, so seine Schlußfolgerung, keine ausländische Macht konnte die Durchführung des großen Plans des Königs zur Eroberung Englands und der Vormachtstellung in Europa verhindern.

◆ ◆ ◆

Waren diese optimistischen Einschätzungen eines Zeitgenossen richtig? In dem 1968 erschienenen Roman *Pavane* schildert Keith Roberts anschaulich die enormen Vorteile, die sich möglicherweise aus einem vollständigen Sieg der Spanier ergeben hätten:

> An einem warmen Juliabend des Jahres 1588 lag im königlichen Palast zu Greenwich in London eine Frau im Sterben; die Pistolenkugeln eines Attentäters steckten in ihrer Brust und in ihrem Unterleib. Ihr Gesicht war zerfurcht, ihre Zähne hatten sich schwarz verfärbt, und der Tod verlieh ihr keine Würde; doch das Echo ihres letzten Atemzugs erschütterte eine ganze Hemisphäre. Denn die Feenkönigin, Elisabeth I., die große Herrscherin über England, war nicht mehr.
>
> Die Wut der Engländer kannte keine Grenzen … Die bis aufs Blut ausgepreßten englischen Katholiken, die noch um die Königin von Schottland trauerten und sich noch des blutigen Aufstands des Nordens erinnerten, erlebten ein neues Pogrom. Aus Notwehr erhoben sie die Waffen gegen ihre Landsleute, während sich der durch die Walsingham-Massaker entzündete Brandherd übers ganze Land ausbreitete – in ihm mischte sich das Licht von warnenden Leuchtfeuern mit den düsteren Flammen von Autodafés.

Die Nachricht gelangte nach Paris, nach Rom … und zu den großen Schiffen der Armada, die mit voller Kraft am Kap Lizard vorbeisegelten, um sich an der flämischen Küste mit Parmas Invasionsarmee zu vereinen … Im Zuge der dann folgenden Unruhen und Wirren wurde Philipp als Herrscher über England eingesetzt; in Frankreich setzten die Anhänger von Guise, ermutigt durch die Siege jenseits des Kanals, schließlich das schwache Haus Valois ab. Der Krieg der drei Heinriche endete mit dem Sieg der Heiligen Liga, und die Kirche erlangte wieder ihre alte Machtstellung.

Dem Sieger gebührt die Beute. Nachdem die Autorität der katholischen Kirche gesichert war, stellte die aufstrebende Nation Großbritannien ihre Kräfte in den Dienst der Päpste, besiegte die Protestanten in den Niederlanden und zerstörte die Macht der deutschen Stadtstaaten während der lang anhaltenden Religionskriege. Der nordamerikanische Kontinent blieb unter spanischer Herrschaft; Cook stellte in Australasien die kobaltfarbene Fahne des Papstthrones auf.

◆ ◆ ◆

Bereits auf den ersten Blick scheint dieser für Spanien optimale Ausgang des Armada-Unternehmens nicht allzu weit hergeholt. Attentate, der ständige Alptraum der Minister der kinderlosen Elisabeth, waren im frühmodernen Europa gang und gäbe. In Frankreich ermordeten katholische Extremisten nicht nur die Führer der Protestanten Anton von Navarra (1563) und Gaspard de Coligny (1572), sondern auch König Heinrich III. (1589) und seinen Nachfolger Heinrich IV. (1610). Elisabeth überlebte mindestens zwanzig Attentatsversuche: der Erfolg eines einzigen hätte die Tudor-Dynastie ausgelöscht, und ein Regentschaftsrat hätte vor der Aufgabe gestanden, sich gegen die Begehrlichkeiten der Thronprätendenten zur Wehr zu setzen und einen Nachfolger zu finden.

Auch ohne die Beseitigung Elisabeths durch Mord oder Gefangennahme hätte die spanische Besetzung Kents wichtige Auswirkungen gehabt. Parma hätte seinen Vorteil nutzen können, um einer Tudor-Regierung, die Angst vor Aufständen im Norden und in Irland gehabt hätte, Konzessionen abzuringen. Die Verfolgung der englischen Katholiken wäre beendet worden, wodurch sich ihre Zahl erhöht hätte und ihr Selbstbewußtsein gewachsen wäre. Die Unternehmungen eines Sir Francis Drake und anderer »Seebären« hätten ebenfalls ein Ende gefunden, so daß Nordamerika in Spaniens Einflußsphäre verblieben wäre (Missionare waren schon von Florida aus nach Virginia vorgedrungen). Schließlich hätten sich die englischen Truppen aus den Niederlanden zurückgezogen, und die Holländer hätten nach der bestmöglichen Einigung mit den Spaniern suchen müssen.

In der Republik gab es bereits eine lautstarke Friedenspartei. Obwohl die meisten politischen Führer in Holland und Zeeland entschieden gegen Gespräche mit Spanien waren, gab es Städte, die anderer Meinung waren. Die angrenzenden Provinzen, die die Hauptlast des Krieges gegen Spanien zu tragen hatten, setzten sich sehr für eine Verständigung ein. Einer von Elisabeths Abgesandten in Holland notierte: »Der Staatenbund dieser Provinzen besteht aus verschiedenen Teilen und Glaubensrichtungen, namentlich aus Protestanten, Puritanern, Wiedertäufern und spanisch gesinnten Menschen in nicht geringer Zahl, und es ist sehr wahrscheinlich, daß die Protestanten und die Puritaner bei einer Aufteilung dieser Provinzen kaum den fünften Teil bekommen.« Und, so der Abgesandte weiter, nur die »Protestanten und Puritaner« seien für eine Fortsetzung des Krieges. Wäre das Unternehmen gegen England gelungen und hätte sich die junge Republik allein Philipps Macht entgegenstellen müssen, wäre im Inneren ein Druck zugunsten eines Kompromisses entstanden, dem sich wohl niemand hätte widersetzen können.

Ohne die Notwendigkeit, eine kostspielige Armee in den Niederlanden zu unterhalten, hätte Spanien, so die Vorstellung von Keith Roberts, anderswo entschlossen intervenieren können. Die Vertreibung der Protestanten aus Frankreich und die Rückgewinnung vieler lutherisch geprägter Gebiete in Deutschland durch die römische Kirche, zu denen es im 17. Jahrhundert kam, hätten einige Jahrzehnte früher stattgefunden. Die mit neuem Selbstbewußtsein ausgestattete Gegenreformation hätte, gestützt auf die Macht Habsburgs, den Protestantismus in Europa faktisch eliminiert. Die spanischen und portugiesischen Überseereiche hätten sich weiter ausgedehnt und wären zunehmend in Kontakt miteinander gekommen, so daß ein geeintes iberisches Reich entstanden wäre, dessen Reichtümer die Autorität Philipps II. und seiner Nachfolger rund um den Globus gestärkt hätten.

◆ ◆ ◆

Wäre es wirklich so gekommen? Kontrafaktische Gedankenspiele sollten immer unter zwei Einschränkungen vorgenommen werden: Sie sollten sich an die »Regel der minimalen Neufassung« halten, d. h., an der tatsächlichen Abfolge der Ereignisse sollten nur kleine und plausible Änderungen vorgenommen werden, und sie sollten bedenken, ob sich nicht nach einer gewissen Zeit möglicherweise das alte Muster wieder durchgesetzt hätte. Im Fall Philipps II. läßt sich wohl zu Recht spekulieren, was geschehen wäre, wenn die ersten, von der englischen Kriegsmarine in der Nacht des 7. August 1588 eingesetzten Brander es nicht geschafft hätten, die Schlachtordnung der Armada auseinanderzusprengen – denn in der Tat war es Spaniern ja gelungen, zwei von ihnen abzufangen und unschädlich zu machen. Medina Sidonia hätte dann auf Parma und seine Truppen warten können, die sich am 8. August eingeschifft hätten. Nach ihrer Vereinigung hätten sie mit unwiderstehlicher Macht den Kanal überquert. Alle darüber hinausgehenden Spekulationen hätten wohl mehr als eine »minimale Neufassung« der Geschichte zur Folge.

Es ist nicht anzunehmen, daß Philipp II. seinen Sieg mit Bedacht und Zurückhaltung ausgekostet hätte. Nachdem er in den fünfziger Jahren des 16. Jahrhunderts in England regiert und residiert hatte – 1554 hatte er Maria I. von England geehelicht –, hielt er sich in bezug auf dieses Land sowohl für allwissend als auch von Gott inspiriert. »Ich weiß über dieses Königreich, seine Angelegenheiten und seine Menschen mehr und kann bessere Ratschläge geben als sonst irgend jemand«, ließ er einmal den Papst wissen. Dieses außerordentliche Selbstbewußtsein erklärt auch, warum er darauf bestand, jeden Aspekt des Seefeldzugs der Armada bis ins einzelne zu planen. Auch die Gesamtstrategie, die unklugerweise die Vereinigung einer aus Spanien kommenden Flotte mit einer Armee aus dem tausend Seemeilen entfernten Flandern für unumgänglich hielt, um England zu erobern, trägt Philipps Handschrift. Er gestattete niemandem – sei er nun Berater, General oder Admiral –, Zweifel an der Genialität seiner großen Strategie zu äußern. Statt dessen forderte er sie auf, »mir zu glauben, daß ich eine vollständige Kenntnis des gegenwärtigen Standes der Dinge in allen Bereichen besitze«. Wann immer Hindernisse das Unternehmen bedrohten, war Philipp überzeugt, daß Gott ein Wunder würde geschehen lassen. Als beispielsweise im Juni 1588 ein starker Sturm die Armada schon bald zurück in den Hafen trieb und Medina Sidonia meinte, dies könne eine Warnung des Allmächtigen sein, das Unternehmen aufzugeben, gab Philipp darauf eine Antwort, die keinen Widerspruch duldete. »Wäre dies ein ungerechter Krieg«, wies er den Herzog zurecht, »könnte man diesen Sturm wahrhaftig für ein Zeichen unseres Herrn halten, man solle aufhören, Ihn zu beleidigen. Da es aber ein gerechter Krieg ist, kann man nicht glauben, daß Er ihn zunichte machen wird. Er wird ihn, im Gegenteil, mehr begünstigen, als wir hoffen durften ... Dieses Unternehmen habe ich Gott geweiht«, schloß der König abrupt. »Geht hin, und tut das Eure!«

Ebenso unbesonnen war, daß Philipp darauf bestand, die Armada solle so schnell wie möglich Calais erreichen, ohne auf die Bestätigung zu warten, daß die flandrische Armee bereitstand. Es scheint ihm nie in den Sinn gekommen zu sein, daß die zahlreichen englischen und holländischen Kriegsschiffe im Ärmelkanal

Medina Sidonia vielleicht daran hindern könnten, Parma Bericht über den Fortgang des Unternehmens, seine Probleme und seine voraussichtliche Ankunftszeit zu erstatten. Statt dessen zogen diejenigen scharfen königlichen Tadel auf sich, die zu Vorsicht und Aufschub rieten.

Es gibt keinen Grund zu der Annahme, daß eine erfolgreiche spanische Invasion in Südostengland Philipps Bestreben verringert hätte, sich in alles einzumischen. Vielmehr hätte er versucht, alles fest im Griff zu haben, und gefordert, ihm – der eine zwei- bis dreiwöchige Seereise entfernt war – alle wichtigen Fragen zur Entscheidung vorzulegen. Er hätte wahrscheinlich auch darauf bestanden, daß Parma einen totalen Sieg anstrebte anstatt nach einem Kompromiß zu suchen, so wie er sich nach jedem größeren Sieg im Kampf gegen die Holländer geweigert hatte, zu einer Kompromißlösung zu kommen, was zu der Pattsituation geführt hatte, die seine Mittel aufzehrte. Auch dies hätte die anhaltenden Kämpfe auf dem Kontinent beeinflußt. Wäre die Invasion Englands ins Stocken geraten, hätte sich der holländische Widerstand weiterhin gehalten, und die Position der französischen Katholiken hätte sich verschlechtert, wodurch Spaniens Finanzmittel weiter geschrumpft wären – bis zum Staatsbankrott. Der übrigens im Jahre 1596 tatsächlich vom königlichen Schatzamt verkündet wurde.

Als Philipp II. 1598 im Alter von 71 Jahren starb, ging sein Reich auf den einzigen Sohn über, der noch lebte – auf den neunzehnjährigen Philipp III. Daß es keinen älteren, erfahreneren Nachfolger gab, lag an dem besonderen genetischen Erbe der spanischen Habsburger. Denn Generation für Generation heirateten sie enge Verwandte. Der älteste Sohn Philipps II., Don Carlos, der wegen seines unzuverlässigen Verhaltens ins Gefängnis gesperrt worden war, konnte nur vier statt acht Großeltern aufweisen, und nur sechs Urgroßeltern anstelle von sechzehn. Das Erbgut seines Halbbruders Philipp war kaum besser: Seine Mutter, Anna von Österreich, war zugleich Nichte, Cousine und Ehefrau Philipps II. Diese Endogamie – oder Inzucht, wie Spaniens Feinde es nannten – entsprang dem Wunsch, bestimmte Territorien miteinander zu verbinden. Die in Spanien und Portugal herrschenden Dynastien verbanden sich durch Eheschließungen, und Don Carlos war ein Produkt dieser drei Generationen währenden Tradition. Diese Heiratspolitik war zwar erfolgreich (die Königreiche wurden 1580 vereinigt), trug aber buchstäblich den Keim der eigenen Zerstörung in sich. Kein Wunder, daß die spanischen Habsburger nach nur zwei weiteren Generationen ausstarben! Die Eroberung Englands hätte nichts zur Verbesserung des Genpools der Habsburger beigetragen; sie hätte lediglich bewirkt, daß Philipp III. und seine Nachfolger noch mehr zu verlieren gehabt hätten. Alles deutet darauf hin, daß die spanische Hegemonie auch bei einem Sieg der Armada nicht lange gewährt hätte.

Zumindest wäre Philipps Sieg im Jahre 1588 jedoch als eine beispielhafte »generalstabsmäßige Operation« in die Geschichte eingegangen. Die Historiker hätten die Auswahl des idealen Gebietes für die Invasion gelobt, die hervorragende Planung, den enormen Finanzaufwand, die erfolgreiche Diplomatie, die jede Opposition neutralisiert hätte, und die große operative Leistung, die darin bestanden hätte, entgegen aller Wahrscheinlichkeit eine übermächtige Flotte aus Spanien mit einer unbesiegbaren Armee aus den Niederlanden zu vereinen. Wenn der Herzog von Parma und seine Truppen am Montag, dem 8. August 1588, trotz aller Widrigkeiten ihren Marsch nach London begonnen hätten, würde heute jeder – wie immer das Ganze letztlich ausgegangen wäre – die unbesiegbare Armada als Philipps Meisterstück betrachten, die Amerikaner würden heute vielleicht Spanisch sprechen, und auf der ganzen Welt wäre der 8. August möglicherweise Nationalfeiertag.

THOMAS FLEMING

Unwahrscheinlicher Sieg

Dreizehn Möglichkeiten für das Scheitern der amerikanischen Revolution

Die amerikanische Revolution ist geradezu ein Labor für alternative Geschichte. In jenen acht Jahren (1775–1783) gab es jede Menge Möglichkeiten für ein alternatives Szenario. Manchmal, so zeigt es Thomas Fleming in seinem Beitrag, ist das Unerwartete das einzig Gewisse. Mitunter ist es auch der reine Glücksfall. Ein britischer Offizier hat George Washington im Visier und drückt nicht ab. Kommandeure lassen zuviel oder zuwenig Vorsicht walten. Die Briten führen eine Bilderbuchlandung auf Manhattan Island durch und warten dann auf Verstärkung; Washington und seine Kontinentalarmee machen sich heimlich davon. In der Schlacht bei Cowpens ist Banastre Tarleton, wie einst Kaiser Valens bei Adrianopel, zu ungeduldig, und die Amerikaner halten im Süden durch. (Es gibt Zeiten, da hätten eine kurze Rast und ein gutes Frühstück den Lauf der Geschichte ändern können.) Auch Risikobereitschaft spielt eine Rolle. Washington greift Trenton in einer Weihnachtsnacht während eines Schneesturms an und gibt der patriotischen Sache neuen Auftrieb. Gute und schlechte Entscheidungen werden unter Streß getroffen. Benedict Arnold mißachtet bei Saratoga Befehle, und das Ergebnis ist ein Sieg der Amerikaner. Wären die Franzosen sonst auf amerikanischer Seite in den Krieg eingetreten? Animositäten beeinflussen die Ereignisse. Aus Gründen der Rivalität gibt der britische Oberkommandierende Sir Henry Clinton seinem Kommandeur im Süden, Charles Lord Corn-

wallis, die Anweisung, sich in einen unbekannten Hafen in Virginia namens Yorktown zurückzuziehen, ihn zu befestigen und einen Großteil seiner Armee mit dem Schiff zurück nach Norden zu bringen. Und natürlich spielt, wie bei allen militärischen Operationen, das Wetter immer eine Rolle. Man denke an die beiden heftigen Stürme, die das Schicksal der im Oktober 1781 bei Yorktown eingeschlossenen britischen Truppen besiegelten: Der erste hinderte die für ihre Rettung vorgesehene Flotte daran, aus dem New Yorker Hafen auszulaufen, und der zweite vereitelte einige Tage später einen Ausbruchversuch über den Fluß York. Wie wäre die Revolution wohl ausgegangen, wenn die Briten hätten entkommen können?

Es gehört nicht viel Phantasie dazu, sich vorzustellen, daß die Vereinigten Staaten ihr Leben schon bei der Geburt ausgehaucht hätten. Die Existenz der USA war alles andere als unvermeidlich.

◈ THOMAS FLEMING ist der Autor historischer Studien wie *1776: Year of Illusions* und zweier Biographien von Thomas Jefferson und Benjamin Franklin, *The Man from Monticello* und *The Man Who Dared the Lightning, Liberty: The American Revolution*. Kürzlich erschien *Duel: Alexander Hamilton, Aaron Burr and the Future of America*. Fleming hat auch zahlreiche historische Romane verfaßt, darunter zwei, die in den Revolutionskriegen spielen: *Liberty Tavern* und *Dreams of Glory*. Er war Vorsitzender des American Revolution Round Table und Präsident des amerikanischen PEN-Clubs.

Wenn sich ein Historiker im Zusammenhang mit der amerikanischen Revolution die Frage stellt »Was wäre gewesen, wenn?«, dürften ihm Schauer über den Rücken laufen. Es gab zu viele Augenblicke, in denen die amerikanische Sache am Rande des Scheiterns war und das Ruder durch die unwahrscheinlichsten Zufälle oder durch Entscheidungen herumgerissen wurde, die Männer unter äußerster Anspannung in einer Kampfsituation trafen. Selten hat es in einem Krieg mehr Möglichkeiten für einen anderen Verlauf der Geschichte gegeben. Man stelle sich die letzten zweihundert, zumindest aber die letzten hundert Jahre ohne die Vereinigten Staaten von Amerika vor. Man male sich eine Welt aus, in der das britische Empire nicht nur den indischen Subkontinent, sondern auch den gesamten nordamerikanischen Kontinent beherrscht hätte.

Fast ebenso faszinierend ist der Gedanke, welche Gesellschaft bei einem anderen Ausgang möglicherweise entstanden wäre. Hätten die Amerikaner bereits zu Beginn des Krieges verloren, wäre ihnen vielleicht eine gewisse Selbstverwaltung gewährt worden; Hinrichtungen oder Beschlagnahmungen hätte es – wenn überhaupt – nur in geringem Umfang gegeben. Wäre der Sieg später eingetreten, wenn die britische Regierung und das britische Volk durch den langjährigen Widerstand verbittert gewesen wären, wären die Amerikaner vielleicht unterworfen, durch ein stehendes Heer unerbittlich unterdrückt und von einer arroganten ortsansässigen Aristokratie regiert worden. Fast genauso bedrückend wären die Auswirkungen auf Großbritannien gewesen. Die Hardliner in der Aristokratie hätten mit der Rückendeckung eines bornierten Königs einen Staat geschaffen, in dem man jeden demokratischen Ansatz unnachgiebig zerstört hätte.

Innerhalb dieser Bandbreite sind auch andere Ergebnisse vorstellbar. Eines der interessantesten zeichnete sich noch vor Beginn des Krieges ab. Das Kind, nämlich die Unabhängigkeit, hätte ohne weiteres schon in der Wiege erstickt werden können, wenn einige Leute nicht erkannt hätten, daß sie auf einer Bühne agierten, die wesentlich größer war als der provinzielle Seehafen Boston.

Was wäre gewesen, wenn sich Samuel Adams nach dem Massaker von Boston hätte durchsetzen können?

Sam Adams genießt zu Recht den Ruf, ein Meisteragitator auf dem steinigen Weg zur Unabhängigkeit gewesen zu sein. Aber daß er dazu neigte, mit dem Feuer zu spielen, zeigte das von ihm eingefädelte Massaker von Boston. Als die Stadt von zwei britischen Regimentern besetzt war, glaubte Sam, seine gut bewaffneten Schlägertrupps aus dem North End von Boston könnten der königlichen Armee solche Angst einjagen, daß sie einen demütigenden Rückzug antreten würde. In der Nacht des 5. März 1770 bewarf ein betrunkener Haufen von 400 Männern die sieben britischen Soldaten, die das Zollhaus bewachten, mit Eisbrocken und Holzscheiten. Unter lauten Schmährufen stürmten sie bis in unmittelbare Reichweite der britischen Gewehre vor. Sam hatte den Krawallmachern versichert, die Rotröcke würden nicht schießen, wenn eine Amtsperson nicht zuvor das Gesetz zur Niederschlagung von Aufruhr verlesen, die Menge offiziell der Verletzung des Friedens des Königs beschuldigt und sie aufgefordert hätte, sich zu zerstreuen. Dies würde jedoch kein Richter in Boston wagen, wenn er nicht riskieren wollte, daß sein Haus demoliert wurde.

Jemand aus der Menge schlug einen Soldaten mit einem Knüppel nieder. Der Mann kam wieder auf die Beine und wurde von einem anderen, aus einiger Entfernung geworfenen Knüppel getroffen. Er richtete seine Muskete auf den Angreifer und drückte ab. Sekunden später taten es ihm die anderen Mitglieder der Wachmannschaft nach. Die Randalierer flohen. Als sich der Pulverdampf verzogen hatte, waren fünf Männer tot bzw. lagen im Sterben. Sechs weitere waren verwundet.

Obwohl Sam Adams vorgab, Blutvergießen zu verabscheuen, war er insgeheim hoch erfreut. Er sah einen Mordprozeß voraus, in dem man die Soldaten schuldig sprechen würde. Anstatt sie hängen zu lassen, würden die Briten intervenieren und erklären, daß sie sich nicht an die Urteile amerikanischer Richter gebunden fühlten. Unterdessen würde Sams Propagandamaschine die Mörder und ihre Hintermänner in London brandmarken. Sam kam nie auf die Idee, die Gemäßigten in anderen Kolonien und in England könnten dies als einen Beweis dafür werten, daß Boston in den Händen eines anarchistischen Mobs war und daß man über drakonische Maßnahmen der Briten zur Wiederherstellung von Recht und Ordnung hinwegsehen müsse.

Glücklicherweise gab es in Boston einen Mann, der dies klar erkannte – Sams Vetter John Adams. Obwohl in Sams Bewegung aktiv, war John schockiert, als er von Freunden der Soldaten erfuhr, kein Rechtsanwalt in Boston sei bereit, sie zu verteidigen, aus Angst, Sams Schläger könnten ihm seine Fenster und möglicherweise auch sein Gesicht einschlagen. John sagte, er werde die Sache der Soldaten vertreten. Mit meisterhaftem Geschick gelang es ihm, bei den Soldaten auf Notwehr zu plädieren, ohne Sam und seine Freunde als diejenigen zu entlarven, die den Krawall angezettelt hatten. Die Soldaten wurden freigesprochen, und für den Rest seines langen Lebens behauptete John Adams, daß seine »uneigennützige« Verteidigung der Rotröcke »einer der besten Dienste [war], die ich meinem Land erwiesen habe«. Er hatte zweifellos recht. Die Vertreter einer gemäßigten Linie in England, New York und Virginia konnten sich gegenseitig versichern, daß die Einwohner Bostons ihrer Hilfe würdig waren.

Hätte Sam eine drakonische Reaktion ausgelöst, hätte es vielleicht nie eine Boston Tea Party gegeben. In einer von sechs oder sieben Regimentern besetzten Stadt wäre weiterer Aufruhr nicht geduldet worden, und Sam und seine Stellvertreter wären in den drei friedlichen Jahren zwischen dem Massaker und dem Versenken der Teesäcke im Hafen in Gewahrsam genommen worden.

Statt dessen sahen außenstehende Beobachter in der Auseinandersetzung um einen lächerlichen, aber hochsymbolischen Zoll auf importierten Tee britische Arroganz und Dummheit am Werk. Die Tea Party wurde zwar von den Gemäßigten mißbilligt, aber niemand betrachtete sie als einen weiteren Beleg für die Gesetzlosigkeit der Yankees. Man war sich schnell darüber einig, daß die Reaktion der britischen Regierung auf diese Aktion – die Schließung des Bostoner Hafens und die antidemokratische Umgestaltung des Regierungssystems von Massachusetts – eine absolute Überreaktion und einen Schritt hin zur Tyrannei darstellte. Bald waren Sam und John Adams zum Ersten Kontinentalkongreß in Philadelphia unterwegs.

Anfang 1775 zurück in Massachusetts, als sich Boston mit der Präsenz einer britischen Armee von 4500 Mann so gut wie im Belagerungszustand befand, und angesichts einer großen Anzahl von gut bewaffneten Freiwilligen, zeigte Sam, daß er aus dem Massaker nichts gelernt hatte. Er schlug vor, durch einen umfassenden Angriff auf die regulären Truppen eine Zuspitzung der Situation herbeizuführen. Doch wieder gewannen die kühleren Köpfe die Oberhand, die meinten, das übrige Amerika würde ein solches Vorgehen niemals unterstützen – und die Briten würden es als Beweis dafür begrüßen, daß es in Massachusetts wirklich eine Rebellion gab, die sich nicht von denjenigen unterschied, die man in Irland und Schottland gnadenlos niedergeschlagen hatte.

Die Besonnenen hatten fraglos recht. Als eine ungeduldige Regierung den britischen Kommandeur in Boston, Generalmajor Thomas Gage, zum Handeln drängte, schickte dieser 700 Mann auf einen Nachtmarsch nach Concord, in der Hoffnung, das Schießpulver der Rebellen und anderes Kriegsmaterial zu erbeuten und sie zu entwaffnen. Auf dem Lexington Green trafen die Soldaten auf die städtische Miliz. Es kam zu einer Schießerei, die mehrere Tote forderte. Es folgten weitere Schießereien und weiteres Blutvergießen bei Concord, und auf der Straße nach Boston fand ein Gefecht zwischen den Briten und den Freiwilligen statt, bei dem die britischen Soldaten zum Rückzug gezwungen wurden. Jetzt hatte Sam Adams das Ereignis, das er brauchte, um die Amerikaner zu einen – und den Gemäßigten in England Anlaß zu geben, im Parlament und in der Presse die Regierung anzugreifen.

Was wäre gewesen, wenn der britische Plan bei Bunker Hill funktioniert hätte?

Zwei Monate später hätte der Krieg bei Bunker Hill diesen oder jenen Anfang nehmen können. Die mythische Version dieser Schlacht besagt, daß die Briten so dumm waren, den Hügel hochzumarschieren und sich von amerikanischen Schützen niedermähen zu lassen. In Wirklichkeit hatten die Briten einen ausgeklügelten Schlachtplan, der den Krieg hätte beenden können, wenn sie in der Lage gewesen wären, ihn durchzuführen.

Der britische Feldkommandeur, Generalmajor William Howe, hatte vor, das exponierte Fort auf dem Breed's (nicht Bunker) Hill von der Flanke her anzugreifen, indem er eine Kolonne leichtbewaffneter Elitetruppen ans Ufer des Mystic River geschickt und die Landenge der Halbinsel Charlestown abgeriegelt hätte. Auf diese Weise hätte er die Amerikaner wie Insekten in einer Flasche gefangen. Gleichzeitig sollte die andere Hälfte der britischen Armee die geschwächten amerikanischen Linien um Cambridge angreifen, wo die Rebellen ihre größten Schießpulver- und Munitionsvorräte hatten. Wenn alles gutgegangen wäre, hätten die Amerikaner am Ende des Tages ihr Heil nur noch in der Flucht suchen können.

Zum Glück für die noch nicht geborenen Vereinigten Staaten erkannte Colonel John Stark, der Kommandeur eines Regiments aus New Hampshire, der schon gegen die Franzosen und die Indianer gekämpft hatte, daß das verlassene Flußufer einen potentiellen Schwachpunkt in den amerikanischen Linien darstellte. Er beorderte zweihundert seiner besten Männer dorthin und übernahm persönlich das Kommando. Als sich Howe ausmanövriert sah, bat er den britischen Admiral in Boston, eine Schaluppe den Mystic River hochzuschicken, um Starks Leute mit einigen Kartätschensalven auszuschalten. Der Admiral, der Bedenken gegen dieses Unternehmen hatte, antwortete, er habe keine Karte, auf der der Fluß verzeichnet sei.

Howe setzte trotzdem seine leichte Infanterie in Marsch, da er darauf setzte, daß die amerikanischen Amateure höchstens eine Salve abfeuern könnten, bevor die Berufssoldaten sie mit ihren Bajonetten überwältigten. Aber es kam anders. Starks Scharfschützen aus New Hampshire töteten so viele Briten, daß der Strand mit ihnen übersät war, und Howe war zu einem verzweifelten Frontalangriff gezwungen, der ihn fast die Hälfte seines kleinen Kontingents kostete, bevor er das Fort auf Breed's Hill einnehmen konnte.

Hätte jener britische Admiral die Energie oder Klugheit besessen, eine Karte des Mystic River anfertigen zu lassen, und hätte John Stark nicht die Bedeutsamkeit dieses Ufers ausgemacht, wäre die Operation bei Bunker Hill ganz anders ausgegangen. Abgesehen von einigen Widerstandsnestern in Virginia und manchen anderen Kolonien, hätte die amerikanische Revolution durchaus am 17. Juni 1775 zu Ende sein können. Statt dessen wurden die Amerikaner durch die Tatsache beflügelt, daß sie imstande waren, dem Feind großen Schaden zuzufügen – und den Briten wurde eine demütigende Verteidigung in einem von feindlichen Yankees umzingelten Boston aufgezwungen.

Was wäre gewesen, wenn Washington Anfang 1776 die britische Armee in Boston angegriffen hätte?

Nachdem George Washington im Juli 1775 das Kommando über die amerikanische Armee außerhalb Bostons übernommen hatte, ließ ihn ein vielversprechender Plan nicht los. Neun Monate lang hatte es eine Pattsituation gegeben, die weitgehend dadurch bedingt war, daß Washington zu wenig Geschütze hatte und daß er die Soldaten seiner Yankee-Armee nicht daran hindern konnte, am 1. Januar 1776, als ihre Dienstverpflichtung endete, nach Hause zu gehen. Im März 1776 berichteten seine Spione, daß zahlreiche britische Schiffe im Hafen Wasser und Proviant an Bord nahmen und sich anschickten, Boston zu verlassen. Ihr Ziel war vermutlich New York.

Unterdessen hatte Washington einen großen Teil der im Fort Ticonderoga erbeuteten Geschütze erhalten, und seine Truppe wies wieder eine respektable Größe auf. Der amerikanische Befehlshaber beschloß, den Plan seiner Feinde, New York einzunehmen, zu vereiteln, denn dort konnten sie der Revolution weitaus gefährlicher werden als in Boston, wo ihre Operationsmöglichkeiten eingeschränkt waren.

Washington ersann einen kühnen, ja geradezu haarsträubenden Plan. Zuerst würde er Dorchester Heights südlich von Boston einnehmen und dort Geschütze aufstellen. Griffen die Briten diese Stellung an, würde er 4000 Mann in 45 flachen Flußbooten losschicken, die, mit Unterstützung von 12-Pfund-Geschützen auf Flößen, Boston vom Charles River her angreifen würden. Während die Hälfte der Truppen Beacon Hill und andere Anhöhen einnehmen würde, würde die andere Hälfte die befestigten britischen Stellungen am Boston Neck attackieren und so den Weg für Verstärkung aus Roxbury freikämpfen. Washington war überzeugt, daß die Vernichtung von Howes Armee die britischen Kriegsanstrengungen zunichte machen und zu einem sofortigen Frieden führen würde.

Zunächst verlief alles planmäßig. In der Nacht zum 4. März eroberte Washington die Dorchester Heights und stellte in einigen Forts Geschütze auf, die die Briten angreifen mußten, wenn sie nicht den Rückzug aus Boston antreten wollten. General Howe bereitete seine Armee auf einen Angriff am 5. März vor. Howe, noch immer ehrgeizig und risikofreudig, plante einen Angriff mit

4000 Mann auf Washingtons Roxbury-Linien, während seine übrige Truppe – etwa 2200 Mann – nach Dorchester vorrückte. Das bedeutete, daß nur 400 Rotröcke zur Bewachung der Seite Bostons zurückblieben, die Washington vom Wasser her angreifen wollte.

Alle Zeichen deuteten auf eine titanische Kraftprobe hin. Doch am 5. März kam bei Anbruch der Dämmerung ein kalter, beißender Wind mit Schnee und Hagel auf. Bald war aus ihm ein Hurrikan geworden. Howe blies seinen Angriff ab, und auch Washingtons Plan wurde ad acta gelegt. Hätte er funktioniert? Als die Briten dreizehn Tage später Boston verließen, hatte Washington Gelegenheit, sich die Befestigungsanlagen näher anzusehen, die er hatte erobern wollen. Er war von ihrer Stärke beeindruckt. »Die Stadt Boston«, räumte er ein, »war nahezu uneinnehmbar.« In einem Brief an seinen Bruder Jack nannte Washington den Sturm ein »bemerkenswertes Eingreifen der Vorsehung«.

Wäre Washington zu diesem Zeitpunkt besiegt worden, wäre der Krieg zwar nicht unbedingt zu Ende gewesen, aber Washingtons Ruf hätte stark gelitten. Schon gab es Kritiker im Kontinentalkongreß und in der Armee, die ihm übel gesonnen und über seine vermeintliche Unentschlossenheit und Zögerlichkeit erbost waren. Hätte ein Sieg Washingtons den Krieg beendet, wie er gehofft hatte? Wahrscheinlich nicht. Die britische Regierung war gerade dabei, eine Armee nach Amerika zu schicken, die viermal so groß war wie die in Boston.

Was wäre gewesen, wenn die Briten Washingtons Armee auf Long Island oder Manhattan eingeschlossen hätten?

George Washington hatte den Kontinentalkongreß gedrängt, ihm für die Dauer des Krieges eine Armee von 40 000 dienstverpflichteten Männern zur Verfügung zu stellen. Der Kongreß glaubte jedoch den Gerüchten, die Sam Adams nach den Kämpfen bei Lexington und Concord verbreitete: Farmer hätten zu den Waffen gegriffen, um gegen die regulären britischen Truppen zu kämpfen. In Wirklichkeit war in Massachusetts eine Armee im Entstehen begriffen, die aus Freiwilligen bestand, welche neun Monate lang ausgebildet worden waren und auf Abruf bereitstanden. Ihre Zahl war fünfmal größer als die der britischen Garnisonstruppen in Boston. Washington wurde aufgefordert, seine Armee auf 20 000 Mann zu begrenzen, die für ein Jahr verpflichtet würden, und sich ansonsten auf die Miliz zu verlassen – Soldaten, die nur zu gewissen Zeiten eingesetzt wurden und im Gegensatz zu den Freiwilligen entweder gar keine oder eine unzureichende Ausbildung hatten. Dann knapste der Kongreß noch einmal etwas von Washingtons Armee ab, indem er forderte, einige Abteilungen nach Kanada zu schicken, wo die Amerikaner im Begriff waren, den Krieg zu verlieren.

Die Folge war, daß Washington mit kaum mehr als 10 000 regulären Soldaten – der sogenannten Kontinentalarmee – in New York ankam und Unterstützung durch Milizen aus New England, New York, New Jersey und Pennsylvania anforderte. Er traf auf eine königliche Armee, die fast 30 000 Mann umfaßte, darunter etwa 12 000 deutsche Söldner. Bei der Schlacht von Long Island am 27. August wandten die Briten unter dem Kommando von William Howe abermals eine Flankenstrategie an, die auch tatsächlich funktionierte. Der unselige Tag endete damit, daß der größte Teil von Washingtons Armee auf den Brooklyn Heights eingeschlossen war.

Zwei Nächte später, als der Wind günstig stand und dann auch noch Nebel aufkam, konnte Washington seine Armee nach Manhattan übersetzen. Auch dort kam er zweimal mit knapper Not davon. Am 15. September landeten die Briten in der Kips Bay (heute die 34. Straße) und schlugen Tausende von Milizionären aus Connecticut in die Flucht. Nur äußerste Vorsicht verhinderte, daß die Briten ein Drittel der Kontinentalarmee im Süden Manhattans einschlossen.

Am 18. Oktober landeten die Briten am Pell's Point in Westchester. Die sich kämpfend zurückziehenden 750 Männer der Massachusetts-Brigade verschafften Washington genügend Zeit, um seine Armee aus Manhattan Island abzuziehen. Mittlerweile hatte Washington nicht mehr die geringsten Illusionen über die Milizionäre; die meisten waren nach Hause zurückgekehrt. Während viele amerikanische Militärs und Politiker der Verzweiflung nahe waren, behielt Washington einen kühlen Kopf und nahm den Krieg gewissermaßen in seine Hände. Er teilte dem Kongreß mit, die Amerikaner würden das Ende des Krieges nicht mehr in einer titanischen Schlacht anstreben. »Wir werden nicht die große Auseinandersetzung suchen«, ließ er den Präsidenten des Kongresses, John Hancock, wissen. Statt dessen »werden wir den Krieg in die Länge ziehen«. Diese scheinbar kleine Veränderung der Strategie verwandelte den Konflikt in einen Abnutzungskrieg – und das war genau die Art von Krieg, auf die die Briten am wenigsten vorbereitet waren.

Wären Washington und seine Armee auf den Brooklyn Heights oder auf Manhattan eingeschlossen worden, wäre der Krieg schnell zu Ende gewesen. Jedem war inzwischen klar, daß es töricht war, auf die Milizen zu setzen. Nach den Niederlagen auf Long Island und an der Kips Bay wäre es für die Amerikaner sehr schwierig gewesen, wieder eine Armee aufzustellen. Schlimmer noch: Die alternative Strategie sah eine Neuauflage der Schlacht am Bunker Hill vor, eine Idee, von der die amerikanischen Generäle geradezu besessen waren. Dabei hätten die Briten nicht noch einmal den gleichen Fehler gemacht. Ohne Washingtons neue Strategie hätte sich bei den Revolutionären Verzweiflung breitgemacht.

Was wäre gewesen, wenn Washington beschlossen hätte, Trenton und Princeton nicht anzugreifen, oder wenn beide Versuche gescheitert wären?

Nachdem sich Washington aus New Jersey zurückgezogen hatte, beobachtete er, wie die Briten darangingen, diesen wichtigen Staat zu befrieden. Sie brachten eine Proklamation in Umlauf, die die Zivilbevölkerung aufforderte, Georg III. »Treue in Frieden« zu schwören, wofür sie »Schutz« und die Garantie erhalten würden, daß ihr Leben und Eigentum unversehrt blieb. Tausende nahmen dieses Angebot an, um aus der scheinbar verlorenen Sache herauszukommen. Die Miliz von New Jersey, auf dem Papier 17 000 Mann stark, löste sich auf, zurück blieben kaum 1000 Mann. Dies war ein Vorgeschmack darauf, wie die Briten den Krieg in anderen Kolonien zu beenden gedachten.

Um die Loyalisten zu schützen, belegten die Briten verschiedene Städte mit Garnisonen. Washington nahm zur Kenntnis, daß sie »ziemlich weit zerstreut« waren – und sich somit als Ziele anboten, die durch eine Konzentration überlegener Truppen leicht zu erobern waren. In der Weihnachtsnacht 1776 setzte Washington in einem Schneetreiben über den Delaware und nahm bei Trenton drei deutsche Regimenter gefangen. Nach den Worten eines entsetzten Briten gerieten New Jersey und der Rest der um ihre Entstehung kämpfenden Nation wieder in einen »Freiheitstaumel«.

Zehn Tage später ging Washington ein noch nervenaufreibenderes Wagnis ein. Er war zu der New Jersey zugewandten Seite des Delaware zurückgekehrt, um in diesem Staat ein Zeichen für seine Sache zu setzen – und sah sich mit 7000 gut bewaffneten Rotröcken konfrontiert, die von Lord Cornwallis befehligt wurden. Nachdem Washington die Flanke des Feindes in einem Nachtmarsch umgangen hatte, der eine klare Antwort auf Howes Manöver auf Long Island war, eroberte er die britische Garnison in Princeton und zog sich mit Beute und Gefangenen auf eine

Anhöhe in Morristown zurück. Die verwirrten Briten, die befürchteten, er wolle ihren Hauptstützpunkt in New Brunswick angreifen, organisierten zaghaft die Verteidigung der Stadt und überließen den Rebellen den größten Teil New Jerseys.

Hätte Washington gezögert, mit seiner abgerissenen, barfüßigen Armee diese beiden gewagten Angriffe zu unternehmen, oder wäre einer von ihnen fehlgeschlagen, dann hätten die mittleren Kolonien – New York, New Jersey, Pennsylvania, Maryland und Delaware – sofort kapituliert. Der Süden, zumindest das stolze Virginia, hätte dafür länger gebraucht, und die sturen Bewohner New Englands noch länger. Aber König Georgs Männer, die geschickt an die Gemäßigten appellierten und ihnen versicherten, die »britische Freiheit« sei ein zentraler Bestandteil des Versöhnungspakets, hätten auf jeden Fall die Oberhand gewonnen. Nach einem oder höchstens zwei Jahren wären die Amerikaner auf dem besten Weg gewesen, das zu werden, was die Kanadier waren: zahme, gefügige Kolonisten in einem siegreichen britischen Empire, ohne einen Funken jenes Unabhängigkeitsgeistes, der stets den Kern der amerikanischen Identität bildete.

Was wäre gewesen, wenn General Benedict Arnold auf dem Lake Champlain nicht zu Admiral Arnold geworden wäre?

Ähnlich hätte es kommen können, wenn die Dinge im Herbst 1776 anders gelaufen wären. Hätte Brigadegeneral Benedict Arnold nicht die nautischen Kenntnisse – und die unglaubliche Nervenstärke – gehabt, im Sommer 1776 eine amerikanische Flotte auf dem Lake Champlain in Bewegung zu setzen, hätten die Briten in Albany überwintert und wären im Frühjahr 1777 zu einem Vernichtungskrieg gegen New England bereit gewesen.

Durch massive britische Unterstützung aus Kanada vertrieben, hatten sich Arnold und die Reste der sogenannten Nordarmee nach Fort Ticonderoga am Rande des Lake Champlain zurückgezogen. Eine ungünstigere Situation war kaum vorstellbar. Der britische Befehlshaber Guy Carleton plante mit 16 000 Soldaten und zahlreichen Indianern einen Angriff auf das sogenannte »Gibraltar von Amerika«. Ihnen hatten die Amerikaner nur knapp 3500 gebrochene, mutlose Männer entgegenzusetzen, unter denen die Pocken wüteten.

Das 216 Kilometer lange, bewaldete Ufer des Lake Champlain hinunter zu marschieren, kam nicht in Frage. Carleton wollte, unterstützt von einer Flotte, über das Wasser kommen. Arnold beschloß, zum Admiral zu werden und selbst eine Flotte auf die Beine zu stellen. Er hatte viele Reisen zu den westindischen Inseln und nach Kanada unternommen und kannte sich mit Schiffen aus. Nachdem er einige Zimmerleute buchstäblich herbeigezaubert hatte, verband er dreizehn schwerfällige Ruderkähne und Flußboote aus Holz miteinander und bemannte sie mit Soldaten, die in ihrem Leben noch nie auf einem Schiff gewesen waren. Mit einer an Unvernunft grenzenden Unbekümmertheit fuhr Arnold mit diesem improvisierten Geschwader den See hinauf und forderte die Briten zum Kampf heraus.

Fast zu spät erfuhr der frischgebackene Admiral, daß Carleton ein voll ausgerüstetes 180-Tonnen-Schiff, die *HMS Inflexible*, baute, die genug Feuerkraft hatte, um seine Streichholzflotte kurz und klein zu schießen. Arnold zog sich nach Valcour Island zurück, wo er in Verteidigungsstellung ging. Im Lager der Briten drängten zahlreiche Offiziere Carleton, ohne die *Inflexible* vorzurücken. Schließlich war es bereits September. Im nächsten Monat konnte schon Schnee fallen. Sie hatten vierundzwanzig Kanonenboote, zwei gut bewaffnete Schoner und ein riesiges Artillerie-Floß mit dem Namen *Thunderer*. Doch der vorsichtige Carleton, von Arnolds Mut beeindruckt, war dagegen, so daß seine Armee weitere vier Wochen an dem See verbrachte, während die *Inflexible* aufgetakelt und mit Waffen bestückt wurde.

Erst am 11. Oktober 1776 näherte sich Carletons Armada der Flotte Arnolds und ging gegenüber der Valcour Bay vor Anker.

DER BRITISCHE SIEG IN NEW YORK, HERBST 1777

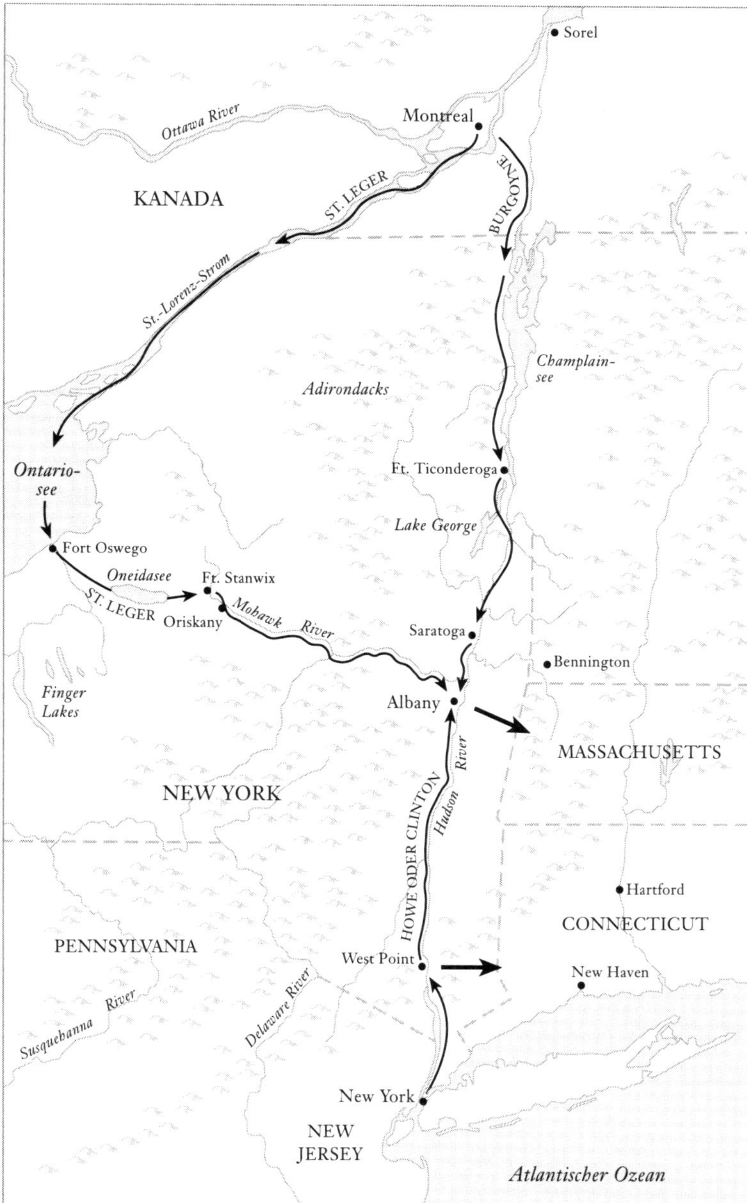

In einem heftigen sechsstündigen Gefecht bezogen die Amerikaner zwar schrecklich Prügel, hielten ihre Schlachtordnung aber bis zum Anbruch der Dämmerung. Als es dunkel war, machte sich Arnold mit seiner Flotte davon, aber die Briten holten ihn im Laufe der nächsten drei Tage ein und zerstörten bis auf fünf Schiffe seine gesamte »Flotte«. Jetzt schien die Einnahme Ticonderogas durch Carleton, der über fünfmal mehr Waffen und Männer verfügte, unabwendbar.

Die amerikanische Garnison gab vor, kampfbereit zu sein, und schleuderte den britischen Kundschaftern Kanonenkugeln und Flüche entgegen. Carleton, dem Bunker Hill noch gut im Gedächtnis war, schloß einen Frontalangriff aus und kam zu dem Schluß, das Jahr sei zu weit fortgeschritten, um eine Belagerung zu beginnen. Als sich die Briten nach Kanada zurückzogen, um dort zu überwintern, murrte einer von Carletons Offizieren: »Wenn wir unsere Expedition doch nur vier Wochen früher hätten beginnen können.« Carleton hatte genau vier Wochen gebraucht, um die *Inflexible* startklar zu machen. Admiral Arnold und seine Flotte hatten dem britischen Gegenangriff aus dem Norden seine Stoßkraft genommen.

Hätte Carleton Ticonderoga im Herbst 1776 eingenommen und die Nordarmee entweder gefangengenommen oder in die Flucht geschlagen, dann hätte ihn nichts daran gehindert, noch vor Anbruch des Winters Albany einzunehmen. Im darauffolgenden Frühjahr wäre er in der Lage gewesen, an jeder beliebigen Stelle in New England einzufallen, so wie Sherman im amerikanischen Bürgerkrieg den Süden von dessen exponierter westlicher Flanke her aufrollte. Noch bevor er losmarschiert wäre, hätte Carleton Albany in ein Zentrum des loyalistischen Widerstands gegen den Kontinentalkongreß verwandelt. Der kanadische Befehlshaber war weitaus klüger und versöhnlicher als die Howes. Er ließ alle Gefangenen frei, die er in Kanada gemacht hatte, und schickte sie gut genährt nach Hause, nachdem er ihnen vergeben hatte. Die Loyalisten waren im nördlichen Teil

New Yorks eine starke Kraft, wie die fünf Jahre währenden blutigen Schlachten des sogenannten »Grenzkrieges« bald zeigen sollten.

Was wäre gewesen, wenn Benedict Arnold bei Saratoga den Befehlen gefolgt wäre?

Ein Jahr später sah es so aus, als hätten die Heldentaten von General/Admiral Arnold in der Valcour Bay nicht viel zu bedeuten. General John Burgoyne hatte Carleton als britischer Kommandeur im Norden ersetzt, und Anfang Juli segelte er, ohne auf Widerstand zu stoßen, den Lake Champlain hinunter und nahm Ticonderoga mit verblüffender Leichtigkeit ein. Die desorganisierten Amerikaner hatten die kostbaren Monate, die Arnold ihnen mit seiner Energie und seinem Kampfgeist erkauft hatte, weitgehend ungenutzt verstreichen lassen.

Als Burgoynes Gegenspieler, der dessen 9000 Mann entgegentreten sollte, erwählte der Kongreß Generalmajor Horatio Gates, einen ehemaligen britischen Stabsoffizier, der über keine nennenswerte Kampferfahrung verfügte. Zu seiner Unterstützung schickte Washington ihm Arnold, mittlerweile Generalmajor, und den kämpferischen Colonel Daniel Morgan aus Virginia mit seinen Schützen. Nachdem Gates ungefähr 28 Meilen nördlich von Albany auf den Bemis Heights gut durchdachte Befestigungsanlagen gebaut hatte, wartete er auf Burgoynes Angriff. Er schien anzunehmen, Bunker Hill ließe sich im Wald wiederholen.

Doch Burgoyne dachte gar nicht daran, ihm diesen Gefallen zu tun. Er hatte große Mühe gehabt, 42 schwere Geschütze durch die Wälder von Ticonderoga zu transportieren. Sein Angriffsplan sah eine Flankenbewegung vor, die ihn in die Lage versetzen würde, diese Geschütze so zu postieren, daß er Gates' Befestigungen – und seine Armee – kurz und klein schießen konnte. Arnold erkannte die Gefahr und rang dem schüchternen Gates nach einer heftigen Auseinandersetzung die Erlaubnis ab, die Briten in den Wäldern zu bekämpfen. Das Ergebnis war eine große Schlacht in einer als Freeman's Farm bekannt gewordenen Lichtung, bei der Arnold und seine Männer den Briten starke Verluste zufügten und sie zum Rückzug zwangen.

Drei Wochen später, am 7. Oktober, griff Burgoyne erneut an. Diesmal aus Verzweiflung. Seine Männer waren auf halbe Ration gesetzt, Krankheiten und Defätismus nahmen zu. Aus einer Mischung von Eifersucht und Dummheit hatte General Howe ihn im Stich gelassen. Anstatt Washington in New Jersey zu bekämpfen, von wo aus er nach einigen Gewaltmärschen Burgoyne hätte zu Hilfe kommen können, war Howe von New York aus losgesegelt, um Philadelphia vom nördlichen Ende der Chesapeake Bay aus anzugreifen. Die amerikanische Hauptstadt zu bezwingen, erschien Howe als ein weitaus besserer Weg zur Beendigung des Krieges als Burgoynes Plan, New York zu erobern und die Staaten New Englands vom Rest der amerikanischen Konföderation abzuspalten. Als britischer Oberbefehlshaber, dessen Armee dreimal so groß war wie die von Burgoyne, hatte Howe nicht die geringste Neigung, den Gentleman »Johnny« den Krieg entscheiden zu lassen. Diese eigentlich unbegreifliche Entscheidung ist ein gutes Beispiel dafür, wie oft die Geschichte durch Gegensätze und Unstimmigkeiten zwischen den Mächtigen bestimmt wird.

Auf amerikanischer Seite hatte der hinterlistige Gates Arnold in Rage gebracht, weil er ihn für seine Leistung in der ersten Schlacht an der Freeman's Farm nicht belobigt hatte. Nach einer Auseinandersetzung, bei der es an gegenseitigen Beleidigungen nicht fehlte, hatte Gates Arnold das Kommando entzogen und ihn unter Arrest gestellt. Als jedoch die zweite Schlacht begann, mißachtete Arnold diesen Befehl und ritt dem Geschützdonner nach. Wieder fühlten sich die Soldaten durch seine Anwesenheit auf dem Schlachtfeld angefeuert und ermutigt. Auf dem Höhepunkt des Gefechts führte er einen Frontalangriff, der eine wichtige britische Redoute in amerikanische Hand brachte; dabei wurde sein Bein von einer Kugel zerschmettert. Schließlich ließ sich auch Gates blicken und ordnete an, die Redoute »unter allen Umständen« zu halten. Das britische Lager lag genau in der Reichweite ihres Geschützes.

In der folgenden Nacht versuchten die Briten einen Rückzug. Aber ausschwärmende Milizionäre schnitten ihnen den Weg ab, und Burgoynes Armee ergab sich Gates am 17. Oktober 1777, was in der Geschichte der amerikanischen Revolution ein umwälzendes Ereignis darstellt. Die Berater Ludwigs XVI. von Frankreich kamen zu dem Schluß, die Amerikaner könnten den Krieg durchaus gewinnen, und fingen an, sie mit den dringend benötigten Geldern und Waffen zu unterstützen. England erklärte seinem alten Feind den Krieg, und der Konflikt breitete sich bis zu den westindischen Inseln, Afrika und Indien aus.

Hätte sich Arnold bei der ersten Schlacht von Saratoga an Gates' Befehl gehalten, hätte Burgoyne, ein wesentlich aggressiverer General als Carleton, höchstwahrscheinlich Gates' Armee vernichtet und das Hudson-Tal unter seine Kontrolle gebracht. Wäre Howe in New York geblieben und den Hudson hoch gefahren, um zu Burgoyne zu stoßen, wäre Gates' Ende mit oder ohne Arnolds Heldentaten besiegelt gewesen. Ein letzter halbherziger Versuch, Burgoyne durch eine 4000 Mann starke Abteilung aus der New Yorker Garnison zu retten, versetzte die Amerikaner fast in Panik, obwohl letztlich nichts dabei herauskam.

Ohne Benedict Arnold an der Valcour Bay und bei Saratoga wäre der Krieg möglicherweise 1777 zu Ende gewesen. Ohne die Fehde zwischen Burgoyne und Howe hätte er vielleicht erst 1778 geendet. Zu diesem Zeitpunkt wäre der Ausgang nicht so versöhnlich gewesen. Viele Briten und Loyalisten nannten 1777 »das Jahr des Henkers«. Amerikas Zukunft als überseeische Besitzung Englands drohte, von dem gütigen Schicksal des loyalen Kanada in die Tragödie des rebellierenden Irland umzuschlagen. Diese Entwicklung sollte im weiteren Verlauf des Krieges immer mehr Rachsucht hervorrufen.

Was wäre gewesen, wenn Captain Ferguson auf den Abzug gedrückt hätte?

Unterdessen verlor George Washington im Zuge der Verteidigung der amerikanischen Hauptstadt Philadelphia die Schlachten bei Brandywine und Germantown. Als die ersten militärischen Auseinandersetzungen stattfanden, gab es einen Augenblick, in dem die Betätigung des Abzugs eines Gewehres die amerikanische Geschichte vielleicht für immer verändert hätte. Washington erkundete die Gegend, um herauszufinden, welche Stellung seine Armee beziehen sollte, um Howes Vormarsch vom Chesapeake aufzuhalten. Als er durch ein Waldstück in der Nähe des Brandywine Creek ritt, begegnete er Captain Patrick Ferguson von der britischen Armee.

Ferguson war der Erfinder des Hinterladers, und eine dieser tödlichen Waffen hatte er in der Hand. Sie konnte sechs Kugeln in einer Minute abfeuern und war wesentlich treffsicherer als die Muskete, in beiden Armeen das Standardgewehr. Nicht ahnend, daß er Washington vor sich hatte, forderte Ferguson den Reiter und seinen Begleiter, einen Kavallerieoffizier in farbenfroher Uniform, auf, sich zu ergeben. Der Offizier stieß einen Warnruf aus, und Washington riß sein Pferd herum und galoppierte davon. Ferguson legte auf ihn an, ließ dann aber das Gewehr sinken. Er brachte es nicht fertig, einem unbewaffneten Feind in den Rücken zu schießen. Außerdem imponierte ihm die Unerschrockenheit des Mannes, der plötzlich den Tod vor sich sah.

Wäre Washington im Herbst 1777 getötet worden, hätten die Kriegsanstrengungen der Amerikaner einen starken Rückschlag erlitten. Mittlerweile war vielen Menschen klar, daß der hochgewachsene Mann aus Virginia die Hauptstütze des Kampfes war, ein Mann, der die Fähigkeit hatte, Loyalität in der Kontinentalarmee zu wecken, und der den Idealen der Revolution fest verbunden war. Am Vorabend von Trenton hatte der Kongreß Washington diktatorische Vollmachten gegeben – und sechs Monate später gab er den Politikern diese Cromwellsche Macht in aller Bescheidenheit zurück. Einen anderen Washington zu finden, war mehr als unwahrscheinlich – es war nahezu unmöglich.

Was wäre gewesen, wenn Gates Washington als Oberbefehlshaber ersetzt hätte?

Einige Monate, nachdem Washington Captain Ferguson mit knapper Not entronnen war, entdeckte der amerikanische Befehlshaber eine Verschwörung in der Armee und im Kongreß, die darauf abzielte, ihn abzusetzen und durch Generalmajor Horatio Gates, den Sieger von Saratoga, abzulösen. Wäre das Komplott erfolgreich gewesen, wären die Folgen noch verheerender gewesen als das, was Fergusons Kugel hätte bewirken können.

Horatio Gates war ein gerissener, geltungsbedürftiger Mann, der sich von Beratern und Freunden dazu verleiten ließ, die oberste Befehlsgewalt für sich anzustreben. Schließlich hatte Washington zwei entscheidende Schlachten verloren, und die Briten hatten Philadelphia eingenommen. Die amerikanische Armee hungerte im Valley Forge. Oberflächlich betrachtet, war es zumindest einleuchtend, eine neue Führung zu fordern.

Einer der führenden Mitverschwörer war ein irischstämmiger Freiwilliger der französischen Armee, General Thomas Conway, dessen Name mit diesem Komplott verbunden ist. Die »Conway-Verschwörung« ging von New England aus. Im Kongreß zog Sam Adams die Fäden (was einmal mehr sein unzureichendes politisches Urteilsvermögen zeigt), ermuntert durch seinen Vetter John, dem Washingtons große Popularität ein Dorn im Auge war. Conway war ein Maulheld, der von den wirklichen Drahtziehern manipuliert wurde. Bald stellte sich heraus, daß das Komplott in der Armee und im Kongreß keine ernsthafte Unterstützung fand. Doch einige Monate lang herrschten in Washingtons Hauptquartier wegen dieser Verschwörung Aufregung und Unruhe.

Wäre die Verschwörung erfolgreich gewesen, so daß Gates amerikanischer Oberbefehlshaber geworden wäre, hätte dies höchstwahrscheinlich das sang- und klanglose Ende der Revolution bedeutet. Der kleine hektische Engländer, von seinen Soldaten »Granny« genannt, hätte Washington, der Begeisterung und Kampfgeist zu wecken vermochte, nie und nimmer ersetzen können. Schlimmer noch: Als Gates 1780 eine Armee in den Süden führte, um eine Invasion der Briten zurückzuschlagen, die bereits Charlestown und den größten Teil South Carolinas erobert hatten, wurde er bei Camden vernichtend geschlagen. Auf dem schnellsten Pferd, das er auftreiben konnte, ritt Horatio davon und beendete seinen Rückzug erst 250 Kilometer vom Schlachtfeld entfernt.

Ein verzweifelter Kongreß, der hätte mit ansehen müssen, wie die Kontinentaldollars zu wertlosem Papier und die Südstaaten von den Briten überrannt wurden, hätte durchaus sein Heil bei einem General suchen können, der in dem Ruf stand, ein Kämpfer zu sein: Benedict Arnold. Der verbitterte Held von Saratoga stand jedoch mittlerweile in einem intensiven Briefwechsel mit dem britischen Oberkommando und suchte nach dem besten Weg, die amerikanische Sache zu verraten. Man stelle sich seine Freude und Genugtuung vor, wenn er Oberbefehlshaber der Kontinentalarmee geworden wäre. Dann hätte er sich den ehrgeizigen Wunsch erfüllen können, auf den er anspielte, als er einige seiner frühen Briefe mit »General Monk« unterzeichnete. Dieses Pseudonym verweist darauf, daß sich Arnold als Reinkarnation des Generals George Monk (oder Monck) sah, der 1660 nach dem Tod Oliver Cromwells die Seiten wechselte und die Restauration der Stuart-Monarchie unterstützte. Arnold dachte zweifellos an den Reichtum und die Würden, mit denen ein dankbarer Karl II. Monck überhäuft hatte.

Aber auch ohne dieses Geschenk vom Kongreß hätte Arnolds Verschwörung der Revolution fast den Garaus gemacht. Sein Plan, den Briten die wichtige Festung West Point im Herbst 1780 zu übergeben, scheiterte nur deswegen, weil der Chef des britischen Nachrichtendienstes, Major John André, von umherstreifenden amerikanischen Milizangehörigen gefangengenommen wurde, als er mit den Plänen für die Festung im Stiefel in das von den Briten besetzte New York zurückkehren wollte. Die Einnahme West Points hätte den Briten die langersehnte Kontrolle über den Hudson ermöglicht, wodurch sie New England von den übrigen Kolonien hätten abschneiden können. Ein solcher Schlag in einem Jahr, in dem die amerikanische Armee in ihrem Winterquartier durch eine ernstzunehmende Meuterei erschüttert wurde, der Süden von den Briten und den Loyalisten überrannt wurde und der Verfall des Kontinentaldollars seinen tiefsten Punkt erreicht hatte, hätte für die amerikanische Sache der Todesstoß sein können.

Was wäre gewesen, wenn die Briten die französische Expeditionstruppe einige Tage nach deren Ankunft vernichtet hätten?

Als der Krieg wieder einmal auf Messers Schneide stand, wurde die Situation durch George Washingtons Talent für Spionage gerettet. Unterstützt durch den auf Long Island geborenen Kavalleristen Major Benjamin Tallmadge, war Washington sein eigener Nachrichtendienstchef. In New York arbeiteten einige Gruppen für ihn. Eine von ihnen, der Culper-Ring, schmuggelte im Juli 1780 eine alarmierende Nachricht heraus. Die Briten schifften 6000 Mann ein, um einen Präventivschlag gegen das französische Expeditionskorps zu führen, das gerade in Newport auf Rhode Island gelandet war.

Nichts hätte den Krieg mit größerer Sicherheit beendet als die Vernichtung dieser 5500 Mann starken Truppe. Die galoppierende Inflation und die Kriegsmüdigkeit untergruben die Moral der Kontinentalarmee. Neue Männer zu rekrutieren, war wegen der wertlosen Währung unmöglich. Das Bündnis mit den Franzosen war für die Amerikaner bislang eine Kette von bitteren Enttäuschungen gewesen. Ein 1778 unternommener Versuch, das von den Briten gehaltene Newport einzunehmen, endete mit einem Fiasko. Ein 1779 durchgeführter Angriff auf Savannah wurde zurückgeschlagen und endete mit schweren Verlusten. Eine verheerende Niederlage, wie sie die Briten den Franzosen zufügen wollten, hätte das entmutigte Frankreich veranlaßt, sich aus dem Krieg zurückzuziehen.

Da Washington nicht schneller in Newport ankommen konnte als die britische Flotte, besann er sich wieder auf seine Rolle als Spionagechef. Ein Doppelspion ging mit einem Stapel Unterlagen, die er angeblich auf der Straße gefunden hatte, zu einem britischen Außenposten. Sie enthielten detaillierte Pläne für einen amerikanischen Großangriff auf New York. Die britischen Truppen und ihre Schiffe waren bereits unterwegs zum Long-Island-Sund, von wo aus sie aufs offene Meer fahren wollten. An strategischen Punkten an der Küste (Long Island war in britischer Hand) wurden Signalfeuer entzündet, und die Flotte änderte ihren Kurs in Richtung Huntington Bay, um die »erbeuteten« amerikanischen Kriegspläne in Empfang zu nehmen, die von Reitern dorthin gebracht wurden. Die entsetzten Briten eilten nach New York zurück, wo sie in ihren Befestigungen auf einen Angriff warteten, der nicht kam. Bis die Briten erkannten, daß Washington sie hinters Licht geführt hatte, hatten die Franzosen Newport befestigt und so einen erfolgreichen Angriff unmöglich gemacht.

Der fehlgeschlagene Versuch, die Franzosen zum Ausscheiden aus dem Krieg zu bewegen, zwang die Briten, in New York eine stattliche Armee zu unterhalten, was es ihnen erschwerte, ihre neue Strategie der Eroberung des Südens durchzuführen.

Was wäre gewesen, wenn Daniel Morgan bei Cowpens verloren hätte?

Während im Norden eine Pattsituation herrschte, geriet der Süden immer mehr unter britische Kontrolle. 1779 war Georgia wieder königstreu geworden. Durch die Kapitulation der 5000 Mann starken Garnison von Charleston im Frühjahr 1780 wurde Burgoynes Niederlage bei Saratoga mehr als wettgemacht. Nach der Niederlage bei Camden schrumpfte die südliche Kontinentalarmee auf etwa 800 halbverhungerte Männer. Der neue Kommandeur, Generalmajor Nathanael Greene, versuchte Freischärler wie Thomas Sumter zur Zusammenarbeit mit ihm zu überreden. Vergeblich.

Greene erkannte, daß die Briten diese Freischärlerbanden eine nach der anderen aufreiben würden. Unter der Führung des stämmigen, aggressiven Oberstleutnants Banastre Tarleton hatte die königliche Armee eine schnelle Stoßtruppe, die britische Legion, aufgestellt, die eine Mischung aus Infanterie und Kavallerie war. Sie konnte gut hundert Kilometer am Tag zurücklegen und überraschte die irregulären Kämpfer häufig in deren Camps. Auch die brutale Politik der Briten, die Männer zum Dienst in der königlichen Miliz zu zwingen, weil sonst ihre Ernte oder ihre Häuser niedergebrannt wurden, erwies sich als äußerst wirksam. Ende 1780 war der Widerstand South Carolinas so gut wie erloschen. Die Briten faßten eine schnelle Eroberung North Carolinas und einen Angriff auf Virginia ins Auge.

Halb aus strategischen Gründen, halb aus Verzweiflung befahl Greene Daniel Morgan, der mittlerweile zum Brigadegeneral befördert war, mit 600 regulären Soldaten und dem Rest der amerikanischen Kavallerie, etwa 70 Mann unter Führung von Oberstleutnant William Washington (Georges zweitem Vetter), in den Westen von South Carolina vorzustoßen, um dem darniederliegenden Staat neuen Mut einzuflößen.

Der britische Befehlshaber Lord Cornwallis schickte Tarleton und dessen britische Legion los, um mit Morgans schwächlicher Truppe aufzuräumen. Es gab kaum einen Zweifel, daß der rothaarige Kavallerist diesen Auftrag erledigen würde. Tarleton verstärkte unterwegs seine Truppe und setzte mit der für ihn charakteristischen Schnelligkeit Morgan nach, ungeachtet des kalten Dezemberregens, der die Wege in Schlammpisten verwandelte. »Der alte Fuhrmann«, wie der muskulöse, hochgewachsene Morgan genannt wurde, sah keine andere Möglichkeit, als sofort den Rückzug anzutreten. Kaum 300 Milizionäre waren seinem Aufruf gefolgt. Als Morgan den Broad River erreichte, waren Tarletons Kundschafter nur knapp zehn Kilometer hinter ihm. Der Broad River führte viel Wasser, und Morgan erkannte, daß er bei dem Versuch, ihn zu überqueren, die Hälfte seiner kleinen Einheit verlieren könnte.

Ganz in der Nähe befand sich ein hügeliges, leichtbewaldetes Gelände, »The Cowpens« genannt, wo die Farmer ihr Vieh überwintern ließen. Morgan beschloß, auf diesem verlassenen Weideland Stellung zu beziehen. Ein letzter verzweifelter Hilferuf veranlaßte weitere 150 Milizionäre, sich ihm anzuschließen. Der große Mann aus Virginia arbeitete einen Schlachtplan aus, der diese Männer maximal einsetzte, ohne das Gefecht zu sehr von ihnen abhängig zu machen. Er postierte die Amateure in zwei Reihen vor seinen Armeesoldaten. Sie erhielten die Weisung, zweimal zu feuern, dann konnten sie um ihr Leben laufen – was sie ohnehin getan hätten.

Knapp 150 Meter hinter der zweiten Linie übernahm Morgan auf einem flachen Hügel persönlich das Kommando über seine Soldaten. Hinter diesem Hügel verschanzt, standen William Washington und seine Kavallerie bereit. Morgan ging die ganze Nacht von Lagerfeuer zu Lagerfeuer, um jedem Mann seinen Schlachtplan zu erklären und den Leuten zu versichern, daß »der alte Fuhrmann« es »Benny« Tarleton am Morgen schon zeigen würde, wenn alle ihre Pflicht erfüllten.

Tarleton traf nach einem Nachtmarsch im Morgengrauen des

17. Januar 1781 auf dem Kampfgelände an. Ohne seinen erschöpften Männern auch nur eine Frühstückspause zu gönnen, ließ er sie in Schlachtordnung vorrücken. Das war sein erster Fehler. Sein zweiter bestand darin, daß er nicht merkte, wie Miliz-Schützen so viele Offiziere der ihn flankierenden Kavallerie aus dem Sattel schossen, daß die Kompanien praktisch führerlos waren.

Die Miliz zog sich hastig zurück, wodurch Tarleton den Eindruck gewann, die Schlacht sei so gut wie gewonnen. Doch schon bald sah er sich den Soldaten der regulären Armee gegenüber, die dicht gedrängt in seine Reihen fluteten. Der britische Befehlshaber warf seine Reserve, die 71. Highlanders, in den Kampf, um ihre Flanke zu umfassen. Daraufhin gaben die Amerikaner ihren flankierenden Truppen den Befehl zum Rückzug, um sich den Schotten zum Kampf zu stellen, ein im Krieg übliches Manöver, »Verweigerung der Flanke« genannt. In dieser verworrenen Situation begann sich die gesamte amerikanische Linie zurückzuziehen, und Tarleton, der glaubte, die Amerikaner würden gleich die Flucht antreten, befahl einen Angriff mit Bajonetten. Unter wildem Geschrei stürmten die Rotröcke vor.

Doch Morgan hatte die Situation noch voll im Griff. Von William Washington, jetzt an der rechten Flanke der Briten, erhielt er die Nachricht: »Sie preschen wie wild vor. Feuert einmal, dann werde ich sie übernehmen.« Morgan rief seinen Soldaten den Befehl zu, diese drehten sich um, schossen aus der Hüfte und gingen dann mit ihren Bajonetten auf die herbeistürmenden Briten los. Gleichzeitig griff die Kavallerie von hinten an und metzelte den Gegner mit ihren Säbeln nieder.

Die Briten, die erschöpft waren und auch viele Kompanieführer verloren hatten, gerieten in Panik. Einige warfen ihre Gewehre weg und ergaben sich; andere ergriffen die Flucht. In fünf Minuten war das Gefecht vorbei. Morgan hatte einen Sieg errungen, durch den Tarletons Truppe vernichtet und das Kriegsgeschick im Süden gewendet worden war. Wäre Tarletons Frontalangriff geglückt, wäre South Carolina höchstwahrscheinlich, ebenso wie Georgia, wieder unter die Herrschaft der Krone geraten, und North Carolina wäre ihnen gefolgt. Auch Virginia, das Anzeichen von Kriegsmüdigkeit zeigte, war anfällig, und Maryland wäre ebenfalls in diesen defätistischen Strudel hineingezogen worden. Da die nahezu bankrotte französische Regierung bereits vorsichtig auf eine Friedenskonferenz hinarbeitete, hätten die Briten am Ende des Krieges möglicherweise den gesamten Süden beherrscht. Nach einigen Jahren hätten sie von dieser Basis aus sicherlich einen erneuten Angriff auf die noch ungefestigten, unabhängigen Kolonien im Norden unternommen.

Was wäre gewesen, wenn sich Washington geweigert hätte, nach Virginia zu marschieren, um die Briten bei Yorktown einzukesseln – oder wenn die Briten nach Beginn der Belagerung entkommen wären?

Nach einem verlustreichen, unentschiedenen Kampf gegen eine gestärkte amerikanische Armee bei Guilford Court House in North Carolina zog sich der britische Befehlshaber im Süden, Charles Lord Cornwallis, an die Küste zurück und beschloß, die von der königlichen Armee verfolgte Strategie aufzugeben, einen Staat nach dem anderen zu erobern. Erst wenn das wohlhabende, bevölkerungsreiche Virginia besiegt war, würde sich der Süden ergeben. Als der Lord nach Norden marschierte und das Kommando über jene Einheiten übernahm, die die Küste Virginias durch Überfälle unsicher machten, stieß er bei der winzigen amerikanischen Armee unter Marquis de Lafayette auf keinen nennenswerten Widerstand.

Auf wesentlich mehr Widerstand traf Cornwallis bei dem britischen Oberbefehlshaber Sir Henry Clinton, der glaubte, der Lord sei in seinen Zuständigkeitsbereich eingedrungen und er laufe Gefahr, die südlicheren Staaten an den aufständischen Nathanael Greene zu verlieren. Ein erbitterter Briefwechsel machte Cornwallis klar, wer den Krieg führte. Erbost zog er sich in den kleinen Hafen Yorktown an der Spitze der gleichnamigen Halbinsel zurück, den er laut Befehl befestigen sollte; danach sollte er den größten Teil seiner Armee zu Clinton nach New York schicken.

Der Lord teilte Clinton mit gehässiger Genugtuung mit, er brauche alle 7500 Männer für den Bau der geforderten Befestigungsanlagen. So schleppte sich der Krieg bis zum Spätsommer 1781 hin. Im Norden herrschte eine Pattsituation, im Süden war die Lage kaum weniger festgefahren. Es zeigte sich immer deutlicher, daß der nächste erfolgreiche Schlag – ein Erfolg wie bei Saratoga oder bei Charleston – den Feind aus dem Feld schlagen würde.

Außerhalb der Stadt New York berieten sich George Washington und der Graf von Rochambeau, der Befehlshaber des französischen Expeditionskorps, darüber, wo dieser Schlag am besten zu führen sei. Washington wollte New York angreifen, aber seine Armee war auch mit französischer Unterstützung zu schwach. Der französische Befehlshaber war für einen Marsch gen Süden, um Cornwallis bei Yorktown einzuschließen. Washington verwarf diesen Vorschlag als eine Verschwendung von Zeit und Energie, solange die britische Kriegsmarine die amerikanische Küste kontrollierte. Sie würde Cornwallis zu Hilfe eilen, lange bevor die Verbündetenarmee ihn zur Kapitulation würde zwingen können.

Rochambeau teilte Washington mit, daß die französische Westindien-Flotte Befehl habe, nach Norden zu segeln, um den jährlichen Hurrikanen zu entgehen. Warum solle man ihr nicht die Weisung geben, zur Chesapeake Bay zu fahren – und auch er, Washington, könne doch seine Soldaten dorthin schicken? Washington stimmte widerwillig zu, obwohl er immer noch überzeugt war, die britische Kriegsmarine würde die französische Flotte in die Flucht schlagen, wie sie es in der Vergangenheit schon so oft getan hatte. Er befürchtete auch, ein Großteil seiner kriegsmüden Soldaten, die keinen Sold mehr bekommen hatten, würde desertieren, anstatt den Marsch anzutreten.

Hätte Washington sich geweigert, nach Yorktown zu marschieren, hätten die Franzosen ihn wahrscheinlich fallengelassen. Die Revolution schien zum Scheitern verurteilt. Der Kontinentaldollar war so wertlos, daß, wie Washington bitter notierte, »eine Wagenladung Geld nötig ist, um eine Wagenladung Heu zu kaufen«. Die Aushebungsoffiziere berichteten, daß nicht das geringste Interesse am Kriegsdienst bestehe. Die Franzosen waren bereit, ihr Expeditionskorps zurückzuziehen und das Handtuch zu werfen.

Washington marschierte indessen nach Süden, und es geschahen Wunder. Nur wenige Männer desertierten, da schnell hartes Geld aus der französischen Kriegskasse in Washingtons Armee gepumpt wurde, und die französische Flotte kam gerade rechtzeitig, um Cornwallis bei Yorktown einzuschließen. Die britische Flotte segelte von New York los, um den Lord und seine Männer zu retten. Am 5. September machte die britische Kriegsmarine in der wenig bekannten Schlacht an den Chesapeake Capes unter dem Kommando eines drittklassigen Admirals namens Thomas Graves alles falsch, und die Franzosen machten ein paar Dinge richtig. Die schwer angeschlagenen Briten zogen sich nach New York zurück, und Cornwallis blieb auf der Spitze der Halbinsel Yorktown eingeschlossen – ein leichtes Ziel für die Belagerungsgeschütze der Verbündeten.

Wenn Graves die Seeschlacht gewonnen und Cornwallis gerettet hätte, wären die Amerikaner über die Franzosen unbeschreiblich enttäuscht gewesen. Der entmutigte Kontinentalkongreß hätte ihren Diplomaten vielleicht gesagt, sie sollten versuchen, bei den anstehenden Friedensverhandlungen mit den Briten so viel wie möglich herauszuholen. Die Amerikaner wären wahrscheinlich gezwungen gewesen, große Teile des Staates New York und den größten Teil des Südens aufzugeben. Die Briten hätten wohl auch den Westen jenseits des Appalachen-Gebirges beansprucht, wo ihre indianischen Verbündeten einen blutigen Krieg führten. Das amerikanische Bündnis mit Frankreich wäre zusammengebrochen, und die gerade aus der Taufe gehobene Republik hätte sich in einer Welt behaupten müssen, die weiterhin von England beherrscht worden wäre.

In New York schlug ein verzweifelter Sir Henry Clinton Admiral Graves einen Rettungsplan vor, dem zufolge der größte Teil der Armee auf Schiffe verfrachtet werden und sich bis zur Chesapeake Bay durchkämpfen sollte, um Cornwallis zu Hilfe zu kommen. Zusammen würden sie einen massiven, kriegsentscheidenden Angriff gegen Washington und Rochambeau führen. Leider hatte Admiral Graves jedoch keine Lust auf ein derartiges Abenteuer. Ihm fiel die gute Ausrede ein, zuerst müsse er seine beschädigten Schiffe reparieren. Die dadurch bedingte Verzögerung zog sich über Wochen hin.

Am 13. Oktober sollte die Flotte auslaufen – doch gerade an diesem Tag ging ein ungeheures Gewitter über dem New Yorker Hafen nieder. Heftige Sturmböen zerrissen die Ankerkette eines der Schiffe, schleuderten es gegen ein anderes Schiff und beschädigten beide. Abermals kam Admiral Graves zu dem Schluß, er müsse zuerst den Schaden reparieren. Dies war nicht das erste und nicht das letzte Mal, daß das Wetter im Kampf um die Unabhängigkeit eine ausschlaggebende Rolle spielte.

Am 15. Oktober hatten die französischen und amerikanischen Geschütze die Verteidigungsstellungen von Cornwallis kurz und klein geschossen. Amerikanische Voraustrupps hatten zwei wichtige Redouten erobert, die es ihnen ermöglichten, die britischen Linien mit Flankenfeuer zu bestreichen. Demnächst würden die Verbündeten einen entscheidenden Frontalangriff durchführen. Ein verzweifelter Cornwallis entschied sich für einen gewagten Ausbruchsversuch. Jenseits des York River in Gloucester befand sich ein britischer Außenposten. Dort waren nur etwa 750 französische Soldaten und einige Milizionäre aus Virginia postiert, um Überfälle zu verhindern. Cornwallis, der sich möglicherweise an Washingtons Entkommen von den Brooklyn Heights erinnerte, beschloß, die meisten seiner Soldaten in der Nacht des 16. Oktober über den Fluß zu bringen und im Morgengrauen die

Stellungen in Gloucester zu durchbrechen. Nach Gewaltmärschen würden sie zur Mündung des Delaware gelangen, wo sie leicht Kontakt mit dem britischen Hauptquartier in New York würden aufnehmen können.

Während der schwere Beschuß der Verbündeten andauerte, zog Cornwallis seine leichte Infanterie von den Frontlinien ab und ließ sie zum Ufer marschieren. Dort bestiegen sie sechzehn schwere Flachboote, die mit Seeleuten der britischen Kriegsmarine bemannt waren. Ihnen schlossen sich die Gardeinfanterie und fast die gesamte Truppe der Royal Welch Fusiliers an. Es dauerte mindestens zwei Stunden, den breiten Fluß zu überqueren und zurückzufahren. Gegen Mitternacht kehrten die Boote zurück und nahmen ein zweites Kontingent auf.

Etwa zehn Minuten später brach ein heftiger Sturm los. Binnen fünf Minuten war das Unwetter, den Beschreibungen in verschiedenen Tagebüchern zufolge, so stark geworden wie dasjenige, das die britische Flotte in New York beschädigt hatte. Die erschöpften Soldaten und Seeleute kehrten frierend und bis auf die Haut durchnäßt zur Küste von Yorktown zurück. Erst um zwei Uhr morgens legte sich der Wind. Jetzt war es viel zu spät, um noch den Rest der Armee über den Fluß zu bringen. Der niedergeschlagene Cornwallis befahl dem Garderegiment und der leichten Infanterie, zurückzukehren. Gegen sieben Uhr morgens am 17. Oktober begaben sich der Lord, sein Stellvertreter, Brigadegeneral Charles O'Hara, und der Stab zu den vorderen Schützengräben und besichtigten verdrossen die Schäden, die das Bombardement der Verbündeten angerichtet hatte. Der Kommandeur der Artillerie teilte ihnen mit, es seien nur noch 100 Granaten vorhanden. Die Zahl der Kranken und Verwundeten nehme stündlich zu.

Cornwallis fragte seine Offiziere, was er tun sollte. Kämpfen bis zum letzten Mann? Jeder Offizier sagte ihm, er sei es seinen Männern schuldig, zu kapitulieren. Sie hatten alles getan, was man von ihnen erwartet hatte, und mehr. Cornwallis nickte zustimmend. Er wandte sich an einen seiner Berater und diktierte einen

Brief von historischer Bedeutung: »Sir, ich schlage eine Einstellung der Feindseligkeiten für die Zeit von vierundzwanzig Stunden vor. Auf jeder Seite mögen zwei Offiziere ernannt werden … um die Bedingungen für die Übergabe der Posten York und Gloucester auszuhandeln.«

Nicht wenige Militärexperten glauben, Cornwallis' Ausbruch wäre ohne den Sturm gelungen. Hätte es nicht den Sturm im Hafen von New York gegeben, hätte Sir Henry Clinton vielleicht Admiral Graves überreden können, am 13. Oktober loszusegeln. Dann wäre dieser in der Chesapeake Bay gewesen, bevor Cornwallis am 19. Oktober die Kapitulation unterzeichnet hätte. So wäre ein gänzlich anderer Ausgang möglich gewesen. Wäre Cornwallis der Ausbruch geglückt, wären die Franzosen und Amerikaner enttäuscht gewesen und hätten jede Hoffnung verloren, da sie weder das Geld noch die Energie gehabt hätten, um eine militärische Pattsituation lange durchzustehen. Die amerikanische Unabhängigkeit – oder ein großer Teil dieser Unabhängigkeit – wäre in einer Friedenskonferenz wegverhandelt worden. Wäre Clinton in die Chesapeake Bay vorgedrungen, hätte dies eine gewaltige See- und Landschlacht ausgelöst, die durchaus mit einem britischen Sieg hätte enden können – was den Briten die Möglichkeit gegeben hätte, den geschlagenen Amerikanern und Franzosen die denkbar härtesten Friedensbedingungen zu diktieren. Statt dessen hatten die Verbündeten dem Feind einen vernichtenden Schlag versetzt.

Was wäre gewesen, wenn es George Washington nicht gelungen wäre, der Verschwörung von Newburgh ein Ende zu machen?

Als der Krieg nur noch aus gelegentlichen Zusammenstößen zwischen kleinen Einheiten im Süden und im Westen sowie an der nördlichen Grenze des Staates New York bestand, hatte die amerikanische Revolution eine letzte Krise zu bestehen, die den langen Kampf fast bedeutungslos gemacht hätte. Abermals wurde die Sache von dem Mann gerettet, der schon viele brenzlige Situationen gemeistert hatte: George Washington.

Zu Beginn des Jahres 1783 kam aus Europa die Nachricht, Benjamin Franklin und die anderen amerikanischen Unterhändler in Paris hätten ein triumphales Friedensabkommen unterzeichnet, das die Unabhängigkeit der Vereinigten Staaten und die Souveränität Amerikas bis zum Mississippi anerkenne. Jetzt war nur noch ein Friedensvertrag zwischen Frankreich und England notwendig. Doch diese gute Nachricht löste in der Kontinentalarmee alles andere als einen Freudentaumel aus.

Im Gegenteil, die Tatsache, daß der Frieden in greifbare Nähe gerückt war, weckte im Offizierskorps dumpfe Wut. Der Kongreß hatte die Offiziere seit Jahren nicht mehr bezahlt. 1780 hatte man ihnen versprochen, ihnen für den Rest ihres Lebens den halben Sold zu zahlen. Jetzt brauchte der Kongreß sie nicht mehr und wollte sich angeblich vor der Erfüllung dieses Abkommens drücken. Konflikte zwischen den Gesetzgebern und den »Gentlemen der Klinge«, wie einige feindselige Kongreßmitglieder aus New England die Offiziere nannten, waren nicht neu. Die Offiziere beschlossen, die Sache zu regeln, solange sie noch Waffen hatten.

Sie schickten eine Delegation unter Führung von Generalmajor Alexander McDougall aus New York zum Kongreß. Die Wahl McDougalls sagte bereits alles. Zu Beginn der siebziger Jahre des 18. Jahrhunderts war dieser demagogische New Yorker als Agitator nur von Sam Adams übertroffen worden. Die Offiziere wollten eine Abschlagszahlung auf ihren ausstehenden Sold und die feierliche Zusage, den Rest irgendwann zu erhalten. Das Versprechen, für den Rest ihres Lebens den halben Sold zu bekommen, sollte dadurch eingelöst werden, daß entweder die gesamte Summe auf einmal oder der volle Sold einige Jahre lang gezahlt würde.

Als McDougall am 13. Januar 1783 mit James Madison, Alexander Hamilton und anderen Kongreßmitgliedern zusammentraf, fand Madison, McDougall drücke sich »sehr unsachlich« aus. Ein anderes Mitglied der Delegation, Colonel John Brooks, wies warnend darauf hin, ein enttäuschender Ausgang würde die Armee »zum Äußersten treiben«. Am 13. Februar schrieb Alexander Hamilton, der nach Yorktown seinen Abschied von der Armee genommen hatte, einen Brief an Washington, in dem er besorgt feststellte, in der Armee herrsche eine explosive Situation.

Hamiltons Brief kam gerade rechtzeitig. Zwischen den Offizieren in Newburgh und der Delegation in Philadelphia bahnte sich eine gefährliche Verschwörung an. Zu den Anführern gehörte Major John Armstrong, der Berater von Washingtons altem Feind Generalmajor Horatio Gates. Aus Philadelphia schrieb Armstrong an Gates, hätten die Soldaten anstelle Washingtons jemanden wie »Mad Anthony [Wayne] an ihrer Spitze, weiß ich nicht, wie weit sie gehen würden«, vor allem, wenn man »ihnen beibringen könnte, wie Politiker zu denken«.

Bald begannen Armstrong und ein anderer Gates-Anhänger, Colonel Walter Stewart aus Pennsylvania, im Lager Newburgh anonyme Briefe in Umlauf zu bringen, die die Soldaten aufforderten, ihre Einheiten nicht aufzulösen, »bis ihnen Gerechtigkeit widerfahren ist«. Als nächstes kam ein zweiter anonymer Brief, in dem die Offiziere zu einer Zusammenkunft aufgefordert wurden; es sollte beschlossen werden, etwas gegen ein Land zu unternehmen, das »Eure Rechte mit Füßen tritt, Eure Hilferufe mißachtet und sich über Eure Nöte hinwegsetzt«.

Durch Hamiltons Brief vorgewarnt, reagierte Washington prompt und heftig auf diese Newburgh-Briefe. Er verurteilte das nicht autorisierte Treffen und gab seine Entschlossenheit bekannt, »unverzüglich dem Fuß Einhalt zu gebieten, der sich einem ungeheuren Abgrund nähert«. Der sich abzeichnende Frieden hatte ihm klargemacht, daß hier ein neues Land im Entstehen begriffen war. Wenn die Armee den Kongreß ungestraft unter Druck setzen konnte, würde in der Zukunft eine Tragödie nach der anderen auf Amerika zukommen.

Am 13. März 1783 berief Washington ein formelles Treffen mit den Offizieren in einem großen Gebäude im Lager Newburgh ein, das »der Tempel« genannt wurde. Sonntags diente es als Kirche, bei anderen Gelegenheiten als Tanzsaal. Der Oberbefehlshaber hielt eine leidenschaftliche Rede und bat die Männer eindringlich, die anonymen Briefe zu ignorieren, die zu einem Marsch auf den Kongreß aufriefen; dies gebiete ihre »eigene heilige Ehre«. Er rief sie auf, mit »äußerstem Abscheu und Widerwillen« auf jeden herabzusehen, der »unter trügerischen Vorwänden die Freiheit unseres Landes beseitigen möchte«.

Die Männer hörten zu, doch ihre Gesichter blieben steinern. Sie waren noch immer zornig. Washington schloß mit der Bitte, die Offiziere mögen sich so verhalten, daß ihre Nachkommen sagen könnten, »wenn es diesen Tag nicht gegeben hätte, dann hätte die Welt nie die letzte Stufe der Vollkommenheit gesehen, die die menschliche Natur zu erreichen vermag«. Trotzdem ließ sich der Widerstand im Raum mit Händen greifen.

Washington zog einen Brief des Kongreßabgeordneten Joseph Jones aus Virginia aus der Tasche, in dem dieser versicherte, der Kongreß versuche, auf die Beschwerden der Armee einzugehen. Nach kurzem Zögern holte er eine Brille hervor. Nur seine Berater hatten sie in den letzten Monaten an ihm gesehen. »Gentlemen«, sagte er, »erlauben Sie bitte, daß ich meine Brille aufsetze, denn ich bin in Ihren Diensten nicht nur grau, sondern auch fast blind geworden.«

Rührung ergriff die Offiziere. Wirksamer als alle Ermahnungen Washingtons brach diese schlichte Feststellung den Widerstand bei fast allen Anwesenden. Viele weinten. Washington verlas den Brief des Abgeordneten und ging; die Männer sollte ihre Entscheidung ohne ihn treffen. Sie dankten ihrem Oberbefehlshaber, verurteilten die anonymen Briefe und sprachen dem Kongreß ihr Vertrauen aus.

Washingtons Bericht über das Treffen in Newburgh erreichte den Kongreß gerade noch rechtzeitig, um zu verhindern, daß der

Gesetzgeber der Armee den Krieg erklärte. James Madison schrieb in sein Tagebuch, daß dieser Brief »die Wolken« vertrieb, »die sich offensichtlich zusammengebraut hatten«. Der Kongreßabgeordnete Eliphalet Dyer aus Connecticut schlug vor, den Soldaten ein Angebot zu machen – der Sold von fünf Jahren sollte in Form von Wertpapieren gezahlt werden, die einlösbar waren, wenn die amerikanische Regierung wieder zahlungsfähig war. Die Offiziere nahmen das Angebot an, und die schwerste Krise in der kurzen Geschichte der amerikanischen Freiheit war beigelegt.

Daß Washington von einem »Abgrund« gesprochen hatte, als er die Ereignisse von Newburgh beschrieb, war keine Übertreibung. Wäre es ihm nicht gelungen, die Soldaten zum Umdenken zu bewegen, wäre die Revolution in großer Gefahr gewesen. Die Armee wäre vielleicht zum Kongreß marschiert und hätte diesem mit dem Gewehr in der Hand ihre Bedingungen diktiert. Die Staaten, insbesondere die großen wie Virginia und Massachusetts, hätten sich wahrscheinlich geweigert, einem solchen Manöver nachzugeben. Hätte die Armee versucht, ihre Zustimmung zu erzwingen, wäre es zu einem Bürgerkrieg gekommen. Die noch ungefestigte amerikanische Föderation wäre möglicherweise zusammengebrochen, und die Briten, die noch mit einer Flotte und einer Armee in New York präsent waren, hätten wohl kaum der Versuchung widerstehen können, erneut einzugreifen. Es ist zwar schwer vorstellbar, daß irgendeiner dieser Staaten in den Schoß des britischen Empire zurückgekehrt wäre, aber einige mit starken loyalistischen Minderheiten, wie New Jersey oder New York, hätten vielleicht Verteidigungsbündnisse mit den Briten geschlossen, um sich vor der marodierenden Kontinentalarmee zu schützen. Ein solcher Fuß in der Tür hätte sich letztlich für die amerikanische Unabhängigkeit als verhängnisvoll erwiesen.

Viele Jahre später korrespondierten George Washington und Charles Thomson, der Sekretär des Kontinentalkongresses, über das Vorhaben, ihre Memoiren zu schreiben. Thomson hatte fast an jeder Sitzung des Kongresses teilgenommen, von dessen Einsetzung im Jahre 1774 bis zu seiner Auflösung im Jahre 1788. Diese beiden Männer kannten wahrscheinlich mehr Geheimnisse als der gesamte Kongreß und die Kontinentalarmee zusammen. Sie kamen zu dem Schluß, ihre Memoiren besser doch nicht zu schreiben. Es wäre zu desillusionierend, wenn das amerikanische Volk erfahren würde, wie oft die ruhmreiche Sache am Rande des Scheiterns gestanden hatte. Sie waren sich darin einig, daß das wahre Geheimnis des amerikanischen Sieges nach achtjährigem Kampf in zwei Worte zu fassen war: göttliche Vorsehung.

IRA D. GRUBER

Rebellion in der Schwebe

Es gab Augenblicke im amerikanischen Unabhängigkeitskrieg, in denen der Ausgang des Krieges und das Schicksal der Rebellion geradezu an einem seidenen Faden hingen. Ein solcher Moment, in dem die amerikanischen Hoffnungen auf Unabhängigkeit hätten zunichte gemacht werden können, war das Ende des Feldzugs von 1776. Ende Dezember jenes Jahres hatten die Briten George Washingtons demoralisierte Armee aus Manhattan vertrieben, und diese hatte sich nach New Jersey zurückgezogen. Die Dienstzeit aller 1400 Männer, die Washington befehligte, lief Ende des Jahres aus. Die Soldaten litten unter einem Mangel an Lebensmitteln, Kleidern, Decken und Zelten, während Tausende von Bürgern in New Jersey das Angebot der Briten annahmen, straffrei auszugehen, wenn sie sich unterwarfen. Der Kontinentalkongreß, der mit dem Verlust Philadelphias rechnete, hatte sich nach Baltimore zurückgezogen. Es war, mit den Worten von Thomas Paine, eine Zeit, »die die Seele der Menschen auf die Probe stellte«.

Wenn Washingtons verzweifelte Angriffe auf die britischen Außenposten bei Trenton und Princeton damals gescheitert wären und die Briten seine Armee vernichtet hätten, wäre die Rebellion möglicherweise zusammengebrochen. Wäre der Kongreß unter diesen Umständen versucht gewesen, einen Verhandlungsfrieden anzustreben, hätten die Briten überraschend günstige Bedingungen angeboten (begrenzte Abgaben der Kolonien zur Verteidigung des Empire statt vom Parlament zu erhebender Steuern). Derartige Bedingungen wären vielen Amerikanern in dieser Situation verlockend erschienen.

Doch wenn der Einsatz bei Trenton und Princeton so hoch war, sollte auch gefragt werden, ob die Gefahr bestand, daß Washingtons verzweifeltes Unternehmen fehlgeschlagen wäre. Vielleicht nicht bei Trenton, wo er den Vorteil der Überrumpelung, der zahlenmäßigen Überlegenheit und gut koordinierter Angriffe hatte und einen vollständigen Sieg über eine hessische Truppe erzielte, die vom

Feiern des Weihnachtsfestes noch ganz berauscht war. Sein erfolgreicher Angriff auf die Briten – einen besser vorbereiteten, zahlenmäßig größeren Feind – bei Princeton, weniger als eine Woche später, hätte wesentlich leichter in einer Katastrophe enden können. Wäre Washington bei seinem langen Nachtmarsch um die Flanke von Lord Cornwallis herum entdeckt worden, hätte in der Garnison Princeton Einigkeit geherrscht oder wäre sie in der Lage gewesen, länger standzuhalten, hätte Cornwallis Washingtons erschöpfte Männer wahrscheinlich überwältigen können. Und wären diese Männer bei Princeton geschlagen worden, wären Washingtons Ruf, die restlichen amerikanischen Streitkräfte und die Rebellion in nur allzu schneller Folge dahin gewesen.

Ira D. Gruber ist Professor für Geschichte an der Rice University

ALISTAIR HORNE

Weltenherrscher

Napoleons verpaßte Gelegenheiten

Auch wenn man zugeben muß, daß Napoleon die dominierende Persönlichkeit des 19. Jahrhunderts war, haftet diesem Mann etwas ausgesprochen Abstoßendes an. Er ist der typische Emporkömmling, der nicht zögerte, eine ganze Generation von Europäern seinem persönlichen Ruhm zu opfern. Das Leben derjenigen, die zu hoch hinauswollen, fordert kontrafaktische Spekulationen geradezu heraus, und für das Leben Napoleons gilt dies in ganz besonderem Maße: Eine solche Gestalt gab es bis Hitler nicht noch einmal. Er war ein Mensch, der nicht wußte, wann er aufhören mußte, und wer weiß, was er sich noch alles vorgenommen hätte.

In diesem Kapitel untersucht der britische Historiker Alistair Horne einige faszinierende Alternativen, die sich Napoleon durchaus geboten hätten. Hätte ihm 1805 eine Invasion Englands gelingen können? War es richtig, Louisiana an die jungen Vereinigten Staaten zu verkaufen? Wie nahe war der große Spieler in dem Feldzug, der zu seinem berühmten Sieg bei Austerlitz führte, einer Niederlage in Mitteleuropa? Und was wäre das Ergebnis gewesen? (Interessanterweise wären so vielleicht ein vereintes Deutschland und ein konfliktreiches Jahrhundert verhindert worden.) Was wäre gewesen, wenn Napoleon beschlossen hätte, nicht in Rußland einzufallen, sondern statt dessen durch die Türkei und den Nahen Osten marschiert wäre, gewissermaßen auf den Spuren Alexanders des Großen, um das von den Briten beherrschte Indien anzugreifen? Was wäre gewesen, wenn der Herzog von Wellington das ihm angebotene Kommando über die britische Armee in Nordamerika übernommen hätte? Vielleicht hätte er den Krieg von 1812 für England gewonnen, aber dann wäre er nicht in Waterloo gewesen: Das hätte möglicherweise alles verändert. Kann man sagen, wie Europa ausgesehen hätte, wenn bei Waterloo wirklich Napoleons »Wunder« eingetreten wäre?

◈ ALISTAIR HORNE hat zwei Bücher über Napoleon geschrieben, *Napoleon: Master of Europe 1805–1807* und *How Far from Austerlitz?* Er hat so bemerkenswerte Untersuchungen verfaßt wie *The Fall of Paris: The Siege and the Commune 1870–1871*, *The Price of Glory: Verdun 1916*, *To Lose a Battle: France 1940* und *A Savage War of Peace: Algeria 1954–1962*. Für seine historischen Arbeiten wurde er mit dem britischen Reichsorden (Commander of the Order of the British Empire) ausgezeichnet und in die französische Ehrenlegion aufgenommen. Er lehrt Literaturwissenschaft an der Universität Cambridge.

In Napoleons ungewöhnlicher Laufbahn, die etwa zwanzig Jahre dauerte, gab es zu verschiedenen Zeiten mögliche historische Alternativen: Es gab Möglichkeiten, die er oder seine Gegner hätten ergreifen können, und es gab Augenblicke, in denen Napoleon andere Entscheidungen hätte treffen können, so daß er am Ende vielleicht doch als Sieger dagestanden hätte. Was wäre beispielsweise gewesen, wenn er bei Waterloo gewonnen hätte? Und wie würde die Welt heute aussehen, wenn Napoleon einen endgültigen Sieg errungen hätte?

Napoleon war, wie der Historiker George Rudé geschrieben hat, »ein Mann der Tat und der schnellen Entschlüsse, und dabei doch ein Poet und jemand, der von der Eroberung der Welt träumte; ein ausgemachter politischer Realist, und dabei doch ein ganz gewöhnlicher Abenteurer, der um hohe Einsätze spielte«. Er hatte das große Glück, in einer Phase die politische Bühne zu betreten, als sich der revolutionäre Elan erschöpft hatte, und es ist kaum überraschend, daß diese dominierende Persönlichkeit die Zukunft Europas – und der Welt – so lange in Händen halten sollte.

Das Direktorium, das dem Terror Robespierres von 1792 bis 1794 folgte, war eine schwache und gespaltene Regierung – vielleicht ein wenig wie Gorbatschow und Jelzin nach den Jahren des Stalinismus –, und 1799 hätte ein Jahr der Hoffnung und Versöhnung für die kriegführenden Parteien in Europa sein können, das sich seit Ausbruch der Französischen Revolution im Kriegszustand befand. Aber vier Jahre zuvor hatte sich ein sechsundzwanzigjähriger General dadurch einen Namen gemacht, daß er den Pariser Mob niederkartätschte. Der noch nicht dreißig Jahre alte Napoleon Bonaparte hatte seine ersten großen militärischen Siege 1796/97 in Italien errungen, und nach dem Coup vom 9. November 1799 war er der eigentliche Herrscher Frankreichs. Kurz darauf bestätigte ein Plebiszit seine Machtstellung, indem es ihn zum Konsul auf Lebenszeit machte. Sein Aufstieg zur Macht machte jede Aussicht auf eine baldige Einigung mit England zunichte, insbesondere, nachdem Napoleon das Direktorium überredet hatte, ihn auf seine unglückselige Expedition nach Ägypten zu schicken. Den Franzosen erschien Napoleon bis zum Jahre 1803 als Friedensstifter, danach jedoch als Eroberer und Begründer eines neuen Reiches. Bis zu dem Zeitpunkt, da sich die Lage sichtlich verschlechterte, waren sie's zufrieden (so wie es die Deutschen in den Jahren waren, in denen Hitler mühelos eine Eroberung nach der anderen machte).

Der kurze Frieden von Amiens im Jahre 1801 (Winston Churchill dazu: »Die Touristensaison war kurz!«) wäre für die Staatsmänner eine Gelegenheit gewesen, zu einer Verhandlungslösung zu kommen. Doch weder William Pitts Großbritannien, das unter seinen Niederlagen litt und Malta um keinen Preis verlieren wollte, noch Napoleon, der zwar glänzende Sieg zu Lande errungen, aber gegen die britische Kriegsmarine nirgends eine Chance gehabt hatte, waren dazu bereit. Ein Kompromißfrieden war nicht möglich, solange ein unerbittlicher Premierminister Pitt einem zu Lande unbesiegten Napoleon gegenüberstand.

Während der Friedensphase befaßte sich Napoleon mit seinen ersten gesellschafts- und rechtspolitischen Reformen für Frankreich, doch sein Sinnen und Trachten war auf weitere Eroberungen gerichtet. Jenseits des Atlantik machte er einen geschickten Schachzug, indem er Louisiana an die jungen Vereinigten Staaten verkaufte und dadurch sicherstellte, daß diese in der globalen Auseinandersetzung mit England zwar nicht zu seinem Verbündeten wurden, aber immerhin wohlwollende Neutralität übten. Natürlich hätte er an diesem großen Territorium festhalten können, das einst zum spanischen Reich gehörte, aber dies hätte ihm unweigerlich einen Konflikt mit den Amerikanern eingebracht – die weder er noch Pitt zum Feind haben wollten.

Das war schon so gewesen, als noch während des Ancien régime das kostspielige Ringen um die westindischen Inseln stattgefunden hatte. (Im 18. Jahrhundert galten diese Inseln als die weitaus wertvollsten Besitzungen in der Neuen Welt.) In den zwanzig

Jahren, die die Kriege mit Frankreich dauerten, ging die Hälfte der Toten, die Großbritannien zu beklagen hatte, auf das Konto von Pitts Feldzügen in der Karibik, wobei die meisten Soldaten dem tödlichen Gelbfieber zum Opfer fielen. 1802 wurde eine Expedition, die Napoleon zur Rückeroberung der zuckerreichen Insel Santo Domingo (heute Haiti) entsandt hatte, durch diese Krankheit dezimiert, die auch den Kommandeur General Leclerc (den Ehemann von Napoleons Schwester Pauline) nicht verschonte. Nur dreitausend der anfänglich 34 000 Männer kehrten zurück. Dennoch richteten sich Napoleons rastlose Blicke immer wieder auf jene verlorengegangenen Schätze in der Karibik. Doch mit dem Verkauf von Louisiana und dem Scheitern der Santo-Domingo-Expedition war sein Engagement in der Neuen Welt beendet – zur großen Erleichterung Washingtons.

Das nachrevolutionäre Frankreich war zur See nicht stark genug, um in der Neuen Welt präsent zu sein. Hätte Napoleon dies angestrebt, wäre seine Flotte für die Briten eine leichte Beute gewesen. Daher war dies keine reale Möglichkeit. An fast jedem entscheidenden Punkt in Napoleons Laufbahn zeigte sich denn auch, daß es seine Unterlegenheit zur See gegenüber den Briten war, die über mögliche Optionen entschied. Die französische Kriegsmarine erholte sich nie von der Revolution: Es gab zahlreiche Meutereien, die meisten Offiziere gehörten der stark dezimierten adligen Oberschicht an, und die Schiffe verfielen. 1798, als Napoleon auf dem ägyptischen Festland siegreich war, zerstörte der junge Nelson vor der Küste seine Schiffe; drei Jahre später geschah das gleiche bei Kopenhagen. Dessen ungeachtet kündigte Napoleon im Juli 1803 den Bau einer Flotte an, deren explizites Ziel die Invasion Großbritanniens sein sollte. Die Historiker streiten noch darüber, ob er dies tatsächlich vorhatte, aber vieles spricht dafür, daß er sie, genau wie Hitler, durchgeführt hätte, wenn er dazu in der Lage gewesen wäre.

Um noch einen Vergleich mit Hitler anzustellen: Wäre er imstande gewesen, mit einer umfangreichen Streitmacht zu landen, dann wäre der zahlenmäßig stark unterlegene Gegner hinweggefegt worden. Schon 1797 war der Versuch einer Invasion Irlands gescheitert, allerdings waren dafür Stürme verantwortlich gewesen. Im Jahr darauf brach in dem durch Frankreich ermutigten Irland eine gewaltsame Rebellion aus. Diese wurde ebenso niedergeschlagen wie ein französischer Landungsversuch zwei Monate später. So attraktiv Irland Napoleon auf dem Papier auch erscheinen mochte, es erwies sich als eine Sackgasse – zumindest solange die britische Kriegsmarine das Seegebiet um England herum kontrollierte.

Während der Regentschaft des verhaßten Königs Johann ohne Land zu Beginn des 13. Jahrhunderts hatte ein französischer Herrscher mit Unterstützung oppositioneller Barone kurzzeitig Macht über Westminster gewonnen; doch im folgenden Jahr hatte eine Welle von Patriotismus zur völligen Vernichtung der französischen Flotte in der Schlacht von Calais geführt. Ohne allzu chauvinistisch erscheinen zu wollen, kann man sagen, daß Frankreich seitdem zwar häufig zu Lande sehr stark, Großbritannien auf See aber selten gewachsen war.

Dennoch baute Napoleon eine große Flotte von über tausend Barkassen für eine Invasion. Diese flachen Schiffe ohne Kiel waren zwar ideal für eine Landung an britischen Stränden und Flußmündungen, aber sie waren nur bei ruhiger See einsatzfähig, und die Franzosen mußten bei ihren Übungen hohe Verluste hinnehmen. Die Briten nahmen die Bedrohung ernst, wenngleich der damalige Oberbefehlshaber der britischen Kriegsmarine, Admiral »Jarvie« St. Vincent, zu Recht feststellte: »Ich sage nicht, daß die Franzosen nicht kommen. Ich sage nur, sie können nicht über das Meer kommen!« Napoleon selbst hatte nach dem Ägyptenfeldzug zugegeben: »Wären die Engländer nicht gewesen, hätte ich über den Osten geherrscht, aber wo immer Wasser ist, in dem ein Schiff fahren kann, stellen sie sich uns in den Weg.« Obwohl Pitt damals keine Armee hatte, die dieses Namens würdig war, waren es britisches Gold, das Napoleons Gegner auf dem

Kontinent finanzierte, und die britische Flotte, die Napoleon immer wieder in seine Schranken wiesen.

Als die Feindseligkeiten 1804 erneut ausbrachen, hatte Britannien 55 und Frankreich 42 Kriegsschiffe, von denen aber nur dreizehn wirklich einsatzfähig waren. Im Sommer 1805 unternahm Napoleon sein gewagtestes Manöver: Er schickte Admiral Villeneuve und seine kümmerliche Flotte auf eine 14 000 Meilen lange Reise, um Nelson zu den westindischen Inseln zu locken – gerade genug Zeit für die französische Flotte, um im Ärmelkanal die Vorherrschaft zu erlangen. Mit seinem üblichen Optimismus rechnete Napoleon damit, daß vierundzwanzig Stunden ausreichen würden. »Wir sind bereit«, sagte er seinen Admirälen. Während des Sommers 1805 wartete England, wie Churchills England im Sommer 1940, mit angehaltenem Atem auf die drohende Invasion. Auf den Klippen von Boulogne verfluchte Napoleon im August den »ungünstigen Wind« und seine Admiräle: Beide ließen ihn im Stich. Die richtigen vierundzwanzig Stunden sollten nie kommen. Und wie Hitler gab Napoleon das Unternehmen auf und marschierte gen Osten. Schon Ende August war eine riesige Armee von 200 000 Mann auf dem Weg nach Österreich, um der österreichisch-russischen Bedrohung entgegenzutreten.

Großbritannien war gerettet. Aber hätte die Invasion im Jahre 1805 gelingen können? War sie jemals eine ernstzunehmende Möglichkeit? Für den großen Spieler Napoleon, der bedenkenlos das Leben seiner Soldaten opferte, mochte sie durchaus ein lohnendes Risiko darstellen. Aber aufgrund der völligen Überlegenheit der britischen Flotte in bezug auf seemännisches Können, die Ausstattung der Schiffe und die Fähigkeiten der Kommandeure wäre es ein Spiel gewesen, bei dem er sehr schlechte Karten gehabt hätte – in einem Element, das er und seine Marschälle, so unbesiegbar zu Lande, nie wirklich verstanden und verstehen würden. Um die berühmten Worte des amerikanischen Admirals Mahan über Nelsons Sieg bei Trafalgar zwei Monate später zu zitieren: »Jene fernen, sturmgepeitschten Schiffe, die nie im Blickfeld der *Grande Armée* sind, standen zwischen ihr und der Weltherrschaft.«

Wie zutreffend diese Äußerung war, sollte Napoleon bis zu seiner Verbannung nach St. Helena die ganze Zeit über spüren.

Nach unglaublich schnellen Märschen durch Europa und einigen glänzenden Manövern errang Napoleon am 2. Dezember 1805 bei Austerlitz seinen größten Sieg überhaupt. Tief im Herzen Europas, dort, wo heute die Tschechische Republik liegt, rieb er mit nur 73 000 Soldaten und 139 Geschützen die österreichisch-russischen Streitkräfte völlig auf, die 85 000 Mann umfaßten und über fast die doppelte Zahl von Geschützen verfügten. Napoleon war ein hervorragender Planer, der genau wußte, was er tat, sowohl bei Austerlitz als auch zuvor bei Ulm. Aber auch hier, mitten im feindlichen Territorium, gab es ungeheure Risiken; hier drängen sich viele mögliche Alternativen auf:

Wenn die nur langsam vorankommende russische Dampfwalze den österreichischen General Mack erreicht hätte, bevor er bei Ulm umzingelt war …

Wenn die Preußen rechtzeitig in den Krieg eingetreten wären, um Napoleons langgestreckte Flanken anzugreifen …

Wenn der russische General Kutusow bei Austerlitz den Kampf verweigert hätte (wie er es 1812 in Rußland mit Erfolg tun sollte) …

Und schließlich: Wenn Napoleon bei Austerlitz so wenig planvoll gekämpft hätte, wie er es ein Jahr später gegen die weitaus unterlegeneren Preußen bei Jena tun sollte …

Besonders hier hätte die Geschichte meines Erachtens einen anderen Verlauf nehmen, hätte sich das Blatt gegen Napoleon wenden können. Bei der Schlacht von Austerlitz schien es einen Augenblick lang fast ein Gleichgewicht zu geben. Alles hing davon ab, wie schnell Napoleons bester General, Davout, aus Wien herbeieilen konnte. Was aber, wenn der eitle, inkompetente und langsame »Belle Jambe« Bernadotte Davouts Stelle eingenommen hätte? Bernadotte, dessen beklagenswerte Leistung beinahe den Sieg bei Jena im Jahre 1806 gefährdet hätte und den Napoleon 1809 bei Wagram ungnädig vom Schlachtfeld schickte.

Wäre seine *Grande Armée* im Zentrum Europas, tausend Kilometer von Paris entfernt, ausgelöscht und er selbst womöglich in Gefangenschaft geraten, ist schwer vorstellbar, wie Napoleon diese Niederlage hätte überstehen können. Zwei Monate zuvor hatte Nelson ihm am anderen Ende Europas eine entscheidende Niederlage zugefügt. Nach Trafalgar war Napoleons Entscheidungs- und Manövrierspielraum durch seine fehlende Handlungsfreiheit auf den Meeren eingeengt – eine Tatsache, die gar nicht hoch genug bewertet werden kann.

Eine französische Niederlage bei Austerlitz hätte noch eine andere mögliche Konsequenz haben können. Der Frieden, der nach Waterloo in Europa einkehrte und ein Jahrhundert dauerte, wäre keine *Pax Britannica* gewesen. Mit Hilfe russischer und österreichischer Waffen unter Kutusow errungen, hätten die Österreicher und die Russen – in Gestalt von Zar Alexander – den Frieden diktieren können. Bei einem solchen Ausgang im Jahre 1805 wäre das Habsburger Reich gestärkt worden, obwohl es in ihm schon deutlich kriselte. Rußland hätte sich hinter seine Grenzen zurückgezogen und sich möglicherweise auf Kosten des Osmanischen Reiches nach Süden ausgedehnt. Vor allem die Entwicklung Preußens wäre völlig anders verlaufen. Nicht mit der Herausforderung eines Krieges konfrontiert, hätte es keinen Grund gehabt, die deutschen Staaten unter seinem Dach zu vereinen, und es wäre ein unbedeutendes Staatswesen geblieben, das den Frieden in Europa später wohl kaum bedroht hätte. Der europäische *status quo ante* des 18. Jahrhunderts wäre wiederhergestellt worden.

Wie bereits erwähnt, war die Schlacht bei Jena-Auerstedt gegen die Preußen im Oktober 1806 ein weniger planvolles und durchdachtes Unternehmen, das gleiche galt für die blutigen Schlachten bei Eylau und Friedland – die letzte Runde gegen die Russen. Aber zuvor hatten sich die Geschicke zu Napoleons Gunsten gewendet; Erfolg zieht Erfolg nach sich, Sieg erzeugt

Sieg. Von einer höheren historischen Warte aus betrachtet, waren Napoleons Triumphe zwischen 1805 und 1807 einfach zu vollkommen, und die Demütigung seiner Feinde auf dem Kontinent – Österreich, Rußland und Preußen – war zu groß, als daß diese keine Rachegedanken geschmiedet hätten. Hätte er auf den Pratzen-Höhen bei Austerlitz nicht so haushoch gewonnen, hätte es dann zehn Jahre später vielleicht kein Waterloo gegeben? Ab 1807 setzte Napoleon seine Zukunftshoffnungen nicht auf das Schlachtfeld, sondern auf die Diplomatie – insbesondere auf das Geschick des Henry Kissinger der damaligen Zeit, Charles-Maurice de Talleyrand-Périgord, der das Priesteramt aufgegeben hatte und jetzt Napoleons Außenminister war.

Natürlich könnte man sagen, daß Talleyrand es leichter gehabt hätte, wenn die Kette von scheinbar endlosen Siegen Napoleon nicht zu Kopf gestiegen wäre. Doch wie Preußens Sieg über Frankreich im Jahre 1871 zeigen sollte, führen sehr erfolgreiche Generäle nicht immer die besten Friedensverhandlungen. Am 19. Juni 1807 erreichte Murats Kavallerie den Njemen, die mehr als tausend Meilen von Paris entfernte russische Grenze. Dort sollten die Franzosen mit den Abgesandten Zar Alexanders zusammentreffen, die um einen Waffenstillstand bitten wollten.

In der folgenden Woche trafen sich die beiden Potentaten auf einem eilig zusammengezimmerten Floß in der Mitte des Flusses, um über die Zukunft des Kontinents zu sprechen. Als der erst 37jährige Napoleon auf dem Floß stand, war er tatsächlich Herrscher über Europa; doch zu seinem eigenen Verderben sah er sich selbst auch, in den Worten von Tom Wolfe, als »Herrscher über das Universum«. Von Gibraltar bis zur Weichsel und darüber hinaus regierte er entweder direkt oder durch ihm ergebene Vasallen. »Er beherrschte Europa«, schrieb Winston Churchill: »Der Kaiser von Österreich war ein feiger und unterwürfiger Satellit. Der König von Preußen und seine hübsche Königin waren Bettler und nahezu seine Gefangenen. Napoleons Brüder regierten als Könige in Den Haag, Neapel und Westfalen ...«

Vor Austerlitz war Napoleon gefürchtet gewesen; nach Tilsit hielt er Europa in Angst und Schrecken. Seine Eroberungen in den vorausgegangenen zehn Jahren waren zweifellos denen Alexanders des Großen vergleichbar. Doch während Alexander einfach durch große, ungeschützte Gebiete in Persien oder Indien marschiert war und hilflose Völker massakriert hatte, die wenig Widerstand leisteten, war Napoleon tausend Meilen durch ein feindliches Europa marschiert und hatte große Länder erobert und mächtige Armeen geschlagen. Trotzdem ist die Parallele alarmierend: Alexander hatte nicht weniger gewollt, als das »Ende der Welt« zu erreichen. Er konnte nicht haltmachen. Hätte er nur bei Persepolis haltgemacht … Aber Indien stürzte ihn ins Verderben, die Wüsten Persiens brachten ihn um.

Würde Napoleon jetzt aufhören können? Auf dem Floß auf dem Njemen hätte er die Möglichkeit dazu gehabt. Es wäre seine beste Chance gewesen, innezuhalten und das Erreichte zu konsolidieren. Vielleicht hätte er sich damit begnügen können, König von Italien zu sein und die italienischen Staaten zu einigen, stand er als Korse den Italienern letztlich doch näher als den Franzosen. Mailand mit seinen Statuen und den nach Napoleon benannten Straßen kommt dem Besucher immer wie eine der wenigen eroberten Städte vor, in denen sein Name nach wie vor geheiligt ist.

Er hätte seine großen Energien auch dem Wiederaufbau Frankreichs und der Verschönerung von Paris widmen können. »Wäre ich Herrscher über Frankreich«, erklärte er 1798, »würde ich Paris nicht nur zur schönsten Stadt der Welt machen, zur schönsten, die jemals existiert hat, sondern auch zur schönsten, die es überhaupt geben kann.« Später hieß es bedauernd: »Ich wollte Paris zu einer Stadt mit zwei, drei oder vier Millionen Einwohnern machen, das heißt zu etwas Wunderbarem, Mächtigem, das es vor unserer Zeit noch nicht gegeben hat … Hätte der Himmel mir noch zwanzig Jahre geschenkt, hätte man das alte Paris vergeblich gesucht.«

Doch nur wenige seiner grandiosen Bauvorhaben wurden jemals fertiggestellt, und Napoleons Traum von einem Paris, das wie ein gigantisches Monument den Ruhm und die Größe seiner Herrschaft bezeugen sollte, wurde durch seine militärischen Ambitionen für immer zunichte gemacht.

So war Tilsit seine letzte Chance, bevor sich der Lauf der Dinge unwiderruflich gegen ihn wendete. Als er sich das nächste Mal, nur fünf Jahre später, zum Njemen aufmachte, sollte er auf dem Weg zu seiner ersten großen Niederlage sein; sie war der Beginn seines Niedergangs.

Der listige, scharfsinnige Talleyrand erkannte die Gefahr und sah die Chance, die sich seinem Herrscher bot. Talleyrand mißbilligte zutiefst die demütigenden Friedensbedingungen, die Napoleon seinen geschlagenen Gegnern auferlegt hatte. Die dem stolzen Preußen auferlegten Bedingungen waren besonders drakonisch: hohe Reparationszahlungen und Abtretung aller Gebiete westlich der Elbe. Sie sollten sich als unannehmbar und als Triebfeder für den nationalen Aufbruch erweisen, der ab 1813 die Siege über Frankreich ermöglichte. Was noch tödlicher war: Das allmächtige Preußen, das trotz des napoleonischen Angriffs aus der deutschen Vereinigung schließlich hervorging, sollte den Grundstein für die Katastrophen legen, die Frankreich von den Erben der unversöhnlichen Preußen zugefügt wurden – 1870, 1914 und 1940.

Was Österreich betraf, so hatte Talleyrand gehofft, großzügige Friedensbedingungen würden Österreich nach Austerlitz zu einem Bollwerk gegen Rußland machen und so für ein Machtgleichgewicht in Osteuropa sorgen. (Das unselige russisch-österreichische Bündnis von 1805 war schließlich nicht nur unnatürlich, sondern auch unhistorisch.) Doch auch Österreich war, genau wie Preußen, stark geschwächt und sann auf Rache.

In Tilsit wurde Rußland formell Napoleons Verbündeter. Aber auch dieses Land war gedemütigt worden, und es nahm Anstoß an der Schaffung eines polnisches Staates, des Großherzogtums

Warschau, der von Napoleon auf dem Gebiet errichtet worden war, das Rußland von jeher als einen grenznahen Satelliten betrachtete: Die Reaktion des Zaren läßt sich mit der Jelzins auf die Osterweiterung der NATO in den neunziger Jahren vergleichen. Es handelte sich also um eine sehr künstliche neue Freundschaft, die auf vorübergehendem Eigeninteresse und anhaltender Feindschaft gegenüber Großbritannien basierte. Napoleon überredete einen widerstrebenden Zaren, sich seinem »Kontinentalsystem« anzuschließen, der Gegenblockade, die Großbritannien strangulieren sollte.

Nichts von alledem hatte Talleyrand gewollt: Er wollte vor allem das Ende des fünfzehn Jahre währenden Krieges, den Frankreich seit der Revolution geführt und der es in Armut gestürzt hatte. Für ihn war Tilsit, das Frankreich keine wirklichen Freunde in Europa gebracht hatte, eine Fortsetzung dieses Krieges. Er hatte recht. Enttäuscht und voller Groll fiel Talleyrand von Napoleon ab und bot seine Dienste dem Zaren an. Dies war Verrat, den Talleyrand herunterspielte, indem er lediglich von einigen Begegnungen sprach. Sein Ziel war es, Napoleon zu Fall zu bringen, bevor dieser Frankreich zu Fall brachte. Unterdessen wurde die Nachricht von Tilsit in Paris mehr mit festlichem Pomp als mit Realitätssinn gefeiert.

Was hätte Napoleon in Tilsit erreichen können, wenn er dem Rat Talleyrands gefolgt wäre? Mehr durch Überzeugung und Diplomatie als durch militärischen Zwang hätte er die bewundernswerten administrativen Strukturen des napoleonischen Systems in ganz Europa durchsetzen können. Diese Vereinheitlichung hätte die für den Wohlstand Großbritanniens wichtigen Märkte wahrscheinlich wirksamer unter Druck gesetzt als sein generell unpopuläres, rigides »Kontinentalsystem«, das seinen Partnern auf dem Kontinent mehr schaden sollte als Großbritannien.

Was das strategische Vorgehen betrifft, so hätte er den Zaren vielleicht überreden können, einen Vormarsch durch die Türkei und den Nahen Osten zu unterstützen, um die Grundlagen der britischen Macht in Indien zu bedrohen. Schließlich war es noch nicht lange her, daß Frankreich auf dem Subkontinent eine wichtige Rolle gespielt hatte. Diesen Traum hatte Napoleon seit dem gescheiterten Ägyptenfeldzug von 1798 nicht aufgegeben, und dafür hätte Rußland sicherlich Verständnis gehabt, kollidierten seine Interessen in Zentralasien doch ständig mit denen Großbritanniens. Da er hauptsächlich zu Lande marschiert wäre, hätte er die allgegenwärtige Bedrohung durch die britische Flotte neutralisiert. Im Nahen Osten wäre er auf keinen ernsthaften Widerstand gestoßen; sehr wahrscheinlich hätte er auch dem Islam eine Rolle im französischen Empire zugewiesen – vorausgesetzt, dieser hätte sich ihm politisch untergeordnet.

Auch hier drängt sich die Erinnerung an das Schicksal der Legionen Alexanders des Großen auf. Die schrecklichen Wüsten Persiens und Belutschistans brachten sie um, und das gleiche Schicksal hätte Napoleon aufgrund der Entfernung und auftretender Krankheiten widerfahren können – wie es in den Weiten Rußlands dann tatsächlich geschah. Angesichts der britischen Seeherrschaft wären seine langgestreckten Verbindungslinien an irgendeiner Stelle verwundbar gewesen – vielleicht am Bosporus oder in der Levante, die sich für die Landung eines Expeditionskorps angeboten hätte. Und wie lange wären die Kämpfer des Osmanischen Reiches gefügige Verbündete gewesen?

Was all dies unter Umständen für die Juden in Palästina bedeutet hätte, darüber lassen sich interessante Spekulationen anstellen. In Frankreich hatte Napoleon ein ernsthaftes (und, nach den damaligen Maßstäben, fortschrittliches) Interesse an einer Emanzipation der Juden zum Ausdruck gebracht. Während der Belagerung von Akka im Jahre 1797 (wo ihm die britische Flotte in die Quere gekommen war) hatte er in einer Proklamation feierlich erklärt, die Juden hätten »ebenso das Recht auf eine politische Existenz wie jede andere Nation«, was niemals vergessen werden sollte. Hätte ein Sieg Napoleons im Nahen Osten vielleicht dazu geführt, daß die jüdischen Bestrebungen in Palästina hundert Jahre vor der Schaffung des Staates Israel verwirklicht worden wären? Andererseits ist an die Kluft zu erinnern, die zwischen Napoleons Versprechungen gegenüber den Polen und ihrer Einlösung bestand. Es war nicht Napoleons Sache, Verpflichtungen zu erfüllen, sobald sie ihren geopolitischen Wert verloren hatten.

In Tilsit verzichtete Napoleon jedoch auf all diese Möglichkeiten – und der Abfall Talleyrands stellte für sein Schicksal einen Wendepunkt dar. Wie er selbst in seinem Exil auf St. Helena eingestehen sollte, hätte Tilsit seine Sternstunde sein können.

Die Versuche, ein hermetisch geschlossenes »Kontinentalsystem« zu errichten, veranlaßten Napoleon einige Monate nach Tilsit, seinen bis dahin größten strategischen Fehler zu begehen. Großbritannien hatte auf dem Kontinent nur noch einen Bundesgenossen, der zugleich sein ältester Verbündeter war: Portugal. Napoleon war entschlossen, diesen Feind zu vernichten; doch sein Marsch durch Spanien schuf ein Problem, das sich für ihn als ebenso unerträglich wie unlösbar erweisen sollte. Dieses Problem war ein fast nicht zu gewinnender Guerillakrieg. Die nahezu unbesiegbaren irregulären spanischen Kämpfer wurden durch ein anfänglich kleines Expeditionskorps von 9000 Mann unter dem Kommando von Sir Arthur Wellesley, dem späteren Herzog von Wellington, unterstützt. Napoleons selbstgeschaffene Wunde wurde später das »spanische Geschwür« genannt, denn jetzt hatte Großbritannien seine »zweite Front«. Ende 1809 waren nicht weniger als 270 000 von Napoleons besten Soldaten – also drei Fünftel seiner gesamten Armee – in den Krieg auf der iberischen Halbinsel verstrickt, wodurch sich sein Verhältnis zu Rußland grundlegend änderte. Nachdem Zar Alexander in Tilsit der besiegte Bittsteller gewesen war, war es jetzt Napoleon, der ihn um Hilfe bat – Rußland sollte Österreich in Schach halten. Unterdessen rüstete Österreich kräftig auf, um Rache für Austerlitz zu nehmen.

Hätte sich Napoleon auf der iberischen Halbinsel anders verhalten können? Natürlich. Er hätte Spanien einfach fernhalten, dessen Pyrenäen-Grenzen dichtmachen und es den stolzen und nationalistischen Spaniern überlassen können, eventuellen britischen Abenteuern entgegenzutreten. (Sie nahmen Nelson schließlich immer noch die Vernichtung ihrer Flotte bei Trafalgar übel. Und sie hätten sich wahrscheinlich ebenso entschieden gegen eine britische Invasion gewehrt, die sie aus ihrem iberischen Schlummer aufgeschreckt hätte, wie sie es jetzt bei den Franzosen taten.) Das Problem war, daß Napoleon nie wußte, wann er haltmachen mußte. Da sich in Frankreich mittlerweile Not und Unzufriedenheit ausbreiteten und die Stimmung in der Bevölkerung zusehends schlechter wurde, tat er das, was Diktatoren seit eh und je getan haben: Er lenkte die Menschen ab, indem er nach immer neuen Ruhmestaten strebte.

Im Sommer 1809 befand sich Napoleon im Krieg mit einem wiedererstarkten Österreich. Bei Wagram, vor den Toren Wiens, errang er seinen letzten Sieg – wenngleich dieser weitgehend mit Hilfe fremder, das heißt in Sachsen und Italien ausgehobener Truppen erstritten wurde, die in Zeiten der Not wenig zuverlässig waren. Im Gegensatz zu Austerlitz konnte Wagram weder als entscheidender noch als endgültiger Sieg bezeichnet werden. Österreich würde bald wieder aufrüsten. Die Schatten wurden kürzer, denn die Generäle auf der Gegenseite lernten dazu.

Mit jedem Jahr wurde die Blockierung der europäischen Häfen durch die britische Kriegsmarine umfangreicher und perfekter, gerieten die einzelnen Länder stärker unter Druck. 1806, 1810 und 1811 kam es zu Wirtschaftskrisen in Frankreich: Napoleon hätte die warnenden Vorzeichen richtig deuten sollen. 1810 waren über 80 Prozent der britischen Weizenimporte seiner Kontrolle entgangen, ein gewisser Teil davon kam sogar aus Frankreich selbst. Um die *Grande Armée* mit Mänteln und Stiefeln zu versorgen, mußten seine eigenen Quartiermeister die britische Blockade heimlich unterlaufen. In jenem Jahr waren nur noch drei von 400 Hamburger Zuckerfabriken in Betrieb. Aber es war Rußland, das unter der Blockade am stärksten zu leiden hatte und am meisten verärgert war. Im Sommer 1811 befanden sich unter den Schiffen in russischen Häfen 150 britische Schiffe, die unter amerikanischer Flagge fuhren. Eine solche Provokation war für Napoleon nicht hinnehmbar, so daß ein erneuter Krieg in greifbare Nähe rückte: Eine große Getreideknappheit im Januar 1812 lieferte ihm einen zusätzlichen Vorwand, gen Osten zu marschieren.

Das Jahr 1811 war allerdings auch für Großbritannien das gefährlichste, da eine schlechte Ernte mit einer Wirtschaftskrise zusammenfiel. Dann trat 1812 etwas ein, das Napoleon wie ein Geschenk des Himmels in den Schoß zu fallen schien: Im Juni erklärte der amerikanische Kongreß Großbritannien den Krieg. Was sich als einer der törichtsten (und zumindest vom britischen Standpunkt) ungewolltesten Konflikte der Geschichte herausstellte, war eine direkte Folge der willkürlichen Maßnahmen Großbritanniens im Zusammenhang mit der Blockade des napoleonischen Europa. Hierdurch hätten sich Napoleon neue Möglichkeiten eröffnet, doch zu dem Zeitpunkt, da er daraus hätte Nutzen ziehen können, führte er in Rußland Krieg, wurde dort besiegt und zog sich nach Frankreich zurück.

Was wäre gewesen, wenn sich Napoleon 1812 nicht auf den Osten, sondern auf den Westen konzentriert hätte? Was wäre gewesen, wenn er nicht nur in militärischen, sondern auch in diplomatischen Kategorien hätte denken können? Was wäre gewesen, wenn er Talleyrand noch an seiner Seite gehabt hätte – Talleyrand, der während der Französischen Revolution zwei Jahre lang in Philadelphia gelebt hatte und daher die Beweggründe der Amerikaner kannte? Da Napoleon keine starke Seestreitmacht besaß, hätte er die Amerikaner militärisch nur wenig unterstützen können. Doch ein Talleyrand hätte diplomatisch und moralisch darauf hingewirkt, die sehr realen Ressentiments gegen die Arroganz anzufachen, die die einstige Kolonialmacht auf den Weltmeeren zeigte.

Betrachten wir ein mögliches Ergebnis dieses vielversprechenden Szenarios: Im November 1814 wurde dem Herzog von Wellington das Kommando über die britischen Armeen in Nordamerika angetragen. Da er diesen Krieg jedoch mißbilligte, lehnte er ab – was er vielleicht nicht getan hätte, wenn sich Napoleon auf amerikanischer Seite engagiert hätte. Seine Entscheidung war für Großbritannien ein Segen. Der Kampf gegen die frühere Kolonialmacht endete einige Wochen später unentschieden. Aber wenn Wellington einen anderen Standpunkt eingenommen hätte oder wenn die Amerikaner sich militärisch mehr ins Zeug gelegt und Kanada, insbesondere Quebec, ernsthaft bedroht hätten, dann hätte Wellington fünftausend Kilometer von Europa entfernt sein können, als Napoleon im Juni 1815 noch einmal alles aufbot.

Selbstverständlich hätte die Möglichkeit bestanden, daß Wellington den Amerikanern eine entscheidende Niederlage beigebracht hätte. Wären die Briten dann versucht gewesen, erhebliche Teile ihrer früheren Kolonien wieder an sich zu reißen, gewissermaßen als Reparation? Um 1775 wieder rückgängig zu machen? Für diese Annahme spricht wenig: Da Großbritannien keine Lust verspürte, sich wieder in der Neuen Welt zu engagieren, kämpfte es im Krieg von 1812 nur halbherzig. Sein Hauptgegner war und blieb Napoleon.

So wie die Dinge lagen, erreichten einige von Wellingtons dringend benötigten Regimentern Belgien erst am Vorabend der Schlacht von Waterloo. Wären sie nicht rechtzeitig eingetroffen, wären die Folgen unschwer zu erraten gewesen. Was für eine glänzende Gelegenheit hätte sich Napoleon geboten!

Aber im November 1812 war seine Zeit so gut wie abgelaufen. Da er das einzige nicht getan hatte, was den Zaren hätte in Bedrängnis bringen können, nämlich die russischen Bauern von der Leibeigenschaft zu befreien, war Napoleon in sein Verderben marschiert – nach Moskau und zurück. Von den 600 000 Soldaten, die im Juni 1812 den Njemen überschritten, kehrten nur gebrochene 93 000 in die Heimat zurück. Die Grenzen des französischen Herrschaftsbereichs verliefen wieder dort, wo sie vor Tilsit verlaufen waren. Unterdessen kämpfte sich Wellington den

Weg durch Spanien frei und bewegte sich auf die französische Grenze zu.

Napoleon hätte den Krieg in Spanien niemals unbeachtet lassen dürfen – so wie Hitler 1941 leichtfertig Stalin angriff, bevor Großbritannien besiegt war. Besser noch: Er hätte gar nicht erst nach Spanien gehen sollen. Außerdem hätte er nie in Rußland einmarschieren dürfen. 1813 fand die Völkerschlacht bei Leipzig statt, bei der ein wiedererstarktes Preußen, Österreich und Rußland die größte Truppenkonzentration aufboten, die es in den napoleonischen Kriegen jemals gegeben hatte, um die *Grande Armée* vernichtend zu schlagen.

Es folgten die großen Niederlagen auf Frankreichs eigenem Boden. Aber auch dann wäre es für Napoleon zum Einlenken noch nicht zu spät gewesen: Die von den Verbündeten angebotenen Friedensbedingungen waren großzügig und hätten Frankreich zumindest als historische und geographische Einheit intakt gelassen. Doch Napoleon entschloß sich, weiterzukämpfen, vergeblich darauf wartend, daß sein Stern wieder steigen würde. Das Wunder blieb aus, und im April 1814 dankte er ab. Er ging in sein erstes Exil auf die Insel Elba. Nach zehn Monaten entkam er, landete in Südfrankreich und marschierte nach Paris, wo er die »Herrschaft der hundert Tage« errichtete. Zum Schluß schien er doch noch ein Wunder zu wirken.

Juni 1815: Wir sind auf dem Schlachtfeld von Waterloo. Nach den häufig zitierten Worten des »eisernen Herzogs« ging die Sache so knapp aus, wie man es sich nur vorstellen kann – obwohl ein Wellington mitkämpfte. Aber ohne Wellington – der möglicherweise in Kanada gewesen wäre – hätte Blücher, sein tapferer preußischer Verbündeter, seine Bündnispartner in jenem Juni höchstwahrscheinlich nicht so wirksam unterstützt, so daß mit ebenso großer Wahrscheinlichkeit die Schlacht bei Waterloo verloren gewesen wäre.

Andererseits hätte ein Sieg nicht den endgültigen Triumph Napoleons bedeutet. Starke Truppen aus Rußland, Österreich und

Deutschland bewegten sich bereits auf Frankreich zu. Eine zweite oder vielleicht auch mehrere Schlachten wären wahrscheinlich auf Waterloo gefolgt. Aber auch wenn die letzte Schlacht – ohne Beteiligung Großbritanniens – wahrscheinlich mit einer Niederlage Napoleons geendet hätte, wäre es ein *kontinentaler* und kein *britischer* Sieg gewesen. Der Frieden wäre von Metternichs mitteleuropäischen Mächten, von Rußland, Österreich und Preußen, und nicht von Großbritannien diktiert worden. Das nächste Jahrhundert hätte daher ganz anders ausgesehen. Hätten sich die Sieger, wie so oft in der Vergangenheit, zerstritten und eine Periode der Unsicherheit anstatt des Jahrhunderts der Stabilität geschaffen, das Waterloo der Welt bescherte? Oder hätten sie ein andersgeartetes »europäisches Konzert« zustande gebracht?

Welche Rolle hätte Amerika bei alledem gespielt? Hätte eine solche alternative Entwicklung den Reifungsprozeß der einstigen Kolonie in weltpolitischen Angelegenheiten beschleunigt? Angenommen, England wäre im Juni 1815 oder im Nahen Osten und in Indien entscheidend geschlagen oder nach Tilsit erfolgreich aus Napoleons »Kontinentalsystem« ausgeschlossen worden – was hätte das für die jungen Vereinigten Staaten bedeutet? Man kann mit einiger Sicherheit sagen, daß die ehemalige Kolonie und ein seiner Weltmachtrolle beraubtes Großbritannien aufgrund der äußeren Zwänge und gemeinsamer Interessen zunehmend enger zusammengerückt wären – wie es 1940 der Fall sein sollte.

Das Problem bei all diesen verschiedenen Optionen, diesen Hypothesen, diesen Was-wäre-gewesen-wenn-Fragen ist, daß alles von Napoleons Charakter abhing. Ein größerer und besserer Mann hätte wie Cassius gegenüber Brutus in Shakespeares *Julius Caesar* zugeben können: »Nicht durch die Schuld der Sterne (...) Durch eigne Schuld nur sind wir Schwächlinge.«

Napoleon konnte sich jedoch nicht zu der Erkenntnis durchringen, daß jede seiner Niederlagen auf eigene Fehler zurückzuführen war. Immer mußte jemand anderer schuld sein. Oder, um noch einmal Shakespeare anzuführen, wie Hamlet hielt er sich für »einen König von unermeßlichem Gebiete, wenn nur meine bösen Träume nicht wären«.

Die »bösen Träume«, die Napoleon plagten, waren seine Phantasien von endlosen militärischen Eroberungen. Wie die meisten Eroberer vor und nach ihm, wußte er nie, wann oder wie er haltmachen sollte. Wellington erkannte dies nur zu gut, als er einmal feststellte: Ein Eroberer ist wie eine Kanonenkugel, sie muß weiterfliegen. Dies brachte Talleyrand zur Verzweiflung und veranlaßte ihn, zum Zaren überzulaufen. Wie schon angedeutet, war Tilsit für Napoleon die letzte Gelegenheit, seinen Namen mit einem anhaltenden Frieden zu verbinden; doch sein Charakter hinderte ihn daran, diese Gelegenheit zu ergreifen. Und selbst wenn er es getan hätte, wie lange hätten die besiegten und gedemütigten Länder in Mitteleuropa – Preußen, Österreich und Rußland – ihm gestattet, sich unangefochten in diesem Frieden zu sonnen? Auf diese Frage gibt es keine Antwort.

Vor gut neunzig Jahren gewann ein angehender britischer Historiker mit Namen George Trevelyan, der später zu einem der berühmtesten Historiker seiner Generation werden sollte, mit seinem Essay *Wenn Napoleon die Schlacht von Waterloo gewonnen hätte* einen von der Londoner *Westminster Gazette* ausgeschriebenen Wettbewerb. Trevelyans Ansicht nach hätte der bei Waterloo siegreiche, aber durch endlose Kriege erschöpfte Napoleon der Friedenssehnsucht seiner Armee nachgegeben und seinem Erzfeind England gegenüber unerwartete Milde walten lassen. Rußland hätte sich daraufhin aus Europa zurückgezogen, Frankreich hätte eine dominierende Stellung gehabt, und die Deutschen wären »die ruhigsten und loyalsten aller Untertanen Napoleons geblieben« (dies wurde sieben Jahre vor 1914 geschrieben). Großbritannien wäre isoliert gewesen.

Dieses Europa wäre von den Träumen eines Charles de Gaulle oder eines Brüsseler Technokraten von heute nicht allzu weit entfernt gewesen.

Caleb Carr

Napoleon gewinnt bei Waterloo

Angenommen, der unglückliche Marschall Grouchy wäre imstande gewesen, die unrealistische Aufgabe zu erfüllen, die Napoleon ihm am 17. Juni 1815 zuwies, und hätte den preußischen Marschall Blücher daran gehindert, seine Truppen am nächsten Tag bei Waterloo mit denen des Herzogs von Wellington zu vereinen. Dem für die Franzosen bestmöglichen Szenario zufolge hätte Napoleon diese Schlacht gewonnen, und die Verbündeten wären gezwungen gewesen, Frieden mit dem restaurierten bonapartistischen Regime zu schließen. Was hätte das für Europa und die Welt bedeutet?

Stellt man sich weiter vor, Napoleon hätte es geschafft, sich nicht wie ein machtbesessener, größenwahnsinniger Potentat zu gebärden, kann man auf den Gedanken kommen, er hätte in der von dem englischen Viscount Castlereagh und dem österreichischen Fürsten Metternich auf dem Wiener Kongreß geschaffenen, neuen europäischen Friedensordnung eine vernünftige Rolle gespielt. Diese Vorstellung war und ist reizvoll: Wäre Napoleon bereit gewesen, einer von vielen Akteuren im europäischen Machtgleichgewicht des 19. Jahrhunderts zu sein (das dem Kontinent in der Neuzeit die relativ längste Friedensperiode, volle hundert Jahre, bescherte), wäre der Aufstieg des deutschen Reiches, das dieses Gleichgewicht schließlich zerstörte, sicherlich verhindert worden. Diesem Szenario zufolge hätte der Frieden über 1914 hinaus andauern können.

Gegen solche Überlegungen sprechen leider die psychischen Zwänge, deren Gefangener der französische Kaiser immer war. Die Annahme, Napoleon – ein Imperialist, doch gleichwohl ein Kind der Französischen Revolution – hätte sich damit zufriedengegeben, mit seinen früheren (vorwiegend reaktionären) Feinden an einem Konferenztisch zu sitzen und sie als gleichwertige Partner zu behandeln, ist kaum wahrscheinlich, wenn nicht grotesk. Aller Wahrscheinlichkeit nach hätte er statt dessen auf den richtigen Augenblick gewartet, seine Armeen wieder aufgerüstet und früher oder später wieder um die Vorherrschaft auf dem Kontinent gekämpft.

Nichts deutet darauf hin, daß Napoleon bewußt war, wieviel Leid er so viele Jahre über Europa brachte, oder daß er sich dafür verantwortlich fühlte. Daher hätte ein Sieg Napoleons bei Waterloo die Katastrophe von 1914 nicht hinausgeschoben, sondern wahrscheinlich um etwa neunzig Jahre vorgezogen. So wäre das 19. Jahrhundert zu einem weiteren Jahrhundert geworden, in dem sich die Europäer auf Geheiß abgestumpfter und gefühlloser Herrscher gegenseitig abgeschlachtet hätten.

CALEB CARRS neueste Bücher sind *Die Einkreisung* und *Engel der Finsternis*.

STEPHEN W. SEARS

Ein Cannae der Konföderierten und andere Szenarien

Wie der amerikanische Bürgerkrieg anders hätte ausgehen können

Die Fragen nach einem anderen Gang der Geschichte, die der amerikanische Bürgerkrieg aufwirft, mögen schwerer zu beantworten sein als diejenigen, die sich im Zusammenhang mit der amerikanischen Revolution stellen – die Zeiten und die Kriegstechnik waren bereits komplexer –, aber es herrscht wahrlich kein Mangel an ihnen. Eine dauerhafte Spaltung der Nation war in den ersten beiden Kriegsjahren eine reale Möglichkeit, und sie fachte zweifellos den Kampfgeist der Südstaatler an. Es hätte durchaus zum Ende der Feindseligkeiten und zu Verhandlungen über »eine Einigung auf der Basis der Trennung« kommen können, wenn Robert E. Lee am sechsten Tag der Sieben-tage-Schlacht im Juni 1862 ein doppelter Umfassungsangriff auf einen großen Teil der Unionsarmee von George B. McClellan gelungen wäre. Aber die Rebellion, wie der Norden sie nannte, hätte auch leicht kurz nach ihrem Beginn schon wieder zu Ende sein können. Wenn militärische Operationen eine immanente Logik haben, so zeigt Stephen W. Sears, dann hätte das Ergebnis manchmal ein anderes sein müssen. Manchmal hängt der Ausgang auch nur von der Bahn einer einzigen Kugel ab oder davon, ob sich ihr Ziel (falls es ein Ziel gibt) rechtzeitig in Sicherheit bringen kann. Bruchteile von Sekunden können ganze Jahrhunderte beeinflussen. In anderen Fällen kann ein Ereignis, das den Lauf der Geschichte zu ändern scheint – Sears führt als Bei-

spiel den Sieg McClellans über Lincoln bei der Präsidentschaftswahl von 1864 an –, jedoch das genau gegenteilige Resultat hervorbringen. Mit anderen Worten, es ist möglich, daß gewaltige Veränderungen letztendlich nur wieder zu dem Zustand zurückführen, der möglicherweise sowieso bestanden hätte.

◈ STEPHEN W. SEARS gehört zu den renommiertesten Experten für die Geschichte des amerikanischen Bürgerkriegs. Er hat unter anderem die folgenden Bücher geschrieben: *Landscape Turned Red: The Battle of Antietam*, *George B. McClellan: The Young Napoleon*, *Chancellorsville* und zuletzt *Controversies and Commanders: Dispatches from the Army of the Potomac*.

Der amerikanische Bürgerkrieg war – wie jeder Krieg – durch eine Reihe von Augenblicken geprägt, in denen es völlig in der Schwebe war, wer Sieger und wer Besiegter sein und ob der Verlauf der Krieges sich entscheidend ändern würde. In diesen Augenblicken waren es die Entscheidungen oder Taten von Soldaten und Staatsmännern (in einem Fall der Wähler), die zu den uns bekannten Konsequenzen führten. Doch die Ergebnisse und Konsequenzen hätten leicht anders aussehen können – falls militärische Operationen eine immanente Logik haben, hätten sie manchmal anders aussehen *müssen*.

Jedes der folgenden fünf Szenarien barg (zumindest in jenem Augenblick) die große Wahrscheinlichkeit in sich, das Kriegsgeschehen bzw. die Nachwirkungen des Krieges tiefgreifend zu beeinflussen. Bei keinem dieser Szenarien muß man seine Phantasie sehr strapazieren, um die zugrunde gelegte Annahme überzeugend zu finden. Ohne die tatsächlichen Ereignisse in unzulässiger Weise zu verzerren – im ersten Szenario hat Jefferson Davis beispielsweise die Schlacht am Bull Run 1861 tatsächlich miterlebt – und ohne den Akteuren irgendwelche Worte in den Mund zu legen, stelle man sich vor, in diesen entscheidenden Augenblicken des amerikanischen Bürgerkrieges wäre die Sache anders ausgegangen ...

Die Schlacht am Bull Run oder die Rebellion von '61

»Ihr seid unerfahren«, sagte Lincoln zu Irvin McDowell, Kommandeur der neu rekrutierten Unionstruppen in Washington, »aber sie sind auch unerfahren; ihr seid alle gleichermaßen unerfahren.« Dies war eine bemerkenswert weitsichtige Feststellung. Am 21. Juli 1861, als McDowells unerfahrene Soldaten an den Ufern des Bull Run westlich der Hauptstadt zum Kampf gegen die ebenso unerfahrenen Soldaten der Konföderierten Staaten Amerikas antraten, die gerade ihre Selbständigkeit proklamiert hatten, hing der Ausgang davon ab, welche dieser unerfahrenen Armeen sich zuerst auflösen und Reißaus nehmen würde.

Der entscheidende Augenblick trat am Spätnachmittag ein. Nach sechsstündigen verworrenen Manövern und blutigen Kämpfen hatten die Männer beider Armeen die Grenze ihres Durchhaltevermögens erreicht. Die Konföderierten, die durch General McDowells Flankenbewegung langsam, aber kontinuierlich zurückgedrängt wurden, errichteten auf dem Henry House Hill eine letzte Verteidigungsstellung. Eine ihrer Kerntruppen war eine Brigade aus Virginia, über die der beinharte Brigadegeneral Thomas J. Jackson ein strenges Kommando führte. Angriffe und Gegenangriffe fluteten über den Gipfel der Anhöhe, doch die Virginier wankten nicht. Da wurde General Jackson plötzlich von einer Salve getroffen und stürzte mit drei Kugeln in seinem linken Arm zu Boden. Er wurde vom Schlachtfeld weg nach hinten getragen; sonst wäre dies seine große Stunde gewesen.

Ohne Jacksons energische Führung begann die Front seiner Virginier zu wanken. Die Regimenter wichen auf beiden Flanken zurück. Wieder stürmten die Unionstruppen vor, und diesmal wurden sie nicht aufgehalten. Die Verteidigungslinie der Konföderierten öffnete sich in der Mitte und fiel auseinander. Mit einem Mal lief jeder nach hinten, um sich in Sicherheit zu bringen. Hinter der auseinandergesprengten Front brachten verängstigte Fuhrleute ihre beladenen Wagen in das Dorf New Market, wo die Granaten der Unionskanonen einschlugen und das Gewühl der Fuhrwerke in ein Inferno verwandelten. Aus Angst wurde Panik. »Die meisten Männer sind ein verwirrter, völlig demoralisierter Haufen«, mußte der Feldkommandeur der geschlagenen Armee zugeben. »Alle Kommandeure waren sich darin einig, daß es nicht möglich war, in Verteidigungsstellung zu gehen …«

Dies erwies sich letztlich als entscheidend – die zersprengten Konföderierten konnten nirgendwo in der Nähe Stellung beziehen, es gab keine natürliche Barriere, hinter der sich die in Panik geratenen Männer hätten sammeln und beruhigen können. Wäre das Gefecht anders ausgegangen, wären es die unerfahrenen Unionstruppen gewesen, die sich aufgelöst hätten und weggerannt wären, dann hätten sie sich am nahe gelegenen Potomac und an den rudimentären Verteidigungsstellungen in Washington sammeln können. Die vom Schlachtfeld geflohenen Konföderierten versuchten in der Tat, am Rappahannock, etwa vierzig Kilometer südlich, eine Verteidigungsstellung zu errichten. Doch kaum mehr als ein paar Mann erreichten den Fluß.

Die Brigaden der Union waren im Sieg ebenso desorganisiert, wie es ihre Feinde in der Niederlage waren. General McDowell hatte jedoch noch zwei Divisionen, mit denen er die Verfolgung aufnehmen konnte. Die erschöpften, entmutigten Rebellen, die die ganze Nacht hindurch geflohen waren, warfen zu Tausenden ihre Waffen weg und ergaben sich den Verfolgern. Der bekannteste Gefangene war der Präsident der Konföderierten Staaten: Jefferson Davis war von Richmond herbeigeeilt, um die Schlacht zu beobachten, und wurde gefangengenommen, als er zu den fliehenden Rebellen ritt und versuchte, ihre Flucht aufzuhalten.

Am zweiten Tag nach der Schlacht hatten die ranghöchsten Rebellengeneräle, Joseph E. Johnston und P.G.T. Beauregard, die Reste ihrer Truppen über den Rappahannock gebracht. Am 21. Juli hatten sie am Bull Run mit über 30 000 Mann gekämpft; jetzt stand nur noch ein Viertel der Leute unter ihrem Kommando. Obwohl sie durch eine Reservetruppe aus Fredericksburg Verstärkung erhielten, umfaßte die Streitmacht der Konföderierten insgesamt nur knapp 10 000 Mann. McDowell und seine Legionen, die sich auf dem gegenüberliegenden Flußufer formierten, wurden stündlich durch neue Regimenter aus dem Norden verstärkt. Aus dem Süden kamen keine neuen Einheiten.

Johnston und Beauregard wußten nur zu gut, daß der Feind in überwältigender Zahl binnen Tagen, ja vielleicht binnen Stunden über den Rappahannock stürmen und die Reste der Rebellenstreitmacht vernichten würde. Da Präsident Davis im Old-Capitol-Gefängnis im Washington schmachtete, trafen die beiden Generäle selbst die Entscheidungen. Keiner von ihnen war ein Revolutionär; beide waren in militärischen Dingen Traditionalisten. Wenn eine Niederlage unabwendbar war, gab es nur eine ehrenvolle Entscheidung. Sie schickten eine Abordnung zu McDowell, die um einen Waffenstillstand bat. Nachdem Präsident Lincoln zugestimmt hatte, wurde dieser gewährt. So endete die militärische Phase dessen, was als Rebellion von '61 bekannt werden sollte.

Jetzt trat die Diplomatie an die Stelle der Waffen. Ins Licht der Öffentlichkeit traten einmal mehr John J. Crittenden aus Kentucky und der Dreizehner-Ausschuß des Senats, der zur Jahreswende vergeblich auf eine Kompromißlösung zwischen den Unionisten und den Sezessionisten hingearbeitet hatte. Diesmal konnten die Südstaaten keine Trümpfe ausspielen. Vom Weißen Haus aus diktierte Lincoln die Bedingungen. Die elf Staaten der Konföderierten mußten ihre Sezession rückgängig machen und sich wieder der Union anschließen. Ihre bewaffneten Kräfte waren aufzulösen, und jeglicher Besitz der Union war zurückzugeben. Während die Sklaverei in den Staaten erhalten bleiben sollte, in denen sie per Verfassung verankert war, sollte ihre Ausbreitung über deren Grenzen hinaus künftig streng verboten sein. Der Kongreß sollte die dafür erforderlichen Gesetze verabschieden, und der Dreizehner-Ausschuß wurde mit der Ausarbeitung eines langfristigen Planes beauftragt, der Entschädigungszahlungen für freigelassene Sklaven vorsah.

Da die Reste der konföderierten Armee von McDowell in Schach gehalten wurden und jeder das Debakel am Bull Run noch in frischer Erinnerung hatte, hatte Richmond keine andere Möglichkeit, als die Bedingungen für eine Beilegung des Konflikts und den Wiederaufbau zu akzeptieren. Im Norden gab es Stimmen, die forderten, die Anführer der Rebellion von '61 wegen Verrats zu hängen, angefangen mit Jefferson Davis. Präsident Lincoln wollte davon nichts wissen. Schließlich waren weitere Kriegshandlungen abgewendet worden, und er wollte sich in der bevorstehenden Amtszeit auf die äußerst schwierigen politischen Verhandlungen konzentrieren, um auf friedlichem Wege die Sklaverei zu beseitigen. Eine verbitterte ehemalige Konföderation würde die Lösung dieser Aufgabe fast unmöglich machen. »Seien wir nicht zu hart zu ihnen«, lautete Lincolns freundliche, aber bestimmte Antwort.

Das tatsächliche Geschehen verlief natürlich anders. General Jackson, der nur einen Streifschuß bekommen hatte, hielt die Stellung auf Henry House Hill – »Jackson steht wie eine Mauer aus Stein!« –, und am Ende waren es die unerfahrenen Truppen McDowells, die sich auflösten und flohen. Die siegreiche konföderierte Armee – die später Nordvirginia-Armee heißen sollte – sah erwartungsvoll dem nächsten Feldzug entgegen, in dem sie die Unabhängigkeit für den Süden erringen wollte.

Die nächsten Kämpfe fanden in Virginia statt, wo George B. McClellan, der McDowell abgelöst hatte, auf Richmond vorrückte. Sie erreichten ihren Höhepunkt in der Siebentage-Schlacht, die in der letzten Juni-Woche des Jahres 1862 begann. Robert E. Lee, der den bei Seven Pines verwundeten Joseph E. Johnston ersetzt hatte, griff McClellan unaufhörlich an und trieb ihn zurück. Am 30. Juni 1862 wollte Lee seinen Feinden in dem kleinen Dorf Glendale den entscheidenden Schlag versetzen.

General Lee gelingt sein Cannae

Wie Lees Biograph Douglas Southall Freeman es ausdrückte, hatte General Lee »nur jenen einen Tag für ein Cannae ...«. Es war der sechste der sieben Tage, und McClellans Potomac-Armee floh in Richtung James River. Die Wege zum Fluß führten durch Glendale. McClellan dicht auf den Fersen war Stonewall Jackson mit vier Divisionen. Gegen die Flanke der sich zurückziehenden Yankees drängten drei Divisionen unter James Longstreet. Obwohl

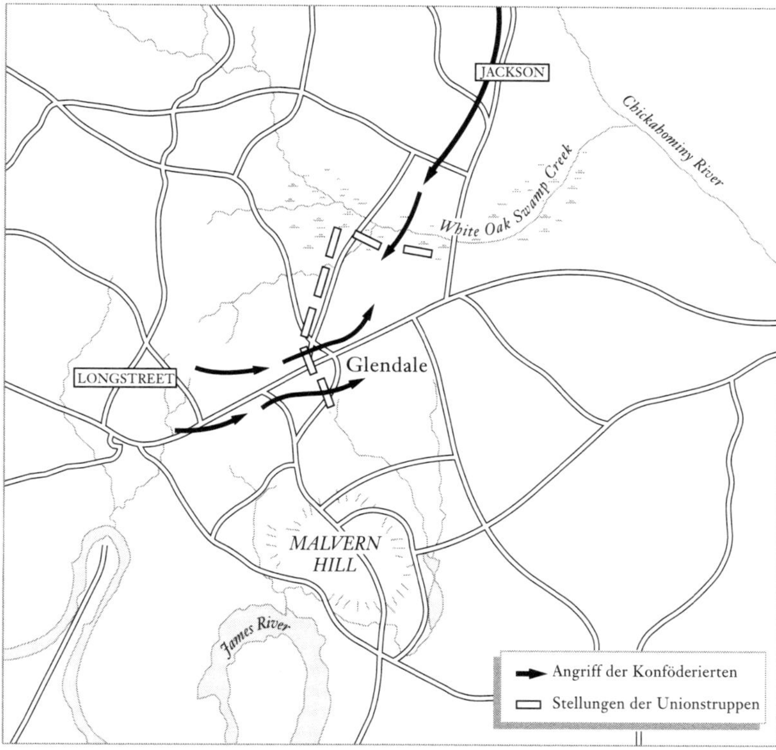

McClellans Armee die größere der beiden war, konnte Lee bei Glendale eine überlegene Streitmacht gegen die langgezogenen Kolonnen des Feindes zum Einsatz bringen. Ein Flankenangriff von Longstreet sollte die Unionsarmee in zwei Teile spalten: Hannibals klassischer Sieg bei Cannae 216 v. Chr. – in der Geschichte das Synonym für eine vernichtende militärische Niederlage – würde sich vielleicht wiederholen lassen. Porter Alexander, der klügste Historiker auf seiten der Konföderierten, sagte, es habe im Bürgerkrieg nur wenige Augenblicke gegeben, in denen »wir so große militärische Erfolge hatten, daß wir hoffen konnten, den Krieg mit unserer Unabhängigkeit zu beenden ... Diese Chance vom 30. Juni '62 war meiner Ansicht nach die beste von allen.«

Lee verfehlte sein Ziel nur sehr knapp, die Yankees entkamen. Nachdem Lee beobachtet hatte, daß Longstreets Flankenangriff nicht rechtzeitig erfolgt war, schrieb er erbittert: »Hätten die anderen Kommandeure besser kooperiert, wäre die Sache für den Feind ungleich schlimmer ausgegangen.« Der Hauptschuldige war Stonewall Jackson. Da er an jenem Tag eher niedergeschlagen und apathisch war, war er nicht gegen die Nachhut der Unionstruppen vorgerückt, die so in der Lage waren, rechtzeitig Verstärkung zu schicken, um Longstreets Durchbruch zu verhindern.

An jenem Tag hätten sich die Dinge leicht anders entwickeln können. Ja, wäre Jackson am 30. Juni 1862 in seiner üblichen Form gewesen, hätten sie sich aller Wahrscheinlichkeit nach anders entwickelt.

◆ ◆ ◆

Nach drei Monaten intensiver Kampfhandlungen im Shenandoah Valley, die auf seinen Vorstoß nach Virginia folgten und in der Siebentage-Schlacht gipfelten, war Stonewall Jackson sehr erschöpft. Am fünften Tag – Sonntag, dem 29. Juni – erkannte Jackson, der auf Lees Befehl hin außer Dienst gestellt worden war, in welch bedenklicher Verfassung er körperlich und seelisch war. Er verzichtete auf die Übungen, die er normalerweise jeden Sonntag machte, ordnete an, daß er nicht gestört werden wolle, und schlief sich gründlich aus. Als am 30. Juni die entscheidenden Ereignisse bei Glendale stattfanden, war Stonewall Jackson erholt, tatkräftig und kampfeslustig.

An jenem Morgen holte Jackson die Nachhut der Yankees unter William Franklin bei einer zerstörten Flußbrücke im White Oak Swamp nördlich von Glendale ein. Jacksons Kundschafter entdeckte eine ziemlich starke feindliche Stellung und dachte, wie üblich, sofort an eine Flankenbewegung. Einige Wagemutige fanden flußabwärts zwei Furten, durch die die Infanterie das Flußbett überqueren konnte. Jackson packte die Gelegenheit beim Schopf. Unter dem Schutz eines gewaltigen Artilleriesperrfeuers führte er drei Brigaden hinüber und griff Franklins Yankees von der Seite und von hinten an.

Als Franklins Nachhut den Kampf gegen diese Bedrohung aufnahm, gab Lee Longstreet den Befehl, eine Offensive gegen die Unionstruppen durchzuführen, die Glendale nach Süden hin verteidigten. Schon bald baten die stark bedrängten Verteidiger von Glendale Franklin um Hilfe. Er konnte ihnen keine schicken; ja, er weigerte sich sogar, die beiden Brigaden zurückzuschicken, die er zuvor »leihweise« aus Glendale bekommen hatte.

Longstreet stieß mitten durch die langgezogene Linie der Unionstruppen. Nachdem er die unbedeutenden Reserveeinheiten abgedrängt hatte, richtete er die Angriffsspitze gegen Franklins Nachhut. Als sich Franklin dieser neuen Bedrohung entgegenstellte, stürmte Jackson mit voller Wucht über den White Oak Swamp. Gut die Hälfte der Unionsarmee wurde abgeschnitten und von den gegnerischen Kräften überwältigt.

Die Lage der Unionsarmee war um so schlimmer, als es keinen klaren Oberbefehl gab. Vor Beginn der Schlacht hatte General McClellan, über die Wendung seines großen Feldzugs entsetzt und demoralisiert, seine Truppen bei Glendale verlassen und war zur Vorhut am James River geritten, die weit vom Kampfplatz entfernt war. Er hatte niemandem das Kommando übertragen, so daß bei der Verteidigung des »Glendale-Kessels« gewissermaßen jeder sein eigener General war.

»Fighting Joe« Hooker, der sich im südlichen Teil der gesprengten Verteidigungslinie befand, konnte sich mit seiner Division absetzen. Phil Kearny griff beherzt an und durchbrach den letzten Ring. Ihre beiden Divisionen hatten zusammen mit den vieren, die bereits den Malvern Hill am James River erreicht hatten, jetzt die Kampfstärke der Potomac-Armee. Die anderen fünf Divisionen wurden bei Anbruch der Dunkelheit bei Glendale und am Rand des White Oak Swamp eingekesselt. In der Nacht zog Lee den Ring enger, und am nächsten Tag, am 1. Juli, nahm er die Kapitulation der Unionsarmee an. Bei Glendale verloren die Yankees insgesamt 46 000 Mann mitsamt Ausrüstung. General Lee hatte sein Cannae – zumindest das halbe.

McClellan schlug sich mit den Resten seiner Truppen zu Harrison's Landing am James River durch. Überzeugt davon, Lees Armee umfasse 200 000 Mann (in Wirklichkeit war sie weniger als halb so stark), wurde der junge Napoleon durch die Berichte über Glendale noch zusätzlich erschreckt. Sein großer Feldzug hatte in einem Waterloo geendet. Nachdem er dem zweiten Befehlshaber Fitz John Porter aufgetragen hatte, zu den bestmöglichen Bedingungen zu kapitulieren, fuhr er mit einem Kanonenboot ins Exil. Doch auch diesen Hafen erreichte er nicht. Von einem Kriegsgericht wegen Nichterfüllung seiner Pflicht bei Glendale verurteilt, wurde er aufgrund der zornigen Aussagen von General Hooker und General Kearny unehrenhaft aus der Armee entlassen.

Was General Lee betrifft, so wurde ihm in Richmond ein triumphaler Empfang bereitet. Er rekrutierte in aller Ruhe neue Truppen und bestückte seine Armee mit der üppigen militärischen Beute, die der Potomac-Armee entrissen worden war. Jetzt hatte er es nur noch mit dem wichtigtuerischen General John Pope und seiner Virginia-Armee zu tun, die aus den Resten der Unionsarmee im Osten zusammengestückelt worden war. Ende Juli wandte sich Lee nach Norden. Seine Weisung an Stonewall Jackson, der die Angriffsspitze führte, lautete, den prahlerischen Pope »fertigzumachen«.

Der unterlegene Pope wartete nicht darauf, fertiggemacht zu werden, sondern floh in die Verteidigungsstellungen von Washington. Lee setzte ihm sofort nach und belagerte die von einem bunt zusammengewürfelten Haufen verteidigte Stadt. Der Potomac wurde oberhalb und unterhalb der Stadt abgeriegelt, alle Bahnverbindungen wurden gekappt. Dann führten die Konföderierten den massiven Belagerungstroß heran, den sie von McClellan in Virginia erbeutet hatten. Premierminister Palmerston, der all dies von London aus beobachtete, ließ seinem Außenminister eine Note zukommen. Die Unionstruppen hätten »eine vernichtende Niederlage« einstecken müssen, bemerkte er und fragte dann: »Wäre es nicht an der Zeit, bei dieser Lage der Dinge zu überlegen, ob sich England und Frankreich nicht an die kämpfenden Parteien wenden und eine Einigung auf der Basis der Trennung empfehlen sollten?«

Das britisch-französische Angebot kam mit dem nächsten Postschiff, und dahinter stand, wie die Lincoln-Regierung wußte, die Drohung, die europäischen Mächte würden die Konföderation voll anerkennen. Der Regierung war auch klar, daß die Rebellen nach Ohio und ins Kernland marschieren würden, falls sie Truppen aus dem Westen heranführen würde, um die Belagerung zu durchbrechen – gegen den hervorragenden Lee bestenfalls ein fragwürdiges Unterfangen. Als General Lee im September die Zivilbevölkerung aufforderte, binnen drei Tagen die Hauptstadt zu verlassen, weil er dann seine Artilleriegeschütze einsetzen wollte, war die Antwort darauf eine Bitte um Einstellung der Feindseligkeiten, um über »eine Einigung auf der Basis der Trennung« zu verhandeln. Lees Cannae hatte alles gebracht, was er erwartet hatte.

Die berühmteste taktische Überraschung des Bürgerkrieges war Stonewall Jacksons erfolgreicher Flankenmarsch und Angriff auf Joe Hooker bei Chancellorsville. Auch im Rückblick bereute Hooker seine Kampfführung nicht. Bei Jacksons Vorgehen, schrieb er später, »bestand unter den gegebenen Umständen nicht die geringste Wahrscheinlichkeit für eine erfolgreiche Durchführung. Mit neunundneunzigprozentiger Sicherheit wäre General Jacksons Truppe vernichtet worden.« Hooker war wohl kaum ein unvoreingenommener Beobachter. Doch seine Feststellung war durchaus richtig. General Hooker hatte besondere Maßnahmen ergriffen, um genau einen solchen Überraschungsangriff wie den am 2. Mai 1863 zu verhindern. Wären seine Befehle, seine rechte Flanke zu schützen, so durchgeführt worden, wie er es sich vorgestellt hatte, wäre die Sache möglicherweise ganz anders ausgegangen.

Am Morgen des 2. Mai, am sechsten Tag seines Feldzugs, strotzte Joe Hooker geradezu vor Zuversicht und Siegesgewißheit. Nachdem er dafür gesorgt hatte, daß Lee bei Fredericksburg in Schach gehalten wurde, und dann mit seiner Kerntruppe den Rappahannock heimlich überquert hatte, deutete alles darauf hin, daß sein Plan perfekt funktionieren würde. Er hatte Lee aus seinen imposanten Befestigungsanlagen herausgelockt und bedrohte jetzt seine Flanke und seine Rückseite. Lee sollte ihn jetzt in der von ihm gewählten Stellung bei Chancellorsville angreifen.

Hookers Truppen waren für eine Defensivschlacht aufgestellt worden. Sein schwächstes Korps, nämlich das elfte, mit dem nicht sehr talentierten Kommandeur O. O. Howard, sicherte die rechte Flanke und war am weitesten vom erwarteten Kampfschauplatz entfernt. Um ganz sicherzugehen, hatte Hooker jedoch noch aus Fredericksburg John Reynolds' erstes Korps, eines der besten der ganzen Armee, angefordert, um Howard zu unterstützen. In diesem Feldzug hatte bislang nur eines nicht geklappt, nämlich die Kommunikation zwischen den beiden Flügeln der Armee – Kuriere hatten sich in den Wäldern verirrt, und die telegraphische Verbindung mit der Front in Fredericksburg hatte nicht funktioniert. Doch diesmal funktionierte sie erfreulicherweise perfekt. Reynolds erhielt seine Befehle ohne Verzögerung, und am Nachmittag des 2. Mai sicherte das erste Korps die rechte Flanke der Armee.

Am Morgen wurde eine feindliche Kolonne gesichtet, die eine Lichtung nach Süden hin durchquerte, und diese Bewegung wurde sogleich dem Hauptquartier mitgeteilt. Hooker warnte Howard: »Wir haben guten Grund zu der Annahme, daß sich der Feind auf unsere rechte Flanke zubewegt.« Howard wurde aufgefordert, besonders auf die exponierte Flanke zu achten und seine Reserveeinheiten zusammenzuziehen, »damit Sie auf den Feind vorbereitet sind, in welche Richtung er auch vorrückt«.

Otis Howard war erst vor kurzem zum Kommandeur des elften Korps befördert worden, und anscheinend wollte er bei seinem ersten Einsatz den Befehl besonders gewissenhaft befolgen. Also bildete er am Ende seiner Linie schnell einen langgezogenen, nach Westen geöffneten rechten Winkel, errichtete Brustwehren aus Holz und stellte seine Artillerie auf. Hinten postierte er Männer und Geschütze in beträchtlicher Zahl. Am frühen Nachmittag, als das erste Korps eintraf, sorgte er dafür, daß seine Linie fest mit der von Reynolds verbunden war. Als Howard auf Hookers Warnung antwortete: »Ich ergreife Maßnahmen, um einem Angriff von Westen her standzuhalten«, war dies wortwörtlich gemeint.

Als Stonewall Jackson an jenem Nachmittag um 5.30 Uhr seiner Flankentruppe den Befehl zum Vorrücken gab, griffen die ersten Reihen mit der Wucht einer Lawine an. Howards Linie gab nach und brach an manchen Stellen sogar auseinander – doch seine Leute reagierten weder überrascht noch voller Panik. Die schon in Bereitschaft stehenden Reserveeinheiten füllten die entstandenen Lücken. Auch Reynolds hielt den Schlägen stand und stürzte sich dann auf die Flanke der Angreifer. Als der Kampf nach Einbruch der Dunkelheit zu Ende war, konnte Jackson nur einen Geländegewinn von etwa zweihundert Metern verzeichnen. In jener Nacht, in der er versehentlich durch eine Salve seiner eigenen Männer niedergestreckt wurde, suchte er vergeblich nach einer Lücke in der fest geschlossenen feindlichen Front.

Am 3. Mai, dem entscheidenden Tag des Feldzugs, lief alles zu Joe Hookers Zufriedenheit. Die Kavallerie unter Jeb Stuart, der den Platz des verwundeten Jackson einnahm, griff mehrmals an, ohne daß es gelang, die riesige Lücke zwischen den beiden Flügeln der konföderierten Armee zu schließen. Hooker hielt diesen Angriffen gelassen stand, parierte jeden Schlag von Stuart und unternahm dann mit zwei neuen Korps einen Gegenangriff. Stuart zog sich geschlagen zurück.

Jetzt hatte Lee keine andere Wahl, als den Kampf aufzugeben und den Rückzug zu befehlen. Nachdem seine Armee beim Rückzug von der Front bei Chancellorsville schwere Verluste erlitten hatte, wich Lee südwärts in Richtung Richmond zurück, entlang der Eisenbahnlinie, über die seine Truppe versorgt wurde. Hooker setzte ihm nach. Die Kämpfe im Frühjahr 1863 wurden später als Überland-Feldzug bekannt: Lee verteidigte hartnäckig jeden Fluß zwischen Fredericksburg und Richmond, während Hooker geduldig jede Linie von der Seite her umfaßte. Im Juli saßen Lee und seine stolze Nordvirginia-Armee in den Schützengräben vor Richmond fest. Joe Hooker, mittlerweile zum Generalleutnant befördert, führte die Belagerungsarmee mit Festigkeit und Zuversicht.

In jenem Juli 1863 nahm Grant Vicksburg ein und erzwang freie Fahrt auf dem Mississippi. Im November war unter Grants Kommando Chattanooga, das Tor zum tiefen Süden, in die Hände der Unionsarmee gefallen. In Anbetracht der ständigen Erfolge Hookers im Osten und Grants im Westen sank die Moral der Konföderierten. Grant nutzte seinen Vorteil schnell, marschierte direkt nach Atlanta, nahm es ein und schlug dann eine Bresche durch Georgia zur Küste. Die letzten Kampfhandlungen fanden im Frühjahr 1864 statt. Während Grant durch North und South Carolina nach Norden zog, schnitt Hooker Lee in Richmond eine Bahnlinie nach der anderen ab. Am 9. April 1864 scheiterten Lees verzweifelte Ausbruchsversuche bei Appomattox Court House, und er ergab sich Hooker. Bald darauf ergab sich Johnston Grant in North Carolina, und die große Rebellion war Geschichte.

Grants und Hookers Parteigänger drängten ihre Helden, sich im Herbst um das Präsidentenamt zu bewerben. Doch Grant hatte Lincoln bereits versichert, er werde seine Wiederwahl nicht gefährden. Das wollte auch Joe Hooker nicht, der für Politik nur Verachtung übrig hatte. »Falls ich nominiert werde, werde ich nicht annehmen, und falls ich gewählt werde, werde ich das Amt nicht antreten«, verkündete er lauthals.

Für die Historiker war Grant zwar der beste General der Union, aber übereinstimmend sprachen sie »Fighting Joe Hooker« das Verdienst zu, bei Chancellorsville den bestorganisierten Feldzug des gesamten dreijährigen Krieges durchgeführt zu haben.

Am 24. August 1863 telegraphierte Präsident Davis an Robert E. Lee und bat ihn, aus seinem Feldlager am Rappahannock nach Richmond zu kommen, um mit ihm die Gesamtstrategie zu besprechen. Im Osten schien Lees Armee trotz ihrer Niederlage bei Gettysburg neuen Bedrohungen durch die Unionstruppen standhalten zu können. Doch auf dem westlichen Kriegsschauplatz, insbesondere in Tennessee, waren die Konföderierten arg in Bedrängnis. Davis wollte, daß Lee Truppen nach Westen schickte – und er wollte, daß Lee selbst ebenfalls in den Westen ging, um anstelle des inkompetenten Braxton Bragg das Kommando über die Tennessee-Armee zu übernehmen. Davis zufolge wäre Lees »Anwesenheit in der Westarmee mehr wert als ein zusätzliches Korps«.

Lee war dem Präsidenten zwar aufrichtig ergeben, stellte jedoch klar, daß er kein Interesse an einem Kommando im Westen habe. »Ich möchte den Dienst dort nicht ablehnen«, sagte er zu Davis, »sondern nur die Meinung zum Ausdruck bringen, daß die Pflicht besser von den Offizieren vor Ort erfüllt werden kann.« Davis scheint den Eindruck gehabt zu haben, daß es ein Fehler wäre, seinen widerstrebenden (und unentbehrlichen) General zu einem solchen Wechsel zu zwingen, so daß er die Sache fallenließ. Statt dessen sollte Longstreet die nach Westen geschickten Truppen befehligen, und die Tennessee-Armee marschierte unter Braxton Bragg weiter ihrem Verderben entgegen.

Doch was wäre gewesen, wenn Davis den Standpunkt seines Oberbefehlshabers übernommen und Lee »um der guten Sache willen« *befohlen* hätte, nach Westen zu gehen? Wäre der Krieg dann anders ausgegangen?

Nachdem Davis etwas nervös von seiner obersten Befehlsgewalt Gebrauch gemacht und diesen wichtigen Wechsel durchgesetzt hatte, war er klug genug, es General Lee zu überlassen, welche Truppen er mit nach Westen nehmen würde, und, was noch wichtiger war, wer die Nordvirginia-Armee in seiner Abwesenheit befehligen sollte. Von den drei Korpskommandeuren dieser Armee – James Longstreet, A. P. Hill und Dick Ewell – genoß nur Longstreet Lees volles Vertrauen. Ohne zu zögern, wählte Lee ihn aus.

Paradoxerweise war es Longstreet, der sich lange und eindringlich dafür eingesetzt hatte, sein Korps von der Nordvirginia-Armee nach Tennessee zu entsenden – in der Hoffnung, dann selbst mit dem Kommando über die Westarmee belohnt zu werden. Jetzt an Lees Platz gestellt, bestand er darauf, daß die bewährte Truppe bei ihm bliebe. Lee war einverstanden, und anstelle von Longstreets Korps ging das von Dick Ewell nach Westen. Ewells erste Schlacht als Korpskommandeur war Gettysburg gewesen, wo er unentschlossen agiert hatte. Lee hielt es für das beste, Ewell mit nach Westen zu nehmen und ihn durch sorgfältige Kontrolle und Anleitung zu energischerem Handeln zu ermutigen. Unter Stonewall Jacksons strenger Aufsicht hatte sich Ewell durchaus tapfer geschlagen; vielleicht mußten die Zügel nur etwas angezogen werden.

Lee hatte die Befürchtung geäußert, das Oberkommando der Westarmee könne ihn als »Außenseiter« ablehnen. Diese Sorge war völlig unbegründet. Bragg hatte seine Stellvertreter dermaßen verprellt, daß diese Lee mit offenen Armen empfingen. Als er das Kommando übernahm, konnte sein aggressives, kämpferisches Naturell sogleich zum Zuge kommen. Braggs Armee war aus Chattanooga und aus ganz Tennessee vertrieben worden, und jetzt waren die unvorsichtigen Unionstruppen unter William Rosecrans reif für einen Gegenschlag. Bragg hatte zwar einen solchen Schlag geplant, aber es war Lee, der ihn bei Chickamauga führte. Am 20. September, dem zweiten Tag der Schlacht, versetzte Dick Ewell mit seiner aus dem Osten herangeführten Truppe dem Feind unter Lees direktem Befehl den entscheidenden Schlag. Rosecrans Cumberland-Armee wurde in zwei Hälften aufgesplittet und zog sich bei Einbruch der Nacht Hals über Kopf nach Chattanooga zurück.

Früh am nächsten Morgen ritt der konföderierte Kavallerist Nathan Bedford Forrest zu dem Chattanooga überragenden Missionary Ridge und sah das Chaos der fliehenden Unionstruppen. Sofort meldete er dem Hauptquartier: »Ich glaube, sie räumen so schnell wie möglich das Feld … Wir sollten möglichst rasch vorstoßen.« Mit einer einzigen Brigade Infanterie, so versprach Forrest, könne er Chattanooga einnehmen. »Jede Stunde ist tausend Mann wert.«

Braxton Bragg hätte sich eine so glänzende Gelegenheit möglicherweise entgehen lassen. Nicht so Robert E. Lee. Er erkannte an Forrest das gleiche sichere Urteilsvermögen, das auch Jeb Stuart in der Ostarmee auszeichnete, und setzte den Rat sogleich in die Tat um. Er schickte jeden Mann los, der ein Gewehr tragen konnte. Der Armee würden die Vorräte ausgehen, wurde er gewarnt. Sie könnte sich mit den erbeuteten Vorräten der Yankees versorgen, erwiderte Lee, so wie sich seine Nordvirginia-Armee nach dem Sieg von Chancellorsville versorgt hatte.

Am nächsten Tag wurde die stark angeschlagene Cumberland-Armee völlig aufgerieben. Hier geschah etwas, das in diesem Krieg nur selten vorkam: Ein Sieg im Feld wurde zu einer regelrechten Vernichtungsschlacht. George Thomas, dessen Standhaftigkeit bei Chickamauga ein Lichtblick für die Union gewesen war, organisierte unbeirrbar den Rückzug der Reste von General Rosecrans Armee, nachdem dieser gefangengenommen worden war. Lee erreichte erneut Chattanooga, und im Osten Tennessees zog sich die jetzt zahlenmäßig unterlegene Unionsarmee unter Ambrose Burnside eiligst zurück. Im Oktober war

Tennessee, ein wichtiges Tor zum tiefen Süden, erneut fest in konföderierter Hand.

Nachdem General Lee die Dinge auf dem westlichen Kriegsschauplatz in Ordnung gebracht hatte, bat er Davis, Joseph E. Johnston das Kommando über die Tennessee-Armee zu geben und ihn zu seiner geliebten Nordvirginia-Armee zurückkehren zu lassen. Longstreet hatte zwar gute Arbeit geleistet, als er General Meade mattgesetzt hatte, der in Virginia nur halbherzig operiert hatte – auch die Potomac-Armee hatte Truppen nach Westen schicken müssen –, aber Lee hielt Longstreet für viel zu defensiv eingestellt. Robert E. Lee glaubte noch immer, die Unabhängigkeit der Konföderation sei nur im Osten zu erkämpfen, und er selbst wollte an vorderster Stelle mit dabei sein. Diese Bitte konnte Davis seinem ungemein erfolgreichen General nicht abschlagen.

Leider gab es bei den Konföderierten nur einen Robert E. Lee – und auch nur einen übervorsichtigen Joe Johnston. Im Frühjahr 1864 könnte die Union gezwungen sein, in ganz Tennessee wieder in die Offensive zu gehen, aber diesmal hatte Grant von Anfang an das Sagen. Zusammen mit Shermans Leuten und der angeschlagenen Truppe von Thomas, die durch Reserveeinheiten aus dem Norden aufgestockt worden war, erwies sich Grant erneut als der glänzende Stratege, der er in Vicksburg gewesen war. Zuerst lockte er den nervösen Johnston durch eine Finte aus Chattanooga heraus, dann trieb er ihn ohne Unterbrechung nach Atlanta zurück. Schon am 2. September 1864 telegraphierte Grant an Präsident Lincoln: »Atlanta ist unser, und der Sieg war gerecht.«

Lees Anwesenheit auf dem westlichen Kriegsschauplatz und seine großen Siege bei Chickamauga und Chattanooga waren jetzt wertlos geworden – vom Winde verweht, würde es heißen. Am Ende hatte er nur erreicht, daß Grant ungehindert dorthin gehen konnte, wo er am dringendsten gebraucht wurde.

Ende August 1864 hielten die Demokraten in Chicago einen Parteitag ab, um ihren Präsidentschaftskandidaten zu nominieren. Die Nominierung von General McClellan stand so gut wie fest, und sogar unter den Republikanern gab es viele, die mit seiner Wahl rechneten. Zu ihnen gehörte Abraham Lincoln. Einige Tage vor dem Parteitag ließ er seine Kabinettsmitglieder ihre Blankounterschrift unter ein Memorandum setzen, dessen Inhalt nur er selbst kannte. Er schrieb, er erwarte nicht, wiedergewählt zu werden, und daher sei es die Pflicht der Regierung, die Union zu retten, bevor der neue Präsident in sein Amt eingeführt wurde, »denn er wird seine Wahl auf einem Terrain errungen haben, das er später nicht halten kann«.

Die Demokraten begingen jedoch politischen Selbstmord. Auf dem Parteitag manövrierte eine Gruppe, die Frieden um jeden Preis wollte, die Anhänger McClellans aus. Sie riß die Kontrolle über den Ausschuß an sich, der die politische Plattform ausarbeiten sollte, und drückte eine Resolution durch, die den Krieg für gescheitert erklärte und einen bedingungslosen Waffenstillstand forderte. Der erwartungsgemäß nominierte General mußte mit einem Mal feststellen, daß er jetzt ein Friedensprogramm zu vertreten hatte. Obwohl er selbst die Resolution zurückwies, war diese ein verhängnisvoller Fehler gewesen. Vor allem die Soldaten stimmten massiv gegen ihn. Shermans Einnahme von Atlanta machte das Argument der Demokraten zunichte, der Krieg sei gescheitert. Am 8. November verlor McClellan bei den Wahlen mit 1,8 Millionen gegen 2,2 Millionen Stimmen und im Wahlmännerausschuß mit 21 zu 212 Stimmen.

Was wäre gewesen, wenn sich die Demokraten in Chicago vernünftig verhalten hätten? Was, wenn die Mehrheit auf dem Parteitag die Ereignisse unter Kontrolle behalten und eine deutliche Aussage für den Krieg in die Plattform aufgenommen hätte, auf die sich die Kandidatur McClellans hätte stützen können? Dann wäre die Situation am 8. November zweifellos eine andere gewesen.

Es stellte sich heraus, daß George McClellan politisch nicht so naiv war, wie viele gedacht hatten. Er wußte, was zu tun war, um den Pessimismus im Norden auszunutzen und die Präsidentschaftswahl zu gewinnen. Zuallerst mußte er New York und Pennsylvania, die beiden bevölkerungsreichsten Staaten, gewinnen, das hieß die Hälfte der 117 Wahlmännerstimmen (plus einer). Auch die Demokraten hatten traditionelle Hochburgen in den Grenzstaaten Maryland, Delaware, Kentucky, Missouri. Ebenso rechneten sie sich gute Chancen in Connecticut und New Hampshire sowie in New Jersey, McClellans Wahlheimat, aus. Und in den Staaten Indiana und Illinois mit ihrem beträchtlichen Wählerreservoir lohnte es sich ebenfalls, einen intensiven Wahlkampf zu führen. Falls General McClellan New York und Pennsylvania würde gewinnen können, würde er nur 58 weitere Wahlmännerstimmen benötigen; diese »Schwerpunkt-Staaten« lieferten 79.

Shermans Einnahme von Atlanta, die unmittelbar nach der Nominierung McClellans erfolgte, wurde von den demokratischen Kriegsbefürwortern sogleich hochgejubelt. Wie ein führendes Parteimitglied es ausdrückte, mußte erreicht werden, daß McClellans Leute »ebenso wie die Republikaner die verkündeten Siege feiern«. McClellan schrieb an Sherman: »Ihr Feldzug wird als einer der denkwürdigsten in die Geschichte eingehen«, und spielte der Presse einige Abschriften seines Briefes zu. Die Strategie der Demokraten bestand darin, General McClellan, den dienstältesten aktiven General, dem nach seinem großen Sieg bei Antietam von einer radikalisierten republikanischen Regierung das Kommando entzogen worden war, im Gegensatz zu dem stümperhaften Zivilisten Lincoln als einen hochqualifizierten Oberbefehlshaber zu präsentieren. McClellan würde den Krieg sicher, geschickt und professionell ausfechten. Ein Mitglied seines Stabes sagte zu Pressevertretern: »Sollte der

General gewählt werden, rechnet er damit, im ersten Jahr sehr unpopulär zu sein, da er alles in seiner Macht Stehende tun wird, um den Krieg zu beenden. Er wird konsequent Männer einziehen und auf keinen Einwand hören, bis die Rebellion zerschlagen ist.« Dies kam bei den wahlberechtigten Soldaten gut an.

Die Wahlkämpfer der Demokraten griffen die Lincoln-Regierung, in ihren Augen eine Tyrannei, scharf an, weil sie individuelle Freiheiten wie die Habeas-Corpus-Akte aufgehoben hatte. Sie verwiesen auf den »abolitionistischen Fanatismus«, das wirtschaftliche und soziale Chaos und die kostspieligen Kniffe und Tricks, die zur Finanzierung des Krieges angewandt wurden. Sie hoben hervor, daß die Potomac-Armee, McClellans altes Kommando, unter seinen Nachfolgern in den Schützengräben festsaß und nach einem blutigen Sommer mit erschreckend hohen Verlusten ihrem Ziel Richmond noch keinen Schritt näher gekommen war als McClellan im Jahre 1862. McClellan war gegen die Sklavenbefreiung gewesen, hatte dies aber nur privat geäußert; jetzt bezog er keine Stellung zur Sklavenfrage. Er versprach sich viel von den Stimmen der Soldaten, darunter die McClellan-Legion, die an der Heimatfront aus Tausenden von entlassenen Soldaten und Männern auf Urlaub oder Krankenurlaub gebildet worden war.

Im Oktober fanden Wahlen in Ohio, Indiana und Pennsylvania statt. In Ohio war Clement Vallandigham, der mit den Yankees sympathisierte und versucht hatte, den Parteitag in Chicago zu sprengen, den Wählern noch frisch in Erinnerung; die Republikaner behielten diesen Staat. Aber in Indiana und Pennsylvania siegten die Demokraten, wenn auch nur knapp; in Pennsylvania war ausschlaggebend gewesen, daß der noch immer populäre, ehemalige Kommandeur der Potomac-Armee viele Stimmen von den Soldaten bekommen hatte.

Beide Seiten sagten für den 8. November ein knappes Ergebnis voraus. Sogar Lincoln meinte, New York und Pennsylvania würden an McClellan fallen, obwohl er selbst mit einem knappen

Sieg von 6 Stimmen im Wahlmännergremium rechnete. McClellan schrieb zehn Tage vor der Wahl: »Alle Nachrichten, die ich erhalte, sind sehr günstig. Es besteht Anlaß, sich die schönsten Hoffnungen zu machen.«

Die Voraussage des Generals war die richtigere. Am Wahltag verlor er zwar Wählerstimmen, gewann aber im Wahlmännerausschuß mit 120 zu 113 Stimmen neun Staaten. In New York und Pennsylvania waren die Stimmen der Soldaten, besonders die der Loyalisten der Potomac-Armee, entscheidend. Er bekam Delaware, Kentucky und New Jersey und erhielt hauchdünne Mehrheiten in Connecticut und New Hampshire. Sein Standpunkt zum Krieg brachte ihm Indiana und Illinois. Die Wahlanalysen machten deutlich, daß die entschiedene Aussage zum Krieg in der Chicago-Plattform für die Demokraten den Ausschlag gegeben hatte.

Bis zur Amtseinführung des neuen Präsidenten würden noch vier Monate vergehen, aber McClellan hielt es für geboten, den Armeekommandeuren der Union sofort mitzuteilen, daß der neue Präsident ab dem 4. März ein tatkräftiger, aktiver Oberbefehlshaber zu sein gedachte. Er würde abermals der Oberkommandierende aller Armeen sein, diesmal allerdings, ohne noch jemanden über sich zu haben, der ihm widersprechen konnte. So geschah es dann auch. Als Lee seine Armee am 9. April 1865 bei Appomattox Court House übergab, befand sich McClellan an Grants Seite.

Unterdessen war Abraham Lincoln wieder zu Hause in Springfield, Illinois, ein weiterer Präsident in der Reihe derjenigen, denen seit Andrew Jackson nur eine Amtszeit beschert gewesen war. Man würde Lincoln als einen Präsidenten in Erinnerung behalten, der 1861 unbeirrbar zur Union gestanden hatte, der gut schrieb und gut sprach, aber letztlich die Menschen nicht davon überzeugen konnte, ihn den Krieg auf seine Art führen zu lassen.

Ironischerweise war es genau der Nachfolger, der in Lincolns Memorandum als unfähig eingeschätzt worden war, die Union zu retten, der die Union wahrscheinlich ebenso erfolgreich rettete, wie es ein wiedergewählter Lincoln hätte tun können. Präsident McClellan hatte noch einige Monate lang heftige Auseinandersetzungen mit dem noch von den Republikanern beherrschten 38. Kongreß um den Wiederaufbau der Union. Doch George McClellan hatte seine Schlachten schon immer besser mit Worten und auf dem Papier als auf dem Schlachtfeld ausgefochten, und so sollte es auch diesmal sein.

Tom Wicker

Vietnam in Amerika, 1865

Kurz nach Tagesanbruch am Sonntag, den 9. April 1865, wurde General Robert E. Lees hungrige und erschöpfte Nordvirginia-Armee von den überlegenen Unionstruppen General Grants bei Appomattox in Virginia eingeschlossen. Neben dem bewährten General Porter Alexander auf einem Baumstumpf sitzend, sagte Lee, er sehe keinen anderen Ausweg als die Kapitulation.

Der schockierte Alexander schlug etwas anderes vor: Lee solle seiner Armee befehlen, »sich in den Wäldern und im Buschwerk zu verstecken ...«, um die Männer zu schonen, »die vier Jahre lang unter Ihnen gekämpft haben ... und um die Demütigung zu vermeiden, Grant nach seinen Bedingungen zu fragen, um dann ›bedingungslose Kapitulation‹ zu hören.« Zwei Drittel von Lees Truppen, so Alexanders Schätzung, würden sich »wie Kaninchen und Waldhühner« zerstreuen, würden nicht gefangengenommen werden und könnten den Krieg fortsetzen.

Das wären nur etwa 10 000 Mann, erwiderte Lee, »zu wenige, um irgend etwas auszurichten«. Aber angenommen, sagte er, »ich würde Ihrem Vorschlag folgen ... Die Männer hätten keine Lebensmittel und keine Disziplin ... sie würden rauben und plündern müssen ... das Land wäre voller gesetzloser Banden ... und daraus würde sich ein Zustand der Gesellschaft ergeben, von dem sich das Land erst nach vielen Jahren erholen würde. Die feindliche Kavallerie würde sie verfolgen ... wohin sie auch gehen würden, überall würde es zu Plünderungen und Zerstörungen kommen.«

»Nein«, sagte der alte General. »Wir müssen schlicht und einfach der Tatsache ins Auge sehen, daß die Konföderation verloren hat.« Die Männer sollten »schnell und ruhig« nach Hause gehen, »Getreide anbauen und mit der Reparatur der Kriegsschäden beginnen«. »Ihr jungen Männer könnt es euch vielleicht leisten, im Busch zu leben, doch für mich besteht der einzig richtige und würdevolle Weg darin, mich zu ergeben und die Konsequenzen zu tragen.«

So leistete Robert E. Lee, wegen seiner militärischen Fähigkeiten hoch verehrt, vielleicht seinen größten Beitrag – und zwar zum Frieden. Er ersparte dem Land einen Guerillakrieg, der zweifellos die Folge von Alexanders verzweifelter Idee gewesen wäre – ein schrecklicher und zerstörerischer Kampf, der die nationale Versöhnung um Jahre verzögert hätte.

TOM WICKER, ehemaliger Kolumnist der *New York Times*, hat mehrere historische Romane verfaßt.

Robert Cowley

1914

Der Weltkrieg, der nicht hätte stattfinden müssen

Das Bild, das die meisten von uns gemeinhin mit dem Ersten Weltkrieg verbinden und das sich am tiefsten eingeprägt hat, ist der tödliche Stillstand des Grabenkrieges an der Westfront. Heute ist jedoch klar, daß schon abzusehen war, was für eine Art Krieg es werden würde, als im Herbst 1914 die ersten Schützengräben ausgehoben wurden, in einer Phase also, die noch durch Truppenbewegungen gekennzeichnet war. Die Schützengräben schrieben lediglich die Lage fest, die das Ergebnis der ersten Kriegsmonate war, und lenkten das Jahrhundert in eine Richtung, die noch zu Beginn des Jahres undenkbar erschienen war.

Die ersten Kriegsmonate des Jahres 1914 bieten sich für alle möglichen Spekulationen über einen alternativen Verlauf des Geschehens an. Was wäre gewesen, wenn Großbritannien nicht in den Krieg eingetreten wäre? Hätte Deutschland gewinnen können? Und wäre es der Welt bei einem deutschen Sieg besser ergangen? Hätte der Krieg zu dem Zeitpunkt beendet werden können, den die Europäer angenommen hatten – bevor das Laub fallen würde? Was wäre gewesen, wenn die Vereinigten Staaten nicht in den Krieg hineingezogen worden wären? Wie hätte unser Jahrhundert ohne den Ersten Weltkrieg ausgesehen? Oder mit einem Krieg, der nur von den Kontinentalmächten geführt worden und daher weniger umfassend und kürzer gewesen wäre? Die wichtigste Frage jedoch: Mußte der Krieg zu einem Weltkrieg werden?

Auch jetzt noch, da ein Jahrhundert endet und ein anderes beginnt, sind jene traumatischen Ereignisse gegenwärtig, die die weltweiten Machtverhältnisse für immer verändern und unsere Lebensweise dauerhaft beeinflussen sollten. Wie hätte eine Welt ohne diese traumatischen Ereignisse ausgesehen? Die Geschichte ist, um James Joyce zu paraphrasieren, ein Alptraum, aus dem wir zu erwachen versuchen.

◈ ROBERT COWLEY, Gründer des *Quarterly Journal of Military History (MHQ)* und Herausgeber dieses Buches, ist Experte für die Geschichte des Ersten Weltkrieges. Zusammen mit Geoffrey Parker hat er *The Reader's Companion to Military History* herausgegeben.

Es war der schlimmste aller Kriege in der besten aller Zeiten. »Der Erste Weltkrieg war ein tragischer und unnötiger Konflikt«, lautet der erste Satz in John Keegans Buch über den »Großen Krieg« – so wurde er genannt, bis es einen noch größeren gab. Als den größten Irrtum der modernen Geschichte bezeichnet ihn Niall Ferguson in seinem Buch *Der falsche Krieg*. Jetzt, da wir in ein neues Jahrtausend eintreten und ein Jahrhundert beschließen, das fast durchgängig von Gewalt bestimmt war, setzt sich diese Einschätzung immer mehr durch.

Wäre der Erste Weltkrieg vermeidbar gewesen? Wäre er so zu begrenzen gewesen, daß er keine weltweiten Auswirkungen gehabt hätte? Hätte er sich verkürzen lassen, wodurch Millionen von Menschenleben gerettet worden wären? Und hätte das traurigste Ereignis unseres Jahrhunderts auch anders ausgehen können?

Jede Frage, mit Ausnahme vielleicht der ersten, muß mit Ja beantwortet werden. Zu irgendeiner Explosion mußte es kommen: Damals konnten sich die Menschen einen langen kalten Krieg nicht vorstellen. Die europäischen Nationen hatten zu lange in einem gefährlichen Gegeneinander gelebt; diplomatisches Taktieren am Rande des Abgrunds und eine kaum verhohlene Gewaltbereitschaft, die im Rüstungswettlauf ihren Ausdruck fand, waren zu tief verwurzelt. Die widerstreitenden Nationalismen, die Konkurrenz um Märkte und Kolonien, das Aufeinanderprallen strategischer Zielsetzungen und hegemonialer Bestrebungen wurden nicht geleugnet. In der Phantasie der Europäer hatte der kommende Krieg seinen festen Platz; populäre Zeitschriften und Bücher verherrlichten ihn geradezu. Die Frage war weniger, ob es zu einem Krieg auf dem Festland kommen würde – denn dieser zeichnete sich ab –, sondern vielmehr, wann er ausbrechen, welche Form er annehmen und wer der Sieger sein würde. Die Grundlagen der europäischen Gesellschaft mit ihren kolonialen Besitzungen würden sicherlich unverändert bleiben: Nur wenige zweifelten daran, daß der Sieg eine kurze maximale Kraftanstrengung wert sei. Und noch weniger stellten sie sich vor, daß der

Die Folgen eines deutschen Sieges 1914

Konflikt die Welt so tiefgreifend und nachhaltig erschüttern, daß er so lange dauern und so viel verändern würde. Hier gab es viele – und häufig unnötige – Irrtümer und Fehleinschätzungen.

Wenn es in der modernen Geschichte einen tiefen Einschnitt gibt, dann ist es der Erste Weltkrieg. Aber dieser historische Einschnitt hätte so nicht sein müssen. Der Krieg hätte sich ausweiten können, aber er hätte nicht zu einem Weltkrieg werden müssen – das behaupten jedenfalls neuere Historiker, insbesondere Ferguson. Diese Verwandlung in einen Weltkrieg ist der Schlüssel zu vielen Folgeereignissen. Hätte England sich herausgehalten oder wäre später in den Krieg eingetreten, wäre der Kampf auf dem Kontinent vielleicht durch gegenseitige Übereinkünfte der kriegführenden Parteien gegen Ende des Jahres 1914 eingestellt worden – nicht lange nach Beginn des Herbstes. Deutschland hätte nach Punkten gewinnen und als Erster unter formell Gleichen eine dominierende Position auf dem Kontinent behalten können, während sich der Niedergang des britischen Empire möglicherweise um Jahrzehnte verzögert hätte. »Das amerikanische Jahrhundert«, das mit der Teilnahme der USA am Ersten Weltkrieg begonnen hat, wäre womöglich ebenfalls später eingeläutet worden. Hätte der Kommunismus in Rußland gesiegt? Wahrscheinlich nicht. Und wenn es den Ersten Weltkrieg nicht gegeben hätte – die Betonung liegt auf »Welt« –, hätte es dann den zweiten gegeben, an dessen Ende die atomare Drohung stand? (Da die Menschheit schon immer zu extremen militärischen Lösungen neigte, mußte die Bombe, die den zweiten tiefen Einschnitt des Jahrhunderts markiert, früher oder später fallen.)

Betrachten wir jetzt mehrere alternative Szenarien, die allesamt nicht zu diesen Ergebnissen geführt hätten – wohl aber zu anderen, die sich niemand hätte vorstellen können.

England hält sich heraus.

Als sich in der letzten Juliwoche 1914 auf dem Kontinent ein Sturm zusammenbraute und die Großmächte sich auf eine allgemeine Mobilmachung zubewegten, war eine britische Kriegsbeteiligung wenig wahrscheinlich. Frankreich drängte die Briten zu einer entschlossenen Stellungnahme gegen die Mittelmächte, doch seit dem Sieg über Napoleon hatte sich Großbritannien bewußt aus kontinentalen Verwicklungen herausgehalten, und bei dieser Krise schien es nicht anders zu sein. Konflikte in Europa würden nur den weltweiten Einfluß, die Macht und die wirtschaftliche Vorherrschaft Großbritanniens schwächen.

Obwohl der österreichische Erzherzog Franz Ferdinand und seine Gemahlin am 28. Juni in Sarajewo ermordet worden waren, hielt die liberale Regierung von Herbert Asquith erst am 24. Juli die erste Kabinettssitzung des Monats ab, die sich vorwiegend mit außenpolitischen Fragen befaßte. Das Hauptproblem an jenem Tag war interessanterweise der anhaltende Streit über die Selbstverwaltung Irlands, in der die Asquith-Regierung eine akute Bedrohung sah. Als sich die schleppende Nachmittagssitzung ihrem Ende zuneigte, bat Außenminister Sir Edward Grey die Minister, noch ein paar Minuten zu bleiben. Der ruhige, etwas geheimnistuerische Witwer, dessen Augenlicht zunehmend nachließ, berichtete mit seiner üblichen einschläfernden Stimme von dem Ultimatum, das Österreich-Ungarn gerade der serbischen Regierung gestellt hatte, die angeblich als eigentlicher Drahtzieher hinter dem Attentat stand. Das Ultimatum war ein klarer Angriff auf die serbische Souveränität; eine Ablehnung würde einen Kriegsgrund darstellen. Doch ein Angriff auf Serbien würde Österreichs Verbündeten Deutschland, Serbiens Verbündeten Rußland und Rußlands Verbündeten Frankreich auf den Plan rufen. Die Minister lauschten Greys Worten und begaben sich dann ins Wochenende.

In einem Brief, den Asquith in jener Nacht schrieb, sprach er von einem bevorstehenden »Armageddon« auf dem Kontinent.

»Glücklicherweise«, fügte er hinzu, »scheint es keinen Grund zu geben, warum wir etwas anderes als Zuschauer sein sollten.« Als die neue Woche begann und die Politiker auf dem Kontinent ihre Bedenken zurückstellten und Zeitpläne für die Mobilmachung ausarbeiteten, wartete England ab. Am Mittwoch, den 29. Juli, bezog österreichische Artillerie Stellung auf dem rechten Donauufer und begann mit der Beschießung der serbischen Hauptstadt Belgrad. Unterdessen ließ Grey Deutschland über seine Absichten im unklaren – was dieses als Bestätigung dafür wertete, daß Großbritannien nicht in den Krieg eingreifen würde, wenn die deutschen Truppen, wie schon lange geplant, durch Belgien nach Frankreich einmarschieren würden. Alles schien darauf hinzudeuten, daß Großbritannien bei seiner Nichteinmischungspolitik bleiben würde. Hatte Schatzkanzler David Lloyd George dem Parlament nicht genau an dem Tag, an dem die Österreicher Serbien ihr Ultimatum stellten, versichert, Englands Beziehungen zu Deutschland hätten sich so deutlich verbessert, daß er sich »beträchtliche Einsparungen beim Flottenbau« vorstellen könne? Asquith war klar, daß die Mehrheit seiner Partei und eine Mehrheit in seinem Kabinett dafür war, sich aus dem drohenden Konflikt herauszuhalten. Die Aufgabe der Neutralität würde den Sturz seiner Regierung bedeuten. Noch am Freitag, den 31. Juli, als Österreich, Rußland, die Türkei und Frankreich die Mobilmachung anordneten, plante Asquith, am nächsten Morgen eine Rede in Chester zu halten und danach einen Zug zu besteigen, um das restliche Wochenende mit seinem Freund Lord Sheffield zu verbringen.

Rekapituliert man die Chronologie der nächsten Tage, kann man sich – und sei es nur für einen kurzen Augenblick – durchaus vorstellen, England wäre bei seiner Zuschauerrolle geblieben. Die 947 000 jungen Männer aus Großbritannien und dem Empire werden nicht sterben; ihre Leichname werden nicht im Stacheldraht von Thiepval hängen oder bei Passchendaele in den Schlamm sinken. Der Krieg wird auf den Kontinent beschränkt bleiben; es wird nicht zu einem *Welt*krieg kommen, an dem Australien, Südafrika und Kanada beteiligt sind. Auch die USA werden nicht eingreifen: Minderheiten und Mehrheiten in der Bevölkerung mögen sich für die eine oder andere Seite einsetzen, aber an die Stelle der Haßliebe zu England wird nicht jenes Bündnis treten, das sich als das dauerhafteste des Jahrhunderts erwiesen hat. Das Empire wird die Vereinigten Staaten nicht brauchen. Da es nicht durch einen Krieg geschwächt wird, in dem es nur eine geringe Rolle gespielt hat, wird es bis weit nach 1945 die dominierende Weltmacht bleiben. Und 1945 wird eine Jahreszahl sein, der in der Geschichte keine besondere Bedeutung zukommt.

Doch Asquith traf sich nicht mit Lord Sheffield in Chester, und Großbritannien entschied sich am Abend des 4. August, elf Tage, nachdem Grey die Nachricht vom österreichischen Ultimatum verkündet hatte, für den Eintritt in den Krieg. Das Wochenende gehörte noch der Antikriegsfraktion. Am Samstag, den 1. August, mußte Grey dem französischen Botschafter mitteilen: »Wir konnten in diesem Augenblick nicht vorschlagen, eine Expeditionsstreitmacht auf den Kontinent zu entsenden.« Er war überzeugt, daß jede Zusage Frankreich gegenüber zum Sturz seiner Regierung führen würde. Unterdessen begann Deutschland mit der Mobilmachung. Die Londoner City wurde von Panik ergriffen. Das Kabinett hielt Krisensitzungen ab. Es schien einer neutralen Haltung zuzuneigen – was nur durch Greys Rücktrittsdrohung verhindert wurde. Sei dies die Position der Regierung, könne er sie nicht mittragen. Beim Billard überredete der energische Erste Seelord Winston Churchill Asquith, vorsichtshalber die Kriegsmarine zu mobilisieren: Gerade war bekanntgeworden, daß Deutschland Rußland den Krieg erklärt hatte. Am selben Abend marschierten deutsche Truppen erst in Luxemburg ein und zogen sich dann wieder zurück: Der eigentliche Einmarsch sollte am nächsten Tag stattfinden. (»Seitdem treibt die Geschichtsschreibung eine Frage um«, schreibt Barbara Tuchman.

»Was wäre gewesen, wenn sich die Deutschen 1914 nach Osten gewandt hätten und gegenüber Frankreich in der Defensive geblieben wären?«)

An jenem Sonntag fanden zwei Kabinettssitzungen statt, und als sich die zweite abends um acht Uhr dreißig vertagte, schien die Regierung Asquith auf ihren Sturz vorbereitet zu sein. Eine faszinierende, ja, geradezu ungeheuerliche Möglichkeit. Vier Minister boten ihren Rücktritt an, und wenn einer der Unentschlossenen beherzt die Führung übernommen hätte – am ehesten hätte dies Lloyd George tun können –, wären ihm sicherlich weitere gefolgt. Doch Lloyd George war selbst unsicher und überredete die rücktrittswilligen Minister lediglich, ihre Entscheidung noch nicht publik zu machen.

Eine Nacht Bedenkzeit wirkte offenbar Wunder, denn am nächsten Tag schlug die Stunde der Kriegsbefürworter – wozu die Deutschen viel beigetragen hatten. Am Montagmorgen, den 3. August, erfuhr Asquith vom deutschen Ultimatum an Belgien, in dem der ungehinderte Durchmarsch der vierunddreißig Divisionen von General Alexander von Klucks erster Armee gefordert wurde. Es hätte nicht zu einem ungünstigeren Zeitpunkt kommen können. Die Vorstellung, 400 000 deutsche Soldaten würden nicht nur durch eine Ecke Belgiens, sondern durch das ganze Land marschieren, machte den Engländern plötzlich den Ernst der Lage klar: Die französischen Häfen Calais und Boulogne wären bedroht. Und die Legionen des Kaisers stünden keine fünfzig Kilometer vor England. Mit einem Mal schlug die Stimmung um: Großbritannien sollte in den Krieg ziehen. Massen von Menschen, die kleine Union Jacks schwenkten, versammelten sich zwischen dem Trafalgar Square und dem Parlamentsgebäude. Das deutsche Ultimatum wirkte offensichtlich entlastend auf den schwankenden Asquith, der befürchtete, die Abstinenz vom Krieg würde seine Regierung tiefer spalten als eine Intervention. Die Tories standen bereit. Churchill hatte schon vorsichtig bei der konservativen Partei vorgefühlt, ob die Opposition für den

Fall, daß zu viele Mitglieder der Asquith-Regierung zurückträten, bereit sei, »die Regierung zu retten ... indem sie mit ihr eine Koalition einginge«. (Am Ende traten doch nur zwei Minister zurück.) Wie es in jenen Krisentagen nur allzu oft der Fall war, schienen die Politiker sowohl in England als auch auf dem Kontinent mehr Angst vor dem zu haben, was geschehen würde, wenn sie nicht in den Krieg einträten, als wenn sie es täten. An jenem Nachmittag sprach Grey im Unterhaus für die Regierung. »Heute«, begann er, »ist klar, daß der Frieden in Europa nicht zu bewahren ist ...«

Am Abend des nächsten Tages befand sich England im Krieg. Aber was wäre gewesen, wenn alle Minister ihren Hut genommen hätten und die Asquith-Regierung abgelöst worden wäre?

Auch wenn sie durch eine Koalitionsregierung ersetzt worden wäre, die für den Kriegseintritt gewesen wäre, hätte ein Aufschub von einer Woche oder mehr alles ändern können. Es hätte keine Nachhutgefechte bei Mons oder Le Cateau gegeben, wo die britische Expeditionsstreitmacht bei den ersten Zusammenstößen mit einer kontinentalen Armee seit dem Krimkrieg ihre legendäre Feuertaufe erhielt. Und England hätte vielleicht gezögert, die 80 000 Mann und 30 000 Pferde seiner kleinen Armee auf den Kontinent zu schicken, und sich statt dessen auf eine Blockade der deutschen Häfen konzentriert. Wären allerdings Neuwahlen angesetzt worden, dann wäre die Entscheidung, Krieg zu führen, bis zum Herbst aufgeschoben worden. Wie hätte es eine Kriegserklärung vor den Wahlen geben können? (Da außerdem klar wurde, daß die deutsche Kriegsmaschine die Kanalhäfen nicht unmittelbar bedrohte, hätte kein dringender Handlungsbedarf bestanden.)

Auch ohne britische Hilfe wären die Franzosen wahrscheinlich in der Lage gewesen, die Deutschen zu stoppen. Darüber läßt sich endlos diskutieren. Ihr Kampfgeist war (im Gegensatz zu 1915, nach den Gemetzeln bei Artois und in der Champagne) noch ungebrochen. Und unter allen Offizieren im Generalsrang, die kaltgestellt und in die Garnisonsstadt Limoges zurückgeschickt wurden, gab es gute Befehlshaber, Männer wie Foch und Franchet d'Esperey, die es mit ihren deutschen Gegnern sehr wohl aufnehmen konnten. Die französische Armee war besser als ihr Ruf, obwohl sie anfangs schreckliche Niederlagen einstecken mußte. England wäre vielleicht erst in den Krieg eingetreten, als die Deutschen im Herbst wirklich nahe daran waren, die Kanalhäfen einzunehmen. Aber bis dahin hätte sich vielleicht eine Einigungsmöglichkeit ergeben, wie wir später noch sehen werden.

Jene Dienstagnacht hätte über den Ausgang des Krieges entscheiden können. Deutschland konnte wahrscheinlich einen kontinentalen Krieg gewinnen; es konnte jedoch keinen Weltkrieg gewinnen. Was ein weltweiter Konflikt wirklich bedeutete, bekam es erst im Herbst zu spüren. Vorerst war die Zeit auf seiner Seite.

*Deutschland gewinnt die Marne-Schlacht …
falls es denn eine Marne-Schlacht gibt*

Der Schriftsteller John Bayley spricht von der »Nicht-Zwangsläufigkeit von Ereignissen, die, wie wir wissen, dennoch zwangsläufig eintreten müssen«. Das galt auch für Großbritanniens Eintritt in den Krieg – und hätte noch mehr für das nächste große Ereignis in Westeuropa in jenem Sommer gelten können. Es ist leicht, die Abfolge von großen und kleinen Operationen, die unter dem Begriff »Marne-Schlacht« zusammengefaßt werden, als ein Aufeinanderprallen von gewaltigen unpersönlichen (und zu Beginn recht gleichwertigen) Kräften, als einen Zusammenstoß verschiedener Impulse zu sehen. Doch nur wenige Ereignisse hingen so sehr von den Entscheidungen der Befehlshaber und von den Schwächen (und nicht den Stärken) der Männer ab, die diese Entscheidungen trafen und von denen viele Mitte bis Ende Sechzig waren.

Von einigen bemerkenswerten Ausnahmen abgesehen, war Energie bei den Generälen auf beiden Seiten Mangelware. Und eine energische Führung war genau das, was es für eine solche militärische Dauerkonfrontation, die wir Feldzug zu nennen pflegen, brauchte, denn über deren Ergebnisse wurde in den ersten wilden Tagen des Krieges häufig weit hinter den Linien entschieden. Bis zu den letzten Tagen der Marne-Schlacht, als die Soldaten die ersten Schützengräben aushoben, kann man nicht wirklich von Frontlinien sprechen. Die Fronten, die errichtet wurden, zerfielen in blutigen Kämpfen. Der Kampf wurde im Stehen und nicht im Liegen geführt; er wurde von endlosen staubigen Marschkolonnen geführt, die sondierten, wo sie Flanken aufrollen oder in Lücken hineinstoßen konnten, während sich andere, ebenso lange Marschkolonnen vor ihnen zurückzogen. Es kam vor, daß gegnerische Divisionen parallel zueinander marschierten. In dem Monat, in dem die Marne-Schlacht stattfand, legten beide Seiten pro Tag ungefähr zwanzig Kilometer zurück. Das war nicht der Erste Weltkrieg, wie wir ihn uns heute vorstellen. Generäle, die sich selten vom Fleck rührten, hatten alle Mühe, mit ihren eigenen Männern in Kontakt zu bleiben, vom Feind ganz zu schweigen. Niemand tappte mehr im dunkeln als die deutsche Oberste Heeresleitung und das französische Oberkommando.

Wären die langen Märsche so verlaufen, wie ursprünglich geplant, hätte Deutschland gewinnen können. Es hätte gewinnen und uns dadurch in den nächsten fünfundachtzig Jahren viele Qualen ersparen sollen.

Die ungebrochene Kette von deutschen Siegen im August 1914 erinnert an die ersten Tage der Operation »Barbarossa« eine Generation später: Paris, dessen nördliche Vororte von Kavalleriepatrouillen erkundet wurden, hätte Moskau sein können. Der Schlieffen-Plan – nach seinem Urheber Graf Alfred von Schlieffen benannt – sah vor, daß eine weiträumige Umfassungsbewegung von Belgien aus ihre volle Stoßkraft gegen die nordfranzösische Ebene richten sollte: Auf einer Landkarte sehen die Armeen wie die ausgestreckten Beine eines riesigen Krebses aus. Die Franzosen waren so sehr mit ihrem eigenen Offensivplan 17, einem Sturmangriff auf die deutsche Grenze, den Rhein und seine Industriezentren, beschäftigt, daß sie nicht auf der Hut waren. Als sie begannen, ihre Truppen nach Westen zu verlagern, war es fast zu spät.

Die zwölf angeblich uneinnehmbaren Festungsanlagen um die belgische Grenzstadt Lüttich herum fielen zuerst; sie kapitulierten unter dem Dauerbeschuß der furchterregenden Haubitzen von Krupp und Skoda. Brüssel fiel kampflos. Unterdessen griffen die Franzosen, die der nahenden Katastrophe nicht viel Aufmerksamkeit schenkten, von den Ardennen bis Lothringen an: Diese Schlacht, die sich Mitte August elf Tage hinzog, kostete sie schätzungsweise 300 000 Mann. Als eine französische Armee schließlich nach Belgien vorstieß, wurde sie in der Schlacht von Charleroi (22./23. August) zerschlagen. Eine andere belgische Festungsstadt, nämlich Namur, ergab sich am 23. August, genau an dem Tag, an dem die kleine britische Armee, gerade einmal fünf Divisionen stark, ihre heldenhafte, aber vergebliche Verzögerungsaktion entlang dem Kanal und den Schlackehaufen von Mons durchführte. Es gelang ihr nur für einen Tag, den deutschen Vormarsch in ihrem Sektor zu stoppen. Am 24. August erreichten und überschritten die Deutschen die französische Grenze, nur einige Stunden später, als der knapp kalkulierte Schlieffen-Plan es vorgesehen hatte.

An dieser Stelle gelangen wir an einen historischen Scheideweg. Plötzlich häuften sich, wie Winston Churchill in seinem Bericht über die Marne-Schlacht schrieb, »die schrecklichen Wenns«. Die nächsten neun Tage – zwischen dem 24. August und dem 1. September 1914 – würden wahrscheinlich über den Ausgang des Krieges entscheiden. Waren die deutschen Siege bis dahin zu leicht gewesen? Waren ihre sieben Armeen im Westen, die gleich Sensen alles niedermähten, nur scheinbar unbesiegbar?

Es sei daran erinnert, daß dem ursprünglichen Plan zufolge der rechte Flügel dem Gegner den Todesstoß versetzen sollte: Die Spitze der Sense schneidet immer das meiste Heu. Die Legende will es, daß die letzten Worte des im Sterben liegenden Schlieffen 1913 lauteten: »Macht den rechten Flügel stark!« Diese Ehre kam der ersten deutschen Armee unter General von Kluck zu, dem besten General, den die Deutschen im Westen hatten. Während die anderen Armeen nach Süden vorstießen, hatte er die Aufgabe, Paris in einem Halbkreis zu umgehen, so daß die Franzosen in der Falle sitzen würden. Nach dem sorgfältig ausgearbeiteten, schon seit Jahren bereitliegenden deutschen Plan würde es am neununddreißigsten Kampftag zu einer Entscheidung kommen.

Aber Schlieffens Nachfolger als Generalstabschef, Helmuth von Moltke, der Neffe des großen Moltke, der für die militärische Planung der drei Kriege verantwortlich gewesen war, die Deutschland zu einer Nation gemacht hatten, hatte bereits begonnen, Veränderungen an dem Plan vorzunehmen. Der »düstere Julius«, wie er hinter seinem breiten Rücken genannt wurde, war ständig in Sorge über die russische Bedrohung. Schon vor Beginn des Krieges hatte er viereinhalb Korps, rund 180 000 Mann, nach Osten verlagert; alle waren von den Armeen des rechten Flügels abgezogen worden. Und er fragte sich, ob dies ausreichen würde. Im Gegensatz zu seinem Vorgänger machte er sich auch Sorgen über einen möglichen französischen Vorstoß nach Deutschland hinein. Nach Schlieffens Vorstellung sollten die Franzosen so viel Gelände erobern, wie sie konnten: Sie würden in der Falle sitzen und auf diese Weise viel leichter vernichtet werden können. Aber der Stolz verbot es Moltke, ihnen mehr als nur einen kleinen Teil deutschen Bodens zu überlassen, und sei es auch aus den besten strategischen Gründen. Daher stärkte er seinen linken Flügel, abermals auf Kosten des rechten. Schließlich sah der Schlieffen-Plan noch einen schnellen Marsch durch den Süden Hollands in der Nähe von Maastricht vor. Dies hätte zu Beginn des Feldzugs den gefährlichen Druck auf die beiden Armeen des rechten Flügels in Belgien gemindert und einen größeren Schwenk ermöglicht. Die weit rechts operierende Armee unter von Kluck hätte den Kanal erreicht und Lille umzingelt, bevor sie gen Süden nach Paris marschiert wäre. Merkwürdigerweise hatte Moltke der Jüngere ethische Bedenken, die Neutralität der Niederlande zu verletzen. Hätte er sich an Schlieffens kühnen, amoralischen Plan gehalten, hätte es nach der Marne-Schlacht keinen »Wettlauf zum Meer« gegeben – und natürlich auch kein Ypern. Die Kanalhäfen Dünkirchen, Calais und Boulogne hätten den Eroberern gehört. Das hätte sicherlich zu Englands Kriegseintritt geführt – was zu diesem Zeitpunkt vielleicht nicht sehr ins Gewicht gefallen wäre. Obwohl die deutschen Militärs die Möglichkeit einer Blockade durch die britische Kriegsmarine befürchteten, hielten sie die Fähigkeit der britischen Armee, die Ereignisse entscheidend zu beeinflussen, für gering.

Diese Entscheidungen schwächten Deutschland zwar, aber nicht in verhängnisvoller Weise. Moltke widerstrebte es, die von Schlieffen empfohlenen Risiken einzugehen. Doch wie sich herausstellte, hätte ihm nur das Eingehen dieser Risiken den Sieg eingebracht. Das Risiko, das er am 22. August einging, war das falsche zum falschen Zeitpunkt. Aber als er es einging, schien es nicht einmal ein Risiko zu sein, sondern ein ungewöhnlich geschickter Schachzug, durch den er dem kurzen und ruhmreichen Feldzug gegen Frankreich für immer seinen Stempel aufdrücken sollte.

Am 14. August 1914, in der ersten Phase von Plan 17, hatten die Franzosen die Grenze zu Lothringen überschritten, das 1871 an Deutschland gefallen war. Musikkapellen spielten die *Marseillaise*, als die Voraustrupps die gestreiften Grenzpfähle niederrissen. Die Franzosen rückten vor; die Deutschen leisteten nur wenig Widerstand und zogen sich zurück. Die Franzosen stießen in die entstandene Lücke. Alles schien, ein wenig wie ein Kriegsspiel, nach dem Schlieffen-Plan zu verlaufen.

Am 19. und 20. August stießen die Angreifer bei Saarburg und Morhange plötzlich auf die vorbereiteten Verteidigungsstellen – Schützengräben, Stacheldraht und versteckte Maschinengewehrnester, die bald das Bild der Westfront prägen sollten. Die Deutschen mähten die französische Infanterie buchstäblich nieder und griffen den stark geschwächten Feind unaufhörlich an. Die angeschlagenen Franzosen fluteten zu den befestigten Stellungen auf den Anhöhen um Nancy – dem Grand Couronné – zurück, von denen sie eine Woche zuvor aufgebrochen waren. (Die Aufgabe Nancys wurde kurz in Betracht gezogen, doch der französische Oberbefehlshaber, General Joseph Joffre, wollte davon nichts wissen.) Unterdessen sahen die Deutschen, die anfangs nur langsam nachgesetzt hatten, für sich selbst eine einmalige Chance.

Vieles von dem, was sich danach ereignete, fand nicht auf dem Schlachtfeld, sondern am Telefon statt, und dies war vielleicht das erste Mal in der Geschichte, daß dieses Gerät die Rolle eines Deus ex machina spielte, der den Fortgang der Dinge in eine andere Richtung hätte lenken können. Welche angenehmen Gedanken mögen Moltke wohl durch den Kopf gegangen sein, als die Berichte vom französischen Debakel in Lothringen im Hauptquartier der Obersten Heeresleitung in Koblenz eintrafen? Hatte er den Eindruck, der Krieg im Westen sei so gut wie vorbei? Sollte er den Erfolg ausbauen und zuschlagen, während sich die französischen Truppen am Rande der Auflösung befanden? Konnte er es sich leisten, diese Chance ungenutzt verstreichen zu lassen? Ein direkter Angriff auf die Anhöhen um Nancy und die Festungsanlagen von Epinal und Tours würde zwar gegen den Schlieffen-Plan verstoßen, aber das Ergebnis könnte ein zweites Cannae sein. Die Franzosen würden von rechts und links in die Zange genommen werden, ähnlich Hannibals legendärer zweifacher Umfassung der Römer im Jahre 216 v. Chr. Auch jene Schlacht hatte im August stattgefunden.

Die Oberste Heeresleitung erörterte diese Idee bereits am 22. August, als ein Anruf von General Krafft von Dellmensingen, dem Generalstabschef der bei Morhange siegreichen 6. Armee, kam. Er bat um die Erlaubnis, den Franzosen den Rest zu geben, je eher, desto besser.

»Moltke hat sich noch nicht entschieden«, sagte Oberst Tappen von der Obersten Heeresleitung zu Krafft. »Wenn Sie noch fünf Minuten am Apparat bleiben, kann ich Ihnen vielleicht die Befehle übermitteln, die Sie wünschen.«

Es dauerte nicht so lange. Ein paar Minuten später gab Tappen Moltkes Entscheidung durch: »In Richtung Epinal verfolgen.«

Dahin war Schlieffens Kessel. Dahin waren die zwei oder drei Korps – 100 000 Mann –, die den rechten Flügel dort verstärkt hätten, wo es am dringendsten gewesen wäre. Die Fahrzeuge, die in Lothringen bereitstanden, hätten sie innerhalb von Tagen nach Westen bringen können. Obwohl wir die genaue Zahl der Opfer nie kennen werden, da das deutsche Oberkommando diese Zahlen zunehmend geheimhielt, waren die Kämpfe um den Grand Couronné anscheinend ein größeres Desaster, als es Morhange für die Franzosen gewesen war. Auf den Anhöhen verschanzt, schossen die Franzosen aus allen Rohren auf die Deutschen, die in dichten Reihen die Ebene unter ihnen zu überqueren versuchten. Diesmal war es Moltke, der in eine Falle gegangen war. Und es war Joffre, der lange vor dem Ende der Kämpfe am 10. September so zuversichtlich war, daß er ganze Divisionen vom Grand Couronné abzog und sie nach Westen schickte, um das Kriegsgeschick an der Marne zu wenden.

Aber selbst nachdem Moltke seinen spontanen Befehl »In Richtung Epinal verfolgen« gegeben hatte, war ein deutscher Sieg nicht nur möglich, sondern noch immer wahrscheinlich. Vier Tage später sollte noch einer jener Telefonanrufe kommen, die den Lauf der Geschichte änderten.

Die Russen, die mit einer die Oberste Heeresleitung überraschenden Geschwindigkeit mobil gemacht hatten, waren in Ostpreußen einmarschiert, und als deutsche Flüchtlinge zurückfluteten, breitete sich Panik aus. Brigadegeneral Erich Ludendorff, der

Held von Lüttich, war jetzt Generalstabschef der 8. Armee und arbeitete mit General Paul von Hindenburg zusammen; eine berühmte militärische Partnerschaft war geboren. Die beiden Männer hatten den Eindruck, den russischen Vorstoß aufgehalten zu haben – und standen in Wirklichkeit vor dem großen deutschen Sieg bei Tannenberg.

Am Abend des 26. August erhielt Ludendorff in seinem Hauptquartier in Ostpreußen einen Anruf aus Koblenz: Wieder war Oberst Tappen am anderen Ende. Er sagte zu dem überraschten Ludendorff, er würde drei Korps und eine Kavalleriedivision zur Verstärkung schicken. Ludendorff antwortete, daß sie nicht benötigt würden – außerdem könnten sie nicht früh genug eintreffen, um die Schlacht maßgeblich zu beeinflussen. Tappen erwiderte, Moltke bestehe darauf, dem sei nichts hinzuzufügen. Zwei Abende später kam ein weiterer Anruf: Die Truppen seien unterwegs, aber es seien nur zwei Korps und Kavallerie. Soweit hatten sich klügere Köpfe durchgesetzt. Das bedeutete, daß 80 000 Mann nicht zur Verfügung stehen würden, um den rechten Flügel zu stärken. (Wie Ludendorff vorausgesehen hatte, kamen die beiden Korps Tage nach dem vernichtenden Sieg über die Russen an. Kurz vor seinem Tod im Jahre 1916 bekannte Moltke, inzwischen ein gebrochener Mann, daß die Entsendung von zwei Korps nach Osten sein größter Fehler an der Marne gewesen war.)

Mittlerweile fehlten mindestens vier Korps für die Verstärkung des heikelsten Teils der Operation. Zwei weitere dürfen hinzugerechnet werden: ein Korps war von Klucks Armee abgezogen worden, um die in Antwerpen eingeschlossenen Belgier in Schach zu halten, ein zweites hatte die Aufgabe, die französische Festung von Maubeuge an der belgischen Grenze anzugreifen. Das waren insgesamt sechs Korps oder 250 000 Soldaten, also eine ganze Armee.

Drei Telefonanrufe hatten alles geändert. Durch die ersten beiden war möglicherweise ein Sieg verschenkt worden; der dritte, ein nachträglicher Einfall, stellte bestenfalls eine Pattsituation her. Die Entscheidung vor Nancy, die nicht nur eine Abschwächung, sondern eine fundamentale Änderung des Schlieffen-Plans bedeutete, zerstörte die deutschen Hoffnungen am nachhaltigsten. Hätte Moltke nicht auf ein Cannae gesetzt, diese spezifisch deutsche Obsession, und statt dessen den rechten Flügel gestärkt, hätte Klucks 1. Armee die Klammer um Paris halten, die Festungen im Westen und Süden der Stadt umgehen und sich dann wieder mit einem vernichtenden Schlag nach Norden wenden können. Da Paris nur über Garnisonstruppen und eine Behelfsarmee verfügte, wäre Kluck auf keinen nennenswerten Widerstand gestoßen. Schon bereitete sich die französische Regierung auf ihre Flucht nach Bordeaux vor, und es war klar, daß Frankreich mehr Niederlagen nicht verkraften konnte. Das Seil, das bis zum Äußersten gespannt war, drohte zu zerreißen. Würde sich das Szenario von 1870/71 – Zusammenbruch und Revolution – wiederholen?

Für die Deutschen war Schnelligkeit wichtig. Der Feind durfte sich nicht erholen. Eine siegreiche Armee kann ihre Erschöpfung überwinden, und sowohl die Offiziere als auch die einfachen Soldaten von Klucks Armee waren sehr erschöpft. Das schwach besetzte deutsche Oberkommando begann, unnötige Verwirrung zu stiften. Da es zu wenige Verantwortliche gab, die zu lange gezwungen waren, vierundzwanzig Stunden täglich zu arbeiten, fielen Einzelheiten unter den Tisch. »Im Krieg wie im Wirtschaftsleben«, schreibt der Militärhistoriker Dennis E. Showalter, »liegt in der Fülle ein gewisser Vorteil.« Da es außerdem an Transportmitteln und Eisenbahnlinien fehlte – sie waren von den zurückweichenden Franzosen und Belgiern zerstört worden –, war die Versorgung der Soldaten mit Nahrungsmitteln und Munition ein Problem, das sich mit zunehmenden Entfernungen verschärfte. Auch die Kommunikation war schwierig. Auf französischem Territorium konnten sich die Armeekommandeure nicht auf das Telefon verlassen. Moltke, der weit weg in Koblenz und nach dem

29. August in Luxemburg saß, war mit den westlichen Armeen hauptsächlich durch Funk verbunden – obwohl die Nachrichten durch Überlastung am anderen Ende (und durch die notwendige Entschlüsselung) verzögert und durch die französische Station auf dem Eiffelturm gestört wurden. Schlieffens Frist von neununddreißig Tagen würde ganz knapp eingehalten werden.

Stellen wir uns vor, Moltke hätte es nicht nur geschafft, sich nach Morhange Zurückhaltung aufzuerlegen, sondern hätte auch im letzten Augenblick beschlossen, die zwei Korps nicht an die Ostfront zu schicken. Was wäre dann geschehen? Klucks verstärkte Armee operiert weiter. Die Festungen von Verdun wären umzingelt und ausgeschaltet worden – was Anfang September fast passierte. Reims wäre gefallen – es war tatsächlich kurz besetzt. Und jetzt wäre der deutsche Angriff so geführt worden, daß Klucks rechte Flanke massiv verstärkt worden wäre. Moltke hätte sein Cannae doch noch bekommen. Die wirklich entscheidende Schlacht des Krieges hätte aller Wahrscheinlichkeit nach im Seine-Tal, südöstlich von Paris, stattgefunden, vielleicht in dem von Generationen von französischen Künstlern so hoch geschätzten, leicht bewaldeten Gebiet um Fontainebleau. Die Schlachtengemälde wären diesmal allesamt von deutschen Künstlern in Öl gemalt worden.

Dies ist das bestmögliche Szenario für die Armeen des Kaisers im Westen. Großbritanniens kurzer Beitrag zu den Kämpfen hätte sich weitgehend als unbedeutend erwiesen. Der Krieg wäre eine kontinentale Angelegenheit geblieben, wenngleich durch ihn die Beziehungen zwischen Großbritannien und Deutschland nicht einfacher geworden wären – insbesondere dann nicht, wenn die Deutschen darauf bestanden hätten, die Kanalhäfen in befestigte Enklaven zu verwandeln. Unterdessen hätte sich das Reich ein bißchen mehr von Frankreich, einschließlich Nancy, und einen Teil Belgiens einverleibt. Historiker wie Niall Ferguson meinen, Deutschland hätte den Anstoß zur Gründung einer mitteleuropäischen Wirtschaftsunion gegeben (die von ihm dominiert worden wäre – so wie die EU an der Schwelle zum neuen Jahrtausend). Frankreich hätte riesige Reparationszahlungen geleistet, so daß es für die Dauer einer weiteren Generation verbittert und schwach gerüstet gewesen wäre. Der Antisemitismus, von jeher der Fluch besiegter europäischer Nationen, wäre für Frankreich und nicht für Deutschland zu einem Problem geworden. Aber außer der Tatsache, daß eine Million Franzosen weitergelebt hätten, die in den nächsten vier Jahren fallen sollten (ganz zu schweigen von den vielen intelligenten und kreativen Köpfen aus Deutschland, Österreich, England und Rußland), hätte das Ganze auch eine erfreuliche Seite gehabt. Der Sieg im Ersten Weltkrieg verbarg Frankreichs Rückständigkeit. Vielleicht wäre das Land nicht zu dem »langen neunzehnten Jahrhundert« verurteilt gewesen, das erst nach dem Zweiten Weltkrieg und nach einer vierjährigen Besetzung durch die Deutschen zu Ende ging. Vielleicht wäre es eher zu jener ökonomischen Wiedergeburt gezwungen gewesen, die erst nach dem Zweiten Weltkrieg erfolgte.

Wenn die verlorene Landkarte nicht abhanden gekommen wäre und sich Sir John auf französisch verabschiedet hätte.

Hätte Deutschland die Schlacht um Frankreich noch immer gewinnen können? Vielleicht – obwohl es immer weniger Optionen hatte und der Ausgang zunehmend von den Aktionen (und Reaktionen) der anderen Seite abhing. Würde sich die französische Armee auflösen, wie sie es eine Generation später tat? Es kam in jenen Tagen vor, daß sich ein Rückzug in Panik verwandelte und die Offiziere auch mit der Waffe in der Hand die Soldaten nicht daran hindern konnten, sich in Sicherheit zu bringen. Banden von Deserteuren zogen plündernd durch das Land. Eine Million Menschen, ein Drittel der Pariser Bevölkerung, war zusammen mit der Regierung aus Paris geflohen. General Joseph

Gallieni, der Militärgouverneur von Paris, war bereit, die Stadt dem Erdboden gleichzumachen, sollten sich die Deutschen bis in die Stadt vorkämpfen. Er würde die Sprengung aller Seinebrücken anordnen und nicht einmal den Eiffelturm verschonen. Die Vorstellung von einer möglichen Katastrophe verzerrte die Wahrnehmung der Realität. Das war die reale Gefahr. Eine weitere Niederlage könnte sich als tödlich erweisen. In dem Augenblick, als die Franzosen das Schlimmste durchmachten, war, wie wir heute wissen, das Schlimmste schon vorbei.

Am 30. August traf Kluck seine berühmte Entscheidung, einen Schwenk zu machen und seine Truppen in das Gebiet östlich von Paris zu führen. Damit hatte sich der Schlieffen-Plan so gut wie erledigt. Kluck hoffte, durch Gewaltmärsche in die Flanke der fliehenden Franzosen stoßen zu können. Ihn beunruhigte auch die Tatsache, daß zwischen seiner Armee und der zweiten deutschen Armee zu seiner Linken eine Lücke entstanden wäre, wenn er seine ursprüngliche Richtung beibehalten hätte. Einer neuen Gefahr schenkte er dagegen keine oder nur geringe Aufmerksamkeit: General Michel-Joseph Maunourys 6. Armee wurde jetzt in Paris zusammengezogen. Die Franzosen gingen immer noch davon aus, daß Klucks Armee ihre Richtung nicht geändert hatte.

Wir schreiben den 1. September 1914, und wieder hätten die Ereignisse an der Marne einen anderen Verlauf nehmen können. Gegen Abend stieß eine französische Patrouille auf einen deutschen Kurierwagen, der sich in dem bewaldeten Gebiet nahe Coucy-le-Château befand, welches von dem imposanten mittelalterlichen Schloß der Herren von Coucy beherrscht wird. (In einem Akt kultureller Barbarei sollten die Deutschen es bei ihrem Rückzug 1917 sprengen.) Die Patrouille eröffnete das Feuer und tötete alle Insassen des Wagens. Unter den Toten befand sich auch ein Kavallerieoffizier, dessen Satteltasche Lebensmittel, Kleider und Papiere enthielt, alles blutbespritzt. Als französische Nachrichtenoffiziere die Tasche leerten, entdeckten sie eine Landkarte. Unter den Blutflecken konnten sie Zahlen und Bleistiftlinien erkennen – die Zahlen bezogen sich auf Klucks Armee, und die Linien zeigten den Richtungswechsel nach Südosten.

Dieser Verlust war möglicherweise ebenso verheerend wie der Verlust von General Robert E. Lees Sonderbefehl Nr. 191 vor Antietam im amerikanischen Bürgerkrieg. Die Franzosen konnten nicht nur erkennen, wohin Kluck seine Armee führte, sondern auch, wo sich ihnen eine Flanke darbot. Luftaufklärung und aufgefangene Funkmeldungen bestätigten, was der Karte zu entnehmen war. Als die 6. Armee am 5. September in diese Flanke stieß, beendete sie Klucks Hoffnung auf einen Sieg. Er konnte nur noch ums Überleben kämpfen. Der tüchtige Kluck verteidigte die Flanke zwar erfolgreich, sollte sich dadurch aber ein noch schlimmeres Problem schaffen.

Wäre die Karte nicht dem Feind in die Hände gefallen, hätte Kluck vielleicht einige kostbare Tage gewonnen. Er wäre unter Umständen in der Lage gewesen, umzukehren, da er sich gefährlich weit von der 2. Armee entfernt hatte, und er hätte nicht so hart ums Überleben kämpfen müssen. Die bei Coucy-le-Château abhanden gekommene Karte kostete die Deutschen nicht den Sieg im Westen. Es hätte sich immer noch eine Pattsituation ergeben können, doch diese wäre für sie dann wesentlich günstiger gewesen. Ein ungefähr dreißig Kilometer entferntes Paris wäre viel leichter anzugreifen und einzunehmen gewesen als ein hundertzwanzig oder hundertfünfzig Kilometer entferntes, wie es Tage später der Fall war, als die Westfront zu einer befestigten Linie wurde. Diese räumliche Nähe hätte die operativen Entscheidungen der Deutschen in den kommenden Monaten verändert, und sie hätte möglicherweise bedeutet, daß die Deutschen im Westen nicht so lange in der Defensive geblieben wären. Wer weiß? Es hätte ein zweites 1870 mit einem umzingelten Paris geben können, obwohl sich die Geschichte in der Regel nicht wiederholt. In einer Welt, in der immer alternative Szenarien möglich sind, sind die Menschen stets dazu verurteilt, neue Fehler zu machen und so dem Lauf der Dinge unvorhersehbare Wendungen zu geben.

Der Zufall ist eine Sache, Absicht eine andere. Am 1. September 1914 bestanden erneut alternative Handlungsmöglichkeiten, und zwar in einer Situation, die für die Sache der Verbündeten potentiell gefährlicher war, als es die abhanden gekommene Karte für die Deutschen gewesen war. Der Kommandeur der britischen Expeditionsstreitmacht, Sir John French, hatte sich offensichtlich von der allgemeinen Panik anstecken lassen. Von Anfang an war das Verhältnis des kleinen Feldmarschalls zu seinen Verbündeten gespannt gewesen, und Sir John – der nur Englisch sprach – mißtraute deren Absichten zutiefst. Würden seine Truppen auch gegen ihren Willen in eine blutige Neuauflage von Plan 17 hineingezogen werden? Sir John hatte Angst, ausgenutzt zu werden, und dachte nun daran, seine Armee in Sicherheit zu bringen, ohne daß sein Ruf Schaden nähme. Joffre, der unbedingt seine Frontlinie stabilisieren wollte, war am 29. August mit seinem britischen Kollegen zusammengetroffen und hatte ihn inständig gebeten, die Stellung zu halten. Sir John lehnte dies ab. Er wies darauf hin, daß seine Armee, die in einer Woche bei Rückzugsgefechten 15 000 Mann verloren hatte, jetzt zehn Tage Pause benötige, um sich auszuruhen, ihre Ausrüstung instand zu setzen und auf Verstärkung zu warten. Joffre bändigte seinen Zorn und dankte Sir John. Dies bedeutete nicht nur, daß er seinen Rückzug fortsetzen mußte, sondern auch, daß sich in seiner Front eine Lücke bilden würde. Selbst die eindringliche Bitte, die der französische Präsident Raymond Poincaré dem britischen Botschafter vortrug und die dieser an Sir John weiterleitete, führte nicht zum Einlenken. French hatte seinen Offizieren gesagt, sie möchten sich auf einen »endgültigen und längeren Rückzug nach Süden [vorbereiten] und Paris östlich und westlich umgehen«. Darüber hinaus spielte er mit einem noch unheilvolleren Gedanken: Rückzug auf den britischen Stützpunkt – damals der Hafen von St. Nazaire an der Loire-Mündung. Es war davon die Rede, die Armee nach England einzuschiffen, um erst irgendwann im Herbst wieder auf dem Kontinent zu landen und den

Krieg fortzusetzen – falls der Krieg dann überhaupt noch andauern würde.

In London las der britische Kriegsminister Lord Kitchener Frenchs Telegramme mit wachsendem Entsetzen. Am 31. August 1914 telegrafierte er zurück und fragte, ob der ins Auge gefaßte Rückzug nicht eine Lücke in die Front der Alliierten reißen und die Franzosen in verheerender Weise demoralisieren würde. Aus seinen Worten ging hervor, daß er genau das nicht wünschte. Dann überredete er Premierminister Asquith, das Kabinett zu einer Dringlichkeitssitzung einzuberufen. Man konnte es Sir John nicht gestatten, allein über eine Angelegenheit von nationaler Bedeutung, nämlich das Militärbündnis mit Frankreich, zu entscheiden. In diesem Augenblick war die Möglichkeit, den Krieg zu verlieren, größer als je zuvor. In der Nacht kam Sir Johns Antwort auf Kitcheners Telegramm an: »Ich sehe nicht ein, warum ich das Risiko einer absoluten Katastrophe eingehen sollte ...«

Kitchener, der anwesend war, als Frenchs Nachricht entschlüsselt wurde, faßte einen Entschluß. Asquith berief eilig eine weitere Kabinettssitzung ein, und Churchill ordnete an, in Dover ein Schnellboot seeklar zu machen. Kitchener verließ London mitten in der Nacht und war am 1. September mittags in Paris. Er kam in seiner blauen Marschallsuniform in der britischen Botschaft an – was der überempfindliche French sofort als Beleidigung auffaßte. Wollte Kitchener, der rangmäßig nicht über ihm stand, seinen Rang betonen? French beklagte sich sofort darüber, daß er »zu einem so heiklen Zeitpunkt« sein Hauptquartier verlassen mußte. Bei der Begegnung waren auch andere Personen anwesend, aber der Ton des Gesprächs wurde bald so hitzig, daß die beiden Feldmarschälle in einen anderen Raum gingen und die Tür hinter sich schlossen. Irgendwie kam es zu einer Einigung: Frenchs Truppen würden an die Front zurückkehren, wo sie »entsprechend den Bewegungen der französischen Armee« bleiben würden. French verabschiedete sich wütend, aber Kitchener hatte seinen Auftrag erfüllt.

Was wäre gewesen, wenn Sir John French seine Truppen von der Front abgezogen und sie in das ungefähr vierhundert Kilometer entfernte St. Nazaire geführt hätte? Die Vorstellung, sie wären neu ausgerüstet, verstärkt und in England für einen neuen Einsatz auf dem Kontinent bereitgemacht worden, ist reichlich absurd. Aller Wahrscheinlichkeit nach wären die britischen Truppen nie zurückgekehrt. Wie hätten die politisch Verantwortlichen auch den geschwundenen Kampfgeist wieder auf Hochtouren bringen können? Die Asquith-Regierung hätte das wohl nicht überlebt (wenngleich das britische Empire langfristig davon profitiert hätte). Wie hätte sich das schmähliche Versagen der Briten in den nächsten Jahrzehnten auf das Verhältnis zu Frankreich ausgewirkt? Frankreich hätte wegen der Briten möglicherweise den Krieg verloren. Ein britischer Rückzug zum psychologisch ungünstigsten Zeitpunkt – und das war der 1. September – hätte vielleicht alles geändert. Wie hätte Frankreich Großbritannien diese »Fahnenflucht« jemals verzeihen können? Anders ausgedrückt: Die Tatsache, daß Sir John die Nerven verlor, hätte für Deutschland eine letzte Chance bedeutet, den Krieg im Westen zu gewinnen. Unter diesen Umständen wäre es besser gewesen, England hätte sich erst gar nicht engagiert.

Die Sache hatte ein Nachspiel. Kluck hatte den Vorstoß von Maunourys 6. Armee in der Schlacht an der Ourcq glänzend abgewehrt. Obwohl Truppen aus Paris abgezogen und an die Marne geworfen worden waren, hatte Kluck in jenem Teil der Marne-Schlacht, der sich fünf Tage lang an einer dreihundert Kilometer langen Front abspielte, die Oberhand gewonnen. Aber dazu mußte er sich die zwei Korps ausleihen, die die Lücke zwischen seiner 1. Armee und Bülows 2. Armee ausgefüllt hatten. Er dachte, er würde siegen, und beinahe hätte er auch gesiegt. Doch am letzten Tag der Marne-Schlacht marschierte die britische Armee, etwa von der Stärke der beiden deutschen Korps, die jetzt in Ostpreußen ausgeladen wurden, in die fünfundvierzig Kilometer große Lücke. Obwohl sie nur einige Kilometer vorstieß, war sie, wie Winston Churchill schrieb, »in die deutsche Leber gedrungen«. Die Flanken waren bedroht; die Deutschen gerieten in Panik. Bald wurde die gesamte Front vom Rückzug erfaßt. Die ersten Schützengräben wurden ausgehoben. Der ursprüngliche Invasionsplan war davon ausgegangen, daß zwischen dem 6. und dem 9. September eine Entscheidung fallen würde – zwischen dem sechsunddreißigsten und dem neununddreißigsten Tag nach der Mobilmachung. Das geschah auch, aber nicht so, wie es die Deutschen erwartet hatten. Churchill erinnerte an die Worte des römischen Kaisers Augustus, als dieser 1900 Jahre zuvor von der Massakrierung seiner Legionen im Teutoburger Wald erfuhr: »Der Kaiser mag ausgerufen haben: ›Moltke, Moltke, gib mir meine Legionen zurück!‹«

Der Brigadegeneral und der einfache Soldat.

Diese Geschichte handelt von zwei Menschen, die sich nie begegnet sind: ein britischer Offizier und ein einfacher Soldat der deutschen Armee. Doch ihre Lebenswege hätten sich am 31. Oktober, einem verhängnisvollen Tag im Jahre 1914, kreuzen können.

In den Wochen nach der Marne-Schlacht kämpften sich die gegnerischen Armeen auf parallelen Routen nach Norden vor, wobei jede vergeblich versuchte, die Flanke des Feindes zu umfassen. »Der Wettlauf zum Meer« führte lediglich zu einer Pattsituation. Ende Oktober gab es nur noch eine Lücke, in die die Alliierten rasch vorstießen, und zwar in der Nähe der belgischen Stadt Ypern, etwas mehr als fünfzehn Kilometer von Dünkirchen und der Nordsee entfernt. In einer engen und immer schmaler werdenden Frontausbuchtung fand die letzte verzweifelte Schlacht des Jahres statt.

Den Deutschen bot der Ausbruch bei Ypern Aussicht auf die letzten großen Prisen des Jahres 1914: die Kanalhäfen Dünkirchen, Calais und Boulogne. Durch ihre Einnahme würde nicht nur der Kanal neutralisiert, sondern auch die Beförderung von Truppen und Kriegsgerät aus England nach Frankreich verzögert und anderweitig behindert werden können – falls es nach einer Niederlage bei Ypern noch eine britische Armee geben würde. (Sir John French zog einmal mehr ernsthaft einen Rückzug in Betracht; aber jetzt war es Joffre, der sich heftig dagegen wehrte.) Zum zweiten Mal in zwei Monaten stand Großbritanniens Beitrag auf der Kippe – obwohl die Franzosen zu diesem Zeitpunkt besser dagestanden hätten, wenn ihr Verbündeter sie im Stich gelassen hätte. Von diesen Überlegungen einmal abgesehen, hätte die Einnahme der Kanalhäfen der Moral im Heimatland mächtig Auftrieb gegeben: Die Deutschen hätten für ihre bis dahin vergeblichen und kostspieligen Kriegsanstrengungen etwas vorzuweisen gehabt.

Nach zwölf Tagen, in denen eine deutsche Angriffswelle nach der anderen gegen die dünner werdenden Linien der französischen und britischen Verteidiger anbrandete, schien eine Entscheidung anzustehen. Sie kam an einem Ort namens Gheluvelt, der aus einer Ansammlung von Klinkergebäuden auf einer Anhöhe etwa sieben Kilometer östlich von Ypern bestand. Kurz vor Mittag am 31. Oktober 1914 löste sich hier die britische Front auf. Die Verteidiger, denen eine zehnfache Übermacht gegenüberstand, wurden von den schlecht ausgebildeten, aber fanatischen deutschen Reserveeinheiten überrannt. Auf einer Länge von eineinhalb Kilometer öffnete sich eine Bresche. Die bereitstehende umfangreiche Verstärkung mußte nur noch in diese Bresche vorstoßen, sich fächerartig verteilen und die letzten Reste des britischen Widerstands vernichten. Doch die deutschen Truppen standen da und warteten auf Befehle – vergebens. Am frühen Nachmittag streiften 1200 Mann, von denen viele zum 16. Bayerischen Reserveregiment gehörten, ziellos auf dem Gelände eines nahe gelegenen Schlosses umher und plünderten. Früher oder später würde der Stab sie sammeln, Befehle kämen, und dann würden diese Soldaten – und weitere Tausende – ihren unerbittlichen Vormarsch beginnen.

Unterdessen traf ein britischer Brigadegeneral in einem Wald etwa eine Meile entfernt eine Entscheidung, die möglicherweise den Verlauf des Krieges änderte. Sein Name war Charles Fitzclarence, und er wäre offensichtlich zu Größerem bestimmt gewesen, hätte eine Kugel seine Karriere nicht einige Tage später für immer beendet. Als Fitzclarence von versprengten Soldaten von dem Desaster bei Gheluvelt erfuhr, scharte er die einzigen Reserven um sich, die er noch auftreiben konnte – etwa 370 Mann aus dem 2. Worcester Batallion –, und ließ sie zwei Kilometer über hügeliges Weideland marschieren. Die deutsche Artillerie tötete oder verwundete über ein Viertel von ihnen, aber der Rest marschierte weiter. Die Worcesters stürmten auf den Rasen des Schlosses von Gheluvelt und trieben die Bayern auseinander. Sie trieben sie aus den Hecken und schossen auf die Fliehenden. Damit war der deutsche Vormarsch zu Ende. Die Lücke nach Dünkirchen wurde geschlossen. Dank des Brigadegenerals Fitzclarence hielt sich Großbritannien an jenem Tag tapfer – und beteiligte sich weiter an dem Krieg, der es ruinierte.

Es gibt noch einen Umstand, auf den bislang anscheinend kein Historiker hingewiesen hat. Unter den Hunderten von Bayern, die vom Gelände des Schlosses vertrieben wurden, war vielleicht auch ein einfacher Soldat aus Österreich, der später nach München zog, nämlich Adolf Hitler. Zwei Tage zuvor war er mit dem 16. Bayerischen Reserveregiment losgezogen, das schreckliche Verluste erlitten hatte. Die Männer am Schloß waren so ungefähr das einzige, was von diesem Regiment noch übriggeblieben war. Da sich Hitler von jedem Kampf magnetisch angezogen fühlte, ist kaum vorstellbar, daß er nicht dabei war. Aber deutsche Memoiren und Regimentsgeschichten schweigen sich über diese Episode aus. Sie scheinen weder zu erkennen noch zuzugeben, wie nahe die Deutschen an jenem Tag einem Durchbruch waren, und sie erwähnen auch nicht das Desaster am Schloß. Das hätte schwerlich zur Geschichtsversion der Nazis und schon gar nicht zur Geschichte ihres Führers gepaßt. Doch was wäre gewesen, wenn Hitler bei der Flucht umgekommen oder in Gefangenschaft geraten wäre? Die Geschichte – und zwar die reale – wäre um eines ihrer wirklichen Ungeheuer ärmer gewesen. Wir müssen wohl kaum die Katastrophen näher beschreiben, die durch eine einzige Kugel verhindert worden wären.

Diese Möglichkeit muß zu den faszinierendsten des Jahres 1914 gerechnet werden.

Postscriptum: Falkenhayns Verzweiflung.

Nach dem Ende der Marne-Schlacht wurde Moltke sogleich entlassen – wenngleich er aus Rücksicht auf die öffentliche Meinung von seinem Nachfolger Erich von Falkenhayn, zugleich preußischer Kriegsminister, gezwungen wurde, noch zwei demütigende Monate lang als nomineller Generalstabschef im Hauptquartier zu bleiben. Doch der neue Mann hatte kaum mehr Glück. Am 18. November, nach der Niederlage bei Ypern, traf der völlig niedergeschlagene Falkenhayn mit Reichskanzler Theobald von Bethmann-Hollweg in Berlin zusammen. Er sagte Bethmann rundheraus, daß der Krieg nicht zu gewinnen sei. Er sehe keine Möglichkeit, Deutschlands Feinde in dem Maße zu schwächen, »daß wir zu einem anständigen Frieden kommen können«. Werde nicht bald eine Verhandlungslösung gefunden, bestünden für das Land düstere Aussichten: »Die Gefahr, langsam ans Ende der eigenen Kräfte zu kommen.« Falkenhayn schlug vor, zuerst Rußland ein Friedensangebot zu machen und auf Annexionen zu verzichten. Danach würde man sich bestimmt auch mit Frankreich einigen.

Bethmann-Hollweg wollte davon nichts wissen. Er sagte, er sei noch immer überzeugt, daß Deutschland den Krieg gewinnen könne und werde. Außerdem würde ein Abkommen mit Rußland und Frankreich auch ein Abkommen mit Großbritannien bedeuten – das die Deutschen mittlerweile als ihren wahren Feind, als die wirkliche Bedrohung ihrer Ziele betrachteten. So wie die Feindschaft gegenüber England Napoleon 1805 in Tilsit ins Verderben gestürzt hatte, sollte sie 1914 auch Deutschland blind machen. Hatte Bethmann Angst, sich einem Wutausbruch des Kaisers auszusetzen? Welche Gründe er auch gehabt haben mag, seine Uneinsichtigkeit bedeutete für eine ganze Generation das unwiderrufliche Todesurteil.

Schon bald sollten die Legionen des britischen Empire aus allen vier Himmelsrichtungen auf dem Kontinent eintreffen. Eine Seeschlacht hatte gerade einige Tage zuvor vor der Küste Chiles stattgefunden, und eine weitere vor den Falkland-Inseln stand unmittelbar bevor. Im Januar sollte die Türkei kurz die wichtigste Wasserstraße des britischen Empire, den Suezkanal, bedrohen – und im darauffolgenden Frühjahr bei Gallipoli selbst Opfer einer Invasion werden. Ein deutsches U-Boot sollte das Linienschiff *Lusitania* torpedieren und – ein Zufall von wahrhaft historischer Bedeutung – 128 Amerikaner töten. Damit war der Kriegseintritt der großen neutralen Macht vorprogrammiert. Schon als Falkenhayn seinen vergeblichen Vorstoß unternahm, begann sich der Krieg über die ganze Welt auszubreiten. An jenem Tag hätte vielleicht die letzte winzige Chance bestanden, seine Ausweitung zu verhindern.

»Das Besondere am modernen Krieg ist die Tatsache, daß er das Gesetz des Handelns bestimmt«, schreibt Bruce Catton. »Wurde er begonnen, muß er zu Ende gebracht werden, und auf dem Weg dorthin werden Ereignisse in Gang gesetzt, über die die Menschen möglicherweise die Kontrolle verlieren. Indem die Menschen tun, was getan werden muß, um ihn zu gewinnen, geschehen Dinge, die den Boden verändern, in dem die Gesellschaft verwurzelt ist.«

Man stelle sich vor, was ein wesentlich kürzerer Krieg für das 20. Jahrhundert bedeutet hätte. Rußland hätte Deutschlands Angebot angenommen. Seine Verluste Ende 1914 waren zwar beträchtlich, aber kaum existenzbedrohend. In Friedenszeiten hätte sich seine Industrie, die bereits Zeichen eines kräftigen Wachstums aufwies, dynamisch weiterentwickelt; gleichzeitig hätte sich ein gewisses Maß an Demokratie durchgesetzt. Lenin wäre wohl oder übel in seinem Schweizer Exil geblieben: Kein von den Deutschen bereitgestellter verplombter Zug hätte ihn zum Finnischen Bahnhof gebracht. Ohne Lenin kein Stalin, keine Säuberungen, keine Gulags, kein kalter Krieg.

Großbritannien und Frankreich haben wir bereits betrachtet – doch was wäre mit den Vereinigten Staaten gewesen? Wäre es Ende 1914 zu einem Waffenstillstand gekommen, wären die USA noch auf Jahre hinaus das geblieben, was sie damals waren: ein ungehobelter, lärmender und nicht immer charmanter Vetter aus der Provinz. Keine amerikanischen Jungs hätten den Rubikon des Atlantik überquert. Wie heißt es doch in einem Schlager: »How're ya gonna keep'em down on the farm, after they've seen Paree?« Das »amerikanische Jahrhundert« hätte noch auf sich warten lassen; es wäre nicht durch Kriege, sondern durch Wirtschaftsbeziehungen entstanden. Im Jahre 1918 hätte Großbritannien, das mächtigste Land der Welt, nicht so tief in amerikanischer Schuld gestanden.

Das lange 19. Jahrhundert hätte sicherlich noch einige Jahrzehnte angedauert, nicht nur in Frankreich, sondern überall. Europa hätte seine Position wohlwollend-herablassender Dominanz behalten. Nehmen wir beispielsweise die Literatur. Wie viele Talente, kaum oder nie entdeckt, sind in der Erde all jener obszönordentlichen Soldatenfriedhöfe verwest? Alain Fourniers Roman *Der große Kamerad* oder die Gedichte von Wilfred Owen – beide Schriftsteller fielen – lassen uns den Verlust erahnen. Seine führende Rolle auf dem Gebiet der Literatur hat Amerika dem Tod zu verdanken. Es hätte zwar einen Hemingway, nicht aber den Roman *In einem anderen Land* gegeben. »... Truppen marschierten an unserem Haus vorbei und die Straße hinunter, und der Staub, der von ihnen aufgewirbelt wurde, puderte die Blätter der Bäume ...« Vielleicht hätte er eine andere Möglichkeit gefunden, den besten Anfang eines Romans in unserem Jahrhundert zu schreiben.

Ohne die Ereignisse von 1914 wäre uns ein unheilvolles Vermächtnis erspart geblieben, das für alle Zeit Narben in unserem Leben hinterlassen hat: die Brutalisierung, die der Grabenkrieg mit seinen Massen von Toten einer ganzen Generation eingeprägt hat. Was Männer wie Adolf Hitler in jenem ersten Holocaust lernten, sollten sie, wie John Keegan schrieb, »zwanzig Jahre später in ganz Europa wiederholen. Von ihrem grauenvollen Todeskult erholt sich der Kontinent noch immer.«

Es gibt Zeiten, da man die bleibenden Auswirkungen eines Traumas nur dadurch ermessen kann, daß man sich vorstellt, es hätte sie nie gegeben.

James Chace

Bismarcks Reich – eine Totgeburt

»Dort zieht eine Dynastie ab«, bemerkte Bismarck, als er den Abzug Kaiser Napoleons III. nach der Niederlage der französischen Armee bei Sedan am 1. September 1870 beobachtete. Weniger als zwei Monate später ergab sich der französische Marschall François Achille Bazaine mit 6000 Offizieren und 173 000 Mann bei Metz den Preußen. Drei Monate später, am 18. Januar 1871, wurde im Spiegelsaal von Versailles das Deutsche Reich ausgerufen.

Die französische Niederlage war nicht unvermeidbar. Die französischen Armeen waren groß, und ihre Ausrüstung war in mancher Hinsicht derjenigen der Preußen überlegen. Aufgrund des neuen französischen Chassepotgewehrs konnte der Infanterist nicht nur mehr Munition tragen, sein Gewehr hatte auch eine größere Reichweite. Außerdem verfügten die Franzosen über die Mitrailleuse, eine frühe Form des Maschinengewehrs, das fünfundzwanzig Läufe hatte und mit einer Kurbel betätigt wurde. Die französische Kapitulation war schlicht und einfach die Folge einer schlechten militärischen Führung.

Obwohl bei Sedan und später bei Metz eingeschlossen, entfaltete sich nie die berühmte *furia francese*. Als die beiden deutschen Armeen unter Führung von Graf Helmuth von Moltke auf Paris marschierten, war der französische Kommandeur der Hauptstadt, der über mehr Truppen verfügte, so gelähmt, daß er sich umzingeln ließ.

Da Napoleon III. vor Sedan offiziell das Oberkommando gehabt hatte, waren die französischen Militärs orientierungs- und führungslos. Wären die französischen Armeen frühzeitig in die Offensive gegangen und aus ihren Festungen ausgebrochen, dann hätte Preußen durchaus gestoppt werden können, und das Deutsche Reich, so wie wir es kennen, hätte nicht existiert.

Ohne Bismarcks Deutsches Reich hätte es kein wilhelminisches Deutschland gegeben, kein Machtstreben um seiner selbst willen, keinen französischen Revanchismus wegen Elsaß-Lothringen und keinen Ersten Weltkrieg. Dann hätte es 1919 auch keinen Vertrag von Versailles gegeben und keinen Zweiten Weltkrieg. Hätte es keinen Ersten Weltkrieg gegeben, hätte es keine bolschewistische Revolution, keine Sowjetunion und keinen kalten Krieg gegeben. Die Geschichte der letzten hundertfünfzig Jahre, die Schrecken des totalen Krieges, unser Jahrhundert – alles wäre unwiderruflich anders verlaufen. Statt dessen wurde ein unfähiger und anmaßender Neffe des größten Militärstrategen der Neuzeit, ohne es zu wollen, zum Zerstörer der Vorherrschaft Europas in der Welt.

JAMES CHACE ist Herausgeber des *World Journal* und Professor für Internationale Beziehungen am Bard College. Er hat eine Biographie über den US-Politiker Dean Acheson verfaßt.

DAVID CLAY LARGE

Bitte keine Zigarre

An einem kalten Novembernachmittag des Jahres 1889 versammelte sich eine in Pelzmäntel gehüllte Menschenmenge auf der Rennbahn von Berlin-Charlottenburg, um sich eine Vorstellung von Buffalo Bills Wildwest-Show anzusehen, die bei ihrer Tour durch Europa großen Anklang fand. Unter den Zuschauern befand sich auch der junge Kaiser Wilhelm II., der seit einem Jahr auf dem Thron saß. Wilhelm wollte vor allem Annie Oakley, die große Attraktion der Show, sehen, die für ihre Darbietungen mit einem 45er Colt weltberühmt war.

An jenem Tag verkündete Annie wie üblich, daß sie versuchen werde, einer Dame oder einem Herrn aus dem Publikum die Asche von der Zigarre zu schießen. »Wer meldet sich freiwillig, um die Zigarre zu halten?« fragte sie. In Wirklichkeit erwartete sie nicht, daß sich irgend jemand aus der Menge freiwillig melden würde; sie hatte die Leute nur zum Lachen bringen wollen. Es war stets ihr schwer geprüfter Ehemann, Frank Butler, der nach vorne kam und sich als lebender Zigarrenhalter für eine Havanna anbot.

Diesmal jedoch hatte Annie kaum ihre Ankündigung gemacht, als Kaiser Wilhelm aus der königlichen Loge sprang und in die Arena eilte. Annie war verblüfft und entsetzt, konnte aber keinen Rückzieher machen, ohne das Gesicht zu verlieren. Sie schritt ihre übliche Entfernung ab, während Wilhelm eine Zigarre aus einem goldenen Etui nahm und sie anzündete. Mehrere deutsche Polizisten, die plötzlich erkannten, daß dies keiner jener kleinen Scherze des Kaisers war, versuchten einzugreifen, wurden jedoch von Seiner Allerhöchsten Majestät zurückgewunken. Annie, der unter ihrer Lederkleidung der Schweiß ausbrach und die es bereute, am Abend zuvor mehr als ihr übliches Quantum Whisky getrunken zu haben, hob ihren Colt, zielte und schoß Wilhelms Asche weg.

Hätte die Scharfschützin aus Cincinnati den Kopf des Kaisers anstelle seiner Zigarre getroffen, wäre einer der ehrgeizigsten und sprunghaftesten Herrscher Europas von der Bildfläche verschwunden. Deutschland hätte vielleicht nicht jene aggressive Weltmachtpolitik verfolgt, die fünfundzwanzig Jahre später in einem Krieg gipfelte.

Annie scheint ihren Fehler später erkannt zu haben. Nach Beginn des Ersten Weltkriegs schrieb sie an den Kaiser und bat um einen zweiten Schuß. Er antwortete nicht.

DAVID CLAY LARGE hat kürzlich eine Geschichte der Stadt Berlin veröffentlicht. 1998 erschien *Hitlers München. Aufstieg und Fall der Hauptstadt der Bewegung*.

Dennis E. Showalter

Waffenstillstand aus Verzweiflung

Der Erste Weltkrieg gilt zunehmend als das prägende Ereignis des 20. Jahrhunderts mit seinen totalen Kriegen, seinen Völkermorden und Massenvernichtungswaffen. Was wäre gewesen, wenn der Krieg nach einigen Wochen vorbei gewesen wäre, wie es nahezu alle Experten voraussagten?

Eine schnelle Entscheidung hätte 1914 im Westen fallen müssen, dem einzig möglichen Schauplatz für den massenhaften Einsatz von Kriegstechnik. Das plausibelste Szenario beginnt mit einer aggressiveren Kriegführung auf allen Ebenen der französischen und deutschen Armee. Ende 1914 hatte Frankreich fast eine Million Tote und Verwundete zu beklagen; die deutschen Verluste beliefen sich auf ungefähr eine Dreiviertelmillion. Dies waren die höchsten Verlustquoten des gesamten Krieges. Was wäre gewesen, wenn die Generäle und Regimentsoffiziere ihre Männer bei den Grenzschlachten und in der Marne-Schlacht noch rücksichtsloser angetrieben hätten? Was wäre gewesen, wenn die Deutschen in noch höherem Maße bereit gewesen wären, bei Ypern das Leben ihrer Soldaten für Geländegewinne hinzugeben?

Dies hätte voll und ganz den damaligen Offensivdoktrinen entsprochen, und so hätten einige taktische Siege errungen werden können – ein schnellerer Rückzug der Deutschen nach der Marne-Schlacht beispielsweise oder die Einnahme von Ypern in einem letzten verzweifelten Ausfall. Diese Siege wären von den Überlebenden aller Wahrscheinlichkeit nach jedoch nicht genutzt worden. Angriffe dieser Stärke hätten statt dessen die bereits begrenzten Munitionsreserven weiter aufgezehrt, vielleicht auch so sehr verbraucht, daß man gezwungen gewesen wäre, immer mehr auf Menschen zu setzen, die verwundbar waren, und auf einen Mut, der nicht belohnt worden wäre. Die unmittelbare Folge der Materialschlachten des Jahres 1914 wäre wohl eine 20- bis 25prozentige Steigerung der Verlustquote gewesen. Die militärische Infrastruktur, insbesondere die medizinische Versorgung, wäre überfordert gewesen und hätte die Logistik destabilisiert. Armeen halten jedoch nur zusammen, wenn sie regelmäßig Nahrungsmittel, Post und medizinische Hilfe erhalten. Die Moral an der Front, in den rückwärtigen Linien und in der Heimat wäre gesunken und womöglich ganz zusammengebrochen, wenn die Verluste jede Woche exponentiell zugenommen hätten und kein Ende abzusehen gewesen wäre.

Stillstand an der Kriegsfront, Revolution an der Heimatfront – genau davor hatten die Verantwortlichen in der Vorkriegszeit Angst. Bevor diese Möglichkeit Realität geworden wäre, hätten die kriegführenden Parteien wahrscheinlich aus lauter Verzweiflung einen Waffenstillstand ausgehandelt.

Wer nominell »Sieger« gewesen wäre, ist unwichtig. Europas Großmächte hatten den Ersten Weltkrieg aus negativen und nicht aus positiven Gründen geführt. Selbst Deutschlands Kriegsziele von 1914 waren eine nachträglich zusammengeschusterte Einkaufsliste. Das Ausmaß von Zerstörung und Chaos, welches das schnelle Ende einer ungewollten Apokalypse begleitet hätte, hätte wahrscheinlich auf allen Ebenen ein neues Bewußtsein dafür geschaffen, daß Europa eine Gemeinschaft darstellte – und infolgedessen ein Bewußtsein dafür, was zu tun war, um diese Gemeinschaft zu erhalten. Die internationale Ordnung wäre stabilisiert worden, und die Regionalmächte hätten nicht mehr den Handlungsspielraum gehabt, der den Balkanstaaten zwischen 1911 und 1914 zugebilligt wurde. Besonders Deutschland und Rußland hätten jeweils ihr Haus in Ordnung gebracht. Im Zweiten Reich hätte der Prestigeverlust von Kaiser und Armee die Einführung einer echten parlamentarischen Regierung gefördert. Ein Rußland, das nicht den hohen Blutzoll von 1915/16 entrichtet hätte, wäre in der Lage gewesen, seine wirtschaftliche und politische Entwicklung weiter voranzutreiben.

Was Lenin betrifft, so wäre er, wenn es so gekommen wäre, in seinem Schweizer Exil gestorben. Adolf Hitler wäre zu einer bekannten Gestalt der Münchener Bohemien-Szene geworden. Picasso hätte nie *Guernica* geschaffen, und Albert Einstein hätte ein langes und produktives Leben als Physiker und Philanthrop geführt. Es wäre ein Europa gewesen, in dem sich Männer mit Aktentaschen und Spitzbäuchen sicher gefühlt hätten und dessen jüngere Generation gelegentlich die Durchschnittlichkeit der Alten Welt beklagt hätte. Aber solange die Erinnerung an die Schlachten von 1914/15 lebendig geblieben wäre, hätten die Älteren Gott und dem Schicksal dafür gedankt, daß sie nicht mehr in aufregenden Zeiten lebten.

DENNIS E. SHOWALTER ist Professor für Geschichte am Colorado College und Präsident der amerikanischen Society for Military History.

JOHN KEEGAN

Wie Hitler den Krieg hätte gewinnen können

Der Drang zum Nahen Osten 1941

Adolf Hitler ist vielleicht das beste Beispiel dafür, wie ein Mensch mit einem scharfen Gespür für die große Chance durch Entschlossenheit, eine an Wahnsinn grenzende Besessenheit und mit einer gehörigen Portion Glück den Lauf der Geschichte zu ändern vermag. Man könnte die Behauptung wagen, daß in einem durch Niederlage, Hyperinflation und weltweite Wirtschaftskrise verheerten Deutschland jemand anderer Hitlers Rolle übernommen hätte, wenn er den Ersten Weltkrieg nicht überlebt hätte. Dieser deterministischen Auffassung zufolge sind Menschen wie Hitler nicht Ursachen, sondern Symptome. Aber wer wäre dafür in Frage gekommen? Niemand in seiner Umgebung hatte ein vergleichbares Charisma des Bösen. Die äußeren Umstände, von denen er profitierte, mögen größtenteils unabwendbar gewesen sein, doch für die von ihm in Gang gesetzte nationalsozialistische Revolution gilt dies nicht. Auch kann sich ein Phänomen, das so sehr auf einen einzelnen Menschen und dessen Launen ausgerichtet ist, nicht nach einem vorhersehbaren Muster entwickeln. Hitlers Geist war hinsichtlich alternativer Möglichkeiten geradezu eine Büchse der Pandora. Heute wird leicht vergessen, wie nah er seinem Ziel kam, einem Großteil der Welt seinen Willen aufzuzwingen: Das von John Keegan beschriebene Szenario hätte eintreten können. Hitler zog, genau wie Napoleon, ernsthaft einen Feldzug im Nahen Osten in

Betracht, bei dem er den Spuren eines anderen großen Eroberers, nämlich Alexanders des Großen, gefolgt wäre. Doch zum Glück scheiterten sowohl Hitler als auch Napoleon schließlich an Rußland. Was wäre gewesen, wenn Hitler 1941 den Überfall auf die Sowjetunion für ein Jahr zurückgestellt und sich statt dessen das geholt hätte, was ihm einen entscheidenden Vorteil gegenüber den belagerten Alliierten verschafft hätte: das Öl im Nahen Osten?

◈ JOHN KEEGAN, der diese erschreckende Möglichkeit beschreibt, ist der renommierteste Militärhistoriker Großbritanniens, der so bemerkenswerte Bücher wie *Das Antlitz des Krieges*, *The Price of Admiralty* und zuletzt ein bedeutendes Werk über den Ersten Weltkrieg verfaßt hat. Er ist Redakteur des Londoner *Daily Telegraph*.

Was wäre gewesen, wenn Hitler im Sommer 1941 beschlossen hätte, seinen Hauptangriff nicht gegen Sowjetrußland, sondern gegen Syrien und den Libanon zu führen? Hätte er dadurch die Niederlage vermieden, die er in jenem Winter vor Moskau erlitt? Hätte er eine strategische Position errungen, die ihm schließlich den Sieg gebracht hätte?

Für einen solchen Entschluß hätte er starke Beweggründe gehabt. Wäre er in der Lage gewesen, das logistische Problem des Transports einer Armee von Griechenland in das von Vichy-Frankreich beherrschte Syrien zu lösen, hätte er eine gute Ausgangsposition gehabt, um erst gegen den nördlichen Irak, ein Zentrum der Ölförderung, und dann gegen den Iran loszuschlagen, der über noch größere Ölreserven verfügte. Mit einer starken militärischen Präsenz im Nordiran hätte er seine Streitkräfte in der Nähe der sowjetischen Ölvorkommen am Kaspischen Meer in Stellung bringen können, während der Vorstoß in den südlichen Iran die Ölquellen der englisch-iranischen Ölgesellschaft und große Raffinerien in Abadan in seinen Besitz gebracht hätte. Vom östlichen Iran aus wäre zudem der Weg nach Belutschistan, der westlichsten Provinz Britisch-Indiens, und von dort aus in den Punjab und nach Delhi frei gewesen. Kurzum, durch die Besetzung des Libanon und Syriens hätte er über ein Netzwerk strategisch wichtiger Verbindungswege verfügt, die nicht nur zu den Ölzentren des Nahen Ostens und den wichtigsten kolonialen Besitzungen seines letzten noch verbliebenen Feindes in Europa, Großbritannien, geführt, sondern ihm auch Zugang zu den südlichen Provinzen seines erklärten ideologischen Gegners, Stalins Rußland, verschafft hätten.

Im Frühjahr 1941 war Rußland für Hitler zu einer strategischen Obsession geworden. Nach seinem Sieg über Frankreich im Juni 1940 hatte er sich einige Wochen lang eingeredet, er könne Deutschlands Vorherrschaft in Europa durch Friedensverhandlungen mit Großbritannien sichern. Wäre es gelungen, Großbritannien zu neutralisieren, hätte er seine militärische Position festigen und dann ohne Zeitdruck künftige strategische Optionen ausloten können. Die wichtigste von ihnen war der Sieg über die Sowjetunion. Nach dem Waffenstillstand mit Frankreich hatte er nicht erwartet, seine militärischen Ressourcen sofort in Anspruch nehmen zu müssen. Er hatte die Situation so eingeschätzt, daß Großbritannien realistisch genug wäre, die unangreifbare Überlegenheit Nazideutschlands zu akzeptieren, und sich folglich seiner militärischen Dominanz unterwerfen würde.

Da Churchill sich jedoch weigerte, die Realitäten so anzuerkennen, wie sie sich aus der Sicht Berlins darstellten, und zu weiterem Widerstand entschlossen war, ordnete Hitler zu dem Zeitpunkt, als er die deutsche Luftwaffe auf die Schlacht um England einschwor, eine Verlegung von Bodentruppen der Wehrmacht nach Osten an, zur sowjetischen Grenze, die nach der Annexion Polens im September 1939 neu festgelegt worden war. Gleichzeitig revidierte er seine Entscheidung, fünfunddreißig Infanteriedivisionen zu demobilisieren, die gegen Frankreich gekämpft hatten, und erhöhte die Zahl der Panzerdivisionen von zehn auf zwanzig. Sein Heeresverwaltungsamt erhielt im August den Auftrag, in Ostpreußen einen geeigneten Sitz für ein neues Führerhauptquartier zu suchen, während das Oberkommando der Wehrmacht den Plan »Fritz« für eine Offensive gegen die Sowjetunion vorlegte.

Dies waren jedoch nur Vorsichtsmaßnahmen. Noch war er nicht fest zu einem Angriff auf Rußland entschlossen, sondern bereit, über eine Ausweitung des Ribbentrop-Molotow-Abkommens vom August 1939 zu verhandeln, um weitere Abmachungen über die Interessensphären in Osteuropa zu erreichen, solange die Bedingungen für ihn günstig waren. Molotow würde im November nach Berlin kommen, um die Gespräche fortzusetzen. Bis dahin setzte Hitler mehr auf Diplomatie als auf militärische Maßnahmen, um seine Macht über Osteuropa in der Nähe der sowjetischen Grenze zu festigen.

Dazu sollte ihm der Dreimächtepakt dienen, der am 2. September 1940 von Deutschland, Italien und Japan unterzeichnet wurde und die Bündnispartner zum Eingreifen verpflichtete, falls einer von ihnen angegriffen wurde. Der Pakt galt nicht nur für diese drei Mächte, auch andere konnten ihm beitreten. Und im Herbst 1941 kam Hitler zu dem Schluß, daß die Staaten Mittel- und Südeuropas genau dies tun sollten. Ungarn und Rumänien, beide antirussisch und prodeutsch eingestellt, sowie der Marionettenstaat Slowakei unterzeichneten noch vor Jahresende. Bulgarien und Jugoslawien wurden so lange unter Druck gesetzt, bis sie sich im kommenden März ebenfalls dem Pakt anschlossen.

Hitlers Diplomatie Rußland gegenüber funktionierte nicht so reibungslos. Obwohl Nazideutschland den größten Teil Europas militärisch beherrschte und vieles dafür sprach, daß Stalins Säuberungen im Militär 1937/38 die Kampfkraft der Roten Armee erheblich geschwächt hatten, bestand Stalin darauf, von Hitler als gleichberechtigter Partner behandelt zu werden. Als der sowjetische Außenminister Molotow am 12. November 1940 in Berlin ankam, machte er folgende Vorschläge: Die Sowjetunion sollte Finnland annektieren dürfen, so wie sie bereits die baltischen Staaten annektiert hatte; sie sollte die Grenzen Bulgariens garantieren, obwohl sie sich schon ein großes Stück des bulgarischen Territoriums einverleibt hatte; ihre Durchfahrtsrechte durch den Bosporus sollten erweitert werden; und außerdem beanspruchte sie neue Rechte in der Ostsee. Hitler war empört. Als Molotow nach seiner Abreise einen entsprechenden Vertragsentwurf nach Berlin schickte, wies Hitler Ribbentrop an, darauf nicht zu antworten. Statt dessen unterzeichnete er am 18. Dezember die geheime Führerdirektive 21, in der der Plan für die Operation »Barbarossa«, den Überfall auf Rußland, umrissen war.

Zwischen Hitlers Ablehnung der Molotow-Vorschläge im November und dem Beginn der Operation »Barbarossa« am 22. Juni 1941 sollten freilich noch allerhand unerfreuliche Ereignisse eintreten. Am meisten war Hitler über Mussolinis Anspruch erbost, neben Nazideutschland als gleichberechtigter Akteur auf der weltpolitischen Bühne aufzutreten. Mussolini hatte seinen

Eintritt in den Zweiten Weltkrieg so lange hinausgezögert, bis die schwierigen Aufgaben im Westen – die Niederwerfung Frankreichs und die Vertreibung Großbritanniens vom Festland – erledigt waren. Mussolini war auf leichte Siege aus gewesen. Im September 1940 war er von Libyen aus in Britisch-Ägypten eingefallen. Am 28. Oktober hatte er von dem gerade besetzten Albanien aus eine Offensive gegen Griechenland, Großbritanniens letzten Verbündeten auf dem europäischen Festland, gestartet. Beide Unternehmungen erwiesen sich als Fiasko. Eine britische Gegenoffensive im Dezember fügte der italienischen Armee in Libyen eine demütigende Niederlage zu, während die Griechen, obwohl zahlenmäßig unterlegen, schnell von der Verteidigung zum Angriff übergingen und den italienischen Besatzern in einem Winterfeldzug die Hälfte Albaniens entrissen.

Es sollte noch schlimmer kommen. Nachdem die Deutschen die jugoslawische Regierung des Prinzregenten Paul so sehr eingeschüchtert hatten, daß sie am 25. März 1941 dem Dreimächtepakt beitrat, fand zwei Tage später ein Militärputsch statt, angezettelt von patriotischen Kräften, die den Pakt ablehnten und gemeinsame Sache mit den Briten und Griechen machten, die noch immer gegen eine Regelung der Verhältnisse in Südosteuropa zugunsten Deutschlands waren. Im Februar sah sich Hitler gezwungen, Truppen nach Libyen zu schicken, die den Kern des später berühmten Afrika-Korps unter Erwin Rommel bildeten, um Italien eine noch schlimmere Niederlage zu ersparen. Jetzt beschloß er, mit der Durchführung der Operation »Barbarossa« zu beginnen, indem er die Nebenoperation »Marita« einleitete, die Jugoslawien und Griechenland vollständig unter seine Kontrolle bringen sollte.

Hauptauslöser für das Unternehmen »Marita« war eine Initiative der Briten gewesen. Im November 1940, eine Woche nach dem Angriff der Italiener auf Griechenland, hatte die griechische Regierung die Stationierung mehrerer alliierter Bomberstaffeln auf dem Peloponnes akzeptiert. Im März 1941 ging sie noch weiter. Obwohl sie riskierte, Hitler zu provozieren, stimmte sie der Stationierung von vier britischen Divisionen zu, die aus Libyen abgezogen worden waren, wo sie an Wavells spektakulärem Sieg über die Italiener beteiligt gewesen waren. Diese Entwicklung ermutigte die jugoslawischen Patrioten, den Dreimächtepakt abzulehnen – ein zwar mutiger, aber verhängnisvoller Schritt. Am 6. April 1941 wurde Jugoslawien aus fünf Richtungen gleichzeitig angegriffen: von den Italienern von Albanien aus, von der ungarischen Armee und von deutschen Truppen, die in Österreich, Rumänien und Bulgarien stationiert waren. Die jugoslawische Armee brach sofort zusammen, was den Deutschen und den Italienern die Möglichkeit gab, ihre Truppen nach Griechenland zu werfen.

Die Griechen und ihre britischen Verbündeten leisteten länger Widerstand als die glücklosen Jugoslawen. Die Flanken ihrer Verteidigungsstellungen waren jedoch von Anfang an bedroht, insbesondere von der starken deutschen Armee, die sich seit dem Abschluß des Dreimächtepaktes in Bulgarien befand. Eine Linie nach der anderen wurde aufgerollt, bis die Reste der britischen Truppen am 27. April aus südgriechischen Häfen entkommen konnten, nachdem viele von ihnen gefangengenommen worden waren und sie fast ihr gesamtes schweres Gerät hatten zurücklassen müssen.

»Marita« war für Hitler ein weiterer Triumph. Es hatte ihn fast nichts gekostet, das europäische Festland so weit zu erobern, daß nur noch Schweden, die Schweiz und die iberische Halbinsel nicht von ihm oder seinen Verbündeten kontrolliert wurden. Allein die Sowjetunion stellte noch eine Herausforderung für seinen totalen Machtanspruch dar. Doch die Pläne für den Überfall und die Niederwerfung der Sowjetunion lagen bereits vor, und es bedurfte nur seines Befehls, um die Wehrmacht in Richtung Moskau in Gang zu setzen.

Aber war das wirklich die richtige Marschrichtung? Die Zerstörung der Sowjetunion und ihres Systems war das strategische und ideologische Projekt, das Hitler am meisten am Herzen lag. Rückblickend könnte man jedoch sagen, daß eine direkte Offensive gegen die Sowjetunion nicht der beste Weg war, um dieses Ziel zu erreichen. Langfristig hätte die Wehrmacht die Rote Armee natürlich bekämpfen und besiegen müssen. Gleichwohl war der militärische Sieg nur ein Ziel der Operation »Barbarossa«. Ein weiteres, ebenso wichtiges war die Eroberung der riesigen Bodenschätze der Sowjetunion, vor allem ihrer Ölvorkommen; nur so würde Hitler den Krieg fortsetzen und Großbritannien schließlich besiegen können. Abgesehen von den rumänischen Ölquellen, die nicht ausreichten, um seinen Bedarf zu decken, hatte er keine direkte Kontrolle über irgendeine Ölquelle; und er brauchte dringend Öl.

Dabei befanden sich, zumal seit der Eroberung Griechenlands, riesige Ölvorkommen ganz in der Nähe. Irak, Iran und Saudi-Arabien waren die größten Ölexporteure der Welt, und der direkte Weg zu ihren Ölfeldern und Raffinerien führte über das östliche Mittelmeer, durch Syrien. Nähme man die Verletzung der Neutralität der Türkei in Kauf, gäbe es auch einen Landweg. Die Levante wurde nur schwach verteidigt. Die Armee Vichy-Frankreichs in Syrien und Libanon zählte nur 38 000 Mann; sie verfügte weder über modernes Gerät, noch konnte sie ihre Operationen aus der Luft decken. Die britische Armee in Palästina, Ägypten und Libanon umfaßte lediglich sieben Divisionen und war bereits in Kämpfe mit dem Afrika-Korps verwickelt, das eine größere italienische Armee unterstützte. Würden die deutsch-italienischen Streitkräfte im Nahen Osten verstärkt, stünde der militärischen Eroberung der Region nichts mehr im Weg. Sogar die Einsetzung eines prodeutschen Vasallenregimes schien möglich. Am 3. April 1941 hatte Raschid Ali die probritische Regierung im Irak gestürzt und die Deutschen um Hilfe gebeten. Am 13. Mai kamen deutsche Flugzeuge in Mossul an; daß sie Syrien überflogen hatten, hatte die dortige französische Garnison nicht verhindern können. Obwohl Raschid Ali schnell von einer britischen Streitmacht gestürzt wurde, die von Transjordanien aus operierte – und die französischen Truppen in Syrien und im Libanon schließlich in einem erbitterten dreiwöchigen Krieg im Juni und Juli 1941 besiegt wurden –, fühlte sich Hitler durch die offenkundige strategische Schwäche seiner Feinde im Nahen Osten ermutigt, am 23. Mai die Führerdirektive 30 herauszugeben, die die Unterstützung der »arabischen Freiheitsbewegung« in Verbindung mit einem deutsch-italienischen Angriff auf den Suezkanal vorsah. Gemäß der am 11. Juni herausgegebenen Führerdirektive 32 sollten in Bulgarien Truppen zusammengezogen werden, und zwar »in ausreichender Zahl, um die Türkei politisch gefügig zu machen beziehungsweise ihren Widerstand zu brechen«.

Beide Direktiven basierten allerdings auf der Voraussetzung, daß das Unternehmen »Barbarossa« bereits angelaufen sein würde. Was wäre gewesen, wenn statt dessen für das Jahr 1941 der Vorstoß von Bulgarien und Griechenland aus in den Nahen Osten als wichtigste militärische Operation beschlossen worden wäre? Hier hätte es zwei Varianten gegeben.

Der ersten zufolge wäre die Verletzung der Neutralität der Türkei vermieden und von den Achsenmächten kontrolliertes Territorium – die von Italien besetzte Inselgruppe der Dodekanes vor der türkischen Küste, andere griechische Inseln oder Zypern – als Sprungbrett nach Syrien genutzt worden. Das von Italien besetzte Rhodos hätte beispielsweise als Ausgangsbasis für ein Luftlandeunternehmen gegen Zypern dienen können, bei dem die 7. Luftlandedivision eingesetzt worden wäre, die bei der Landung auf Kreta am 20. Mai praktisch »verheizt« wurde. Von einem Brückenkopf auf Zypern aus und mit Hilfe dort vorhandener Schiffe, die durch deutsche Flugzeuge geschützt worden wären, hätte eine starke amphibische Streitmacht für die Landung in Syrien und im Libanon aufgebaut werden können. Hätte man in der französischen Levante Fuß gefaßt, hätten motorisierte Kolonnen schnell die Wüste in Richtung Nordirak durchqueren und

Hitlers Wüstensturm, 1941

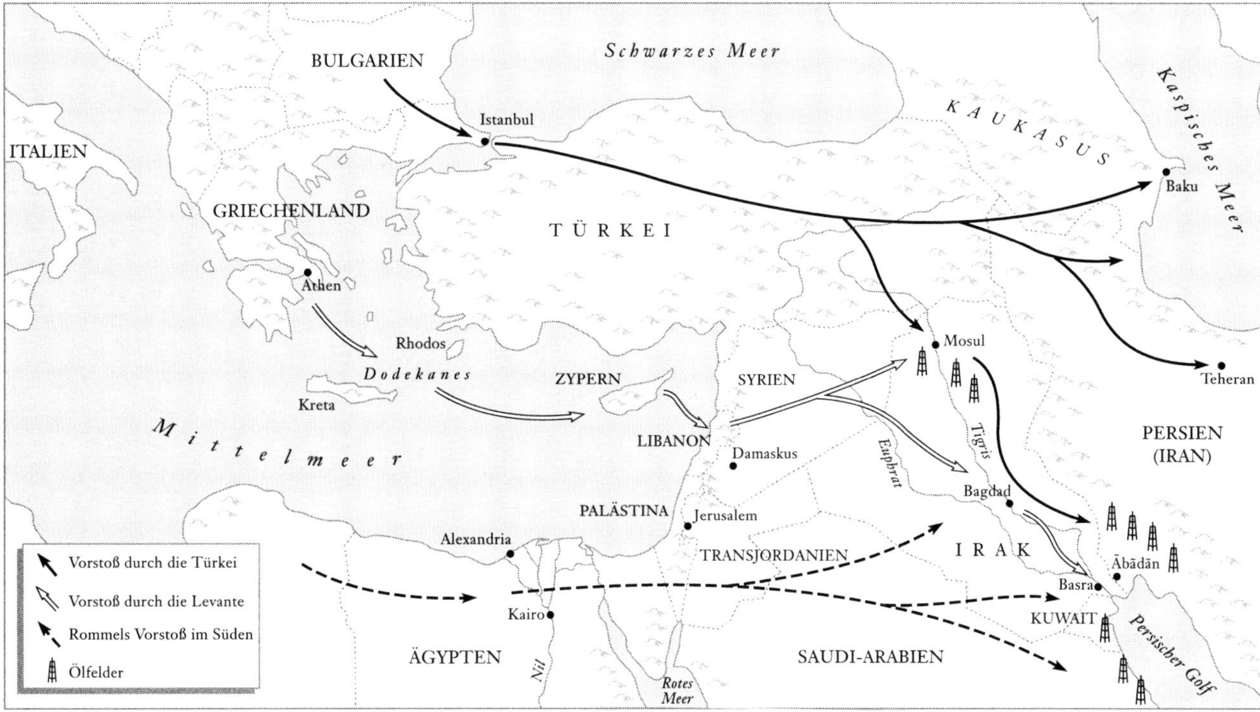

eine starke Basis errichten können, von der aus herangeführte Verstärkungen die Eroberung Südiraks, Irans und Saudi-Arabiens in Angriff genommen hätten. Auf diese Weise hätte sich Hitler Ölquellen gesichert, die seine Probleme in bezug auf die Aufrechterhaltung seiner Militärmaschinerie gelöst hätten. Ende 1941 wäre es ihm mit vielleicht nur zwanzig Divisionen – nicht mehr, als er 1942 gegen den russischen Teil des Kaukasus einsetzte – gelungen, eine Position zu erringen, von der aus er Stalins Ölzentren am Kaspischen Meer hätte bedrohen können. »Barbarossa« wäre folglich erst 1942 in Gang gesetzt worden, und zwar unter wesentlich günstigeren militärischen Bedingungen.

Der Erfolg dieses Szenarios hängt davon ab, wie viele Schiffe im östlichen Mittelmeer für den Transport der erforderlichen Truppen bereitgestanden hätten. Daß ein ausreichender Schutz vor einem britischen Angriff zur See durch die Luftwaffe möglich gewesen wäre, wird durch die Tatsache belegt, daß es der Royal Navy im Herbst 1943 nicht gelang, die Landung auf den Dodekanes-Inseln genügend zu unterstützen. Problematischer scheint die Frage, ob genügend Frachtschiffe vorhanden gewesen wären. In Hitlers Direktive 32 ist davon die Rede, »französische Schiffe und Schiffe neutraler Länder einzusetzen«. Doch die Briten hatten bereits die meisten verfügbaren Schiffe an sich gebracht und dadurch die Deutschen beispielsweise beim Angriff auf Kreta gezwungen, ihre Bodentruppen mit einer Flotte völlig unzulänglicher Küstenschiffe zu transportieren. Daher wäre eine Strategie, welche die griechischen Inseln als »Sprungbretter« in die Levante vorgesehen hätte, so verlockend sie erscheinen mochte, aller Wahrscheinlichkeit nach am Mangel an Schiffskapazitäten gescheitert.

Eine zweite Strategie, deren Ausgangspunkt die Verletzung der Neutralität der Türkei gewesen wäre, hätte dagegen sehr gut funktionieren können. Während des Zweiten Weltkrieges hielt die Türkei strikt an ihrer Neutralitätspolitik fest. Von den Deutschen, den Briten und den Russen umworben, weigerte sie sich trotz ihrer militärischen Schwäche standhaft, irgendeinem Land Konzessionen zu machen. Die Türken sind tapfere Kämpfer. Doch im Zweiten Weltkrieg fehlte es ihnen an jeglicher modernen militärischen Ausrüstung. Hätte Hitler daher nach der Eroberung des Balkans, aber vor der Operation »Barbarossa« beschlossen, Bulgarien und das griechische Thrakien als Sprungbrett in die europäische Türkei zu benutzen, Istanbul zu nehmen, den Bosporus zu überqueren und Anatolien, das türkische Kernland, zu erobern, ist schwer vorstellbar, was ihn hätte aufhalten können. Da Stalins Streitkräfte zur Verteidigung der neuen Grenze in Osteuropa eingesetzt waren, hätten sie sich einem solchen Vorgehen nicht entgegenstellen können. Wie die Wehrmacht in der russischen Steppe unter Beweis stellen sollte, wäre sie sehr wohl in der Lage gewesen, das schwierige anatolische Territorium zu durchqueren. Ein schnelles Vordringen zum Kaukasus, der russischen Grenzregion zur Türkei, hätte die Flanke der Wehrmacht zur Sowjetunion hin gesichert. Von Anatolien aus hätte sie leicht in den Irak und den Iran und weiter bis Arabien vorstoßen können, so daß ihre Vorhut das Kaspische Meer umfaßt und das russische Zentralasien bedroht hätte.

Hätte Hitler die Siege auf dem Balkan im Jahre 1941 genutzt, um seine Streitkräfte auf einen Sieg in Anatolien und in der Levante auszurichten, was zu umfassenden Eroberungen in Arabien und zur Erringung wichtiger Positionen an der russischen Südflanke geführt hätte, ist schwer vorstellbar, daß eine andere Variante der Operation »Barbarossa«, nämlich eine Zangenbewegung und nicht ein Frontalangriff, ohne Erfolg geblieben wäre. Ein Nebeneffekt wäre gewesen, daß Großbritanniens Position im Nahen Osten stark untergraben und seine Herrschaft in Indien gefährlich bedroht worden wäre.

Glücklicherweise agierte Hitler im Rahmen einer strategischen Vision, die durch blinde Flecken rechtlicher und ideologischer Natur getrübt war. Rein rechtlich gesehen, konnte er der Türkei wegen ihres strikten Neutralitätskurses nichts anhaben. Was seine Ideologie betraf, so waren sein Haß auf den Bolschewismus und seine Angst vor ihm so stark, daß es ihm unmöglich war, eine Alternative zur Zerschmetterung der Sowjetunion durch einen direkten Frontalangriff ins Auge zu fassen. Er bejubelte die großen Siege über Stalin im Sommer und Herbst 1941 und bedauerte nie, das Unternehmen »Barbarossa« gestartet zu haben – auch dann nicht, als 1945 russische Granaten auf seinen Bunker in Berlin fielen. Wir müssen dankbar sein, daß er sich im Frühjahr 1941 nicht zu einer besser durchdachten, indirekteren Strategie entschloß.

Williamson Murray

Ein Taxifahrer schreibt Weltgeschichte

1931 drehte ein Taxifahrer in New York auf der Suche nach späten Kunden seine Runden. Es war eine kalte, dunkle Nacht, und als er in die Fifth Avenue einbog, sah er auf der nahezu menschenleeren Straße eine Gestalt, die die Fahrbahn überqueren und ihn offensichtlich vorbeilassen wollte. Da er schnell noch einen letzten Fahrgast finden wollte, verlangsamte er nicht, wie es ihm sein Instinkt sagte, sondern trat aufs Gas. Er überfuhr den gedrungenen Mann, der direkt vor sein Auto gelaufen war, weil er wahrscheinlich in die falsche Richtung geblickt hatte.

In ihrem Nachruf am nächsten Tag sprach die *New York Times* von Churchills Beitrag zur britischen Politik im Ersten Weltkrieg: von seiner Arbeit im Rüstungsministerium im Jahre 1918 und davon, wie er die englische Flotte auf Vordermann gebracht hatte. Aber der Verfasser des Nachrufs konnte auch der Versuchung nicht widerstehen, Churchill für das Scheitern der Dardanellen-Expedition im Jahre 1915 verantwortlich zu machen. Außerdem stellte die *Times*, was kaum verwunderlich ist, Churchills Leben als eines vor, das politisch und intellektuell zu großen Hoffnungen berechtigt hatte – Hoffnungen, die jedoch nie ganz erfüllt wurden.

Die amerikanischen Historiker einer geplagten Demokratie am Ende des 20. Jahrhunderts sahen die Ursache für den großen Sieg der Nazis im Krieg von 1939 bis 1945 nie in diesem Vorfall. Wie könnte man die Probleme eines Landes auch auf einen Taxiunfall zurückführen? Schließlich war man sich mittlerweile darüber einig, daß die Geschichte das Ergebnis großer sozialer Bewegungen und des Handelns jener Abermillionen ist, die die Menschheit ausmachen – und nicht das Produkt der Taten weniger großer Männer. Doch einige Historiker wollten sich nicht davon abbringen lassen, daß die Kapitulation Großbritanniens im Sommer 1940 durch Premierminister Lord Halifax keineswegs die wohlüberlegte, vernünftige Anerkennung der Tatsache war, daß sich Großbritannien in einer hoffnungslosen strategischen Lage befand und daß die Übergabe der britischen Kriegsmarine an die Deutschen nicht sinnvoll gewesen war. Aber sie konnten sich nicht vorstellen, wie Großbritannien in die Lage hätte versetzt werden können, die Nazi-Eroberer in Europa zu schlagen. Und so bereiteten sich Amerikas Streitkräfte erneut darauf vor, in Südamerika gegen die Nazis zu kämpfen; die Kriege, die um das eigene Überleben geführt wurden, schienen nie aufzuhören.

Das Taxi verletzte Churchill zwar, tötete ihn aber nicht – einige Zentimeter und Bruchteile von Sekunden retteten sein Leben. Aber diese Geschichte kennen wir ja bereits.

WILLIAMSON MURRAY ist emeritierter Professor für Geschichte an der Ohio State University.

David Fromkin

Der Triumph der Diktatoren

Im Frühjahr 1941 stand Nazi-Deutschland kurz vor der Weltherrschaft. Frankreich, die Niederlande, Norwegen, Dänemark, Österreich, die Tschechoslowakei, Jugoslawien, Griechenland und ein Großteil Polens waren von den Deutschen überrannt worden. Ganz Europa, mit Ausnahme des neutralen Schweden und der neutralen Schweiz, befanden sich in den Händen von Freunden oder Verbündeten Hitlers: Diktatoren oder Monarchen, die das faschistische Italien, Vichy-Frankreich, Spanien, Portugal, die Balkanländer, Finnland und vor allem die Sowjetunion regierten.

Eine einzige deutsche Division unter General Erwin Rommel, die nach Libyen geschickt worden war, um den belagerten Italienern beizustehen, schlug die britische Nahost-Armee in die Flucht und bedrohte den Suezkanal; im Irak wurde nach einem Putsch des prodeutschen Raschid Ali der Landweg nach Indien abgeschnitten. In Asien war Deutschlands Verbündeter Japan bereit, loszuschlagen, Südostasien zu erobern und in Indien einzufallen. Es wäre nicht nötig gewesen, die Vereinigten Staaten in den Krieg zu ziehen; durch die Eroberung Vorder- und Hinterindiens hätte Japan das amerikanische Embargo brechen und an das Öl kommen können, das die Achsenmächte für die Verfolgung ihrer Kriegsziele brauchten.

Hitler hätte den Großteil seiner Armeen Rommel unterstellen sollen, der dann genau das getan hätte, was Alexander tat und Bonaparte versäumte: Er hätte den Nahen Osten erobert und seine Armeen bis nach Indien geführt. Dort hätte er sich mit den Japanern vereinigt. Europa, Asien und Afrika hätten einem Bündnis aus Diktatoren und Militaristen gehört.

Das Bündnis Nazideutschland–Sowjetunion–Japan hätte über Streitkräfte und Ressourcen verfügt, die die militärischen Mittel Großbritanniens (einschließlich Kanadas, Australiens und Neuseelands) und der Vereinigten Staaten weit übertroffen hätten. Die englischsprachigen Länder wären in einer feindlichen Welt isoliert gewesen und hätten keine andere realistische Wahl gehabt, als ihren Frieden mit dem Feind zu machen. Sie hätten vielleicht noch eine Zeitlang ihre Autonomie verteidigt, wären aber letztlich zur Kapitulation verurteilt gewesen. Als führende Macht des Bündnisses hätte Nazi-Deutschland die Welt beherrscht.

Dies wurde nur dadurch verhindert, daß Hitler den erstaunlichen Fehler machte, seinen sowjetischen Verbündeten zu verraten und zu überfallen.

DAVID FROMKIN ist Professor für Internationale Beziehungen und Geschichte an der Boston University.

STEPHEN E. AMBROSE

Die Landung in der Normandie scheitert

Atomare Alternativen in Europa

In der Militärgeschichte fallen die Dominosteine oftmals dort, wo der Wind sie umbläst. Wie groß der Einfluß des Wetters sein kann, zeigte sich schon bei den Böen, die die spanische Armada auseinandertrieben, und bei George Washingtons Flucht nach der Schlacht von Long Island im Schutze des Nebels. Es ist eine Binsenweisheit, daß das einzig Vorhersehbare am Wetter seine Unvorhersehbarkeit ist. Aber selten hatten die Launen der Witterung weitreichendere Konsequenzen als am D-Day, dem Tag der Landung der Alliierten in der Normandie. Am 6. Juni 1944 fand nicht nur ein wirklich entscheidendes militärisches, sondern in gewissem Sinne auch ein politisches Ereignis statt, das darüber entschied, welchen ideologischen Weg Westeuropa in den nächsten fünfzig Jahren beschreiten würde. Was wäre gewesen, wenn die Landung der Alliierten in der Normandie abgeblasen worden oder gescheitert wäre? Was, wenn sich das berühmte »Fenster« – eine kurze Unterbrechung des Sturms, der an Frankreichs Nordküste tobte – nicht geöffnet hätte und Dwight D. Eisenhower das Unternehmen entweder gestoppt oder es um jeden Preis durchgezogen hätte? Hätte der Sturm die Deutschen gestärkt und ihnen die Schlagkraft zurückgegeben, die sie durch jene Täuschungen der Alliierten verloren hatten, welche Hitler und seine Generäle gezwungen hatten, Divisionen an anderen möglichen Landungsorten zu stationieren? Der Spekulation von Stephen E. Ambrose zufolge hätte ein Scheitern zu Alternativen geführt, die von unerfreulich bis erschreckend gereicht hätten.

◈ Wenn die Beschäftigung mit der Geschichte eine neue Popularität erlangt hat, so ist dies auch das Verdienst des Historikers STEPHEN AMBROSE. Er hat (so der letzte Stand der Dinge) zwanzig Bücher geschrieben, darunter Biographien über Dwight D. Eisenhower sowie Richard M. Nixon, Bestseller wie *Undaunted Courage*, die Geschichte der Expedition von Lewis and Clark, und Schilderungen des Endes des Zweiten Weltkrieges, *Western Europe: D-Day* und *Citizen Soldiers*. Sein jüngstes Werk ist *Comrades*.

Damit die Frage »Was wäre gewesen, wenn?« in der Geschichte überhaupt einen Sinn ergibt, muß es die reale Chance gegeben haben, daß die Dinge aufgrund von Kräften, die sich der menschlichen Kontrolle entziehen, eine andere Wendung nehmen konnten. In den meisten Fällen ist diese Kraft das Wetter. Gewisse Bestandteile des Wetters lassen sich lange im voraus mit Gewißheit vorhersagen – beispielsweise Ebbe und Flut und die Mondphasen –, doch für andere, wie Wind, Wellen und Wolken, lassen sich Prognosen, die über vierundzwanzig Stunden hinausreichen, kaum aufstellen. Dies gilt insbesondere für ein Gebiet wie den Ärmelkanal, der für sein launisches Wetter bekannt ist.

»Overlord«, so der Deckname der Landungsoperation in Westeuropa, war die bestgeplante Offensive des Zweiten Weltkriegs. Von Anfang an verließ sich die SHAEF (Supreme Headquarters Allied Expeditionary Force) auf annehmbares Wetter – einigermaßen ruhige See, schwacher Wind, vereinzelte Wolken. Eine schwere See, starker Wind und eine tiefhängende geschlossene Wolkendecke würden den Angriff unmöglich machen.

Ursprünglich war die Invasion für den 5. Juni 1944 geplant gewesen. Doch das Wetter, das in den ersten drei Junitagen wunderbar gewesen war, verschlechterte sich zunehmend. Im Kanal ging Sprühregen nach und nach in einen kalten, durchdringenden Regen über. Die letzte Wetterkonferenz war für den 4. Juni vier Uhr morgens angesetzt. Hauptmann J. M. Stagg, den Dwight D. Eisenhower als einen »mürrischen, aber schlauen Schotten« beschrieb, machte die Wettervorhersage, so wie er es seit einem Monat jeden Tag während eines halbstündigen Treffens mit dem SHAEF-Kommandeur getan hatte. Stagg hatte schlechte Nachrichten. Eine Tiefdruckzone näherte sich. Am 5. Juni würde es bewölkt und stürmisch sein. Eisenhower beschloß, das Unternehmen um mindestens einen Tag aufzuschieben.

In den frühen Morgenstunden des 5. Juni, als Wind und Regen gegen die Fensterscheiben des SHAEF-Hauptquartiers schlugen, machte Stagg die berühmteste Wettervorhersage der Militärgeschichte. Er meinte, der Sturm würde sich später am Tag legen, und am Dienstag, den 6. Juni, werde das Wetter annehmbar sein. Der Regen würde vor Tagesanbruch aufhören. Sechsunddreißig Stunden lang würde es mehr oder weniger aufklaren. Eisenhower wollte eine Garantie. Stagg sagte lachend, der General wisse, daß dies unmöglich sei. Dann traf Ike seine Entscheidung: »Okay, legen wir los.«

Staggs Vorhersage war ebensosehr gefühlsmäßig wie wissenschaftlich begründet. Obwohl erst achtundzwanzig Jahre alt, hatte er bereits mehrere Jahre Erfahrung mit der Wettervorhersage. Andere Meteorologen von der britischen und amerikanischen Kriegsmarine teilten seine Ansicht nicht – sie glaubten, der Sturm würde anhalten. In seiner Darstellung der Ereignisse mit dem Titel *Forecast Overlord* schrieb Stagg, auch wenn er damals über moderne Satellitenbilder verfügt hätte, wäre seine Vorhersage zur Hälfte Intuition gewesen. Heute, ein halbes Jahrhundert nach »Overlord«, verfügt die BBC über Satelliten und Sendestationen, die Stagg sich gar nicht vorstellen konnte, und trotzdem sind die Wettervorhersagen für Mai oder Juni, die vierundzwanzig Stunden im voraus gemacht werden, großenteils nicht zutreffend.

Was wäre also gewesen, wenn der Sturm bis zum 6. Juni angedauert hätte? Eisenhower hätte das Unternehmen abblasen müssen, was allerdings nicht leicht gewesen wäre. Hätte er es getan, hätte er das Ziel der Invasion verraten; und am 19. Juni, dem nächsten Datum mit einer zufriedenstellenden Kombination von Vollmond und Ebbe, sollte es den schlimmsten Sturm geben, der in jenem Jahr die Normandie heimsuchte.

Hätte er dagegen das Landungsunternehmen fortgesetzt, hätte dies verheerende Folgen haben können. Die Landungsboote wären wie Spielzeugboote in einer Badewanne hin- und hergeschleudert worden. Die Männer, die versucht hätten, an die Küste zu gelangen, hätten sich übergeben, wären von den Strapazen der Seekrankheit völlig erschöpft und kampfunfähig gewesen. Es hätte keine Deckung aus der Luft gegeben, keine Unterstützung durch Fallschirmspringer, da die Fallschirme zerfetzt worden wären, und kein unterstützendes Bombardement durch zwei- und viermotorige Bomber. Die Kriegsmarine wäre vielleicht in der Lage gewesen, aus ihren großen Geschützen zu feuern, doch wegen des starken Schaukelns der Schiffe wäre die Treffsicherheit eingeschränkt gewesen. Die deutschen Verteidiger, die sicher in ihren Bunkern gesessen hätten, hätten die hilflose Infanterie unter tödlichen Beschuß genommen.

Eisenhower hätte keine andere Wahl gehabt, als die nächsten Landungen abzublasen. Die Männer der ersten Landungswellen hätte er sicherlich nicht zurückholen können; sie wären getötet oder gefangengenommen worden, wie es den Nahkampfspezialisten 1942 bei Dieppe, dem ersten großen amphibischen Landungsunternehmen in Europa, ergangen war. Bei Einbruch der Dunkelheit am 6. Juni hätte er vor der versammelten Presse eine vorbereitete Erklärung abgegeben: »Die Landung ist gescheitert ...« Die Flotte der Alliierten hätte sich in heillosem Durcheinander nach England zurückgezogen.

Und dann? Eisenhower wäre entlassen worden – was ihm klar war und weshalb er eine Erklärung vorbereitet hatte, in der er die volle Verantwortung für das Scheiterns übernahm. Es hatte keinen Sinn, das gesamte Oberkommando in die Sache hineinzuziehen. Aber wer hätte seinen Platz einnehmen können? Bernard Montgomery war für die Amerikaner, die den größten Beitrag zum Krieg leisteten, inakzeptabel. Omar Bradley wäre genau wie Eisenhower mit dem Makel des Scheiterns behaftet gewesen. Vielleicht George S. Patton – er hatte sich darauf vorbereitet, nach der Landung das Feldkommando zu übernehmen, und hätte mit dem Scheitern nichts zu tun gehabt. Aber Monty hätte sein Veto gegen Pattons Ernennung eingelegt. George C. Marshall, der amerikanische Generalstabschef, kam ebenfalls in Frage: Er hatte ursprünglich gehofft, die Invasion zu leiten, doch Präsident Roosevelt war der Meinung, er sei in Washington unentbehrlich.

Unterdessen wären die Planer der Alliierten in Verzweiflung geraten. Trotz des Fehlschlags hätten sie immer noch über eine gewaltige Land-, See- und Luftstreitmacht verfügt. Es hatte länger als ein Jahr gedauert, den »Overlord«-Plan auszuarbeiten. Einen Alternativplan gab es nicht. Rückblickend kann man sagen, daß die Normandie die beste Wahl darstellte, doch die Alliierten hätten dort keinen zweiten Versuch unternehmen können. Wo dann? Die Strände am Pas de Calais wurden wesentlich besser verteidigt als die der Normandie. Le Havre war vollgepackt mit deutschen Geschützen. Eine Verstärkung der Landeoperationen in Südfrankreich (Operation »Dragoon«) Mitte August 1944 wäre die beste Lösung gewesen, vielleicht sogar die einzige, die es ermöglicht hätte, die in Großbritannien zusammengezogenen Streitkräfte in Frankreich einzusetzen. Doch eine solche Umdisponierung hätte gewaltige logistische Probleme geschaffen, und der Großteil der alliierten Kräfte hätte sich weit weg vom Rhein befunden, von Berlin ganz zu schweigen. Die Befreiung Südfrankreichs hätte weder den Krieg beendet noch Hitlers Imperium in Nordwesteuropa ernsthaft bedroht. Mehr noch: Da seine Kanalflanke vorübergehend sicher gewesen wäre, hätte Hitler wenig riskiert, wenn er Verstärkung in den Süden geschickt hätte – was nicht geschah, als die Operation »Dragoon« tatsächlich stattfand. Im Rhône-Tal wäre es zu einer ähnlichen Pattsituation gekommen wie in Italien. Dennoch erscheint Südfrankreich als die wahrscheinlichste Alternative.

Das Scheitern der Landung in der Normandie hätte sofort politische und militärische Probleme geschaffen. Ich nehme an, die Regierung Churchill wäre daran zerbrochen – schließlich hatte sie das Schicksal des Königreichs von »Overlord« abhängig gemacht. Die Nachfolgeregierung hätte ein Mandat gehabt – was zu tun? Den Krieg zu intensivieren? Kaum möglich. Mit Hitler zu verhandeln? Undenkbar. Weiterwursteln, in der Hoffnung, das Beste aus der Situation zu machen? Höchstwahrscheinlich.

In den Vereinigten Staaten wäre Roosevelt – der ebenfalls ganz auf »Overlord« gesetzt hatte – wohl ein Mißtrauensvotum erspart geblieben. Aber die nächsten Präsidentschaftswahlen hätten fünf Monate später stattgefunden. Ohne eine entschlossene Demonstration amerikanischer militärischer Stärke – woher hätte diese kommen sollen? – hätte er die Wahl verloren. Die Regierung Tom Dewey hätte einen Auftrag gehabt – was zu tun? Den Krieg im Pazifik zu intensivieren.

Das Scheitern der Landung in der Normandie hätte Hitler die Probleme eines Zweifrontenkrieges nicht erspart, da die in Großbritannien stationierten alliierten Streitkräfte eine ständige Bedrohung darstellten. Doch immerhin hätte er zumindest einen Teil seiner Frankreicharmee an die Ostfront werfen können. Und was vielleicht noch wichtiger gewesen wäre: Er hätte das gescheiterte Unternehmen nutzen können, um das seltsame Bündnis zwischen Ost und West zu sprengen. Wie schwer wäre es für Goebbels und die Nazipropaganda gewesen, Stalin davon zu überzeugen, daß die Kapitalisten bereit waren, bis zum letzten Russen zu kämpfen? Es ist keineswegs undenkbar, daß Hitler und Stalin noch einmal bei 1939 angeknüpft und abermals einen Pakt geschlossen hätten. Denkbar ist auch, daß Stalin zuerst Deutschland und dann Frankreich überrannt hätte und daß der Krieg in Europa mit der Herrschaft der Kommunisten über den Kontinent geendet hätte. Die Rote Armee hätte am Ärmelkanal gestanden. Etwas Schlimmeres ist kaum vorstellbar.

Mit der Zunahme der sowjetischen Bedrohung und dem Stillstand der Operation »Dragoon« in Südfrankreich hätten Großbritannien und die Vereinigten Staaten die Bombenangriffe auf Deutschland verstärkt. Einen Höhepunkt hätte der Sommer 1945 dargestellt, wenn Atombomben über deutschen Städten explodiert wären. Was für ein Finale wäre *das* gewesen.

Die Frage, was danach geschehen wäre, verliert sich zunehmend im dunkeln, wie es bei solchen Fragen stets der Fall ist, je weiter man sich von einem einzelnen Ereignis entfernt. In das Vakuum eines durch Atombomben verwüsteten Mitteleuropa wären Armeen gestoßen – die Rote Armee von Osten und die alliierten Armeen von Westen her. Hätten sie gegeneinander gekämpft? Wenn ja, hätten die Vereinigten Staaten ein oder zwei Atombomben gegen die Sowjetunion eingesetzt? Oder hätten sie kooperiert (wie sie es 1945 taten) und eine Grenze durch Mitteleuropa gezogen?

Während die Vereinigten Staaten im Sommer 1945 ihr atomares Arsenal gegen Deutschland eingesetzt hätten und Stalin freie Hand gehabt hätte, einen Teil seiner Armeen von der deutschen Front abzuziehen und an die japanische Front zu werfen, hätte die Rote Armee Nordjapan besetzt. Diesem Szenario zufolge wären Japan zwar die Atombomben erspart geblieben, aber die nördliche Hälfte des Landes wäre unter kommunistische Herrschaft geraten. Genau dies hatte Stalin geplant und hätte es auch durchgeführt, wenn sich die Japaner nicht zuerst den Amerikanern ergeben hätten. Hätte Stalin Japan bekommen, wer weiß, wann und ob die Russen es jemals wieder verlassen hätten.

Daß ein Scheitern der Landung in der Normandie katastrophale Folgen gehabt hätte, liegt auf der Hand; wie diese im einzelnen ausgesehen hätten, mag sich jeder selber ausmalen. Ich persönlich bin überzeugt, daß die Nazis nicht gesiegt hätten. Mit großer Wahrscheinlichkeit hätten jedoch die Kommunisten die Vorherrschaft in Europa errungen. Wären Deutschland, Frankreich, die Niederlande und Italien kommunistisch geworden, hätte es keine NATO, wohl aber die Möglichkeit eines kommunistischen Großbritannien gegeben. Die Beziehungen zur Sowjetunion wären schwierig und gefährlich gewesen. Alles in allem eine erschreckende Perspektive – die gleichwohl hätte Wirklichkeit werden können, wenn Nazi-Deutschland die Alliierten an den Stränden der Normandie geschlagen hätte.

ROBERT COWLEY

Die sowjetische Invasion Japans

Heute wissen wir, daß die Sowjetunion, deren Armeen im August 1945 durch die Mandschurei und über die Sachalin-Insel marschiert waren, vorhatte, in Hokkaido, der nördlichsten japanischen Insel, einzufallen. Dieser Einfall hätte zwei Monate vor der Operation »Olympic«, dem amerikanischen Vorstoß auf die südliche Insel Kyushu, stattgefunden. Während die Kapitulationserklärung von Kaiser Hirohito am 2. September in der Bucht von Tokio der offiziellen Unterzeichnung harrte, machten die Sowjets weiterhin territoriale Eroberungen und standen auf dem Sprung, Hokkaido einzunehmen. Diese amphibische Landung wäre zwar ein improvisiertes Unternehmen gewesen, aber dennoch: Von allen Beinahe-Konfrontationen im kalten Krieg barg keine erschreckendere und unheilvollere Möglichkeiten in sich als diese.

Die Sowjets hätten nicht nur in etwas mehr als zwei Wochen und mit minimalem Aufwand einen großen Teil der japanischen Territorien an sich gerissen, für deren Einnahme die Allierten nahezu vier Jahre gebraucht und Tausende von Menschen ihr Leben gelassen hatten. Wenn ihre Landungstruppen auf Hokkaido einen Brückenkopf errichtet hätten – amerikanische Nahkampfspezialisten waren in jenem Sommer dort an Land gegangen, ohne auf nennenswerten Widerstand zu stoßen –, hätten die Sowjets einen legitimen Anspruch auf die Insel, auf eine wichtige (und zweifellos sehr störende) Rolle bei den formellen Kapitulationsvorbereitungen und auf eine Zone in einem geteilten Tokio gehabt. Man stelle sich nur vor, was während des kalten Krieges ein Berlin im Pazifik bedeutet hätte. (Der Vorteil wäre gewesen, daß die USA die sowjetische Zone Tokios als Antwort auf Stalins Berlin-Blockade im Jahre 1948 hätten blockieren können, wodurch diese Krise möglicherweise beendet – oder eine größere geschaffen worden wäre.) Man stelle sich auch vor, wie sehr der Wiederaufbau Japans durch ein sowjetisches Hokkaido beeinträchtigt worden wäre – oder welche Auswirkungen die Präsenz einer feindlichen Besatzungsmacht auf einer japanischen

Insel auf die amerikanische Entscheidung gehabt hätte, in den Koreakrieg einzugreifen und Japan als Stützpunkt zu nutzen. Endlose regionale und internationale Konflikte wären möglich gewesen.

Wir können von Glück sagen, daß der Krieg im Pazifik so endete, wie er endete. Hätte er nur ein oder zwei Wochen länger gedauert, hätte sich vielleicht die gesamte geopolitische Ost-West-Situation unwiderruflich verändert. Rückblickend kann man sagen, daß Harry S. Truman mit seiner Warnung an Stalin, die Finger von den japanischen Inseln zu lassen – der sowjetische Diktator blies die Hokkaido-Operation widerwillig in letzter Minute ab –, eine seiner wichtigsten Entscheidungen getroffen hat, neben derjenigen, die Atombombe zu werfen.

Hätte er es nicht getan, würde ich diese Zeilen heute vielleicht nicht schreiben.

ROBERT COWLEY hat die Zeitschrift *The Quarterly Journal of Military History* (MHQ) gegründet.

David Clay Large

Begräbnis in Berlin

Wie aus dem kalten Krieg ein heißer wird

Fünfundvierzig Jahre lang war die geteilte Stadt Berlin das Zentrum dessen, was David Clay Large »das surreale Spiel mit dem Namen kalter Krieg« nennt. Bei etlichen Gelegenheiten hätte dieses Spiel gänzlich andere Formen annehmen können, und Large untersucht die entsprechenden, wirklich ernstzunehmenden Szenarien. Was wäre gewesen, wenn die Deutschen und die Russen 1944 einen zweiten Pakt geschlossen hätten? Hätten die USA versuchen müssen, im April 1945 Berlin vor den Russen zu erreichen? Hätten sie es geschafft? Wie real war Ende der vierziger Jahre die Drohung eines Vordringens der Sowjetunion nach Westen? Was wäre geschehen, wenn die Vereinigten Staaten Gewalt angewendet hätten, um 1948 die Berlin-Blockade zu brechen? Oder wenn die Alliierten beschlossen hätten, die Stadt aufzugeben? Welche Gefahren wären entstanden, wenn Deutschland zu einem »neutralen« Staat mit einer unabhängigen Armee geworden wäre, wie Stalin es 1952 vorschlug? Was wäre gewesen, wenn Präsident Eisenhower Francis Gary Powers seinen U-2-Flug verboten hätte? Oder wenn die Amerikaner Gewalt angewendet hätten, um die DDR vom Bau der Berliner Mauer abzuhalten? Hätte Berlin, fragt Large, zum Sarajevo des Dritten Weltkrieges werden können?

◈ David Clay Large ist Professor für Geschichte an der Montana State University und Verfasser der Bücher *Between Two Fires: Europe's Path in the 1930s*, *Where Ghosts Walked: Munich's Road to the Third Reich* und *Berlin: The Metropolis in the Making of Modern Germany*.

Als sich der kalte Krieg immer länger hinzog und eine Art ideologischer Dauerfrost einen Großteil der Welt befiel, betrachteten viele Menschen auf beiden Seiten der Grenze die Situation irgendwann als beruhigend »normal«, so als könnte sie gar nicht anders sein. Da sie nicht an eine wesentliche Veränderung in der Zukunft glaubten, stellten sie sich vor, eine Veränderung sei zu keiner Zeit möglich gewesen. Dabei war die Lage während des vierzig Jahre währenden Stillstands, den wir den kalten Krieg nennen, natürlich nicht unveränderlich; bei etlichen Gelegenheiten – vor allem in der Anfangsphase – hätte sich alles ganz anders entwickeln können.

Nirgends waren die Gelegenheiten für eine alternative Entwicklung größer als in Deutschland, insbesondere in Berlin, wo der heiße Krieg in Europa zu Ende gegangen war. Hier waren die einst verbündeten, jetzt jedoch verfeindeten Mächte gewissermaßen hautnah miteinander konfrontiert, und aus dieser Nähe hätten sich viele, zumeist sehr unangenehme Möglichkeiten entwickeln können.

Und doch ... Es ist durchaus möglich, daß jenes surreale Spiel, das wir den kalten Krieg nennen, niemals begonnen hätte oder zumindest Deutschland nicht der Hauptschauplatz und die begehrteste Beute gewesen wäre. Und wenn Deutschland nicht im Spiel gewesen wäre, hätte die Auseinandersetzung anders ausgesehen, und das Kräfteverhältnis der Beteiligten wäre ebenfalls ein anderes gewesen.

Die Alliierten nehmen Berlin ein

Es ist allgemein bekannt, daß die Nazis im August 1939 mit den Sowjets einen »Nichtangriffs«-Pakt schlossen, der es den Deutschen ermöglichte, einen Monat später Polen anzugreifen. Weniger bekannt ist, daß Hitler im Herbst 1944 die Möglichkeit in Betracht zog, mit den Sowjets abermals einen Pakt zu schließen –

diesmal in Form eines Separatfriedens. Nachdem mit Stalingrad für die deutsche Wehrmacht eine Serie von militärischen Niederlagen begonnen hatte, war diese im Osten auf dem Rückzug. Die japanischen Verbündeten drängten Hitler, mit den Sowjets Frieden zu schließen, damit er alle seine Kräfte auf die Vereinigten Staaten und Großbritannien würde konzentrieren können. In der Vergangenheit hatte der Führer solche Ratschläge abgelehnt, doch jetzt, da sich das Kriegsgeschick wendete, zog er für kurze Zeit in Erwägung, sich mit seinem einstigen Verbündeten erneut an den Verhandlungstisch zu setzen. Hätte er wirklich das Gespräch mit Moskau gesucht, hätten die Sowjets vielleicht ein offenes Ohr gehabt. Wenn sie auch offiziell die Forderung der Großen Allianz nach bedingungsloser Kapitulation unterstützten, hatten sie doch einer Gruppe von Offizieren, die Hitler-Gegner waren (dem sogenannten »Nationalkomitee Freies Deutschland«) erst vor kurzem versprochen, Deutschland könne in den Grenzen von 1937 bestehenbleiben, wenn das Reich seine Operationen gegen die UdSSR einstellte.

Am Ende kam Hitler indessen zu dem Schluß, die beste Art und Weise, das Kriegsgeschick zu seinen Gunsten zu wenden, sei die Ardennen-Offensive im Westen. Und Stalin gab jeden weiteren Gedanken an einen Separatfrieden auf, nachdem die deutschen Truppen durch diese Offensive geschwächt worden waren. Aber was wäre gewesen, wenn die Deutschen und die Russen 1944 einen zweiten Pakt geschlossen hätten, der es dem Reich ermöglicht hätte, alle Energien auf den Westen zu konzentrieren? Man kann nicht wissen, ob Hitler in der Lage gewesen wäre, die Westmächte zur Annahme seiner Bedingungen zu zwingen (ein ähnliches Szenario hatte 1918 nicht zum Erfolg geführt), doch das Reich wäre dann zumindest nicht von Westen und von Osten her angegriffen worden.

Rußland hingegen wäre es nicht gelungen, sich ein Stück vom deutschen Kuchen abzuschneiden und in Osteuropa Fuß zu fassen. Es ist sehr zweifelhaft, ob die Sowjets ohne ein osteuropäisches Imperium in der Nachkriegsära überhaupt eine Herausforderung für den Westen dargestellt hätten.

Eine weitere Chance, den kalten Krieg abzuwenden, ergab sich im Frühjahr 1945, als die Armeen der Alliierten die Deutschen von Westen und von Osten her überrannten. Die Strategen der Alliierten waren sich schon frühzeitig darin einig, daß die Rote Armee Berlin einnehmen sollte, denn das gebot die logistische Situation. Außerdem war geplant, daß Berlin in der sowjetischen Besatzungszone liegen würde. Die westlichen Armeen waren jedoch im März 1945, nach Überquerung des Rheins, so schnell vorwärtsgekommen, daß der Griff nach Berlin nicht nur möglich, sondern einigen westlichen Militärs auch ratsam erschien. Bekanntlich drängte Feldmarschall Montgomery General Eisenhower, ihm die Erlaubnis zu geben, »einen kräftigen Vorstoß nach Berlin zu unternehmen«. Eisenhower lehnte dies ab und verlangte statt dessen, daß die Truppen der Alliierten auf breiter Front durch Deutschland marschierten und Berlin den Russen überließen. Die Briten waren über diese Entscheidung wütend und nannten Eisenhowers Rücksichtnahme auf Stalin verächtlich: »Wie wär's mit uns beiden, Joe«, ein Satz, mit dem Londoner Prostituierte amerikanische G.I.s ansprachen. Die Berlin-Frage wurde abermals Mitte April aktuell, als die amerikanische 9. Armee nur achtzig Kilometer von Berlin entfernt die Elbe erreichte. Der amerikanische Kommandeur William Simpson war jetzt dafür, die Hauptstadt der Nazis einzunehmen, die er seiner Schätzung nach an einem Tag erreichen konnte. Doch wieder sagte Eisenhower nein, da er keine Verluste für ein Ziel riskieren wollte, das er strategisch nicht für wichtig hielt. Als General George Patton, der Simpson unterstützte, von der Entscheidung seines Oberbefehlshabers erfuhr, konnte er es nicht glauben. »Ike, ich verstehe nicht, wie Sie dazu kommen. Wir sollten Berlin einnehmen, und zwar schnell – und dann weiter bis zur Oder!« Eisenhower erwiderte, Berlin sei mit seiner zerstörten Infrastruktur und den Massen von Vertriebenen eher eine Belastung als ein

Trumpf. »Wer will das schon?« fragte er. Worauf Patton antwortete: »Diese Frage wird Ihnen die Geschichte beantworten.«

Seit einem halben Jahrhundert wird erbittert darüber gestritten, ob die alliierten Armeen vor den Russen in Berlin hätten sein können. Die Antwort lautet: wahrscheinlich nicht. Bei all seinem großspurigen Gehabe war Montgomery ein sehr vorsichtiger, langsam agierender General; er hätte wohl kaum ein Rennen zu irgendeinem Ziel gewonnen, es sei denn, zu einem Podest, auf das er sich selbst hätte stellen können. Simpson war entschlossener und zupackender, aber die Truppen, die er bis zur Elbe geführt hatte, waren bloß Stoßtrupps; die wirklich starken Truppenverbände waren weiter hinten. Für den letzten Sturm auf Berlin hätte er große Mengen Treibstoff benötigt, der knapp war, und er hätte mehrere Wasserwege überqueren müssen, was Zeit gekostet hätte. Die Russen dagegen waren Berlin etwa fünfundzwanzig Kilometer näher als die Amerikaner, und sie hatten wesentlich mehr Soldaten – etwa 1 250 000 Mann – und 22 000 Artilleriegeschütze. Nachdem die Rote Armee ihre letzte Offensive gestartet hatte, brauchte sie ungefähr zwei Wochen, um Berlin zu erobern, aber sie hätte sicherlich versucht, schneller voranzukommen, wenn sie festgestellt hätte, daß die Amerikaner auf die Stadt zueilten.

Da dies jedoch ein Essay über hypothetische Szenarien ist, nehmen wir einmal an, die westlichen Armeen wären den Russen in Berlin zuvorgekommen oder wären zumindest annähernd zur gleichen Zeit dort angekommen. Hätte das einen großen Unterschied gemacht? Wiederum lautet die Antwort: wahrscheinlich nicht – es sei denn, die veränderte militärische Situation in Berlin wäre von einer völlig anderen geopolitischen Strategie der Westmächte begleitet worden. Der Roten Armee die Eroberung Berlins streitig zu machen, hätte nur dann einen Sinn ergeben, wenn die Westmächte entschlossen gewesen wären, die früheren Abmachungen über die sowjetischen Einflußsphären in Ostdeutschland und Osteuropa rückgängig zu machen. Keiner der westlichen Regierungschefs, auch nicht Churchill, zog 1945 einen solchen Gedanken in Erwägung.

Dennoch war es diese oder eine sehr ähnliche Option, die Patton und Montgomery ins Auge faßten und sogar öffentlich befürworteten. Als der Krieg gegen Nazideutschland vorbei war, sprach Patton davon, »bis nach Moskau weiterzumarschieren«, falls nötig, sogar mit Hilfe der Reste der Wehrmacht, während Montgomery die sofortige Errichtung »einer Flanke nach Osten hin« forderte. Nach Pattons Ansicht waren die Vereinigten Staaten nach Europa gekommen, um den dortigen Völkern das Recht auf Selbstbestimmung zu verschaffen. Die Nazis hatten ihnen dieses Recht verweigert, und jetzt drohten die Sowjets, es ihnen gleichzutun. Folglich war Amerikas »Aufgabe« in Europa noch nicht erfüllt. »Wir müssen die Sache jetzt zu Ende bringen, solange wir hier und dazu bereit sind«, erklärte er im Mai 1945, »oder wir müssen es später unter weniger günstigen Umständen tun.«

Pattons und Montgomerys Plan war unter den damaligen Verhältnissen reine Phantasie, aber wäre der politische Wille vorhanden gewesen, einen solchen Kurs zu steuern (und er war ganz entschieden nicht vorhanden), wären die Aussichten für den militärischen Erfolg nicht schlecht gewesen. Am Ende des Krieges in Europa waren die westlichen Teile des Kontinents von der größten Streitmacht besetzt, die die Welt jemals erlebt hatte. Allein in Westdeutschland standen 1,6 Millionen amerikanische Soldaten. Der verlustreiche Krieg gegen Japan ging seinem Ende entgegen, und Amerika stand im Begriff, (zumindest vorübergehend) in den alleinigen Besitz der Atombombe zu gelangen. Die Rote Armee mit ihren starken Bodentruppen hatte bei ihrem letzten Angriff auf das Reich hohe Verluste erlitten, und ihre Nahrungsmittel und Vorräte waren so knapp, daß sie sich im Land selbst versorgen mußte (was ihrem Verhältnis zur deutschen Bevölkerung sehr schadete). Ein Feldzug des Westens mit dem Ziel, die Rote Armee aus Osteuropa zu vertreiben, hätte sicherlich mehr »heißen Krieg« in Europa bedeutet – eine Vorstellung, die fast jeden erschreckt –, aber ebenso sicher wäre einem späteren »kalten Krieg«, der um das geteilte Deutschland und Europa geführt wurde, die Grundlage entzogen worden.

Es hätte für die Westmächte noch eine andere, bescheidenere Alternative gegeben, die Position der Sowjets in Osteuropa zu schwächen, ohne sie, um noch einmal Patton zu zitieren, »in die asiatischen Steppen [zurückzutreiben], wohin sie gehören«. Die Amerikaner, Briten und Franzosen hätten darauf bestehen können, ihre Sektoren in Berlin zur gleichen Zeit zu besetzen wie die Sowjets, was ihr gutes Recht gewesen wäre, und dann eine echte Viermächte-Verwaltung für die gesamte Stadt durchzusetzen, was ebenfalls ihr gutes Recht war. Dies hätte die Sowjets daran gehindert, ihrem Sektor kommunistisch geprägte Institutionen aufzuzwingen, was eine informelle Teilung der Stadt bedeutete. Hätten die Sowjets Ostberlin nicht fest in der Hand gehabt, wäre ihre Position im restlichen Ostdeutschland wesentlich schwächer gewesen, was wiederum ihren Zugriff auf Osteuropa verringert hätte.

1948: Die Sowjets drängen nach Westen oder legen eine härtere Gangart in Berlin ein

Was gewesen wäre, was hätte sein können, was hätte sein sollen. 1948 gab es keine Möglichkeiten mehr, den kalten Krieg zu verhindern, und zwar aus dem einfachen Grund, weil er bereits begonnen hatte. Auch bestand keine Chance mehr, der UdSSR eine Machtbasis in Ost- und Mitteleuropa zu verweigern. Im Gegenteil, die Machtverhältnisse in dieser Region hatten sich, was die konventionelle militärische Stärke betraf, dramatisch zugunsten der Sowjets verschoben. Nach Schätzungen des amerikanischen Nachrichtendienstes (von denen man heute weiß, daß sie übertrieben waren) umfaßten die sowjetischen Bodentruppen insgesamt 2,5 Millionen Mann, die in 175 Divisionen unterteilt waren. Vierundachtzig von ihnen waren in der sowjetischen Besatzungszone in Deutschland und in anderen »Satelliten«-Staaten stationiert. Gegen diese Streitmacht konnte der Westen nur sechzehn Divisionen aufbieten, die in Deutschland, Österreich, den Benelux-Ländern und Frankreich stationiert waren. Aufgrund der schnellen Demobilisierung und der Etatkürzungen gab es die große amerikanische Armee nicht mehr, die in Hitlers Europa einmarschiert war. Die amerikanischen Einheiten auf dem europäischen Kontinent waren klein, schlecht ausgerüstet und schlecht ausgebildet. Bei den Streitkräften der Verbündeten sah es noch schlimmer aus. Pentagon-Experten hielten die holländischen und belgischen Truppen praktisch für nutzlos und waren auch in bezug auf Frankreich unsicher, da dieses Land eine starke kommunistische Partei und weitverzweigte koloniale Interessen hatte. (Aus diesem Grund waren die Amerikaner so sehr darauf bedacht, die Deutschen in den Westzonen wiederzubewaffnen: Von ihnen wußte man zumindest, daß sie zu kämpfen verstanden.) Die konventionellen Streitkräfte der Russen waren dermaßen überlegen, daß in manchen Kreisen angenommen wurde, sie könnten in fünf Tagen den Rhein überqueren und binnen zwei Wochen den Ärmelkanal erreichen. »Alles, was die Russen brauchen, um den Rhein zu erreichen, sind Schuhe«, so der amerikanische Unterstaatssekretär Robert Lovett.

Heute wissen wir, daß die Sowjets fünf Jahre nach dem Krieg keine Pläne für ein Vordringen nach Westeuropa hatten. Stalin hielt sein Land noch nicht für fähig, gegen den Westen zu kämpfen. Eines Tages vielleicht. Aber was wäre gewesen, wenn die Sowjets nicht so geduldig oder vorsichtig gewesen wären? Was, wenn sie tatsächlich ihre Stiefel angezogen hätten und 1948 bis zum Rhein und dann weiter bis nach Nordfrankreich vorgestoßen wären? Wäre ihnen das tatsächlich so leicht gefallen, wie westliche Experten befürchteten?

Außer festem Schuhwerk hätten sie auch noch Schutzanzüge gebraucht. Aufgrund der relativen Schwäche ihrer konventionellen Streitkräfte waren die Westmächte bereit, auf einen russischen Vorstoß durch Mittel- und Westeuropa mit dem sofortigen Einsatz taktischer und strategischer Atomwaffen zu reagieren. Die vom amerikanischen Militär ausgearbeiteten Pläne sahen verschiedene Möglichkeiten vor: Luftangriffe mit Atomwaffen auf die russischen Truppen und Verbindungswege sowie Gegenangriffe zu Land von Brückenköpfen in Spanien und Sizilien aus (die Variante des Heeres); atomare Angriffe auf die Sowjetunion durch strategische Langstreckenbomber (der Vorschlag der Luftwaffe); taktische Atomschläge auf sowjetische Bodentruppen von Flugzeugträgern aus (die von der US-Marine bevorzugte Lösung). Admiral D. V. Gallery, einer der amerikanischen Verteidigungsexperten, drückte die Hoffnung aus, daß die taktischen Atomschläge gegen die vorrückenden russischen Bodentruppen in Mitteleuropa ein großangelegtes strategisches Bombardement des sowjetischen Mutterlandes überflüssig machen würden. »Wenn die russischen Armeen vor dem Rhein gestoppt werden«, schrieb er, »werden die politisch Verantwortlichen und das Volk vielleicht erkennen, daß es besser ist, einen Frieden auszuhandeln, weil sie sonst mit einem atomaren Großangriff rechnen müssen. Wenn ihre Armeen östlich des Rheins zum Stillstand kommen, hat die Androhung eines atomaren Angriffs vielleicht mehr Wirkung als der tatsächliche Angriff, falls sie Europa überrennen sollten.«

Auch wenn es sich als unnötig erweisen sollte, den »atomaren Großangriff« auf das sowjetische Mutterland auszudehnen, hätten taktische Atomschläge gegen die russischen Truppen in Mittel- und Westeuropa gewaltige »Kollateralschäden« mit sich gebracht, vor allem in der Region, die Washington eigentlich retten wollte. Es war diese Tatsache, die zu der Haltung »Besser rot als tot« führte, die sich damals in ganz Europa und vor allem in Westdeutschland ausbreitete, wo die Menschen befürchteten, Washington und seine Verbündeten würden »den Dritten Weltkrieg bis zum letzten Deutschen« führen.

Doch die Sowjets zogen ihre Stiefel nicht an, sondern setzten

Berlin unter Druck, wo der Westen besonders verwundbar war. Als Reaktion auf die westlichen Maßnahmen, die auf die Schaffung eines neuen westdeutschen Staates abzielten (der sich Moskau entschieden widersetzte, weil es hoffte, ganz Deutschland beherrschen zu können), begannen die Sowjets im Frühjahr 1948, den Eisenbahn- und Straßenverkehr zwischen Westberlin und Westdeutschland zu unterbrechen. Das war ohne weiteres möglich, weil die Westmächte es versäumt hatten, sich den ungehinderten Transit zu ihren Sektoren in Berlin durch die sowjetische Zone garantieren zu lassen. Jetzt war der Zugang der westlichen Alliierten auf drei Straßen, zwei Eisenbahnlinien, einen Kanal und drei Luftkorridore beschränkt. Im Juni 1948, nach der Einführung einer neuen westdeutschen Währung in Berlin, verstärkten die Sowjets den Druck dramatisch, indem sie die Landverbindungen zwischen Westdeutschland und Westberlin abschnitten. Entgegen dem landläufigen Mythos isolierten sie Westberlin jedoch nicht völlig; sie ließen weiterhin Handel zwischen den Westsektoren der Stadt und der sowjetischen Zone sowie den Verkehr von Gütern und Menschen zwischen Ost- und Westberlin zu, und dies in großem Umfang, da ihre eigene Besatzungszone stark vom Handel mit Westberlin abhängig war. Moskau wollte mit seiner durchlässigen »Blockade« die Schaffung eines westdeutschen Staates sabotieren. Es hoffte, den Westen auf diese Weise zu der Erkenntnis zu bringen, daß es töricht sei, an einem so verwundbaren Ort wie Westberlin Garnisonen zu unterhalten, und daß er sich lieber zurückziehen solle.

Die Maßnahmen der Sowjets riefen in den Hauptstädten der westlichen Alliierten, insbesondere in Washington, eine starke Krisenstimmung hervor, und es wurde erwartet, daß die Amerikaner bei der Festlegung einer angemessenen Gegenreaktion die führende Rolle spielen würden. George Kennan, der Leiter des politischen Planungsstabs im Außenministerium, erinnerte sich: »Niemand wußte, wie der russischen Herausforderung begegnet werden konnte oder ob dies überhaupt möglich war. Die Lage war undurchsichtig und gefährlich.« Sie schien so gefährlich zu sein, daß der Kongreß die sofortige Evakuierung der amerikanischen Familienangehörigen forderte und einige Politiker auch den militärischen Rückzug befürworteten. Interessanterweise trat dafür auch General Omar Bradley, der Stabschef der Armee, ein. Schon bevor die Sowjets die Landverbindungen zu Westberlin abschnitten, fragte Bradley General Lucius Clay, den amerikanischen Kommandanten in Berlin, ob es sinnvoll sei, die amerikanische Stellung dort auch um den Preis eines Krieges zu halten: »Werden die Russen ihre Restriktionen nicht Zug um Zug verschärfen, wodurch unsere Position schließlich unhaltbar wird, wenn wir nicht bereit sind, einen Krieg anzudrohen oder tatsächlich zu führen, um diese Restriktionen zu beseitigen?« Und er fügte hinzu: »Hier wird bezweifelt, daß unser Volk zu einem Krieg bereit ist, um unsere Stellung in Berlin und Wien zu halten.« Clay glaubte dagegen, daß die sowjetische Taktik nur ein Bluff sei, um den Westen aus Berlin herauszudrängen. »Wenn Berlin fällt«, warnte er, »wird Deutschland als nächstes fallen. Wenn wir Europa vor dem Kommunismus schützen wollen, dürfen wir nicht einknicken.«

Wie sich herausstellte, zog sich der Westen nicht aus Berlin zurück, aber es ist eine interessante Frage, was geschehen wäre, wenn Washington und seine Verbündeten die Stadt 1948 aufgegeben hätten, was damals viele für das Klügste hielten. Ob das Festhalten an Westberlin im beginnenden kalten Krieg militärisch wichtig war oder nicht, mag dahingestellt sein, aber politisch war es sicherlich bedeutsam. 1948 stand in Berlin das Ansehen des Westens auf dem Spiel, und ein Rückzieher dort hätte den Einfluß der Alliierten – insbesondere der Amerikaner – in ganz Europa und in der Welt geschwächt. Washington hatte sich verpflichtet, Westeuropa bei seinem wirtschaftlichen Wiederaufbau und bei der Rückgewinnung seines politischen Selbstbewußtseins zu helfen, was voraussetzte, daß es selbst weiterhin hohes Ansehen genoß. Der Prestige- und Machtverlust, den eine

Aufgabe Berlins unweigerlich bedeutet hätte, wäre besonders katastrophal für die amerikanische Politik in Westdeutschland gewesen, denn dies hätte den ohnehin schon beträchtlichen Widerstand gegen die Schaffung eines westdeutschen Staates sehr gestärkt. Konrad Adenauer, der für die Errichtung einer eng an den Westen angebundenen »Bonner Republik« war, hätte sich ohne starken amerikanischen Rückhalt nicht durchsetzen können. Die formelle Teilung Deutschlands war 1949 für viele Deutsche nur schwer zu ertragen, aber ohne sie wäre ganz Deutschland den ständigen Destabilisierungsversuchen der Sowjets ausgeliefert gewesen. Ein Deutschland, das sich ungeschützt dargeboten hätte, wäre viel gefährlicher gewesen als ein geteiltes Deutschland, so schmerzlich die Teilung auch war.

Bekanntlich gaben die Westmächte Berlin nicht auf, sondern reagierten auf die sowjetische Blockade mit einer großangelegten Luftbrücke, die die Westsektoren der Stadt mit allem Wesentlichen versorgte, von Nahrungsmitteln und Kohle bis hin zu Süßigkeiten für die Kinder (aber nicht, wie ein anderer Mythos besagt, mit allem, was die Berliner zum Überleben brauchten). Die Luftbrücke war freilich nicht die einzige Option, die der Westen ins Auge faßte, um die sowjetische Blockade zu »brechen«. Bevor die Entscheidung für die Blockade fiel, schlug General Clay ein wesentlich riskanteres Vorgehen vor: die Entsendung eines bewaffneten Konvois von Westdeutschland durch die sowjetische Zone nach Westberlin. Er bat General Curtis LeMay, den Kommandeur der amerikanischen Luftwaffe in Europa, Luftunterstützung zu geben, falls die Russen das Feuer eröffnen würden – was LeMay zwar nicht erwartete, aber für eine gute Gelegenheit hielt, einen Präventivschlag gegen alle russischen Flughäfen in Deutschland zu führen. »Natürlich wußten wir, wo sie sich befanden«, sagte er später. »Wir hatten beobachtet, wo sich die russischen Jagdflugzeuge schön ordentlich vor den Hangars aufgestellt hatten. Wenn es ernst geworden wäre, hätten wir sie in Null Komma nichts wegputzen können.«

Dieser Ernstfall trat jedoch nicht ein, weil die Konvoi-Idee schnell verworfen wurde. Bradley mahnte zur Vorsicht: »Die Russen könnten einen bewaffneten Konvoi stoppen, ohne das Feuer zu eröffnen. Straßen könnten wegen Reparaturarbeiten abgeriegelt werden oder eine Brücke könnte genau vor uns hochgehen und eine andere genau hinter uns, dann säßen wir übel in der Klemme.« Hätte das amerikanische Militär Clays Strategie übernommen und wäre dadurch in eine »Klemme« geraten, hätte es sich aus dieser nur befreien können, indem es kapituliert oder Verstärkung angefordert hätte, mit allen Risiken einer Eskalation, die damit verbunden gewesen wären.

Die Option Luftbrücke, für die man sich schließlich entschied, war wohl sinnvoller als Clays Konvoi, doch auch sie hatte ihre Gefahren. Es wurde befürchtet, die Russen könnten die Flugzeuge der Alliierten abschießen oder die Luftbrücke auf andere Weise behindern. Derartige Befürchtungen wurden um so akuter, als, noch bevor das Unternehmen voll angelaufen war, ein sowjetisches Jagdflugzeug in geringer Höhe anflog und in ein britisches Transportflugzeug raste, das sich dem Flughafen Gatow im britischen Sektor näherte. Bei dem Zusammenstoß wurden der sowjetische Pilot sowie vierzehn Passagiere und die Mannschaft des britischen Flugzeugs getötet. Glücklicherweise kamen derartige Vorfälle nicht wieder vor, und die Sowjets eröffneten auch nie das Feuer auf die Flugzeuge der Luftbrücke. Im September 1948 kündigten sie jedoch an, daß sie über Berlin Luftmanöver abhalten würden, was in Washington erneut Angst vor einem Krieg weckte, weil dies als ein mögliches Vorspiel zu aggressiven Maßnahmen verstanden wurde.

Wären die Sowjets gewaltsam gegen die Luftbrücke vorgegangen (was sie offenbar nie ernsthaft in Betracht zogen), wäre es sicherlich zu einem Krieg gekommen, denn die Vereinigten Staaten (und die Briten) waren fest entschlossen, zurückzuschießen. Präsident Truman versicherte seinem Verteidigungsminister James Forrestal, der befürchtete, Amerika würde einen Rückzieher machen, er würde den Einsatz der Atombombe anordnen, falls es wegen Berlin zu Zusammenstößen käme. Da dieses Versprechen von einem Mann gegeben wurde, der 1945 die Atomschläge gegen Japan befohlen hatte, hatte es Gewicht. Rasch wurden B-29-Flugzeuge, die Atombomben abwerfen konnten, nach Großbritannien verlegt. Frühere Pläne für den Ernstfall bestätigend, gab der Nationale Sicherheitsrat die Anweisung, das amerikanische Militär solle bei Ausbruch eines Krieges Atomwaffen einsetzen. Wäre es zum Äußersten gekommen, wäre Berlin, der Ort, von dem aus Hitler den Zweiten Weltkrieg geführt hatte, zum Sarajevo des Dritten Weltkrieges geworden. Und dieser neue Konflikt hätte durchaus zu dem werden können, was der Erste Weltkrieg hätte sein sollen, aber nicht war: »Der letzte aller Kriege.«

Am Ende hoben die Sowjets die Berlin-Blockade auf; nicht wegen der Luftbrücke der Alliierten, sondern weil der Westen eine Gegenblockade gegen die UdSSR verhängte. Im Frühjahr 1949 gab es aufgrund der westlichen Maßnahmen in Mitteleuropa praktisch keinen Ost-West-Handel mehr, der für die sowjetische Wirtschaft jedoch lebenswichtig war. Wären die Russen wirtschaftlich stärker gewesen – hätten sie sozusagen außer ihren vielen Kanonen auch genügend Butter gehabt –, hätten sie die Blockade Berlins verschärfen und der Gegenblockade des Westens widerstehen können. Dann hätten sie die Alliierten in eine wirklich verzweifelte Lage bringen können, da die Luftbrücke selbst auf ihrem Höhepunkt keineswegs den gesamten Bedarf Westberlins an Nahrungsmitteln, Kohle und Industriegütern decken konnte. Auch ohne einen einzigen Schuß hätten die Sowjets die Westmächte zwingen können, sich zwischen der Aufgabe Berlins und dem Abwerfen von Bomben statt von Bonbons zu entscheiden.

Zu Beginn der fünfziger Jahre waren die Sowjets gezwungen, sich mit der Existenz eines westdeutschen Separatstaates abzufinden, aber die Frage war, ob sie einen *bewaffneten* westdeutschen Staat dulden würden, der in das westliche Bündnissystem eingebunden war – ein wichtiges außenpolitisches Ziel sowohl der Amerikaner als auch der Adenauer-Regierung in Bonn. Washington war zu dem Schluß gekommen, daß der effektivste Weg, jegliche sowjetische Expansionsgelüste schon im Keim zu ersticken, in der Verstärkung der westlichen Verteidigungskräfte bestand, zu denen auch westdeutsche Truppen gehören sollten. Als diese Option diskutiert wurde, hatten viele Leute im westlichen Lager und in Westdeutschland die Befürchtung, schon die Androhung einer westdeutschen Wiederbewaffnung könnte die Sowjets zu einem Präventivschlag provozieren. Schließlich hatten die Russen in den zurückliegenden Jahren reichlich Erfahrung mit deutscher Aggressivität gemacht und fürchteten nichts mehr als einen neuerlichen Drang nach Osten. Anstatt einen weiteren Krieg abzuwenden, so die weitverbreitete Befürchtung, könnte die deutsche Wiederbewaffnung diesen erst provozieren.

Derartige Ängste waren um so begründeter, als der Beginn der Diskussion über die deutsche Wiederbewaffnung mit dem Ausbruch des Koreakrieges zusammenfiel, der, wie allgemein angenommen wurde, mit dem Einverständnis Moskaus geführt wurde und in dem viele Menschen im Westen einen Vorboten für das Schicksal sahen, das vielleicht auch dem ebenfalls geteilten Deutschland bevorstand. Deutsche Zeitungen nannten die Asienkrise einen »Probelauf« für Mitteleuropa. In der Bundesrepublik hatte man geradezu apokalyptische Angst vor einem »deutschen Korea«. Es gab Parlamentarier, die sich Zyankalikapseln zulegten, damit sie sich töten konnten, anstatt den Feinden in die Hände zu fallen. Adenauer forderte zweihundert automatische Gewehre für die Verteidigung seines Büros im Fall eines kommunistischen Angriffs an. Meinungsumfragen zeigten, daß über die Hälfte der westdeutschen Bevölkerung glaubte, die Westmächte würden die noch junge westdeutsche Republik im Stich lassen, falls die Kommunisten über die Grenze kämen.

Auch die öffentlichen Erklärungen des neuen kommunistischen Regimes in Ostdeutschland waren nicht gerade dazu angetan, den Westdeutschen ihre Angst zu nehmen. Der stalinistische Diktator Walter Ulbricht erklärte, der Koreakrieg beweise, daß »Marionettenregierungen« wie die Adenauers nicht damit rechnen könnten, sich zu halten. Der nordkoreanische Führer Kim Il-Sung, so Ulbricht, hatte gezeigt, wie Deutschland wiederzuvereinigen war, und weiter sagte er: »Wenn die Amerikaner in ihrer imperialistischen Arroganz glauben, die Deutschen hätten weniger Nationalbewußtsein als die Koreaner, haben sie sich gründlich getäuscht.«

Ulbrichts Drohungen waren natürlich nur Bluff, aber was wäre gewesen, wenn er versucht hätte, die Rolle eines deutschen Kim Il-Sung zu spielen? Was, wenn seine Hintermänner in Moskau versucht hätten, das koreanische Experiment in Deutschland zu wiederholen?

Erstens hätte Ulbricht nicht die gleichen Vorteile gehabt wie der nordkoreanische Machthaber. Die ostdeutsche kasernierte Volkspolizei, die fast ausschließlich aus ehemaligen Wehrmachtsangehörigen bestand, war von den Sowjets zwar zu einer Militärtruppe ausgebaut worden, aber sie war nicht annähernd so stark wie die nordkoreanische Volksarmee, die den südkoreanischen Truppen weit überlegen war. Auch war der Feind der Kommunisten in Europa wesentlich gefährlicher als derjenige, auf den sie es in Korea abgesehen hatten. Im Gegensatz zu Südkorea war Westdeutschland von drei Großmächten besetzt, von denen zwei geographisch nahe am Besatzungsgebiet lagen. Die Bundesrepublik hatte zwar noch keine eigene Armee, aber ihre regionalen Polizeikräfte und der Grenzschutz wären der Volkspolizei gewachsen gewesen.

Hätte man in Deutschland eine ähnliche militärische Operation durchgeführt wie in Korea und hätte diese Erfolg haben sollen, hätten die Sowjets nicht nur unterstützend im Hintergrund wirken können, sondern hätten aktiv am Kampf teilnehmen müssen – so wie es Rotchina tat, als General MacArthur zum Fluß Yalu vorstieß. Wären zu Beginn der fünfziger Jahre sowjetische Truppen in Westdeutschland eingefallen, hätten sie es schwerer gehabt als Ende der vierziger Jahre, da die Westmächte, insbesondere Amerika, seitdem ihre Streitkräfte in der Region verstärkt hatten. Andererseits verfügten die Sowjets seit den erfolgreichen Atomtests im Jahre 1949 über ein kleines Atomwaffenarsenal. Obwohl sie nicht in der Lage waren, Sprengköpfe mit großer Reichweite ins Ziel zu bringen, sahen ihre Pläne für den Kriegsfall den Einsatz taktischer Atomwaffen auf dem Schlachtfeld und strategische Atomangriffe auf die Ziele vor, die zu erreichen waren. Mit anderen Worten: Im Gegensatz zum Koreakrieg hätte ein »europäisches Korea« von Anfang an im Zeichen der Atombombe gestanden, die von beiden Seiten in großem Umfang eingesetzt worden wäre. Der größte Teil Europas hätte zum Schluß ausgesehen wie Berlin 1945, mit dem Unterschied, daß die Ruinen radioaktiv verseucht gewesen wären.

Stalin hatte zur Zeit des Koreakrieges bekanntlich nicht die Absicht, Deutschland mit Gewalt wiederzuvereinigen und unter kommunistische Herrschaft zu zwingen. Aber bis zum Tag seines Todes, der glücklicherweise schon 1953 eintrat, hoffte er, die Teile Deutschlands destabilisieren zu können, über die er keine Kontrolle hatte. Dies war das Hauptmotiv seiner vieldiskutierten Note vom März 1952, in der er den Westmächten die Schaffung eines wiedervereinigten und wiederbewaffneten Deutschland vorschlug; in ihm sollten keine ausländischen Truppen stationiert sein, und es sollte sich zu unbedingter Neutralität verpflichten. Stalin meinte diesen Vorschlag nie ernst, denn er hielt ein wirklich neutrales Deutschland für viel zu gefährlich. Er hielt sogar ein wiedervereinigtes Deutschland für zu gefährlich, das zwar mit der Sowjetunion verbündet gewesen, aber nicht von Moskau beherrscht worden wäre. Der eigentliche Adressat der Stalin-Note waren nicht die Westmächte. Vielmehr zielte sie auf die öffentliche Meinung in der Bundesrepublik. Ihr Zweck bestand darin, den Aufbau einer westdeutschen Armee zu verhindern und die Adenauer-Regierung dadurch zu destabilisieren, daß den Westdeutschen die verlockende Möglichkeit einer Wiedervereinigung anstelle der Westintegration vorgegaukelt wurde. Wäre es Stalin mit diplomatischer List gelungen, Adenauer zu stürzen und die westdeutsche Wiederbewaffnung zu hintertreiben, wäre dies für die Sache der Sowjets ein großer Gewinn gewesen.

Als Stalin den Westmächten sein »Angebot« machte, versicherte ihm einer seiner Diplomaten, daß man es sicherlich ablehnen würde, was dann auch der Fall war. Aber für einen kurzen Augenblick sah es so aus, als würde der Westen diesen Vorschlag tatsächlich ernsthaft prüfen, und einige westliche Diplomaten fanden, er habe durchaus etwas für sich.

Stellen wir uns also vor, Stalins Vorschlag wäre Realität geworden. Stellen wir uns vor, Deutschland wäre nicht 1990, sondern schon 1952 wiedervereinigt worden, und zwar nicht als Mitglied der NATO, sondern als »neutraler« Staat mit eigener, unabhängiger Armee. Wie wir wissen, waren einige westliche Politiker, insbesondere Margaret Thatcher und François Mitterrand, über die deutsche Wiedervereinigung im Jahre 1990 alles andere als begeistert, weil sie befürchteten, die neue Nation könne sich »unverantwortlich« verhalten, schnell ihre westlichen Bindungen über Bord werfen und sich neuen Abenteuern zuwenden. Derlei Ängste verkannten, wie tief sich demokratische Ideale und Friedensliebe in den Jahren nach 1945 in Deutschland verankert hatten. Zu Beginn der fünfziger Jahre wäre das noch nicht so ausgeprägt gewesen, und ein remilitarisiertes Deutschland ohne feste Westbindung wäre vielleicht wirklich auf einen gefährlichen Kurs geraten, hätte unter Umständen Rache und Vergeltung gesucht. Stalin fürchtete sich vor einem neuerlichen Drang nach Osten, aber dieser Drang hätte ebensogut in die andere oder auch in beide Richtungen zielen können, denn Mäßigung war noch nie eine deutsche Tugend. Damals bestand nicht so sehr die Gefahr, der kalte Krieg könnte zu einem heißen werden, sondern das Risiko, der alte heiße Krieg könnte erneut angefacht werden. Wäre es dazu gekommen, wären die Antagonisten des kalten Krieges abermals gezwungen gewesen, ihre Kräfte zu vereinen, um das Feuer auszutreten.

Chruschtschow in Berlin

Stalins diplomatische Initiative wurde zu schnell abgelehnt, um in der öffentlichen Meinung Westdeutschlands die erhoffte Wirkung zu erzielen, und natürlich konnte Moskau Bonns Beitritt zur NATO im Jahre 1955 nicht verhindern. Schon vor diesem Zeitpunkt hatten die Sowjets die Hoffnung aufgegeben, großen Einfluß auf die Bundesrepublik ausüben zu können, und hatten sich auf die politische und wirtschaftliche Konsolidierung ihres Teils von Deutschland konzentriert. Doch es stellte sich heraus, daß die wirtschaftlich darniederliegende UdSSR nicht in der Lage war, ihren ostdeutschen Satelliten zu einem überzeugenden Konkurrenten für Westdeutschland aufzubauen. Im Laufe der Jahre fiel Ostdeutschland wirtschaftlich immer mehr hinter den Westen zurück, während sich sein politisches und kulturelles Leben aus der stalinistischen Zwangsjacke nicht befreien konnte.

Da viele ostdeutsche Bürger die Hoffnung auf ein besseres Leben in ihrem Staat verloren hatten, flohen sie zu Tausenden in den Westen. Die Flüchtlinge waren zumeist jung, gut ausgebildet und hochmotiviert – Menschen also, deren Verlust sich kein Staat leisten kann.

Um die Fluchtbewegung einzudämmen, machte die ostdeutsche Regierung im Mai 1952 ihre Grenze zu Westdeutschland zu. Die Flucht über Berlin war jedoch weiterhin möglich, da die

Menschen noch relativ ungehindert vom sowjetischen Sektor nach Westberlin reisen und von dort aus Westdeutschland erreichen konnten. Von dieser Möglichkeit machten in den nächsten Jahren weitere Zehntausende von Ostdeutschen Gebrauch.

1958 kam Nikita Chruschtschow zu dem Schluß, daß es an der Zeit sei, Westberlin als Schlupfloch für DDR-Bürger (und als Guckloch für die Spione der Westmächte) zu beseitigen. Im November jenes Jahres stellte er ein Ultimatum: Wenn die Westmächte nicht bereit waren, binnen sechs Monaten Westberlin zu räumen oder es – als Zwischenlösung – in eine »Freistadt« ohne Verbindung zum Westen umzuwandeln, würde er mit der DDR einen Vertrag schließen, der diesem Staat die Kontrolle über alle Wege von und nach Berlin geben würde. Er hielt diese Drohung für glaubwürdig, da der Westen in seinem isolierten Außenposten überaus verwundbar war. Berlin, so pflegte Chruschtschow zu sagen, stellte die »Hoden« des Westens dar, die er nur quetschen mußte, um seine Feinde zum Schreien zu bringen. (Er hätte natürlich hinzufügen können, daß Berlin auch der Schließmuskel des Ostens war.) Außerdem hatten die Russen im Gegensatz zur ersten Berlin-Krise nicht nur Atomwaffen, sondern auch Raketen und Flugzeuge, die sie auf westeuropäische und amerikanische Städte abwerfen konnten. »Die politischen Führer der Vereinigten Staaten«, so Chruschtschow vertraulich zu seinen Beratern, »sind nicht so dumm, daß sie wegen Berlin einen Krieg führen.«

Da irrte sich Chruschtschow. Amerikanische und westliche Politiker hatten durchaus nicht den Wunsch, wegen Berlin einen Krieg zu führen, aber sie wären »dumm« genug gewesen, dies zu tun, wenn es um ihr Bleiberecht in der Stadt gegangen wäre. Wären die Sowjets selbst also dumm genug gewesen, noch einmal den Versuch zu machen, den Westen aus Berlin herauszudrängen, und zwar durch eine von ihnen oder von den Ostdeutschen organisierte neuerliche Blockade, hätte der Westen darauf mit dem Einsatz von Gewalt reagiert. Sich auf Clays alte Konvoi-Idee von 1948 besinnend, plante das Pentagon die Entsendung einer Kompanie durch die DDR nach Berlin; hätten die Ostdeutschen (oder die Sowjets) diesen gestoppt, wäre eine Division gefolgt. Wäre auch diese in Schwierigkeiten geraten, hätte ein umfassender Angriff stattgefunden, bei dem, wie Außenminister John Foster Dulles zu Adenauer sagte, »wir auf den Einsatz von Atomwaffen nicht verzichten würden«. Die Strategie des Pentagon sah in der Tat den Ersteinsatz von Atomwaffen vor, um einen entscheidenden Vorteil zu erzielen, bevor russische Raketen flogen. Der Plan sah auch den Einsatz von taktischen Atomwaffen gegen feindliche Ziele in Deutschland vor. Auch dies hätte riesige Kollateralschäden nach sich gezogen. Dulles räumte Adenauer gegenüber ein, daß die NATO-Schätzungen von 1,7 Millionen getöteten und 3,5 Millionen verkrüppelten Menschen ausgingen. Selbst ein so hartgesottener kalter Krieger wie der deutsche Kanzler erbleichte angesichts der Möglichkeit derart hoher Opfer, um die Tür zu einer Stadt offenzuhalten, die er ohnehin nie gemocht hatte. »Um Gottes willen, nicht wegen Berlin«, stieß er hervor.

Da Präsident Eisenhower auf eine friedliche Lösung der Deutschlandkrise hoffte, lud er Chruschtschow im September 1959 nach Camp David ein. Die Gespräche waren ungezwungen, brachten aber keine nennenswerten Fortschritte. Chruschtschow nahm von seiner Sechsmonatsfrist zur Lösung der Berlin-Krise Abstand, während Ike einem Viermächtegipfel in Paris im kommenden Frühjahr zustimmte.

Daß sich auf dem Pariser Gipfel nichts bewegen würde, stand fest, als es am Himmel über der Sowjetunion zu einem ernsten Zwischenfall kam: Am 1. Mai 1960 schossen die Russen ein amerikanisches U-2-Spionageflugzeug ab. Im Hinblick auf den Gipfel hatte Eisenhower solche Flüge nur höchst widerwillig genehmigt, doch die CIA hatte ihn überzeugt, daß ein letzter Aufklärungsflug notwendig sei, um Informationen über die sowjetischen Basen für Interkontinentalraketen zu bekommen. Die Russen seien nicht in der Lage, eine U-2 abzuschießen, versprach die CIA, und könnten sich genau aus diesem Grund nicht öffentlich über die Flüge beschweren. Doch es kam anders. Den Sowjets gelang es nicht nur, das Flugzeug abzuschießen, sondern auch den Piloten, Francis Gary Powers, gefangenzunehmen, der seinen Befehl mißachtet hatte, sein Flugzeug zu sprengen und sich selbst zu töten, falls er in Schwierigkeiten geraten würde. Als Chruschtschow von Eisenhower keine öffentliche Entschuldigung für die Verletzung des sowjetischen Luftraumes erhielt, verließ er den Pariser Gipfel.

Diese unglückliche Wendung der Ereignisse wirft die Frage auf, was geschehen wäre, wenn Eisenhower seinem Gefühl gefolgt wäre und den U-2-Flug verboten hätte. Da der Flug nun einmal stattgefunden hat, bleibt aber auch die Frage, was geschehen wäre, wenn Powers das getan hätte, was er im Ernstfall hätte tun sollen, und dadurch die Sowjets eines jeden Beweises für die Machenschaften der Amerikaner beraubt hätte?

In diesem Fall stellt sich das wahrscheinlichste alternative Szenario nicht sonderlich dramatisch dar. Chruschtschow hatte in Paris keine Fortschritte erwartet und suchte nach einem Vorwand, um den Gipfel verlassen zu können. Hätte er keinen anderen Vorwand gefunden, hätte er sicherlich seine Forderungen wiederholt und vielleicht mit seinem Schuh auf den Tisch gehauen (was er gerne tat, wenn er wütend wurde), aber nichts deutet darauf hin, daß Eisenhower zu irgendwelchen nennenswerten Konzessionen bereit war.

Daß Eisenhower um Berlin nicht feilschen wollte, lag daran, daß er zu der Überzeugung gelangt war, die Präsenz des Westens in der Stadt sei von großer symbolischer Bedeutung (wenn auch militärisch schwer durchzuhalten). Für den Fall, daß der Westen Berlin freiwillig aufgeben oder gewaltsam aus der Stadt herausgedrängt werden sollte, beschwor er ein wahrhaft dramatisches Szenario. Er sah in der alten deutschen Hauptstadt den ersten der Dominosteine, die unweigerlich fallen würden, wenn der Westen die Stadt aufgäbe. War Berlin gefallen, wäre als nächstes Deutschland an der Reihe, und dann wäre es auch um ganz Europa geschehen; würde Europa den Sowjets in die Hände fallen, könnte sich Amerika nicht mehr als demokratisches Land halten. Eisenhower: »Würde Berlin fallen, würden die Vereinigten Staaten Europa verlieren, und würde Europa mitsamt seinem großen Industriepotential der Sowjetunion in die Hände fallen, wären die Vereinigten Staaten, sollten sie überhaupt überleben, nur noch ein Militärstaat.« Mit anderen Worten, der Verlust Berlins würde ein faschistisches Amerika bedeuten.

Chruschtschow hoffte, mit dem neuen amerikanischen Präsidenten John F. Kennedy besser auszukommen, dem in bezug auf Berlin, das er in seinem Wahlkampf kaum erwähnt hatte, besondere Nervosität nachgesagt wurde. Kurz nach seiner Wahl hatte Kennedy zugegeben, daß Berlin von all seinen außenpolitischen Herausforderungen diejenige sei, die am ehesten eine Entscheidung zwischen »Holocaust und Demütigung« erzwingen würde. Der russische Partei- und Staatschef wußte, daß die Angst vor sowjetischen Vergeltungsschlägen gegen Berlin der Hauptgrund für das Scheitern von Kennedys Schweinebucht-Invasion gewesen war. Da Kennedy hier einen Rückzieher gemacht hatte, war Chruschtschow überzeugt, der junge amerikanische Präsident würde noch schneller nachgeben, wenn er wegen Berlin wirklich in die Zange genommen würde.

Die Gelegenheit, Kennedy in diesem Punkt hart zuzusetzen, erhielt Chruschtschow im Juni 1961 auf dem Gipfeltreffen in Wien. Das Treffen hatte kaum begonnen, als sich der sowjetische Staatschef über Washingtons »unmögliche« Einstellung zu Berlin und Deutschland beklagte. Weil Amerika in Berlin bleibe, Westdeutschland remilitarisiere und die Bonner Wiedervereinigungsträume unterstütze, sagte Chruschtschow, schaffe es die Voraussetzungen für einen neuen Weltkrieg. Warum akzeptiere Washington nicht einfach die Tatsache, daß Deutschland jetzt geteilt und Berlin ein legitimer Teil des neuen ostdeutschen Staates sei? Den Blick fest auf Kennedy gerichtet, sagte er, er wolle eine Vereinbarung »mit *Ihnen*«, andernfalls würde er einen Friedensvertrag mit der DDR abschließen. Dann »werden alle Regelungen hinfällig, die aufgrund der Kapitulation Deutschlands getroffen wurden. Dies beträfe alle Institutionen, Besatzungsrechte und Verkehrswege nach Berlin, einschließlich der Korridore.«

Bevor Kennedy nach Wien kam, hatte er von Allan Lightner, dem US-Beauftragten für Westberlin, den Rat erhalten, Chruschtschow zu sagen, »die Sowjets sollten die Finger von Berlin lassen«. Und genau das tat er. Nachdem er Chruschtschow für seine »Offenheit« gedankt hatte, erinnerte er ihn daran, daß »hier nicht nur über die rechtliche Situation gesprochen wird, sondern auch über praktische Fragen, die unsere nationale Sicherheit stark tangieren«. Amerika sei nicht in Berlin, »weil dies von irgend jemandem geduldet« werde, sondern weil »wir uns bis hier durchgekämpft haben«. Würden die Vereinigten Staaten und ihre Verbündeten Westberlin verlassen, würden sie »auch Westeuropa verlassen. Wenn wir also über Westberlin sprechen, sprechen wir auch über Westeuropa.«

Da Chruschtschow von Kennedy zumindest ein *gewisses* Entgegenkommen erwartet hatte, wurde er immer zorniger. Wie ein Schuljunge werde er darüber belehrt, was in Berlin auf dem Spiel stehe. Die ehemalige Hauptstadt der Nazis sei, so sagte er, »der gefährlichste Ort der Welt«. Dann griff er zu starken Metaphern, die er gründlich durcheinanderwarf; er sei entschlossen, »an diesem wunden Punkt eine Operation vorzunehmen, um diesen Dorn, dieses Geschwür zu entfernen«. Durch die Unterzeichnung eines Friedensvertrags mit Ostdeutschland würde Moskau »die Revanchisten in Westdeutschland stoppen, die einen neuen Krieg wollen …« Er schlug mit der Hand auf den Tisch und rief aus: »Ich will Frieden. Wenn Sie Krieg wollen, ist das Ihr Problem.«

Obwohl Kennedy wegen seiner Addison-Krankheit von einem Quacksalber die Einnahme von Amphetaminen verordnet bekommen hatte, ließ er sich durch diesen Ausbruch nicht aus der Ruhe bringen. »Nicht ich, sondern Sie wollen eine Veränderung der Lage erzwingen«, erwiderte er. Amerika werde Berlin nicht aufgeben. Würde Moskau seine Drohung wahr machen und im

Dezember einen Friedensvertrag mit Ostdeutschland schließen, würde es »einen kalten Winter« geben, sagte er grimmig.

Es hätte gut einen *heißen* Winter geben können, denn wenn die Ostdeutschen tatsächlich ihren Vertrag bekommen und beschlossen hätten, ihn damit zu feiern, daß sie die Westmächte aus Berlin hinausdrängten, dann hätte ihnen eine große Konfrontation bevorgestanden. Obwohl Kennedy in bezug auf Berlin ambivalent war und im privaten Kreis einmal aufgebracht äußerte, es erscheine ihm »besonders töricht, wegen eines Streits über das Nutzungsrecht einer Autobahn das Leben von einer Million Amerikanern aufs Spiel zu setzen«, war er genau wie Eisenhower entschlossen, Westberlin nicht preiszugeben. Er würde eher Truppen auf diese Autobahn schicken, als die Stadt dem Kommunismus auszuliefern. An den Ufern der Spree würde es keine Schweinebucht geben.

Wäre andererseits eine Lösung für Berlin möglich gewesen, die nicht zur Aufgabe der Stadt durch den Westen geführt hätte, wäre Kennedy unbedingt dafür gewesen. Er hatte sogar Verständnis für das Dilemma der Sowjets in Deutschland – für ihren Frust, mit ansehen zu müssen, wie ihr treuester Vasall seine am besten ausgebildeten Bürger verlor und dadurch eher zu einer Belastung als zu einem Trumpf wurde. »Man kann Chruschtschow nicht verübeln, daß ihn das ärgert«, räumte Kennedy ein.

Eine »Lösung« für die Berlin-Krise wurde am 13. August 1961 gefunden. In den frühen Morgenstunden jenes Tages spannten ostdeutsche Soldaten und Polizisten Stacheldraht entlang der Sektorengrenze zwischen Ost- und Westberlin. Kurze Zeit später wurde der Stacheldraht durch Betonblöcke ersetzt. Das berühmteste Bauwerk des kalten Krieges nahm vor den Augen einer erstaunten – und erschrockenen – Weltöffentlichkeit Gestalt an. Wann immer die Spannungen einer lange anhaltenden politischen Konfrontation in einen offenen Konflikt hätten umschlagen können, dieser Augenblick war dafür anscheinend am geeignetsten.

Die Westmächte standen stark unter Druck, da von ihnen entschlossene Gegenmaßnahmen erwartet wurden. Die Westberliner, darunter auch der junge, dynamische Bürgermeister Willy Brandt, wollten Taten sehen. Die Besatzungstruppen der Alliierten sollten die Mauer sofort niederreißen, wenn nötig mit Panzern. Da die Westberliner selbst wenig gegen die Mauer tun konnten, machten sie ihrer Empörung Luft, indem sie das sowjetische Kriegsdenkmal im britischen Sektor westlich des Brandenburger Tors attackierten. Die sowjetischen Soldaten, die das Denkmal bewachten, wären vielleicht getötet worden, wenn ihnen nicht britische Soldaten zu Hilfe gekommen wären – eine ironische Wendung der Ereignisse in jener verworrenen und emotionsgeladenen Zeit.

Hätten die westlichen Besatzungstruppen tatsächlich beschlossen, gegen die ostdeutschen Mauerbauer vorzugehen, wie die Westberliner lautstark forderten, wären die Sowjets zu einer energischen Gegenreaktion bereit gewesen. Sie hatten Berlin mit Soldaten umstellt und ihre Raketen in Alarmbereitschaft versetzt. Sie hofften, diese Maßnahmen würden ausreichen, um den Westen von irgendwelchen Militäraktionen, etwa einem Angriff auf die Mauer oder der Entsendung von Soldaten über die ostdeutsche Grenze, abzuhalten. Sollte die Abschreckung nicht funktionieren, hatten die sowjetischen Truppen Befehl, nicht nur die entstehende Mauer zu schützen, sondern auch die alliierten Besatzungstruppen und die gesamte westliche Enklave in Berlin zu zerschlagen. Dies wäre ihnen sicherlich gelungen, da die militärische Stärke des Westens in der Stadt, verglichen mit der der Sowjets, gering war.

Die Westmächte dachten jedoch gar nicht daran, die Berliner Mauer niederzureißen. Denn dieses Gebilde vertrieb sie nicht etwa aus Berlin, sondern bedeutete nur, daß die Ostdeutschen jetzt eingesperrt waren. Präsident Kennedy hatte nie Verpflichtungen für ganz Berlin übernommen, sondern lediglich für Westberlin. (Als er später in der Stadt seine berühmte Rede hielt, hätte er sagen sollen: »Ich bin ein *West*berliner.«) Da die Mauer die Lage in Ostdeutschland stabilisierte, war abzusehen, daß sie eine sehr explosive Lage entschärfte. Der Westen war zwar in einer gewissen Verlegenheit, weil er tatenlos zusah, wie die Mauer gebaut wurde, doch in noch größerer Verlegenheit waren die Ostdeutschen und die Sowjets, die sich gezwungen sahen, ihr »Arbeiterparadies« mit einem Zaun zu umgeben, damit ihnen nicht alle Arbeiter davonliefen. (Nicht etwa, daß die Kommunisten diese Demütigung zugegeben hätten: Sie nannten die Mauer einen »antifaschistischen Schutzwall«, der angeblich die Sicherheit der DDR garantierte.) Kurzum, der Westen hätte sich keinen besseren Propagandacoup, kein eindrucksvolleres Symbol für den – wirtschaftlichen und moralischen – Bankrott seiner kommunistischen Gegner wünschen können. Daher reagierten die westlichen Hauptstädte, als sich die Überraschung über den Mauerbau gelegt hatte, vorwiegend mit Schadenfreude und Erleichterung.

Selbstredend konnte kein westlicher Politiker zugeben, daß er wegen der Errichtung der Berliner Mauer erleichtert war. Man mußte demonstrativ die Hände ringen und seine Solidarität mit der Berliner Bevölkerung bekunden. Alle Westmächte legten bei ihrem ehemaligen sowjetischen Verbündeten formell Beschwerde ein. Präsident Kennedy beorderte Vizepräsident Lyndon Johnson nach Westberlin, um den Menschen zu versichern, daß Amerika zu ihnen stehe. (Zuerst weigerte sich Johnson, weil es zu gefährlich sei.) General Clay, der wegen seiner unbeirrbaren Haltung während der Blockade 1948/49 in Westberlin sehr beliebt war, wurde aus dem Ruhestand zurückbeordert und als Kennedys persönlicher Vertreter in die Stadt geschickt.

Die Entsendung Clays nach Berlin erwies sich als ein wenig zu demonstrativ, denn er wollte unbedingt zeigen, daß die Vereinigten Staaten trotz der neuen Mauer, die er niederzureißen hoffte, in der Stadt ihre traditionellen Rechte ausüben konnten. Als die Ostdeutschen verlangten, die Amerikaner sollten ihre Pässe zeigen, um nach Ostberlin zu gelangen, schickte Clay bewaffnete

Jeeps zum Checkpoint Charlie, die sich ihren Weg über die Grenze erzwingen sollten. Danach schickte er zehn M-48-Panzer zum Checkpoint. Doch die Sowjets zahlten es den Amerikanern mit gleicher Münze heim. Mehrere Stunden lang standen sich die Panzer Mündung gegen Mündung gegenüber, nur durch eine dünne Leitplanke getrennt. Alle Panzer waren schußbereit. Der amerikanische Kommandant vor Ort gab zu, er habe befürchtet, ein »nervöser Soldat könnte tatsächlich abdrücken«. Nach siebzehn Stunden, in denen Gerüchte umherschwirrten, der Schußwechsel könne jeden Augenblick losgehen, in denen jedoch nur die Brezeln »vernichtet« wurden, die ein Verkäufer an die Panzersoldaten verteilte, kam aus Washington der Befehl zum Rückzug. Wieder taten die Sowjets das gleiche.

Außenminister Dean Rusk bezeichnete diesen unglücklichen Zwischenfall später als »die törichte Konfrontation am Checkpoint Charlie, die durch die machohaften Neigungen von General Clay herbeigeführt wurde«. Das Ganze hatte durchaus etwas Machohaftes, und es war nicht ungefährlich. Hätte etwa ein amerikanischer Panzer, bewußt oder aus Versehen, das Feuer eröffnet, hätten die Sowjets bestimmt zurückgeschossen, und die Partner, die sich sechzehn Jahre zuvor an der Elbe umarmt hatten, wären an der Spree in eine Konfrontation hineingeschlittert, die sich leicht zu einem Flächenbrand hätte ausweiten können.

Heute wissen wir, daß, abgesehen von der Gewißheit, daß ein größerer Atomkrieg die gegenseitige Vernichtung mit sich gebracht hätte, kaum etwas so sehr zur Vermeidung eines heißen Krieges beigetragen hat wie die Berliner Mauer. Nachdem sie hochgezogen worden war, sank der Pegel der Ost-West-Spannung. Während sich die Mauer zu einem scheinbar dauerhaften Bestandteil der politischen Landschaft entwickelte – ganz zu schweigen davon, daß sie zu einer lukrativen Touristenattraktion und zur längsten Kunstgalerie der Welt wurde –, verlagerten sich die Schauplätze der ideologischen Konfrontation in andere Länder, fern von Deutschland und Europa.

ARTHUR WALDRON

China ohne Tränen

Wenn Tschiang Kai-schek 1946 nicht so hoch gepokert hätte

Das letzte Szenario dieses Buches ist zugleich eines der packendsten. Hätte nicht ein uneinsichtiger Mann alles auf eine Karte gesetzt, und hätte ein anderer – ein echter amerikanischer Held – nicht ein so schlechtes Urteilsvermögen gehabt, dann hätten die schlimmsten Konflikte des kalten Krieges vielleicht vermieden werden können. Kein Koreakrieg, kein Indochinakrieg, kein Vietnamkrieg, kein Kambodscha, keine Zusammenstöße in der Straße von Formosa, keine Kommunistenangst in Amerika. Das Leben unzähliger Menschen wäre gerettet worden. Der Hasardeur war der nationalistische Führer Tschiang Kai-schek, der am Ende des Zweiten Weltkrieges schwor, die chinesischen Kommunisten aus der Mandschurei zu vertreiben. Gegen den Rat der Amerikaner schickte er seine besten Truppen dorthin, und im Frühjahr 1946 schien der Sieg zum Greifen nahe. Doch plötzlich stellte er seine Operationen unter dem Druck von General George C. Marshall ein, der versuchte, zwischen den Nationalisten und den Kommunisten Frieden zu stiften. Tschiangs Nationalisten sollten nie wieder in die Offensive gehen, und drei Jahre später waren sie gezwungen, das chinesische Festland zu verlassen. Aber was wäre gewesen, wenn es auf dem Festland zwei Chinas gegeben hätte?

◈ ARTHUR WALDRON, Experte für die Geschichte des modernen China, ist Professor für Internationale Beziehungen an der University of Pennsylvania und Direktor der Asien-Abteilung am Enterprise Institute.

Man stelle sich den kalten Krieg ohne ein »Rotchina« vor. Wäre er hauptsächlich auf Mitteleuropa beschränkt geblieben und wäre Rotchina fest in sowjetischer Hand gewesen, hätte er wahrscheinlich nicht so erschreckende Formen angenommen. Ohne die Unterstützung Rotchinas hätte Kim Il-Sung niemals die Invasion Südkoreas gewagt. Ohne eine sichere Operationsbasis im rotchinesischen Hinterland hätten Ho Chi Minhs Kommunisten niemals in Indochina gesiegt. Ohne die Teilung zwischen dem kommunistischen Festland und dem antikommunistischen Taiwan wäre es in der Straße von Formosa in den fünfziger und neunziger Jahren nie zu gefährlichen Zusammenstößen gekommen.

Ohne die unruhige Krisenregion Asien wäre der kalte Krieg anders und gemäßigter verlaufen. Aber ist eine solche Möglichkeit überhaupt denkbar? Sie ist es – denn das Schlüsselereignis, die kommunistische Eroberung Chinas, hätte ohne den verhängnisvollen Fehler, den der chinesische Nationalistenführer Tschiang Kai-schek zu Beginn des Sommers 1946 beging, wahrscheinlich nicht stattgefunden.

Gegen Ende des vorausgegangenen Jahres, nach der Kapitulation Japans, hatte der Generalissimus damit begonnen, seine besten Truppen in die Mandschurei zu schicken, in der die Kommunisten eine starke Position hatten. Die Roten leisteten Widerstand, konnten aber gegen die kampferprobten Nationalisten wenig ausrichten. Diese drangen schnell nach Norden vor und zerschlugen im Mai 1946 den kommunistischen Widerstand in Szeping. Danach wurde die südliche Mandschurei zurückerobert, und die Kommunisten waren auf dem Rückzug. Am 6. Juni erhielt der kommunistische Kommandeur Lin Biao den Befehl, die Aufgabe des strategisch wichtigen Harbin vorzubereiten. Da sich Voraustrupps der Nationalisten bereits der Stadt näherten, stellte Tschiang Kai-schek seinen Angriff ein. Dies war ein nicht wiedergutzumachender Fehler: Er verlor die Initiative, und die Kommunisten hatten Zeit, sich neu zu formieren. Tschiangs Armee erreichte Harbin nie. Drei Jahre später war sie vernichtend geschlagen, und ihre Überreste flohen nach Taiwan. Tschiang hatte den Sieg buchstäblich in letzter Minute verschenkt – mit weitreichenden Konsequenzen für das restliche Asien, die sich noch heute bemerkbar machen.

Was erklärt Tschiangs Vorgehen? In erster Linie amerikanischer Druck. Der Fehler wurde Tschiang durch den hochangesehenen amerikanischen General George C. Marshall aufgezwungen, der damals in aussichtsloser Mission in China weilte: Er wollte Frieden zwischen Kommunisten und Nationalisten stiften. Was ist über Marshall zu sagen? Er hat zu Recht einen Ehrenplatz in der Geschichte, doch für die Mission in China war er sozusagen eine Fehlbesetzung. Dieser ehrenwerte Mann tappte ahnunglos in die Schlangengrube chinesischer Politik. Er wollte Frieden bringen, aber was er dann wirklich nach Asien brachte, war der kalte Krieg. Eine wahrhaft böse Überraschung.

Als Japan plötzlich unter dem Druck der sowjetischen Invasion der Mandschurei einerseits und der amerikanischen Atombomben andererseits kapitulierte, rechnete niemand in China mit einem Sieg der Kommunisten. Nach dem Ende der Feindseligkeiten saßen die militärisch nicht sehr starken Kommunisten überwiegend in Jenan, wo sie im Krieg ihre Basis gehabt hatten, weit weg von den Kämpfen im nördlichen Kiangsi. Alle ausländischen Mächte – einschließlich der Sowjetunion – erkannten Tschiang Kai-scheks Regierung in Tschungking als Chinas einzige legitime Regierung an.

Stalin erwartete nicht, daß die Kommunisten gewinnen würden. In Jalta hatte er geheimen Abmachungen zugestimmt, die seinen Truppen eine privilegierte administrative und militärische Position einräumten und die Souveränität Chinas in diesem Gebiet mit keinem Wort erwähnten. Viele nahmen an, Moskau würde das Gebiet einfach annektieren, um das Rußland und Japan seit dem Ende des 19. Jahrhunderts gekämpft hatten und das, sollte es in andere Hände geraten, eine Bedrohung für den äußersten Osten der Sowjetunion und den großen Militärhafen in Wladiwostok darstellen würde.

Eine derartige territoriale Umverteilung war bereits in Europa vorgenommen worden, um die Forderungen der Sowjets zu erfüllen. Warum nicht auch in Asien? Das vielleicht deutlichste Signal enthielt der Bestseller *People on Our Side* des Reisejournalisten Edgar Snow. Er stützte sich zweifellos auf Insiderinformationen, als er seine Leser darauf einstimmte, daß Moskau auch in Nordostasien territoriale Veränderungen vornehmen würde.

Das Problem war, daß sich die chinesische Regierung einer solchen Lösung erbittert widersetzen würde. Nachdem China wegen der Mandschurei mit Japan Krieg geführt hatte, konnte es jetzt kaum tatenlos zusehen, wie die Sowjets die Rolle Japans übernahmen. Anstatt sich also auf Chinas Kernland zu konzentrieren, wo sie genug Probleme hatten, richteten Tschiang Kai-schek und seine Regierung ihre Aufmerksamkeit auf den Nordosten.

Tschiang Kai-schek erwarb sich den Ruf, ein guter Soldat zu sein, zwischen 1925 und 1928, als er im Norden Chinas eine Chance witterte und mit seiner Armee aus dem Süden eine Blitzinvasion durchführte – die sogenannte »Nordexpedition«, in deren Folge die Militärregierung in Peking stürzte und in Nanking die Republik China ausgerufen wurde. Es handelte sich um eine klassische *suzhan sujue*-Operation – »schnell kämpfen und schnell entscheiden« –, lange die bevorzugte chinesische Strategie. Nachdem er die Gegebenheiten und Möglichkeiten einer Situation eingeschätzt hatte *(shi)*, wählte Tschiang einen günstigen Augenblick *(ji)* und wandte eine Strategie an *(mou)*, die den Sieg bringen würde – schnell zuschlagen, einen entscheidenden Sieg bei Wuhan gegen die besten Truppen des Nordens erringen und dann von Sieg zu Sieg eilen. Tschiang war erst der zweite, der China von Süden her eroberte: eine sehr beachtliche Leistung. Seine Strategie für die Mandschurei beruhte 1946 auf dem gleichen Konzept.

Doch Tschiang war auch umstritten, und viele Amerikaner lehnten ihn ab, obwohl er ein unverzichtbarer Verbündeter war.

Er sprach nicht ein Wort Englisch, war steif und Ausländern gegenüber reserviert. »Vinegar Joe« Stillwell, der amerikanische Oberbefehlshaber auf dem Kriegsschauplatz China–Burma–Indien, nannte ihn verächtlich »die Erdnuß« (the Peanut). Unter Tschiangs Führung hatte sich China in einem vergeblichen Krieg gegen Japan aufgerieben – und Tschiang wurde persönlich für weitverbreitete Korruption, Schwarzmarkt und Gewalt verantwortlich gemacht. Die unerfahrenen Kommunisten kamen bei vielen Menschen besser an; auch viele intelligente und gut unterrichtete Ausländer hielten sie für die bessere Alternative.

Was die Kommunisten im weit entfernten Jenan betraf, so schlug ihre Stunde im August 1945, als die Rote Armee in die Mandschurei vordrang. Strategisch betrachtet war Jenan unbedeutend: Die Kommunisten hatten sich hierher zurückgezogen, um den nationalistischen Kampagnen der dreißiger Jahre zu entkommen, die die »Ausrottung der Banditen« zum Ziel hatten. Der große Vorteil war die Nähe zur Mongolischen Volksrepublik, damals fest in sowjetischer Hand – und ein Rückzugsgebiet für den Fall, daß die Nationalisten sie wieder bedrohten sollten.

In der Mandschurei lagen die Dinge ganz anders. Strategisch gesehen war dieses Territorium immer ein Schlüssel zur Kontrolle über das chinesische Kernland, die Ausgangsbasis für eroberungsfreudige Dynastien; zuletzt 1644, als die Mandschus, die dem Gebiet seinen Namen gegeben hatten, ihre Armeen über die Pässe bis nach Peking und in noch fernere Landesteile schickten, um die große Qing-Dynastie zu errichten, die bis 1912 Bestand hatte.

Folglich kamen die Kommunisten schnell zu dem Entschluß, ihre Verwaltung und Armee in die Mandschurei zu verlegen, nachdem dort die sowjetischen Truppen einmarschiert waren. Und die Sowjets waren ihnen dabei behilflich, indem sie ihnen beispielsweise die von ihnen kontrollierten Eisenbahnlinien zur Verfügung stellten. Doch es gab ein Problem. Die Sowjets bekannten sich offiziell zu der Vorstellung, die Mandschurei sei ein legitimer Bestandteil Nationalchinas – und erkannten die Kommunisten formell gar nicht an.

Doch die Rotchinesen und die Sowjets waren Kommunisten – Genossen in Diensten der Arbeiterklasse –, so daß sich Koexistenzmöglichkeiten fanden. Die chinesischen Streitkräfte bezogen außerhalb der Hauptstadt Quartier; sie benannten sich in »örtliche Selbstverteidigungskräfte« um, und ihr Verhältnis zu den Sowjets war zwar gut, aber »informell«. Die Sowjets wiederum hinderten die nationalistischen Kräfte am Einmarsch in die Mandschurei, um dort die Kapitulation der Japaner entgegenzunehmen.

Während die Sowjets die militärische Kontrolle hatten, setzten sich die chinesischen Kommunisten in der Mandschurei fest und bauten dort zuerst eine starke zivile Verwaltung auf. Anfangs konzentrierten sie sich nicht auf ihre Armee. Statt dessen eröffneten sie in jedem Dorf und jeder Stadt ein Parteibüro. Wahrscheinlich erwarteten sie von den sowjetischen Truppen unbegrenzten Schutz.

Unterdessen starteten die Nationalisten – von Panik ergriffen, weil die Sowjets die Mandschurei vielleicht nie wieder verlassen würden – eine intensive diplomatische Offensive, um den Rückzug der Sowjets zu erreichen, was ihnen schließlich auch gelang. Damit war der Boden für Tschiang Kai-scheks verhängnisvollen Fehler bereitet.

Nehmen wir einmal an, Tschiang hätte die sowjetischen und chinesischen Kommunisten *nicht* aktiv bekämpft und ihnen die Kontrolle über die Mandschurei überlassen. Wie hätte sich Asien dann entwickelt? Die Antwort lautet, daß es so etwas wie ein ostasiatisches Ostdeutschland gegeben hätte. In der Mandschurei wäre sicherlich eine »Chinesische Demokratische Volksrepublik« errichtet worden, ähnlich der Koreanischen Demokratischen Volksrepublik, die in Pjöngjang von den sowjetischen Truppen geschaffen wurde. Aber im Gegensatz zur »Volksrepublik China«, die Mao Tse-tung und seine Armee 1949, nach einem langen Bürgerkrieg, ausriefen, wäre dieses nordöstliche Rotchina fest in Moskaus Hand gewesen.

Viele führende chinesische Kommunisten waren in der Sowjetunion ausgebildet worden; noch mehr betrachteten die UdSSR als Modell für China und glaubten, wie es Tschou En-lai ausdrückte, daß »die Gegenwart der UdSSR die Zukunft Chinas ist«. Selbst Mao – der keine solche Ausbildung genossen hatte, nicht gereist war und nicht über Beziehungen zur Sowjetunion verfügte – schlug sich zu Beginn des kalten Krieges auf die Seite der UdSSR. Daher hätte sich die chinesische Parteiführung, genau wie die deutsche unter Ulbricht, nur allzu bereitwillig darauf eingestellt, ein sozialistisches China unter Kontrolle der Sowjetunion zu schaffen. Daß die Parteiführung das sogar erwartete, zeigen ihre Bemühungen um den Aufbau einer effizienten Verwaltung.

Und wenn Mao so unnachgiebig gewesen wäre wie Tito in Jugoslawien? Wenn sich osteuropäische Kommunisten als schwierig erwiesen, verschwanden sie häufig, »begingen Selbstmord« oder wurden auf andere Weise aus dem Weg geräumt. Das gleiche wäre wahrscheinlich in einem sowjetisch beeinflußten chinesischen Vasallenstaat geschehen. Mao hatte keineswegs die totale Kontrolle über die Partei. Viele Kommunisten haßten ihn. Zu Beginn der fünfziger Jahre unterstützte die UdSSR offensichtlich Verschwörungen in der Mandschurei gegen Peking. Sie scheiterten allesamt. Doch unter den damaligen Umständen hätte sich Moskau voraussichtlich durchgesetzt. Jugoslawien war geographisch gut geschützt und verfügte über eine eigene Armee, die niemals unter der Kontrolle der Sowjets stand. Aber die Mandschurei war fast ganz von der UdSSR umgeben, und sowjetische Marinestützpunkte und militärische Einrichtungen waren sogar von den Nationalisten garantiert worden.

Ein Rotchina in der Mandschurei hätte höchstwahrscheinlich gut dagestanden – zumindest anfangs. Im Gegensatz zum chinesischen Kernland war die Mandschurei reich: Sie hatte fruchtbares Land und war nicht überbevölkert; sie hatte reiche Kohle- und

Erzvorkommen, von den Japanern erbaute Industrieanlagen und den wunderbaren Hafen Dalian, der das Land mit dem Meer verband, während die chinesische Osteisenbahn an das sowjetische Eisenbahnnetz angeschlossen war. Die Mandschurei verfügte über eine bereits entwickelte Wirtschaft.

Als der chinesische Bürgerkrieg an Intensität zunahm, rieten amerikanische Berater Tschiang Kai-schek, von einer Eroberung der Mandschurei abzusehen. Sie wußten, daß dies ein riskantes Unterfangen war, das ihn seine Kontrolle über das chinesische Kernland kosten konnte. Moskau erwartete anscheinend, daß die Vereinigten Staaten Tschiang in diesem Punkt in Schach halten und so die Existenz eines nichtkommunistischen Regimes im chinesischen Kernland sichern würden. Die Kommunisten in der Mandschurei würden auf diese Weise in Moskaus Arme getrieben werden.

Klare Grenzziehungen fördern eine gute Nachbarschaft. Das war klar, als der Zweite Weltkrieg in Europa zu Ende ging. Die Armeen der Westalliierten und die Rote Armee rückten bis zu den vereinbarten Demarkationslinien – aber nicht weiter – vor. Den Hitzköpfen in den Reihen der Kommunisten wie Antikommunisten gelang es nicht, die Großmächte in einen Konflikt zu verwickeln. Die einzigen Unsicherheitsfaktoren waren – aus je unterschiedlichen Gründen – Berlin und Jugoslawien. Doch es kam nicht zu einer Konfrontation zweier großer Armeen, sondern zu einem bemerkenswert friedlichen Nebeneinander.

Wären für Asien ebenso sorgfältige Regelungen getroffen worden, hätten sich die Dinge hier vielleicht genauso entwickelt. Die Teilung Chinas in einen kleinen kommunistischen und einen großen nichtkommunistischen Staat hätte von den Großmächten so festgelegt werden können, daß weder Mao noch Kim Il-Sung noch Ho Chi Minh die Möglichkeit gehabt hätten, die großen Schutzmächte in regionale Auseinandersetzungen zu treiben. Das Ergebnis wäre ein friedlicheres Asien gewesen – hätte es Tschiang Kai-schek nicht gegeben.

»Sie haben angefangen!« So lautete einer der Vorwürfe der Kommunisten, als sich der chinesische Bürgerkrieg zwischen 1945 und 1949 zu heftigen Kämpfen steigerte – und er war durchaus zutreffend. Denn Tschiangs Mandschurei-Expedition war der Funke, der zu einem Flächenbrand führte.

Als der Zweite Weltkrieg zu Ende ging, befanden sich Tschiangs beste Truppen auf dem Kriegsschauplatz China–Burma–Indien. Die altgedienten Kämpfer gegen die Japaner, die in den südostasiatischen Wäldern zuerst verloren und dann gewonnen hatten, waren neu ausgerüstet und von den Amerikanern in Indien ausgebildet worden. In ihren Reihen kämpften auch einige der besten und tapfersten chinesischen Offiziere, insbesondere General Sun Lijen, ein Absolvent des Virginia Military Institute. Die neugeschaffene 1. und 6. Armee wurde in die Mandschurei entsandt: Diese Soldaten waren unvergleichlich stärker als alles, was die Kommunisten aufbieten konnten. Außerdem verfügten sie über eine schlagkräftige Artillerie, der die leichtbewaffneten Guerillakämpfer nichts entgegenzusetzen hatten.

Tschiang verfügte außerdem über eine Luftstreitmacht. Er war, wie viele Chinesen, von der hochentwickelten Militärtechnologie fasziniert und hatte während des Krieges gegen Japan von Anfang an den Vorstellungen von General Claire Chennault über den Einsatz der Luftwaffe den Vorzug vor der Bodenkampf-Strategie gegeben, die Roosevelts Abgesandter »Vinegar Joe« Stillwell befürwortete.

So reifte in Tschiangs Kopf ein Plan, dessen Vorbild die »Nordexpedition« von 1926 bis 1928 war. Die Kommunisten in der Mandschurei waren schlecht organisiert, leicht bewaffnet und nicht auf Krieg eingestellt. Könnten die Sowjets zum Rückzug überredet und dann starke Divisionen aus China, Burma und Indien herangeführt werden, würden die nationalistischen Streitkräfte die Kommunisten in der Mandschurei mühelos vernichten. Unterdessen könnten Flugzeuge das größte Problem eines Landkrieges in Asien lösen – die Logistik. Der Einsatz von Flugzeugen würde Tschiang in die Lage versetzen, seine Soldaten hinter den feindlichen Linien abzusetzen, Verbindung zwischen den auf dem großen Gebiet verstreuten Garnisonen herzustellen und diese mit Nachschub zu versorgen.

Dieser Plan war demjenigen nicht unähnlich, den die Vereinigten Staaten zwanzig Jahre später für Vietnam ausarbeiten würden, und anfangs schien er auch zu funktionieren. Die Sowjets erklärten sich zum Rückzug bereit, und ab dem Herbst 1945 rückten die Nationalisten – zuerst auf dem Luftweg – in das Land ein. Sie walzten alles nieder, was sich ihnen in den Weg stellte. Die derart überrumpelten kommunistischen Streitkräfte waren für einen solchen Kampf weder vorbereitet noch ausgerüstet. Die nationalistischen Truppen zogen entlang der Eisenbahnlinie nach Norden. In Szeping, einem wichtigen Knotenpunkt in der Mitte der Mandschurei, kämpften sie einen Monat lang in offener Feldschlacht, bevor sich die Kommunisten geschlagen gaben: Lin Biao, ihr Kommandeur, schickte die Menschen in aufeinanderfolgenden Wellen ins Feuer der Nationalisten, unter ihnen auch 100 000 Fabrikarbeiter aus Changchun, was einen reinen Verzweiflungsakt darstellte. Bis zum 18. Mai 1946 waren 40 000 Kommunisten – die Hälfte der Kämpfer – gefallen, und Lin floh nach Norden.

Was dann folgte, ähnelt Hitlers berühmtem »Halt-Befehl«, der den Weitermarsch der Wehrmacht stoppte, als diese sich den geschlagenen Briten bei Dünkirchen näherte – wodurch ein möglicherweise entscheidender deutscher Sieg zu einer strategischen Niederlage wurde.

Zu diesem Zeitpunkt versuchte sich General George Marshall an der unmöglichen Aufgabe, eine Koalitionsregierung zwischen Maos Kommunisten und Tschiangs Nationalisten zustande zu bringen. Nirgends war festgelegt worden, daß Tschiang nicht in die Mandschurei einmarschieren sollte. Doch bei den Gesprächen protestierten die Kommunisten lautstark dagegen und behaupteten, durch seinen Überraschungsangriff habe Tschiang die für eine friedliche Lösung notwendige Vertrauensbasis zerstört. Marshall erreichte im Januar einen Waffenstillstand, der jedoch schnell gebrochen wurde; jetzt waren es die Kommunisten, die ihn zum Handeln drängten, denn sie erkannten, daß er – und nicht ihre Armee – die einzige Kraft war, die Tschiang stoppen konnte.

Marshall hörte auf sie. Als Vertreter von Tschiangs einzigem Verbündeten, der in einem zerstörten China überwältigend stark war (und aufgrund eigener unrealistischer Ideen), drängte er den Generalissimus, haltzumachen – was dieser auch tat.

Als seine skeptischen Kommandeure ihn baten, seine Entscheidung noch einmal zu überdenken, und darauf hinwiesen, daß ein totaler Sieg über die kommunistischen Streitkräfte in der Mandschurei sicher sei, wenn Harbin in die Hände der Nationalisten fiele, wurde Tschiang zornig. Er sagte zu seinem Oberbefehlshaber: »Sie sagen, die Einnahme der Stadt werde leicht sein, aber wenn Sie wüßten, warum wir sie nicht einnehmen dürfen, würden Sie verstehen, warum es gar nicht leicht ist, sie nicht einzunehmen.« Später sollte Tschiang dies den schwersten Fehler nennen, den er jemals im Umgang mit den Kommunisten gemacht hatte.

Hätte Tschiang Marshalls Bitte zurückgewiesen, wäre es ihm wahrscheinlich gelungen, den Kommunisten einen vernichtenden Schlag zu versetzen und dadurch vollendete Tatsachen zu schaffen, die nicht nur Washington, sondern auch Moskau auf seine Seite gezogen hätten. Allerdings ist auch vorstellbar, daß sein anfänglicher Triumph zunichte gemacht worden wäre, wenn sich die Kommunisten neu formiert und seine langgezogenen Versorgungslinien angegriffen hätten. Eines ist jedoch sicher: Die Entscheidung, haltzumachen, brachte Tschiang um die einzige Chance, den Krieg militärisch zu gewinnen. Dennoch tat er es – was er später bitter bereute.

Die militärische Schlagkraft der Nationalisten war dadurch geschwächt worden. Wie Sisyphos hatte die nationalistische Armee fast schon den Gipfel erreicht – dann kam der Rückschlag.

Nehmen wir an, Tschiang hätte die Mandschurei nicht erobern wollen. Hätte er seine Streitkräfte auf das chinesische Kernland konzentriert, wären diese wesentlich – wahrscheinlich sogar entscheidend – stärker gewesen. Außerdem hätte er ein weitaus besseres Verhältnis sowohl zur Sowjetunion als auch zu den Vereinigten Staaten gehabt. Wären die Kämpfe im chinesischen Kernland weitergegangen, hätte sich Marshalls Zorn gegen die Kommunisten gerichtet, während die Sowjets, falls Tschiang ihnen den Nordosten überlassen hätte, vermutlich mit ihm zusammengearbeitet hätten, um sicherzustellen, daß sich die Armee und die Regierung Rotchinas auf den Nordosten beschränkten.

Maos Streitkräfte wären von den sowjetischen Besatzungstruppen in der Mandschurei abhängig gewesen, und in dem Maße, wie sich Verwaltung und Wirtschaft entwickelt hätten, wären sie in den sowjetischen Machtbereich und in die sowjetische Wirtschaft in Sibirien und im Fernen Osten integriert worden.

Dies hätte zwar nicht Maos Vorstellungen entsprochen, der davon träumte, über ganz China zu herrschen, wohl aber denen der meisten Mitglieder der Führungsspitze. Eine Revolution in ganz China wäre keineswegs ausgeschlossen gewesen, sondern nur so lange aufgeschoben worden, bis, wie die sowjetischen Ökonomen vertrauensvoll voraussagten, ein globaler Zusammenbruch des Kapitalismus dazu geführt hätte, daß die noch vorhandenen nichtkommunistischen Staaten ihnen wie die sprichwörtlichen reifen Früchte in den Schoß gefallen wären.

So hatte Stalin argumentiert, als die französische Kommunistische Partei bei ihm anfragte, ob sie nach der Niederlage der Nazis die Machtübernahme anstreben solle. Wartet noch ein paar Jahre, sagte er im Vertrauen auf die Prognosen seiner Wirtschaftsweisen. Eine weltweite Krise kommt bestimmt. Zwischenzeitlich sollten die Briten und die Vereinigten Staaten nicht unnötig aufgeschreckt werden.

Doch die Weisen irrten sich. Die weltweite Wirtschaftskrise, die Stalin und andere, darunter auch viele amerikanische Ökonomen, nach dem Zweiten Weltkrieg erwarteten – ähnlich der, die dem Ersten Weltkrieg gefolgt war –, trat nie ein. Statt dessen erholten sich die Volkswirtschaften, zuerst langsam, dann geradezu fulminant. In Deutschland kam das »Wirtschaftswunder«, und in Japan fand ein großer Sprung von den während der Okkupationszeit hergestellten billigen Massenartikeln zur Hochtechnologie und zur Produktion hochwertiger Waren statt. In Hongkong, einem verschlafenen und unterbevölkerten Kolonialhafen, der an den südlichsten Teil Chinas grenzte, wurde die bittere Armut durch einen relativen Wohlstand abgelöst – bis das Pro-Kopf-Einkommen Ende des 20. Jahrhunderts über dem Großbritanniens, des ehemaligen Kolonialherrn, lag.

Nehmen wir an, Tschiang wäre nicht in die Mandschurei eingedrungen, und es hätte statt dessen eine stabile Teilung gegeben. Shanghai – das größte Wirtschaftszentrum Asiens – hätte in den fünfziger Jahren am freien Handel teilgenommen, anstatt sowohl durch das fremdenfeindliche kommunistische Regime als auch durch das westliche Embargo im kalten Krieg völlig von ihm abgeschnitten zu sein. Das Jangtse-Tal mit seinen riesigen Märkten, seinen zahlreichen Arbeitskräften und materiellen Ressourcen wäre ebenfalls in das asiatische Wirtschaftswunder einbezogen worden. Als China in den achtziger Jahren die schlimmsten Auswüchse kommunistischer Wirtschaftspolitik beseitigte und sich dem Welthandel öffnete, waren die Ergebnisse erstaunlich – zweistellige Wachstumsraten, umfangreiche Exporte, ein alle Rekorde brechender Wirtschaftsaufschwung. Dies hätte schon zwanzig Jahre früher geschehen können, wenn die Nationalisten das chinesische Kernland gehalten hätten.

Dieser Wirtschaftsaufschwung hätte das strategische Gleichgewicht in China so verändert, wie er es in Deutschland und Korea getan hatte. In Korea war der Norden traditionell industriell und der Süden agrarisch geprägt, so daß zunächst Pjöngjang von der Teilung profitierte. Doch schließlich überholte Südkorea den Norden, so daß in der kommunistischen Hälfte in den neunziger

Jahren Hunger und Not herrschten, während der Süden ein wohlhabender demokratischer Staat war. Ebenso ebneten der Niedergang der ostdeutschen Wirtschaft und der Erfolg Westdeutschlands den Weg für die Wiedervereinigung der beiden Staaten im Jahre 1990.

Die Mandschurei war das chinesische Zentrum der Schwerindustrie, des Bergbaus und der Stahlerzeugung. Anfangs hatte das chinesische Kernland nichts Vergleichbares aufzuweisen. Aber hätte die Teilung funktioniert, hätte der Süden Chinas in den sechziger und siebziger Jahren höchstwahrscheinlich eine rasante Entwicklung durchgemacht. Wie anderswo, wo die Kommunisten ein Industriepotential vorgefunden oder geschaffen hatten, wäre die Mandschurei bald zu einem verrotteten Schrottplatz unter sozialistischem Management und Südchina zu einer »Drachenwirtschaft« geworden.

Tschiang und die Nationalisten wären für ihre anfänglichen Opfer mehr als entschädigt worden. 1975, als der Generalissimus starb, hätte sich das »Rotchina« im Nordosten neben seinem China wie ein Zwerg ausgenommen.

Die Beziehungen zwischen dem kleinen, von den Nationalisten regierten Taiwan und Peking hätten sich genau umgekehrt entwickelt. Das nichtkommunistische chinesische Kernland hätte eindeutig am längeren Hebel gesessen, da »Rotchina« zum einen in bezug auf Märkte, Investitionen und Technologie von seinem prosperierenden südlichen Nachbarn abhängig gewesen, zum anderen zunehmend den Einflüssen des grenzüberschreitenden Radios und Fernsehens sowie der größeren Freiheit im Süden ausgesetzt gewesen wäre. So wie die Deutsche Demokratische Republik mit der Bundesrepublik konfrontiert war, hätte die »Demokratische Volksrepublik China« in den siebziger Jahren nach allen Seiten hin ums Überleben kämpfen müssen.

Aber es gab keine Teilung. Tschiang schickte seine Truppen in die Mandschurei – und als dieser Schritt getan war, begann sein Traum zusammenzubrechen.

Zwei Chinas auf dem Festland

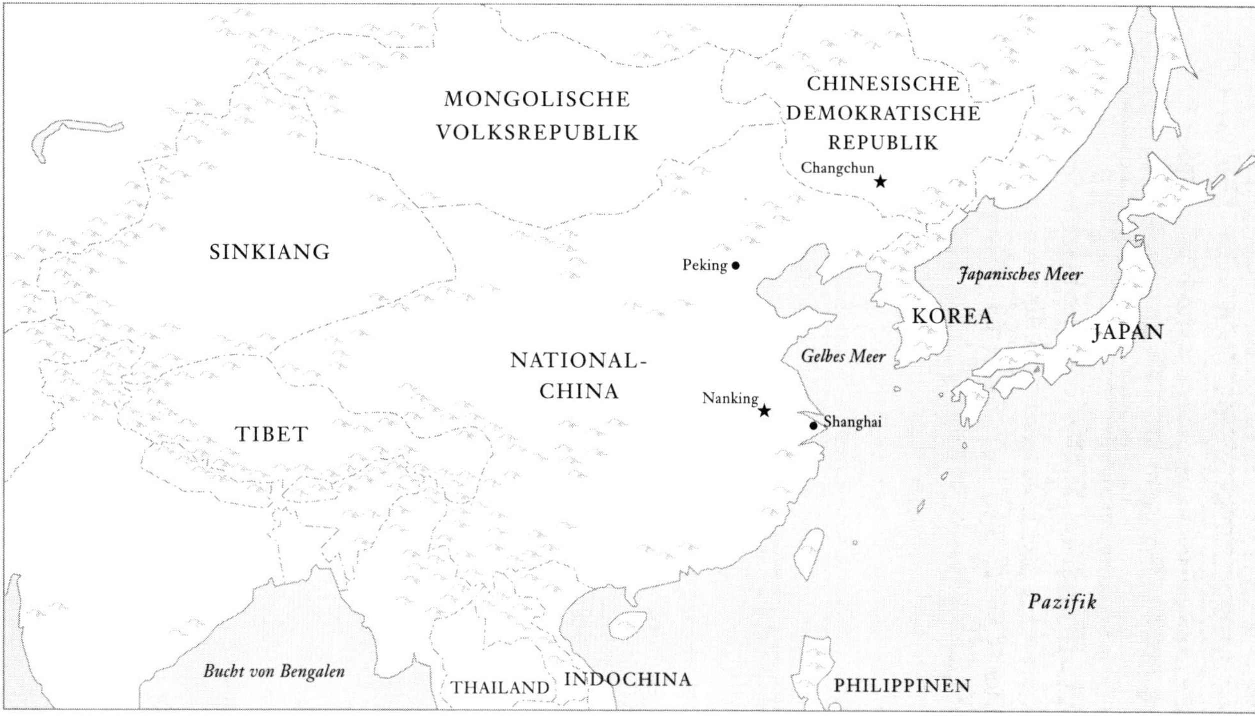

Der »Halt-Befehl« war zweifellos der größte Rückschlag, doch unter der Oberfläche lauerten noch andere Gefahren. Vor allem war es unrealistisch anzunehmen, die kommunistischen Streitkräfte würden sich einfach totstellen. Sie hatten sich das Gebiet der Mandschurei ausgesucht und hatten keine andere Wahl, als dafür zu kämpfen – »Todeserde«, wie Sun Zi sagt. Und sie kämpften erbittert. Zehntausende von Kommunisten starben in dem langen Abnutzungskrieg zwischen 1946 und 1948. Lin Biao, der kommunistische Kommandeur, vergoß Ströme von Blut, indem er, um den Vormarsch der Nationalisten aufzuhalten, ständig neue Soldaten in den Kampf warf.

Lin und die Kommunisten taten alles, um die Kampfkraft ihrer Streitkräfte zu verbessern und die Vorteile der Nationalisten auszugleichen. Sowjetische und von den Japanern zurückgelassene Artillerie wurde in die kommunistischen Streitkräfte integriert; es wurde sogar eine Artillerieschule gegründet. Als die kommunistischen Streitkräfte erstarkten, wurden die Kämpfe für alle Beteiligten opferreicher. Tschiangs Truppen konnten sich nicht mehr darauf verlassen, ihrem Gegner absolut überlegen zu sein. Mit der Flugabwehr wurden die wichtigsten Linien abgeschnitten, die die von den Nationalisten gehaltenen Städte in der Mandschurei miteinander verbanden. Hunderttausende von Tschiangs besten Soldaten waren faktisch außer Gefecht gesetzt. Sie waren in einem vergeblichen Abnutzungskampf gebunden, der zur Verteidigung einer zu langen Front geführt wurde, vergeudeten hier ihre Kräfte und waren außerstande, aktiv zu einer Entscheidung beizutragen.

In der Mandschurei hatten die Kommunisten zwei entscheidende Vorteile. Erstens waren sie in diesem Gebiet fest verankert und wußten genau, daß es für sie eine Schlüsselfunktion hatte. Sie konnten hier ihre Kräfte bündeln, während Tschiang bei jedem Angriff der Kommunisten das gesamte chinesische Territorium durchqueren mußte. Zweitens stellte die sowjetische Basis in der nördlichen Mandschurei für die kommunistischen Truppen ein sicheres Rückzugsgebiet dar. Sie konnten sich hier leicht versorgen und, wenn nötig, Schutz suchen. Dagegen waren die Verbindungslinien der Nationalisten in der Luft und zu Wasser leicht angreifbar.

Die Kommunisten waren sich dieser Vorteile voll und ganz bewußt. Sie schürten in Shandong einen Guerillakrieg, um dort nationalistische Kräfte zu binden, die sonst in die Mandschurei entsandt worden wären. Sie verwickelten nationalistische Streitkräfte in ganz China in Abwehrkämpfe und rieben sie dann in dem Maße auf, in dem sie selbst ihre konventionelle Stärke ausbauten.

Das Ergebnis ähnelte einem Termitenangriff auf ein einstmals starkes Gebäude. Von 1945 bis 1947 hatte die Sache der Nationalisten gut gestanden. Sie hatten eindrucksvolle Siege errungen und die Chance gehabt, ihre Macht über den größten Teil des chinesischen Territoriums zu festigen. Doch dann entwickelten sich die militärischen Verhältnisse zu ihren Ungunsten. Sie wurden mit der Zeit schwächer, während die Kommunisten stärker wurden. 1948 ging die Mandschurei verloren: Hunderttausende von nationalistischen Soldaten waren in Dutzenden von Garnisonen isoliert und voneinander abgeschnitten, so daß sie keine andere Wahl hatten, als sich zu ergeben. Im chinesischen Kernland war der Sieg zum Greifen nahe gewesen. Jetzt wendete sich das Blatt. 1949 fügten die nunmehr überlegenen kommunistischen Truppen den Nationalisten so schwere Niederlagen zu, daß deren gesamte Militärstruktur zusammenbrach.

Militärexperten waren damals der Ansicht, eine Invasion der Mandschurei sei ein verhängnisvoller Fehler – und anscheinend hatten sie recht. Hätte die Invasion nicht stattgefunden, wäre China – genau wie Europa – wohl auf relativ friedlichem Wege geteilt worden. Dies wiederum hätte den gesamten Verlauf des kalten Krieges verändert.

Der Schock über den Sieg der Kommunisten in China – der berühmte »Verlust Chinas« – führte dazu, daß der kalte Krieg in den Vereinigten Staaten schlimmste Auswüchse hervorbrachte.

Einige Monate später, im Juni 1950, fiel Nordkorea in Südkorea ein. Diese Krise war weitaus ernster als alles, was in Europa geschehen war, und die Beziehungen zu Moskau sanken auf einen Tiefpunkt.

Heute wissen wir, daß der überraschende Sieg der Kommunisten in China Kim Il-Sung zu seinem Blitzkrieg gegen Seoul ermutigte. Wir wissen auch, daß Stalin und Mao die Entscheidung absegneten, da sie vom Erfolg des Unternehmens überzeugt waren. Da Washington tatenlos zugesehen hatte, wie China fiel, wie groß war dann die Wahrscheinlichkeit, daß es bei einem Angriff auf das kleine Südkorea aktiv werden würde? Eine erfolgreiche Teilung Chinas hätte vermutlich bedeutet, daß Kim seinen Plan niemals gefaßt hätte – und hätte er es doch getan, hätte dann die Teilung Chinas nicht sehr dagegen gesprochen? Durch den Koreakrieg trat der kalte Krieg gewissermaßen in eine Eiszeit ein, doch ohne das Mandschurei-Abenteuer wäre es nie zu einem solchen Krieg gekommen.

Die Verteidigung Taiwans trieb auch einen Keil zwischen Moskau und Washington. Ohne einen kommunistischen Sieg in China hätte dieses Problem nicht existiert.

Und schließlich: Mit einem antikommunistischen China im Norden wäre Vietnam niemals kommunistisch geworden. Ohne Militärberater und materielle Unterstützung aus China, das zugleich als Rückzugsgebiet diente, hätten die Vietminh bei Dien Bien Phu niemals über die Franzosen siegen können. Ohne ein geteiltes Vietnam hätten die Amerikaner keine Rolle in Vietnam gespielt – und der kalte Krieg hätte sich nicht entsprechend verschärft.

Die »Kriege« des kalten Krieges spielten sich fast ausschließlich in Asien ab, und sie erwuchsen aus dem großen Sieg der Kommunisten in China. Asien war der Motor, der den kalten Krieg von Krise zu Krise trieb.

Ein gemäßigterer kalter Krieg. Eine größere und stärkere nichtkommunistische Welt. Ein früherer und schnellerer Wirtschaftsaufschwung in Asien. An den östlichen Grenzen der UdSSR ein gewaltiger Zusammenbruch Rotchinas, ähnlich dem, den es in Osteuropa gegeben hatte: In unserer Alternativgeschichte hätte all dies wahrscheinlich zu einem früheren Zusammenbruch des Kommunismus und zu einem endgültigeren Ende des kalten Krieges geführt.

Den rotchinesischen Vasallenstaat über Wasser zu halten, wäre Moskau teuer zu stehen gekommen. Die öffentliche Meinung im Nordosten hätte sich unweigerlich zugunsten des Chinas im Süden gewandelt, da dieser ökonomisch stärker gewesen wäre. Das kommunistische Regime wäre geschwächt worden. Hätte Mao die Macht verloren, wäre eine wesentlich weniger charismatische – und der Sowjetunion treu ergebene – Führerfigur an seine Stelle getreten.

In den siebziger Jahren wäre der Boden für eine wirtschaftliche, politische und gesellschaftliche Übernahme »Rotchinas« durch das »freie China« bereitet gewesen, die in jeder Hinsicht genauso dramatisch gewesen wäre wie die Übernahme Ostdeutschlands durch die Bundesrepublik – nur wäre sie wahrscheinlich früher eingetreten.

Welch eine Ironie der Geschichte wäre es gewesen, wenn Tschiang Kai-schek und sein Regime das lange verfolgte Ziel der nationalen Einheit genau dadurch erreicht hätten, daß sie nicht zu einem Zeitpunkt in die Mandschurei einmarschiert wären, zu dem sie glaubten, sie würden ihr Land unwiderruflich spalten, wenn sie es nicht täten.

TED MORGAN

Hätte ein großer Schlamassel vermieden werden können?

Wenn Präsident Eisenhower zugelassen hätte, daß die Operation »Vulture« die in der Festung von Dien Bien Phu eingeschlossenen Franzosen gerettet hätte, hätten die Franzosen möglicherweise die Schlacht und den Krieg gewonnen und so einen zweiten Vietnamkrieg verhindert, in den Amerika viele Jahre lang verwickelt war. Dien Bien Phu war ein kleiner Außenposten in Nordvietnam, an der Grenze zu Laos. Französische Truppen besetzten die Stadt Ende 1953, um die Nachschublinien der Vietminh abzuschneiden und einen Stützpunkt gegen feindliche Angriffe zu haben.

General Giap, der militärische Befehlshaber der Vietminh, betrachtete diesen isolierten Stützpunkt in der Nähe der Grenze zu China und Laos als leichte Beute. Er wandte die klassische Einkesselungstaktik an, indem er die Franzosen von 40 000 Mann umschließen ließ. Er schnitt alle Straßen ab, die zu dem Stützpunkt führten, so daß dieser nur auf dem Luftweg versorgt werden konnte, und brachte schwere Artillerie in Stellung. Die Operation »Vulture« sah vor, B-29-Flugzeuge, die die Stellungen der Vietminh um Dien Bien Phu bombardieren sollten, von Basen in Okinawa und auf den Philippinen herbeizuschaffen.

Im Januar 1954 baten die Franzosen Ike um zwanzig B-26-Bomber und 400 Techniker, er gab ihnen die Hälfte. Im März erklärte sich der Präsident bereit, den Franzosen einige C-119-Flugzeuge zur Verfügung zu stellen, die Napalmbomben abwerfen und Giaps Artilleriestellungen ausspähen konnten. Doch als die Franzosen um Atombomben baten, sagte Ike nein. Die allgemeine Stimmung im Kongreß war: »Bloß kein neues Korea!«

Offiziere im Pentagon hatten bereits Wetten darüber abgeschlossen, wann das Fort fallen würde. Die Franzosen ergaben sich am 7. Mai 1954. Es war eine jener entscheidenden Niederlagen, deren Wirkung weit über das militärische Ziel hinausreicht, den Willen eines Landes zu brechen und das Ende des Krieges zu erzwingen. Zwei Monate später kam es zum Waffenstillstand und zur Teilung Vietnams. Zehn Jahre später war es Amerika, das in Vietnam Krieg führte.

TED MORGAN, der in der französischen Armee diente, ist der Autor von *A Covert Life*, einer Biographie über den Kommunistenführer und späteren CIA-Agenten Jay Lovestone.

ROBERT L. O'CONNELL

Das Ende

Wie schnell wir doch vergessen. Nachdem wir den größten Teil unseres Lebens im Schatten des nuklearen Patts verbracht haben und erst vor kurzem aus dem kalten Krieg heraus ins Licht getreten sind, geben wir uns dem wohligen Vergessen hin. Wer fragt heute noch ernsthaft: »Was wäre gewesen, wenn das Schwert niedergesaust wäre?« Wird die Kuba-Krise angesprochen, versichern uns kluge Köpfe sogleich, daß sie in Wirklichkeit nur eines deutlich gemacht hat: wie gut die Abschreckung und die Kommunikation zwischen den Supermächten funktionierten. Vielleicht. Aber eine andere Krise von ähnlicher Tragweite, bei der es nicht nur keine Kommunikation gab, sondern keine Seite so richtig wußte, was eigentlich geschah, erwähnen sie nicht.

Anfang November 1983 stellten Amerikaner und Briten während einer NATO-Übung mit der Bezeichnung »Able Archer« an ihren Monitoren überrascht fest, daß im Ostblock Meldungen hin- und hergingen, deren Umfang und Dringlichkeit dramatisch zunahmen. Gewarnt wurde vor einem unmittelbar bevorstehenden Atomangriff. Das war keine Täuschung. Die Machthaber im Kreml glaubten tatsächlich, der Westen wäre im Begriff, einen atomaren Präventivschlag zu führen.

Diese Wahnvorstellung ging auf die frühen achtziger Jahre zurück, als Wladimir Krutschkow, damals Leiter des KGB und zukünftiger Drahtzieher des Staatsstreichs gegen Gorbatschow, zu der Überzeugung gelangte, die Amerikaner planten einen Überraschungsangriff, vermutlich mit ihren neuen Pershing-II-Raketen, die mit ihren tief in die Erde dringenden Sprengköpfen und kurzen Flugzeiten für einen vernichtenden Erstschlag geradezu prädestiniert schienen. Auf Krutschkows Rat hin mobilisierte die sowjetische Führung ihre besten Nachrichtendienstleute, die den grotesken Auftrag erhielten, Anzeichen für Kriegsvorbereitungen aufzuspüren.

Diese Ängste waren völlig grundlos. Die Pershing-II-Raketen mußten erst noch in Stellung gebracht werden und waren nie auf solch große Entfernungen getestet worden, wie sie zurückgelegt werden mußten, um Moskau zu treffen. Das zählte jedoch nicht für die alten Herren im Kreml, die über ein zerfallendes Reich herrschten – insbesondere nicht für Partei- und Staatschef Juri Andropow, der im KGB Karriere gemacht hatte und ein kranker Mann war. Auf die wachsenden Probleme ihres Systems reagierte die alte Garde mit Zorn und ungezügeltem Mißtrauen.

Die Beziehungen zwischen den USA und der UdSSR verschlechterten sich kontinuierlich. Im Juni 1983 beschrieb Andropow sie als »schlimmste Konfrontation der gesamten Nachkriegszeit«. Weniger als zwei Monate später schoß ein russischer Abfangjäger ein koreanisches Passagierflugzeug ab, das angeblich einen Spionageauftrag hatte. Im November war Andropow dem Tode nah, und bis heute ist nicht bekannt, wer damals die Verantwortung trug. Aber offensichtlich betrachteten seine Kollegen im Kreml »Able Archer« als den möglicherweise letzten Strohhalm.

Tage vergingen, und nichts geschah. »Able Archer« ging zu Ende, und noch immer passierte nichts. Ein Ostblockland nach dem anderen hob seine Alarmbereitschaft auf. Allmählich muß den sowjetischen Führern gedämmert sein, daß sie das Jahr 1984 doch noch erleben würden. In den Vereinigten Staaten begriff man erst Jahre später, warum der Osten so merkwürdig reagiert hatte. Einmal mehr hatten sich Ost und West sozusagen Auge in Auge gegenübergestanden – nur hatte diesmal die eine Seite Wahnvorstellungen, während die andere vor sich hin döste. Es ging noch einmal gut, aber fast hätte eine Hand auf den roten Knopf gedrückt. Die Kriegsangst von 1983 hätte das Ende sein können.

ROBERT O'CONNELL ist Autor des Buches *Ride of the Second Horseman*, das die Geschichte der Kriegsursachen darstellt.

Personenregister